U0902757

薪火相传育英才

——数学教育研思集

郑志民　邓海棠　编著

中国社会科学出版社

图书在版编目(CIP)数据

薪火相传育英才：数学教育研思集／郑志民，邓海棠编著．—北京：中国社会科学出版社，2017.12

（澳门教育丛书）

ISBN 978－7－5203－1415－2

Ⅰ.①薪… Ⅱ.①郑…②邓… Ⅲ.①中学数学课—教学研究—文集 Ⅳ.①G633.602－53

中国版本图书馆 CIP 数据核字（2017）第 273279 号

出 版 人 赵剑英
选题策划 史慕鸿
责任编辑 慈明亮
责任校对 白 杨
责任印制 戴 宽

出 版 中国社会科学出版社
社 址 北京鼓楼西大街甲 158 号
邮 编 100720
网 址 http://www.csspw.cn
发 行 部 010－84083685
门 市 部 010－84029450
经 销 新华书店及其他书店

印 刷 北京明恒达印务有限公司
装 订 廊坊市广阳区广增装订厂
版 次 2017 年 12 月第 1 版
印 次 2017 年 12 月第 1 次印刷

开 本 710×1000 1/16
印 张 18.5
插 页 2
字 数 306 千字
定 价 86.00 元

资助：

总　序

澳门回归后，在国家的大力支持下，特区政府致力于经济建设之余，高度重视教育发展，提出了“优先发展教育”的方针，逐步完善教育政策和教育法律、法规，持续加大资源投入，努力提升教育质量。在“科教兴澳”的社会背景下，澳门教育有了新的发展。而澳门教师在教育道路上默默耕耘，辛勤付出，在履行教师职责的同时，致力提升专业水平，努力探索具有澳门特色的教育发展路向和教育方法，其中总结出来的心得体会、实践经验和教研成果，值得积累和推广。

澳门中华教育会是澳门历史悠久的文化教育团体之一，一向以爱国爱澳，团结教育界，服务社会，促进教育发展为宗旨。澳门中华教育会于2011年制定“澳门教育丛书”出版计划，目的是积累、推广澳门教师的教育经验和研究成果，鼓励教师撰写教育心得，以供本澳乃至各地教育工作者交流学习和教育科研之用。作为一个恆常性的出版计划，每年均将出版若干本教育范畴的书籍，其中包括教师文选、教育研究和教师专著。本计划得到澳门基金会大力支持，予以经费赞助。

2011年澳门中华教育会出版了第一辑“澳门教育丛书”后，为进一步提升出版质量，于2012年与中国社会科学出版社签订合作协议，把丛书交与中国社会科学出版社出版发行，中华教育会则负责丛书的组织、策划、评审工作。

澳门教师的教学任务和培训工作十分繁重，能在工余挤出时间，耗费精力进行教育研究和撰写教育心得，实属不易，值得赞扬。“澳门教育丛书”真实反映了澳门教师的精神面貌、教育特色，以及其对澳门教育作出的思考，对构建澳门特色优质教育体系和推动教师专业成长，有莫大裨益。我们衷心希望广大澳门教师积极支持“澳门教育丛书”的出版工作，踊跃投稿，为推动澳门教育健康发展，贡献力量。

“澳门教育丛书”编辑委员会

2012 年 4 月

序

从2004年起，澳门教育暨青年局就开始组织、酝酿、探究和编写“数学基本学力要求”。经过十余载的努力，今年开始正式逐步实行，对澳门的数学学科教育来说意义重大且深远。因为“数学基本学力要求”清楚地为我们指明了各年级数学教育的基本方向。

对一辈子从事中、小学数学教育和研究的本人来说，面对书台上摆著郑志民和邓海棠两位老师送来的厚厚一叠书稿，感慨万千：从这一叠书稿中可以看出，澳门的数学教育优秀人才是如何在做学问，是如何在教学生。

这是一本数学教育专著，是一本由澳门老、中、青数学教育优秀人才在教学第一线所积累的教学经验的结晶，也是一本配合澳门教育暨青年局以后实施“中学数学基本学力要求”时可提供参考的宝贵资料。

“百年大计，教育为本。教育大计，教师为本。”随著教育改革的深入发展，在澳门数学教育的教坛上出现了一大批优秀的数学教育专才。专著的作者郑志民、邓海棠老师，就是本澳优秀数学教育专才中的代表。

郑志民老师从事大、中学数学教学长达半个世纪，是一位既有理论又有实践的数学教育研究专才。取得华东师范大学数学教育博士学位的邓海棠老师具有深厚的数学教育功底，将继续对本澳的数学教育作出更大的贡献。

专著也是他们在中学数学教学实践中的经验总结，其中的每篇文章都呈现出精彩的课堂教学案例。其内容包括中学数学的多个学科：“平面几何”、“平面三角”、“代数”、“立体几何”和“解析几何”。所涉及的数学思想方法有“恒等变形”、“数形结合”以及“分类思想”等等。对于相应的解题方法和解题技巧以及中学数学所涵盖的重要定理，专著都作了详细介绍。

郑志民老师在澳门数学教育研究学会中与本人共事了十多年，从创会到会务成熟，他为了澳门的数学教育研究，为了《澳门数学教育》杂志的出版，真可谓呕心沥血、锲而不舍。从追根溯源的理论探索到课堂教学中的典型案例的编选，他都能继承传统，努力创新，集腋成裘，进而形成专著，充分反映出他对澳门数学教育的深厚感情。

郑老师嘱我为专著作序，手足之情，确实难以推托。为了澳门的数学教育，为了更好地推动“中学数学基本学力要求”的实施，写上片言只字，也算是与澳门数学教育界的新老朋友们的共勉。

澳门数学教育研究学会
澳门数学奥林匹克学会　**会长　汪甄南**

二〇一六年十二月

《薪火相传育英才——数学教育研思集》作品简介

（兼代自荐）

中华教育会《澳门教育丛书》编辑委员会在丛书的总序中指出，澳门教师的教学任务和培训工作十分繁重，能在工余挤出时间，耗费精力进行教学研究和撰写教育心得，实属不易，值得赞扬。

《澳门教育丛书》真实反映了澳门教师的精神面貌，教育特色，以及他们（作者）对澳门教育工作所作出的思考，对构建澳门特色的优质教育体系，推动教师专业成长，有莫大的裨益。

《薪火相传育英才——数学教育研思集》是作者继专著《学海浪花》、《润物细无声》和《北枫晓雨》、《南岭知春》之后的数学教学和数学教育专著。

本专著除正文十二篇论文外，尚有附录一篇论文。

专著的作者，包括资深的数学老教师和学识既深又广的中青年骨干教师，还有他们的优秀学生（包括奥林匹克数学竞赛能手）。他们分属老、中、青数学教育工作者的三个梯队。专著呈现了数学教育工作者薪火相传育英才的丰硕成果。他们在数学教学和数学教育方面所积累的丰富经验，以及孜孜不倦地从事数学教育研究工作的心路历程，对传承传统的教育精神，激励年青的数学教师都能像他们一样，犹如“阳光和雨露”似的，润物细无声，精心培育下一代，为澳门的数学教育和人才培养作出贡献。

作者的五部专著出版后，深受澳门广大数学教师的欢迎。作者能为探索具澳门特色的澳门特区之数学教育贡献一点绵力，深感荣幸和安慰！

希望澳门特区政府的相关部门能大力支持澳门的数学教师开展丰富的

数学教育研究工作，为促进年轻的数学教师迅速成长，搭建多姿多彩的培训平台。

专此为作品作介绍，并代作自荐。

郑志民　邓海棠　谨记

二〇一七年三月

作者简介

郑志民，1940 年 12 月 28 日出生于福建省泉州市。

1961 年 6 月毕业于福建师范学院（现福建师范大学）数学系，并留校任教。1980 年定居澳门，经澳门政府审批，获颁发理学士学位（证书）。

大学毕业后，在福建师范学院数学系、福建省永春华侨中学、福建省泉州一中、澳门濠江中学等校任职数学教师。

曾任福建省泉州市中学校际数学教研组长，澳门濠江中学数学科组长、教务副主任、教务主任，澳门数学教育研究学会副理事长等职务；现任澳门数学教育研究学会副会长，澳门福建学校执行校董。

江泽民主席 2000 年 12 月 20 日视察澳门濠江中学时，欣然挥笔提出“五点共圆”几何题，要求数学老师解答。此事轰动一时，郑志民是解答“五点共圆”问题的四位老师之一。

参与澳门数学教育研究学会《两岸三地十年高考数学试题详解》的出版工作，并负责全书的校对和统稿工作。

邓海棠，获华南师范大学学士学位、湖南师范大学硕士学位、华东师范大学博士学位，考取有中国奥林匹克数学“二级”和“一级”教练员证书。

在澳门镜平学校执教中小学奥数培训以来，屡获“希望杯”及“华罗庚金杯”和“港澳杯”优秀辅导员、优秀教练。征战 2014 年的韩国国际数学竞赛 KIMC 及 2016 年 2017 年的美国高中数学竞赛国际赛 ARML 时皆获团队亚军。

澳门中华教育会会员，澳门教师志愿者协会永久会员，澳门数学教育研究学会秘书长，《澳门数学教育》杂志编委，曾担任澳门“初中基力”和“高中基力”顾问工作。

著有《北枫晓雨》和《南岭知春》。参与《两岸三地十年高考数学试题详解》的编写，担任《澳门基力数学探知》（初中）的副主编。2006年至2017年共发表各类数学及教育文章50多篇。

目　录

谈谈多项式余式的求解

邓海棠

求多项式的余式在一些本澳高考和内地联考特别是台湾各大学港澳区招生入学考试中屡见不鲜，在李伟东主编、澳门出版协会于2010年出版的《1991—2010年台湾各大学港澳区招生入学试数学科试题（理科）复习手册》一书中第7页的考题知识点分布图（如图1）及第2页的考题题量分布表（如表1）的统计中可以清楚看到，多项式的相关知识的考试题量位列第二多，仅次于三角函数之后，很有必要探讨一下．

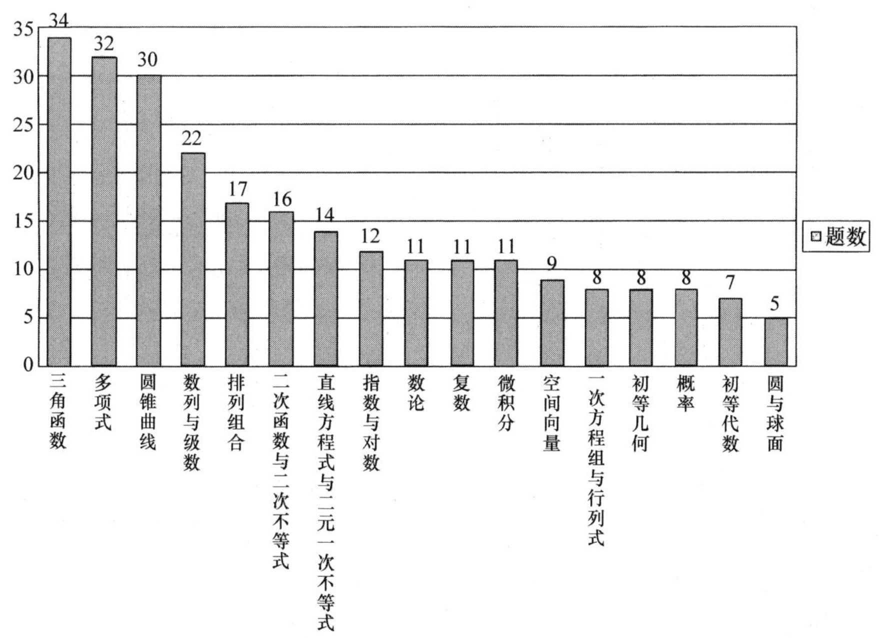

图1　1991—2010年考题知识点分布

表 1　1991—2010 年考题量分布

知识面	知识点	1991	1992	1993	1994	1995	1996	1997	1998	1999	2000	2001	2002	2003	2004	2005	2006	2007	2008	2009	2010	总数
代数	多项式	1	1	3	2	1	1	1	2	1	2	1	2	2	3	2	2	2	0	2	1	32
	数列与级数	1	1	0	1	1	0	2	0	3	0	2	1	2	1	2	1	1	0	2	1	22
	二次函数与二次不等式	0	0	1	2	2	1	1	0	1	2	0	2	0	1	1	1	0	0	1	0	16
	指数与对数	1	0	1	1	0	2	1	1	0	1	0	0	0	0	0	1	0	0	1	2	12
	数论	0	0	0	0	0	0	0	1	0	2	3	1	0	1	0	1	0	1	0	1	11
	初等代数	1	0	0	0	0	0	1	0	1	0	0	0	1	1	1	0	0	0	0	1	7
	一次方程组与行列式	1	1	0	1	0	0	0	0	0	0	0	0	0	0	0	1	1	1	1	0	8
三角	三角函数	0	1	1	2	2	3	2	2	3	2	2	2	3	1	1	2	1	2	1	1	34
几何	圆锥曲线	0	1	2	2	2	2	2	2	0	1	1	0	3	2	3	1	2	3	1	0	30
	直线方程式与二元一次不等式	1	1	0	0	1	1	0	1	1	2	2	0	0	1	1	0	0	1	0	1	14
	初等几何	0	0	1	0	0	0	0	0	0	0	1	2	1	0	1	0	1	1	0	0	8
	圆与球面	0	0	0	0	0	0	1	0	1	0	0	1	1	0	0	1	0	0	0	0	5
概率统计	排列组合	0	2	1	2	2	1	1	1	0	0	0	2	0	1	0	0	1	1	1	1	17
	概率	1	0	1	0	1	0	0	0	1	1	1	0	0	0	1	0	0	0	0	1	8
高等数学	复数	0	2	2	0	1	1	1	2	1	0	0	0	0	0	0	0	0	0	0	1	11
	微积分	2	1	0	0	0	0	0	0	0	0	0	0	0	0	0	2	2	2	1	1	11
	空间向量	1	0	0	0	0	1	0	1	0	0	0	0	0	0	0	0	2	1	2	1	9
	总数	10	11	13	13	13	13	13	13	13	13	13	13	13	13	13	13	13	13	13	13	255

设一元多项式 $f(x)$ 除以 $x-b$ 的商式为 $g(x)$，余式为 R，则有恒等式：$f(x)=(x-b)g(x)+R$.

当 $x=b$ 时，可得 $f(b)=R$. 如果多项式 R = 0，那么多项式 f（x）必定含有因式（x－b）. 反过来，如果 f（x）含有因式（x－b），那么，R = 0.

这样，我们得到了**余式定理**：一元多项式 $f(x)$ 除以 $x-b$ 的余式为 $f(b)$.

证明：由多项式的除法原理得知，恰有两多项式 $q(x)$ 及 R（R 为常数多项式）满足

$f(x)=(x-b)\cdot q(x)+R$，而此等式为恒等式，

因此将 $x=b$ 代入上式，得 $f(b)=(b-b)\cdot q(b)+R=R$.

$f(b)$ 的双重意义：①多项函数 $f(x)$ 在 $x=b$ 的函数值.

②多项式 $f(x)$ 除以 $x-b$ 的余式.

根据余式定理，我们可以通过求 $f(b)$ 来求 $f(x)$ 除以 $x-b$ 的余式 R，也可以通过求 R 来计算 $f(b)$. 求值的关键是使得除式的值为 0. 以下通过几个类型的例题说明一下：除式能够在实数范围内分解成 x 的一次因式 $x-b$ 的多项式求余式的情况.

[例 1] 设 $f(x)=x^8+3$，求 $f(x)$ 除以 $x+1$ 的余数为 R.

解： 根据余式定理，$R=f(-1)=(-1)^8+3=4$.

[例 2] 设 $f(x)=x^5-2x^4+5x^3-9x^2$，求 $f(6)$.

解： 用综合除法求 $f(x)$ 除以 $x-6$ 的余数，

$$\begin{array}{cccccc|c} 1 & -2 & +5 & -9 & +0 & +0 & 6 \\ & +6 & +24 & +174 & +990 & +5940 & \\ \hline 1 & +4 & +29 & +165 & +990 & +5940 & \end{array}$$

∴ 余数 $R=5940$. 根据余式定理，$f(6)=5940$.

[例 3] 试利用余式定理，求当 $2x^4-3x^3+4x^2-3x+7$ 除以 $2x+3$ 的余数.

[思路分析] 若除式 $g(x)=mx-n$，则余数 $R=f\left(\frac{n}{m}\right)$.

解： 设 $f(x)=2x^4-3x^3+4x^2-3x+7$，

$\because f\left(-\frac{3}{2}\right)=2\left(-\frac{3}{2}\right)^4-3\left(-\frac{3}{2}\right)^3+4\left(-\frac{3}{2}\right)^2-3\left(-\frac{3}{2}\right)+7=\frac{163}{4}$，

∴ 余数 R 为 $\frac{163}{4}$.

结论：当一个多项式 f（x）除以（mx－n）时，所得的余数 $R=f\left(\frac{n}{m}\right)$.

[例 4] 试利用余式定理求（$6x^3-4x^2+x-5$）÷（x^2-3x+2）的余式.

[思路分析] 当除式是二次多项式（x^2-3x+2）时，余数必是含有一次二项式（$ax+b$），因 $x^2-3x+2=(x-2)(x-1)$，所以 $f(x)=g(x)q(x)+R$ 可以写成 $f(x)=(x-2)(x-1)q(x)+(ax+b)$，分别将 $x=2$ 和 $x=1$ 代入 $f(x)$ 中，便可得两个含有 a 和 b 的方程，从而解得 a 和 b 的值.

解：设 $f(x)=6x^3-4x^2+x-5$，余式是 $ax+b$.

∵ $x^2-3x+2=(x-2)(x-1)$，

$f(2)=6\times2^3-4\times2^2+2-5=2a+b$，即 $2a+b=29$ ①

$f(1)=6\times1^3-4\times1^2+1-5=2a+b$，即 $a+b=-2$ ②

①－②得 $a=31$，将 $a=31$ 代入②得 $b=-33$，

∴ 余式是 $31x-33$.

[例 5] 当 $2x^2+mx+n$ 除以（$x-1$）时，余数是 2；而当该多项式除以（$x+2$）时，余数是 -1，试求 m 和 n 的值.

[思路分析] 因为多项式中有两个未知系数 m 和 n，所以要利用余式定理两次，设立两个方程，以求 m 和 n 的值.

解：设 $f(x)=2x^2+mx+n$，

因为 $f(1)=2\times1^2+m+n=2$，即 $m+n=0$ ①

$f(-2)=2\times(-2)^2+m(-2)+n=-1$，即 $2m-n=9$ ②

由①②可以得出 $m=3$，$n=-3$.

[例 6] 若多项式 $f(x)$ 除以（$x-1$）和（$x+1$）的余数分别是 2 和－4，求 $f(x)$ 除以 x^2-1 的余式.

解：根据余式定理，有 $f(1)=2$ 和 $f(-1)=-4$.

设 $f(x)$ 除以 x^2-1 的商式和余式分别是 $q(x)$ 和 $ax+b$，

则有 $f(x)=(x^2-1)q(x)+(ax+b)=(x-1)(x+1)q(x)+(ax+b)$

代入 $x=1$，$f(1)=0\times2\times q(1)+(a+b)$，即 $a+b=2$　①

代入 $x=-1$，$f(-1)=(-2)\times0\times q(-1)+(-a+b)$，即 $-a+b=-4$　②

由①②可以得出 $a=3$，$b=-1$，

所以 $f(x)$ 除以 x^2-1 的余式是 $3x-1$.

以上各种类型的例子中，各个多项式的除式都能够在实数范围内分解成x的一次因式，因而可以较为顺利求得相应余式，但是，在早年的一些台湾高等大学招生入学考试中，多项式的除式出现过不能够在实数范围内分解成x的一次因式的情况，那就得借助复数的相应知识来解决问题了．这种情况举例如下：

[例7] 设多项式 $g(x)=x^{31}-2x^{17}+5x^9-4x^4+1$，则以 x^2+x+1 除 $g(x)$ 所得余式是什么？[1992年台湾各大学港澳区招生入学试数学科甄选试题（理科）]

[思路分析] 由于 x^2+x+1 在实数范围内不能分解因式，考虑到复数 ω 的特有性质：$\omega^2+\omega+1=0$ 及 $\omega^3=1$，因而可以令 $x=\omega$ 进行求解.

解： 令 $x=\omega$，设 $g(x)=(x^2+x+1)q(x)+(ax+b)$，由 $\omega^3=1$ 及 $\omega^2+\omega+1=0$，

得 $g(\omega)=\omega^{31}-2\omega^{17}+5\omega^9-4\omega^4+1=\omega-2\omega^2+5-4\omega+1=-\omega+8$；

及 $g(\omega)=(\omega^2+\omega+1)q(\omega)+a\omega+b=a\omega+b$；

比较上述两式得：$a=-1$，$b=8$；

从而所求余式为：$-x+8$.

与[例7]同类型的还有：设多项式 $f(x)=x^{38}-2x^{26}+3x^{11}-x$ 除以 x^2+x+1，则余式＝？[1995年台湾各大学港澳区招生入学试数学科甄选试题（理科）]

及：设 $f(x)$ 为一多项式，若 $(x+1)f(x)$ 除以 x^2+x+1 所得的余式为 $3x+1$，求 $f(x)$ 除以 x^2+x+1 之余式是什么？[2007年台湾各大学港澳区招生入学试数学科甄选试题（理科）]

[例8] 若多项式 $x^{24}+x^{16}+x^4+x+1$ 除以 x^2+1，则所得的余式是什么？[1999年台湾各大学港澳区招生入学试数学科甄选试题（理科）]

[思路分析] 由于 x^2+1 在实数范围内不能分解因式，考虑到复数 i 的特有性质：$i^2=-1$ 及 $i^3=-i$，$i^4=1$，因而可以令 $x=i$ 进行求解.

解：令 $x=i$，设 $g(x)=x^{24}+x^{16}+x^{4}+x+1=(x^{2}+1)q(x)+(ax+b)$，由 $i^{2}=-1$ 及 $i^{3}=-i$，$i^{4}=1$，

得 $g(i)=i^{24}+i^{16}+i^{4}+i+1=1+1+1+i+1=4+i$；

及 $g(i)=(i^{2}+1)q(i)+(ai+b)=ai+b$；

比较上述两式得：$a=1$，$b=4$；

从而所求余式为：$x+4$.

［**例 9**］设有 $f(x)$，以 $(x-1)$ 除之，余式为 8，以 $(x^{2}+x+1)$ 除之的余式为 $(7x+16)$，求以 $(x^{3}-1)$ 除之的余式为多少？（全国港澳台华侨联合招生考试题型）

解：根据题意，得 $f(1)=8$，$f(x)=(x^{2}+x+1)g(x)+7x+16$.

因为 $x^{3}-1=(x-1)(x^{2}+x+1)$，

所以 $f(x)=(x-1)(x^{2}+x+1)g(x)+a(x^{2}+x+1)+7x+16$（其中 $a(x^{2}+x+1)+7x+16$ 为余式）.

又 $f(1)=8$，

所以 $f(1)=3a+7+16=8$.

所以 $a=-5$，因此余式为 $-5x^{2}+2x+11$.

可见，对于多项式余式的求解，可以先考虑把多项式的除式在实数范围内分解成 x 的一次因式，不行的话，就要借助复数的相应知识来进行求解．以上种种，希望能给同行以萤光之鉴.

下面附上一些历年来中国大陆、台湾、澳门各大院校在澳门地区招生的入学甄选试的高考试题作为本部分内容的练习题，以达熟能生巧的巩固效果：

1. 求 $(64x^{8}+64x^{6}+32x^{4}+4x^{3}-x^{2}-x+3)\div(2x-1)$ 的余数.

2. 求 $f(x)=3x^{2}-5x+7$ 为 $(x-1)(x+2)$ 除之余式.

3. 试利用余式定理，求 $(2x^{4}-3x^{2}+5)\div(x^{2}-x-6)$ 的余式.

4. 令 $f(x)=x^{1993}+x+1$，求 $f(x)$ 被 $x^{2}-1$ 所除的余式．（1993 年度台湾各大院校澳门地区招生入学甄选试乙、丁组）

5. 当 $a^{2}x^{2}+(a-1)x-15$ 除以 $(x-2)$ 时，余数是 -11，求 a 值.

6. 当 $3x^{3}+ax^{2}+bx+7$ 除以 $(x-3)$ 时，余数是 1；而当该多项式除以 $(x+2)$ 时，余数是 -39. 求 a 和 b 的值.

7. 设 $f(x)=x^{3}+3x^{2}-m$，能为 $(x-2)$ 整除，求 m 的值.

8. 一整式$f(x)$，以$(x-2)$除之余5，以$(x-3)$除之余9，求以$(x-2)(x-3)$除之余式.

9. 设$f(x)=x^4+ax^3+5x^2+bx+6$，以$(x-2)$除之余16，以$(x+1)$除之余10，求a和b的值.

10. 设$f(x)=ax^2+bx-20$，其中a和b是常数．$f(x)$可以被$(x-2)$整除．用$x+1$除$f(x)$时，余数是-24，求a和b数值．（1995年澳门大学招生入学甄选试数B）

11. 一个三次式$f(x)$，除以x^2-6得余式$x-3$；除以x^2-4x+3得余式3；求$f(x)$.

12. 一个三次式$f(x)$，以x^2-1除之得余式$6x-7$；以x^2-4除之得余式$12x-1$；求$f(x)$.

13. 已知多项式$f(x)$除以$x+2$所得的余数为1，除以$x+3$所得的余为-1，求$f(x)$除以$(x+2)(x+3)$所得的余式.

14. 求证多项式$f(x)$除以$(x-a)(x-b)$（其中$a\neq b$）所得的余式是$\frac{f(a)-f(b)}{a-b}x+\frac{af(b)-bf(a)}{a-b}$.

15. 求多项式$(x+1)^6$被$x-2$除所得的余式．（1998年普通高等学校招生全国统一考试）

16. 若$f(x)=x^{101}+7x-1$则$f(x)$除以$x-1$所得之余式是什么？（1996年度台湾各大院校澳门地区招生入学甄选试甲、丙组）

17. 若$f(x)=x^{1993}+x^{199}+x^{19}+x+1$，求$f(x)$被$x^2-1$除之余式．（1993年度台湾各大院校澳门地区招生入学甄选试甲、丙组）

18. 若多项式$x^{49}+x^2+4x+5$除以x^2-1所得之余式是什么？（1997年度台湾各大院校澳门地区招生入学甄选试甲、丙组）

19. 若多项式$x^{20}+x^7+1$除以x^2-x所得之余式．（1998年度台湾各大院校澳门地区招生入学甄选试甲、丙组）

20. 设$f(x)=x^3+ax^2+bx+c$，其中a，b及c为常数．当$f(x)$被$(x-2)$除时余数为-7；当$f(x)$被(x^2-1)除时余项为$[(2a+3c)x+(3c-8b)]$．求a，b及c.（1999年澳门大学招生入学甄选试数A）

21. 若$f(x)=x^3-2x^2+ax+b$被x^2-x-2除时，其余式为$2x+1$，求a和b的值．（1997年澳门大学招生入学甄选试数A）

22. 设$f(x)=3x^3+ax^2+bx+4$可被$x+2$整除，且当$f(x)$被

$(x-1)$ 除时，余项为9，求 a，b 的值．（1996 年澳门大学招生入学甄选试数 A）

23. 已知多项式 $P(x)$ 可被 $2x+1$ 整除，而被 $x-1$ 除余数为1. 若 $P(x)$ 被 $2x^2-x-1$ 除，余式是什么？（1999 年澳门大学招生入学甄选试数 B）

24. 多项式 $f(x)$ 除以 $x-3$ 余式为4，除以 x^2+x-2，余式为 $2x+3$，求 $(x-3)(x^2+x-2)$ 除 $f(x)$ 所得之余式．（1995 年度台湾各大院校澳门地区招生入学甄选试乙、丁组）

25. 多项式 $p(x)$ 的常数项为2，$p(x)$ 被 x^2-1 除后的余为 $x+3$，被 $x(x^2-1)$ 除后的余式为 ax^2+bx+c，则 $a^2+b^2+c^2=$．（1999 年普通高等学校招生全国统一考试）

26. (a) 求当 $f(x)=x^9+x^8+\cdots+x+1$ 被 $x-1$ 除时的余项.

(b) 由此，求当 $x^{10}-8$ 被 $(x-1)^2$ 除时的余项．[提示：$x^{10}-1=(x^9+x^8+\cdots+x+1)(x-1)$]（1998 年澳门大学招生入学甄选试数 A）

27. 设有项式 $p(x)=x^5+x^4+ax^2+x+b$ 除以 x^2+x+1 所得的余式为 $x+2$，则 a =．（2006 年普通高等学校招生全国统一考试）

28. 多项式 x^3+2x^2+3x+4 除以 x^2+x+1 的余式是什么？（2001 年度台湾各大院校澳门地区招生入学甄选试 1 组）

29. 多项式 $x^4+2x^3+3x^2+4x+5$ 除以 x^2+3x+2 的余式是什么？（2001 年度台湾各大院校澳门地区招生入学甄选试 2、3 组）

30. 若多项式 $p(x)$ 被 $x-2$ 除后的余式为6，而被 $x+2$ 除后的余式是2，求 $p(x)$ 被 x^2-4 除后的余式．（2002 年普通高等学校招生全国统一考试）

31. 若 $2x+1$ 是多项式 $f(x)=8x^5-4x^3+x^2+3x+a$ 的因式，则 $f(x)$ 除以 $x-2$ 的余式是什么？（2003 年普通高等学校招生全国统一考试）

32. 已知多项式 $p(x)$ 被 x^2+1 除后的余式为 $2x-3$，并且 $p(0)=0$，那么 $p(x)$ 被 $x(x^2+1)$ 除后的余式是什么？（2004 年普通高等学校招生全国统一考试）

33. 用 x^2+x+1 除多项式 $x^5+2x^4-x^3+x+1$，余式是什么？（2005 年普通高等学校招生全国统一考试）

34. 若 x^3+x^2+ax+b 可被 $(x-2)$ 整除，而被 $(x+2)$ 除后的余数为12，求 a 和 b；并求方程式 $x^3+x^2+ax+b=0$ 的根．（2005 年澳门大学

招生入学甄选试数 B)

35. 若 $f(x)=x^3-2x^2-x+2$，则多项式 $g(x)=f(f(x))$ 除以 $(x-1)$ 所得之余式是什么？(2005 年度台湾各大院校澳门地区招生入学甄选试 1 组)

36. $f(x)$ 为一多项式，以 $x-2$ 除之，余 4；以 $x-3$ 除之，余 5；若以 x^2-5x+6 除之，得余式为 $ax+b$；则 $a+b=$.（2005 年度台湾各大院校澳门地区招生入学甄选试 2、3 组）

37. 若以 $2x^2-3x-2$ 除多项式 $f(x)$ 与 $g(x)$，分别得余式 $2x+3$ 与 $4x-1$，则以 $2x+1$ 除 $f(x)-g(x)$ 所得的余式是什么？(2006 年普通高等学校招生全国统一考试)

38. 若 $f(x)=x^3+ax^2+x+b$ 被 x^2+x-2 除时，其余式为 $7x-3$，求 a 和 b 的值.（2006 年澳门大学招生入学甄选试数 A）

39. 若 $f(x)=x^2+kx-2$ 能被 $x-2$ 整除，则 $f(x)$ 除以 $x+2$ 的余数是什么？(2006 年澳门大学招生入学甄选试数 B)

40. $f(x)$ 为一个四次多项式，其常数项为 0，将其除以 $x-1, x+1, x-2, x+2$ 均余 4，则 $f(x)=$.（2006 年度台湾各大院校澳门地区招生入学甄选试 2、3 组）

41. 若以 x^2-5x+6 除多项式 $f(x)$ 得余式 $2x-5$，则 $f(3)=$.（2007 年普通高等学校招生全国统一考试）

42. 设 $f(x)=ax^2-4x+b$，其中 a 和 b 为常数.

(1) 已知 $f(x)$ 可被 $x-2$ 整除. 当 $f(x)$ 除以 $x+1$ 时，余数为 3，求 $f(x)$.

(2) 求当 $f(x)$ 除以 x 时的余数.（2007 年澳门大学招生入学甄选试数 B）

43. 设多项式 $f(x)=(x+3)(x-2)+5$，若 $f(x)$ 除以 $x-k$ 之余数为 k^2，则 $k=$.（2007 年度台湾各大院校澳门地区招生入学甄选试 1 组）

44. 设 $f(x)$ 为一多项式，若 $(x+1)f(x)$ 除以 x^2+x+1 之余式为 $3x+1$，求 $f(x)$ 除以 x^2+x+1 之余式为多少？(2007 年度台湾各大院校澳门地区招生入学甄选试 2、3 组)

45. 用 $(x+2)(x-1)$ 除多项式 $p(x)=x^6+x^5+2x^3-x^2+3$，所得的余式是什么？(2008 年普通高等学校招生全国统一考试)

46. 设 $f(x)=x^3+Ax^2-4x+A$. 当 $f(x)$ 除以 $2x-1$ 时，其余数为 5.

则当$f(2x-1)$除以$2x-1$时的余数是多少？（2008 年澳门大学招生入学甄选试数 B）

47. 若x^3+ax^2+x+b能被x^2-x-2整除，求 a 和 b.（2008 年澳门大学招生入学甄选试数 A）

[**注**] 本文原刊登于《澳门数学教育》第 11 期（2013 年），此中已作补充和修改.

运用因式分解结合质因数求方程的整数解

邓海棠

今天，一个高二的学生过来跟我说："对于 $\frac{3}{7}=\frac{1}{m}+\frac{1}{n}$ 这个式子，如果 m, n 都是正整数，那么答案应该是什么呢？我和我妈妈用计算器把 m, n 由 1 到 451 都演算过了，还没有找到答案呢！"

我看了看，这是一道涉及正整数解的方程问题．求解这类问题，一般都是运用因式分解结合质因数的方法去讨论解决．

解：由 $\frac{3}{7}=\frac{1}{m}+\frac{1}{n}$，得 $\frac{3}{7}=\frac{m+n}{mn}$，得 $3mn=7m+7n$，得 $9mn-21m-21n=0$，

得 $(3m-7)(3n-7)=49$，因为 m, n 都是正整数，又 $49=1\times49=7\times7=49\times1$，得

$3m-7=$	1	7	49
$3n-7=$	49	7	1
$m=$	$\frac{56}{3}$	$\frac{14}{3}$	$\frac{8}{3}$
$n=$	$\frac{8}{3}$	$\frac{14}{3}$	$\frac{56}{3}$

从中可以看到，对于 $\frac{3}{7}=\frac{1}{m}+\frac{1}{n}$ 这个式子，不存在 m, n 都是正整数的解！那个学生不禁倒吸了一口凉气．

这就是说，那学生和他妈妈即使用计算器算到地老天荒，把所有正整

数全部代入演算一遍，也不能得到 m，n 都是正整数的解！

不妨退一步，如果把条件放宽考虑，是否存在 m，n 都是正整数以外的其他整数解呢？

由 $49=(-1)\times(-49)=(-7)\times(-7)=(-49)\times(-1)$，得

$3m-7=$	-1	-7	-49
$3n-7=$	-49	-7	-1
$m=$	2	0	-14
$n=$	-14	0	2

显然，m，n 都是 0 时，$\frac{3}{7}=\frac{1}{m}+\frac{1}{n}$ 无意义.

可见，正整数以外，$\frac{3}{7}=\frac{1}{2}+\frac{1}{-14}$ 或 $\frac{3}{7}=\frac{1}{-14}+\frac{1}{2}$.

当然，再退一步，如果不是局限于整数解的话，$\frac{3}{7}=\frac{1}{m}+\frac{1}{n}$ 将会有无数多组解.

问题得到解决，那个学生当然是满意离开．静心而思，是否教学中存在某些环节或者是知识点的缺失，导致了这个学生（和他妈妈）运用如此的笨拙办法来解决问题呢？即使如此，也许，这反而激发了他（们）寻求答案的好奇心！

其实，这类求正整数解的方程问题，在台湾的高考试题甚至竞赛中屡见不鲜．如

例 1：求满足 $\frac{1}{x}+\frac{1}{y}=\frac{1}{97}$ 的所有正整数对 (x,y).［2002 年度台湾各大学校院港澳区招生入学甄试数学科试题（2、3 组）］

解：由 $\frac{1}{x}+\frac{1}{y}=\frac{1}{97}$，得 $\frac{x+y}{xy}=\frac{1}{97}$，得 $xy=97x+97y$，得 $xy-97x-97y=0$，

得 $(x-97)(y-97)=97^2$，因为 x，y 都是正整数，97 是质数，

又 $97^2=1\times97^2=97\times97=97^2\times1$，得

$x-97=$	1	97	97^2
$y-97=$	97^2	97	1
$x=$	98	194	9506
$y=$	9506	194	98

从而所求的满足 $\frac{1}{x}+\frac{1}{y}=\frac{1}{97}$ 的所有正整数对 (x,y) 为（98，9506），（194，194），（9506，98）.

当然，除了上述方法之外，此题也可以考虑用下面的方法进行求解.

另解：由 $\frac{x+y}{xy}=\frac{1}{97}$，因为 97 是质数，不妨设 $x=97a, a\in N^+$；

$\Rightarrow y=\frac{97a}{a-1}$，因为 $a, a-1$ 为一奇一偶，要使 y 为整数，

当且仅当 $\frac{a}{a-1}$ 为整数或 $a-1=97$，

易知 $a=2$ 或 $a=98$，即 $\begin{cases}x=98\\y=9506\end{cases}$ 或 $\begin{cases}x=194\\y=194\end{cases}$ 或 $\begin{cases}x=9506\\y=98\end{cases}$.

从而所求的满足 $\frac{1}{x}+\frac{1}{y}=\frac{1}{97}$ 的所有正整数对 (x,y) 为（98，9506），（194，194），（9506，98）.

这不失为一种有效解决类似问题的不错方案.

例 2 若 m 和 $\frac{m^2-m+5}{m+1}$ 都是正整数，求 m. ［1998 年度台湾各大学校院在港澳区招生入学甄试数学科试题（甲、丙组）］

解：因为 $\frac{m^2-m+5}{m+1}=\frac{m(m+1)-2(m+1)+7}{m+1}=m-2+\frac{7}{m+1}$，

由已知，m 和 $\frac{m^2-m+5}{m+1}$ 都是正整数，所以 $\frac{7}{m+1}$ 必须是正整数.

仿照上例的另解，又知质数 $7=1\times7=7\times1$，

但 $m+1\in N^*$ 且 $m+1>1$，从而 $m+1=7$，得 m=6 .

如果把题设条件的“正整数”放宽为“整数”，因为质数 $7=(-1)\times(-7)=(-7)\times(-1)$，

得 $m+1=-7$ 时，$m=-6$；$m+1=-1$ 时，$m=-2$.

运用因式分解结合质因数的方法，还可以解决下面这种题目.

例 3 试求方程式 $(x+2y+1)(3x+5y+2)=12$ 共有多少组整数解？［2001 年度台湾各大学校院港澳区招生入学甄试数学科试题（2、3 组）］

解：因为 $12=(\pm 2)^2\times(\pm 3)=(\pm 1)\times(\pm 12)=(\pm 2)\times(\pm 6)=(\pm 3)\times(\pm 4)$，

所以 $(x+2y+1)(3x+5y+2)=12$ 的整数解有 $4\times 3=12$ 组．而事实上，有

$x+2y+1=$	1	2	3	4	6	12	−1	−2	−3	−4	−6	−12
$3x+5y+2=$	12	6	4	3	2	1	−12	−6	−4	−3	−2	−1
$x=$	20	3	−6	−13	−25	−57	−18	−1	8	15	27	59
$y=$	−10	−1	4	8	15	34	8	−1	−6	−10	−17	−36

从上表中可以知道，方程式 $(x+2y+1)(3x+5y+2)=12$ 没有 x，y 都是正整数的解.

数学是一门严谨的科学，教师在教学中就要体现出它的严谨性．让学生渐渐养成缜密的思维方式，它体现在教师课堂的用语、思考方式、以及解决问题的习惯．它还体现在学生的答题习惯的养成．通过以上三个例题的求解之石，相信能够给有关人士以攻玉之效.

现提供以下两道相关知识点的题目让大家试试运用因式分解结合质因数求方程的整数解的方法：

1. 满足 $\frac{1}{x}+\frac{1}{y}=\frac{1}{2007}$ 的正整数数对 (x,y) 共有________组.（台湾地区高中数学竞赛个人赛 −2007 第三回合） （答案：15）

2. 试问 $\frac{1}{x}+\frac{1}{y}=\frac{1}{2008}$ 共有多少组正整数解？［2008 年度台湾各大学校院港澳区招生入学甄试数学科试题（2、3 组）］ （答案：21）

［**注**］本文原刊登于《澳门教育》2014 年第 1 期（总第 239 期），此中已作补充和修改.

也谈韦达定理的推广应用

邓海棠

韦达定理可以广泛应用于中学数学的一元二次及一元高次相关的方程、函数、不等式、多项式、圆锥曲线与直线的相交弦长度的求解中，而且效果显著，精妙绝伦.

在一元二次方程 $ax^2+bx+c=0(a,b,c\in R,a\neq 0)$ 中，两根 x_1,x_2 有如下关系：

$$x_1+x_2=-\frac{b}{a},\ x_1x_2=\frac{c}{a}.$$

法国数学家弗朗索瓦·韦达（François Viète）于 1615 年在著作《论方程的识别与订正》中提出了这条定理，并改进了三、四次方程的解法，还对指数 n=2、3 的情形，建立了方程根与系数之间的关系. 由于韦达最早发现代数方程的根与系数之间有这种关系，人们把这个关系称为**韦达定理**. 而且，无论方程有无实数根，实系数一元二次方程的根与系数之间的关系都适用韦达定理.

根与系数之间的关系式可以推证如下：

由一元二次方程求根公式得：$x_{1,2}=\dfrac{-b\pm\sqrt{b^2-4ac}}{2a}$,

则有：$x_1+x_2=\dfrac{-b+\sqrt{b^2-4ac}}{2a}+\dfrac{-b-\sqrt{b^2-4ac}}{2a}=-\dfrac{b}{a}$,

$$x_1x_2=\frac{-b+\sqrt{b^2-4ac}}{2a}\times\frac{-b-\sqrt{b^2-4ac}}{2a}=\frac{c}{a}.$$

从上述的推证过程中可以看到，韦达定理与一元二次方程的根的判别式 $\Delta=b^2-4ac$［其中：a，b，c 分别为一元二次方程 $ax^2+bx+c=0(a,b,c\in R,a\neq 0)$ 的二次项系数，一次项系数和常数项］的关系更是密不可分.

韦达定理的逆定理“如果两数 α 和 β 满足如下关系：$\alpha+\beta=-\dfrac{b}{a}$，$\alpha\beta=\dfrac{c}{a}$，那么这两个数 α 和 β 是一元二次方程 $ax^2+bx+c=0(a,b,c\in R,a\neq 0)$ 的根.”

通过韦达定理的逆定理，可以利用两数的和与积的关系构造一元二次方程.

韦达定理在求根的对称函数，讨论二次方程根的符号、解对称方程组以及解一些有关二次曲线的问题都凸显出独特的作用．韦达定理不仅可以说明一元二次方程根与系数的关系，还可以推广说明一元 n 次方程根与系数的关系.

一般地，对一个一元 n 次方程 $\sum a_ix^i=0$，其根记为 x_i，则有：

$$\sum x_i=(-1)^1\frac{a_{n-1}}{a_n},\ \sum x_ix_j=(-1)^2\frac{a_{n-2}}{a_n},\ \cdots,\ \Pi x_i=(-1)^n\frac{a_0}{a_n},$$

其中 $\sum$ 是求和，Π 是求积，$i,j\in\{1,2,3,\cdots,n\}$.

下面就通过一些例子说明韦达定理的推广应用.

1. 用于求直线与圆锥曲线的交点弦长

例 1 过双曲线 $\dfrac{x^2}{3}-\dfrac{y^2}{6}=1$ 的右焦点 F_2，倾斜角为 30°的直线交双曲线于 A，B 两点，求 $|AB|$.

解：如图，由双曲线的方程，得两焦点分别为 $F_1(-3,0)$，$F_2(3,0)$.

因为直线 AB 的倾斜角是 30°，且直线经过右焦点 F_2，

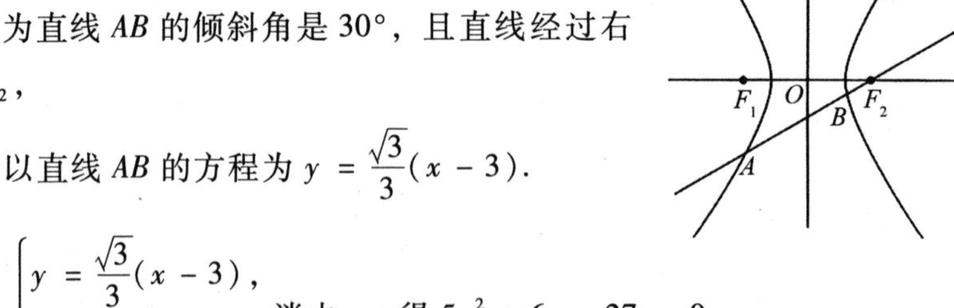

所以直线 AB 的方程为 $y=\dfrac{\sqrt{3}}{3}(x-3)$.

由 $\begin{cases} y=\dfrac{\sqrt{3}}{3}(x-3), \\ \dfrac{x^2}{3}-\dfrac{y^2}{6}=1. \end{cases}$ 消去 y，得 $5x^2+6x-27=0$.

解这个方程得 $x_1=-3, x_2=\frac{9}{5}$.

将 x_1, x_2 的值代入 $y=\frac{\sqrt{3}}{3}(x-3)$ 得 $y_1=-2\sqrt{3}, y_2=-\frac{2\sqrt{3}}{5}$.

于是，A，B 两点的坐标分别为 $(-3,\ -2\sqrt{3})$，$\left(\frac{9}{5},\ -\frac{2\sqrt{3}}{5}\right)$.

所以，$|AB|=\sqrt{(x_1-x_2)^2+(y_1-y_2)^2}=\sqrt{\left(-3-\frac{9}{5}\right)^2+\left(-2\sqrt{3}+\frac{2\sqrt{3}}{5}\right)^2}=\frac{16}{5}\sqrt{3}$.

以上是人民教育出版社课程教材研究所中学数学课程教材研究开发中心编著的2007年2月第2版、2014年12月第25次印刷的人教A版《普通高中课程标准实验教科书数学选修2－1》第60页的例题6及其解法.

而实际上，这道题目应用韦达定理来求解，就不用计算 A，B 两点的坐标，能够减少运算量，降低出错的概率，可谓效果显著，精妙绝伦. 用韦达定理来另解如下：

解：由双曲线的方程，得两焦点分别为 $F_1(-3,\ 0)$，$F_2(3,\ 0)$.

因为直线 AB 的倾斜角是30°，且直线经过右焦点 F_2，

所以直线 AB 的方程为 $y=\frac{\sqrt{3}}{3}(x-3)$.

由 $\begin{cases} y=\frac{\sqrt{3}}{3}(x-3), \\ \frac{x^2}{3}-\frac{y^2}{6}=1. \end{cases}$ 消去 y，得 $5x^2+6x-27=0$.

由韦达定理，得 $x_1+x_2=-\frac{6}{5}, x_1x_2=-\frac{27}{5}$.

所以，$|AB|=\sqrt{1+k^2}\ \sqrt{(x_1+x_2)^2-4x_1x_2}=\sqrt{1+\left(\frac{\sqrt{3}}{3}\right)^2}\sqrt{\left(-\frac{6}{5}\right)^2-4\left(-\frac{27}{5}\right)}=\frac{16}{5}\sqrt{3}$.

例2 斜率为1的直线 l 经过抛物线 $y^2=4x$ 的焦点 F，且与抛物线相交于 A，B 两点，求线段 AB 的长.

解：如图，由题意可知，$p=2$，$\frac{p}{2}=1$，焦点 $F(1,\ 0)$，准线 $A'B'$

为：x = -1.

设 $A(x_1, y_1)$，$B(x_2, y_2)$，A，B 到准线 $A'B'$ 的距离分别为 d_A，d_B，由抛物线定义可知

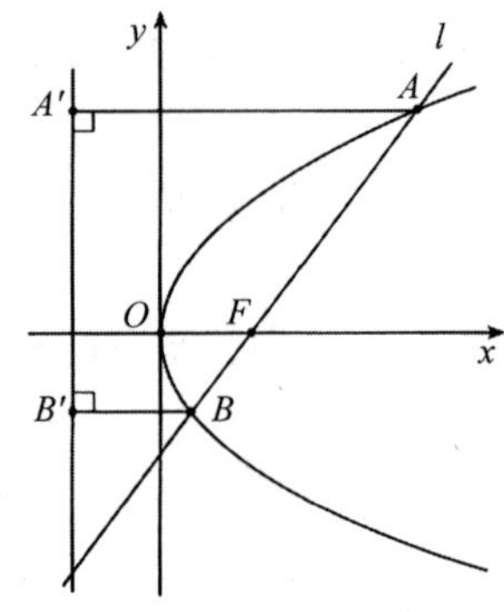

$|AF| = d_A = x_1 + 1$，$|BF| = d_B = x_2 + 1$，

于是，$|AB| = |AF| + |BF| = x_1 + x_2 + 2$.

由已知得抛物线的焦点为 $F(1, 0)$，

所以直线 AB 的方程为 $y = x - 1$.

将 $y = x - 1$ 代入方程 $y^2 = 4x$，得 $(x-1)^2 = 4x$，

化简得 $x^2 - 6x + -1 = 0$.

由求根公式得 $x_1 = 3 + 2\sqrt{2}, x_2 = 3 - 2\sqrt{2}$，

于是 $|AB| = x_1 + x_2 + 2 = 8$.

所以线段 AB 的长是 8.

这是人民教育出版社课程教材研究所中学数学课程教材研究开发中心编著的 2007 年 2 月第 2 版、2014 年 12 月第 25 次印刷的人教 A 版《普通高中课程标准实验教科书数学选修 2-1》第 69 页的例题 4 及其解法．这种数形结合的解题方法很好地体现了代数与几何密不可分的鱼水关系.

只是在得到 $x^2 - 6x + -1 = 0$ 之后，如果不用求根公式去计算 $x_1 = 3 + 2\sqrt{2}, x_2 = 3 - 2\sqrt{2}$，转而用韦达定理得 $x_1 + x_2 = -\frac{6}{1} = 6$，立刻就得 $|AB| = x_1 + x_2 + 2 = 8$ 了．自然是更快捷简明了.

附上练习题如下：

（1）过椭圆 $\frac{x^2}{16} + \frac{y^2}{12} = 1$ 的右焦点且斜率为 -2 的直线与椭圆交于 A，B 两点，求线段 AB 的长.

（2）过抛物线 $y^2 = 4x$ 的焦点 F 的直线交抛物线于 A，B 两点，O 为坐标原点．若 $|AF| = 3$，求 ΔAOB 的面积.

2. 用于求解、求证与方程的根相关的题目

例 3　（1959 年波兰数学竞赛题）如果整系数方程 $ax^2 + bx + c = 0(a, b, c \in Z, a \neq 0)$ 有有理根.

求证：a, b, c 中至少有一个是偶数.

解：由 $ax^2+bx+c=0(a,b,c\in Z,a\neq 0)$，

令 $x=\frac{t}{a}$，得 $a\left(\frac{t}{a}\right)^2+b\left(\frac{t}{a}\right)+c=0$，得 $t^2+bt+ac=0$.

由韦达定理知 $t^2+bt+ac=0$ 的两个根 t_1,t_2 满足：$t_1+t_2=-b$，$t_1t_2=ac$，

从而 $abc=-t_1t_2(t_1+t_2)$.

若 x 是有理数，则 $t=ax$ 也是有理数.

从而，$t^2+bt+ac=0$ 与 $ax^2+bx+c=0$ 一样有有理根.

若最高次项的系数为 1 的整系数方程有有理根，则这个根必为整数.

所以，$t^2+bt+ac=0$ 有整数根 t_1,t_2.

又对任意整数 t_1,t_2，数 t_1,t_2 和 t_1+t_2 中至少有一个是偶数.

故而 $abc=-t_1t_2(t_1+t_2)$ 必为偶数，

由此得证 a,b,c 中至少有一个是偶数.

例 4 （1899 年匈牙利数学竞赛题）设 x_1,x_2 是方程 $x^2-(a+d)x+(ad-bc)=0$ 的根.

求证：x_1^3,x_2^3 是方程 $y^2-(a^3+d^3+3abc+3bcd)y+(ad-bc)^3=0$ 的根.

解：因为 x_1,x_2 是方程 $x^2-(a+d)x+(ad-bc)=0$ 的根，

由韦达定理得 $x_1+x_2=a+d$，$x_1x_2=ad-bc$.

所以 $x_1^3+x_2^3=(x_1+x_2)^3-3x_1x_2(x_1+x_2)=(a+d)^3-3(ad-bc)(a+d)$

$=(a+d)[(a+d)^2-3(ad-bc)]=(a+d)[a^2-ad+d^2+3bc]=a^3+d^3+3abc+3bcd$，

$x_1^3x_2^3=(x_1x_2)^3=(ad-bc)^3$.

而方程 $y^2-(a^3+d^3+3abc+3bcd)y+(ad-bc)^3=0\Leftrightarrow y^2-(x_1^3+x_2^3)y+x_1^3x_2^3=0$，

根据韦达定理的逆定理可以利用两数的和与积的关系构造一元二次方程，得证 x_1^3，x_2^3 是方程 $y^2-(a^3+d^3+3abc+3bcd)y+(ad-bc)^3=0$ 的根.

例 5 （1952 年波兰数学竞赛题）若方程 $x^3+ax^2+bx+c=0$ 有三个成等差数列的实数根，确定实数 a,b,c 要满足的充要条件.

解：设方程 $x^3+ax^2+bx+c=0$ 的三个根为 x_1,x_2,x_3，

由韦达定理得 $x_1+x_2+x_3=-a$，$x_1x_2+x_1x_3+x_2x_3=b$.

由于三个实数根成等差数列，所以 $x_1+x_3=2x_2$.

由 $x_1+x_2+x_3=-a$ 及 $x_1+x_3=2x_2$，得 $x_2=-\frac{a}{3}$，从而 $x_1+x_3=-\frac{2}{3}a$.

把 $x_2=-\frac{a}{3}$ 代入方程 $x^3+ax^2+bx+c=0$，得 $\left(-\frac{a}{3}\right)^3+a\left(-\frac{a}{3}\right)^2+b\left(-\frac{a}{3}\right)+c=0$，

化简得 $2a^3-9ab+27c=0$.

由 $x_1x_2+x_1x_3+x_2x_3=b$，$x_2=-\frac{a}{3}$ 及 $x_1+x_3=-\frac{2}{3}a$，

得 $x_1x_3=b-x_2(x_1+x_3)=b-2\left(-\frac{2}{3}a\right)^2=b-\frac{2}{9}a^2$.

根据韦达定理的逆定理可以利用两数的和与积的关系构造一元二次方程，知 x_1,x_3 是方程 $x^2+\frac{2}{3}ax+b-\frac{2}{9}a^2=0$ 的两个根，

而这个方程有实数根的充要条件是 $\Delta=\left(\frac{2}{3}a\right)^2-4\left(b-\frac{2}{9}a^2\right)\geqslant 0$，得 $a^2-3b\geqslant 0$.

故而，若方程 $x^3+ax^2+bx+c=0$ 有三个成等差数列的实数根，实数 a,b,c 要满足的充要条件是 $2a^3-9ab+27c=0$ 及 $a^2-3b\geqslant 0$.

例 6　（1984 年美国数学竞赛题）设四次方程 $x^4-18x^3+ax^2+200x-1984=0$ 的四个根中，有两个根的乘积为 -32，求 a 的值.

解：设方程 $x^4-18x^3+ax^2+200x-1984=0$ 的四个根为 x_1,x_2,x_3,x_4，由韦达定理得

$$\begin{cases}x_1+x_2+x_3+x_4=18,\\x_1x_2+x_1x_3+x_1x_4+x_2x_3+x_2x_4+x_3x_4=a,\\x_1x_2x_3+x_1x_3x_4+x_1x_2x_4+x_2x_3x_4=-200,\\x_1x_2x_3x_4=-1984.\end{cases}$$

依题意的四个根中，有两个根的乘积为 -32，不妨设 $x_1x_2=-32$，

代入 $x_1x_2x_3x_4=-1984$，得 $x_3x_4=\frac{-1984}{-32}=62$，

把 $x_1x_2=-32$ 及 $x_3x_4=\frac{-1984}{-32}=62$ 代入 $x_1x_2x_3+x_1x_3x_4+x_1x_2x_4+x_2x_3x_4=-200$,

得 $x_1x_2(x_3+x_4)+(x_1+x_2)x_3x_4=-200$,

$-32(x_3+x_4)+62(x_1+x_2)=-200$,

$31(x_1+x_2)-16(x_3+x_4)=-100$,

联立 $x_1+x_2+x_3+x_4=18$ 与 $31(x_1+x_2)-16(x_3+x_4)=-100$,

解得 $x_1+x_2=4$, $x_3+x_4=14$.

由 $x_1x_2+x_1x_3+x_1x_4+x_2x_3+x_2x_4+x_3x_4=a$,

得 $a=x_1x_2+x_1x_3+x_1x_4+x_2x_3+x_2x_4+x_3x_4=x_1x_2+x_1(x_3+x_4)+x_2(x_3+x_4)+x_3x_4=x_1x_2+(x_1+x_2)(x_3+x_4)+x_3x_4=-32+4\times14+62=86$.

即所求 a 的值为 86.

例 7　(1983 年美国数学竞赛题) 设 a 与 b 均为实数，且 $2a^2<5b$.

求证：方程 $x^5+ax^4+bx^3+cx^2+dx+e=0$ 的根不可能都是实数.

证明：假设方程 $x^5+ax^4+bx^3+cx^2+dx+e=0$ 的五个根 x_1,x_2,x_3,x_4,x_5 都是实数，

由韦达定理的推广式即根与系数的关系式，得

$x_1+x_2+x_3+x_4+x_5=-a$,

及 $x_1x_2+x_1x_3+x_1x_4+x_1x_5+x_2x_3+x_2x_4+x_2x_5+x_3x_4+x_3x_5+x_4x_5=b$.

由 $2a^2<5b$,

得 $2(x_1+x_2+x_3+x_4+x_5)^2<5(x_1x_2+x_1x_3+x_1x_4+x_1x_5+x_2x_3+x_2x_4+x_2x_5+x_3x_4+x_3x_5+x_4x_5)$,

得 $2(x_1^2+x_2^2+x_3^2+x_4^2+x_5^2)<x_1x_2+x_1x_3+x_1x_4+x_1x_5+x_2x_3+x_2x_4+x_2x_5+x_3x_4+x_3x_5+x_4x_5$.　①

另一方面，$x_1^2+x_2^2\geqslant2|x_1x_2|\geqslant2x_1x_2$,

$x_1^2+x_3^2\geqslant2|x_1x_3|\geqslant2x_1x_3$,

$x_1^2+x_4^2\geqslant2|x_1x_4|\geqslant2x_1x_4$,

$x_1^2+x_5^2\geqslant2|x_1x_5|\geqslant2x_1x_5$,

$x_2^2+x_3^2\geqslant2|x_2x_3|\geqslant2x_2x_3$,

……

$x_4^2+x_5^2\geqslant 2|x_4x_5|\geqslant 2x_4x_5$，

累加得 $4(x_1^2+x_2^2+x_3^2+x_4^2+x_5^2)\geqslant 2(x_1x_2+x_1x_3+x_1x_4+x_1x_5+x_2x_3+x_2x_4+x_2x_5+x_3x_4+x_3x_5+x_4x_5)$，

即 $2(x_1^2+x_2^2+x_3^2+x_4^2+x_5^2)\geqslant x_1x_2+x_1x_3+x_1x_4+x_1x_5+x_2x_3+x_2x_4+x_2x_5+x_3x_4+x_3x_5+x_4x_5$.　②

显然，①与②是互相矛盾的！

所以，假设不成立！

从而，原命题成立！

即方程 $x^5+ax^4+bx^3+cx^2+dx+e=0$ 的五个根 x_1,x_2,x_3,x_4,x_5 不可能都是实数.

3. 用于求解整系数一元 n 次多项式的题目

例 8　设 $f(x)=x^n+a_1x^{n-1}+a_2x^{n-2}+\cdots+a_{n-1}x+a_n$，其中 $a_i\in\{-1,1\},i=1,2,\cdots,n$，若 $f(x)=0$ 的根都是实数，求所有的 n 与对应的 $f(x)$ 解析式.

解：设 $f(x)=0$ 的根是 $x_1,x_2,x_3,\cdots,x_n$，由韦达定理的推广式即根与系数的关系式，

$$\text{得}\begin{cases}x_1+x_2+\cdots+x_n=-a_1,\\x_1x_2+x_1x_3+\cdots+x_{n-1}x_n=a_2,\\\vdots\\x_1x_2\cdots x_n=(-1)^na_n.\end{cases}$$

得 $x_1^2+x_2^2+\cdots+x_n^2=(x_1+x_2+\cdots+x_n)^2-2(x_1x_2+x_1x_3+\cdots+x_{n-1}x_n)=a_1^2-2a_2\geqslant 0$.

$\because a_i\in\{-1,1\},i=1,2,\cdots,n$,

$\therefore a_1=1,a_2=-1$.

得 $x_1^2+x_2^2+\cdots+x_n^2=1^2-2\times(-1)=3$,

由均值不等式得 $\dfrac{3}{n}=\dfrac{x_1^2+x_2^2+\cdots+x_n^2}{n}\geqslant\sqrt[n]{(x_1x_2\cdots x_n)^2}=\sqrt[n]{|a_n|^2}=1$.　①

得 $n\leqslant 3$.

当 $n=1$ 时，$f(x)$ 满足题目条件的有 $x+1$ 及 $x-1$.

当 $n=2$ 时，从 x^2-x+1，x^2-x-1，x^2+x+1，x^2+x-1 中检验，满足题目条件的有 x^2+x-1 及 x^2-x-1.

当 $n=3$ 时，①式等号成立，其充分且必要条件是 $|x_1|=|x_2|=|x_3|=1$.

从 $(x-1)^3$，$(x+1)^3$，$(x-1)^2(x+1)$，$(x-1)(x+1)^2$ 中检验，满足题目条件的有 $(x-1)^2(x+1)=x^3-x^2-x+1$ 及 $(x+1)^2(x-1)=x^3+x^2-x-1$.

综上所述，可得 $n=1$ 时，$f(x)=x+1$ 或者 $f(x)=x-1$；

$n=2$ 时，$f(x)=x^2+x-1$ 或者 $f(x)=x^2-x-1$；

$n=3$ 时，$f(x)=x^3-x^2-x+1$ 或者 $f(x)=x^3+x^2-x-1$.

4. 用于处理不解方程的求值

例 9　已知方程 $2x^2+3x-1=0$ 的两个根是 x_1，x_2，不解方程，求下列各式的值：

(1) $x_1^2+x_2^2$；(2) x_1-x_2；(3) $\frac{x_2}{x_1^2}+\frac{x_1}{x_2^2}$.

解：已知方程 $2x^2+3x-1=0$ 的两个根是 x_1，x_2，由韦达定理即根与系数的关系式得

$$x_1+x_2=-\frac{3}{2},\ x_1x_2=-\frac{1}{2}.$$

(1) $x_1^2+x_2^2=(x_1+x_2)^2-2x_1x_2=\left(-\frac{3}{2}\right)^2-2\times\left(-\frac{1}{2}\right)=\frac{13}{4}$；

(2) 由 $(x_1-x_2)^2=(x_1+x_2)^2-4x_1x_2=\left(-\frac{3}{2}\right)^2-4\times\left(-\frac{1}{2}\right)=\frac{17}{4}$；

得 $x_1-x_2=\pm\frac{\sqrt{17}}{2}$；

(3) $\frac{x_2}{x_1^2}+\frac{x_1}{x_2^2}=\frac{x_2^3+x_1^3}{x_1^2x_2^2}=\frac{(x_1+x_2)(x_1^2-x_1x_2+x_2^2)}{x_1^2x_2^2}$

$$=\frac{(x_1+x_2)[(x_1+x_2)^2-3x_1x_2]}{(x_1x_2)^2}.$$

$$=\frac{\left(-\frac{3}{2}\right)\left[\left(-\frac{3}{2}\right)^2-3\left(-\frac{1}{2}\right)\right]}{\left(-\frac{1}{2}\right)^2}=-\frac{45}{2}.$$

例 10 （1）已知一个一元二次方程的根分别是 $\frac{4}{3}$，-5，求这个方程；

（2）不解方程 $2x^2+2x-3=0$，求作一个一元二次方程，使它的根分别是原方程各根的一半.

解：（1）设所求方程为 $x^2+px+q=0$，由韦达定理得它的两个根分别为 $x_1=\frac{4}{3}$，$x_2=-5$.

则 $p=-(x_1+x_2)=-\left[\frac{4}{3}+(-5)\right]=\frac{11}{3}$，

$q=x_1x_2=\frac{4}{3}\cdot(-5)=-\frac{20}{3}$.

所求方程为 $x^2+\frac{11}{3}x-\frac{20}{3}=0$，即 $3x^2+11x-20=0$.

（2）设所求方程为 $y^2+py+q=0$，它的两个根分别为 y_1，y_2；方程 $2x^2+2x-3=0$ 的两个根分别为 x_1，x_2.

由韦达定理得 $x_1+x_2=-1$，$x_1x_2=-\frac{3}{2}$. 又 $y_1=\frac{1}{2}x_1$，$y_2=\frac{1}{2}x_2$.

得 $p=-(y_1+y_2)=-\frac{1}{2}(x_1+x_2)=\frac{1}{2}$，

$q=y_1y_2=\frac{1}{2}x_1\cdot\frac{1}{2}x_2=-\frac{3}{8}$

所求方程为 $y^2+\frac{1}{2}y-\frac{3}{8}=0$，即 $8y^2+4y-3=0$.

5. 用于求解一元二次不等式

对于一元二次不等式，其一般形式为 $ax^2+bx+c>0(a,b,c\in R,a\neq 0)$，由于 $ax^2+bx+c=a\left(x+\frac{b}{2a}\right)^2-\frac{b^2-4ac}{4a}$，

故而（1）当 $b^2-4ac>0$ 时，有 $ax^2+bx+c=a(x-x_1)(x-x_2)$（设 $x_1<x_2$），如果 $a>0$，则 $ax^2+bx+c>0$ 解集是 $\{x|x<x_1$ 或 $x>x_2\}$；如果 $a<0$，则 $ax^2+bx+c>0$ 解集是 $\{x|x_1<x<x_2\}$.

（2）当 $b^2-4ac=0$ 时，$a>0$，则 $ax^2+bx+c>0$ 解集是 $\left\{x\middle|x\in R \text{ 且 } x\neq-\frac{b}{2a}\right\}$，$a<0$，则解集为空集.

（3）当 $b^2-4ac<0$ 时，如果 a＞0，则 $ax^2+bx+c>0$ 解集是 R；如果 a＜0，则 $ax^2+bx+c>0$ 解集是空集.

例 11　设 a 是实数，不等式 $2x^2-12x+a\leqslant 0$ 的解集是区间 $[1,5]$，求不等式 $ax^2-12x+2\leqslant 0$ 的解集.

解：对不等式 $2x^2-12x+a\leqslant 0$ 的解集是区间 $[1,5]$，得它的两个根分别为 $x_1=1$，$x_2=5$.

由韦达定理得 $\frac{a}{2}=x_1x_2=1\times 5=5$，得 a＝10.

所以不等式 $ax^2-12x+2\leqslant 0$，即 $10x^2-12x+2\leqslant 0$，即 $5x^2-6x+1\leqslant 0$，

解得其解集为 $\left[\frac{1}{5},1\right]$.

例 12　已知一元二次不等式 $ax^2+bx+1>0$ 的解集是 $\{x|-2<x<1\}$，求 a，b 的值.

解：对不等式 $ax^2+bx+1>0$ 的解集是 $\{x|-2<x<1\}$，得它的两个根为 $x_1=-2$，$x_2=1$.

由韦达定理得：$x_1x_2=-2\times 1=-2=\frac{1}{a}\Rightarrow a=-\frac{1}{2}$，

$x_1+x_2=-2+1=-1=-\frac{b}{a}\Rightarrow b=a=-\frac{1}{2}$，

故而所求 a，b 的值分别为 $-\frac{1}{2}$，$-\frac{1}{2}$.

例 13　已知一元二次不等式 $ax^2-3x+6>4$ 的解集是 $\{x|x<1 或 x>b\}$.（1）求 a，b 的值；（2）求解不等式 $ax^2-(ac+b)x+bc<0$.

解：一元二次不等式 $ax^2-3x+6>4$ 可以化为 $ax^2-3x+2>0$，已知它的解集是 $\{x|x<1 或 x>b\}$，得它的两个根为 $x_1=1$，$x_2=b$.

（1）由韦达定理得：$x_1x_2=b\times 1=b=\frac{2}{a}\Rightarrow ab=2$，

$x_1+x_2=b+1=-\frac{-3}{a}=\frac{3}{a}\Rightarrow ab+a=3$，

解得 a＝1，b＝2 .

故而所求 a，b 的值分别为 1，2.

（2）由（1），a，b 的值分别为 1，2，

得不等式 $ax^2-(ac+b)x+bc<0$ 为 $x^2-(c+2)x+2c<0$，

因式分解得 $(x-2)(x-c)<0$；

当 $c>2$ 时，不等式 $ax^2-(ac+b)x+bc<0$ 的解集为 $(2,c)$；

当 $c<2$ 时，不等式 $ax^2-(ac+b)x+bc<0$ 的解集为 $(c,2)$；

当 $c=2$ 时，不等式 $ax^2-(ac+b)x+bc<0$ 的解集为空集.

上面 13 个例题都从各个层面、方方面面地介绍了韦达定理在一元二次及一元高次相关的方程、函数、不等式、多项式、圆锥曲线与直线的相交弦长度等等问题的解题应用，所谓熟能生巧，自能灵活运用. 同时，还需要在解题的日常环节中不断累积经验，习以为常，才能把韦达定理的精粹发挥得淋漓尽致，才能达到成功的彼岸，享受到解题当中曲折离奇、荡气回肠的臻境体验.

借助电脑的计算，可以发现这样一个现象：对于随机生成的一元 n 次多项式 $f(x)=x^n+a_1x^{n-1}+a_2x^{n-2}+\cdots+a_{n-1}x+a_n$，在复数集中最终都能分解成一次因式的乘积，一次因式的个数（包括重复因式）自然就是被分解的多项式的次数. 这揭示了复数集在代数方程中的一个重要应用：

代数基本定理：任何复系数一元 n 次多项式方程在复数域上至少有一根（n≥1）. 由此推出，n 次复系数多项式方程在复数域内有且只有 n 个根（重根按重数计算）. 代数基本定理在代数乃至整个数学中起着基础作用.

有时这个定理可表述为：任何一个非零的一元 n 次复系数多项式，都正好有 n 个复数根. 从这个定理出发，可以得到如下根与系数之间的关系的结论：

设实系数一元二次方程 $a_2x^2+a_1x+a_0=0$ 在复数集 C 内的根为 x_1，x_2，

则有 $$\begin{cases} x_1+x_2=-\dfrac{a_1}{a_2}, \\ x_1x_2=\dfrac{a_0}{a_2}. \end{cases}$$

设实系数一元三次方程 $a_3x^3+a_2x^2+a_1x+a_0=0$　①

在复数集 C 内的根为 x_1，x_2，x_3，可以得到，方程①可变形为 $a_3(x-x_1)(x-x_2)(x-x_3)=0$，展开得 $a_3x^3-a_3(x_1+x_2+x_3)x^2+a_3(x_1x_2+x_1x_3$

$+ x_2x_3)x - a_3x_1x_2x_3 = 0$ ②

联立①、②可得 $\begin{cases} x_1 + x_2 + x_3 = -\dfrac{a_2}{a_3}, \\ x_1x_2 + x_1x_3 + x_2x_3 = \dfrac{a_1}{a_3}, \\ x_1x_2x_3 = -\dfrac{a_0}{a_3}. \end{cases}$

而这个结论还可以推广到实系数一元四次、五次、……直到 n 次方程的情况. 从中，我们可以看到，韦达定理不但适用于实数范围，还能延伸到复数范围，也可谓是“伟大定理”了.

参考文献

1. 陈弘毅:《台湾高中数学竞赛试题选Ⅱ》,“中央大学” 数学系.

2. 人民教育出版社课程教材研究所中学数学课程教材研究开发中心:《普通高中课程标准实验教科书——数学（选修 2 - 1)》, 2007 年 2 月第 2 版.

3. 人民教育出版社课程教材研究所中学数学课程教材研究开发中心:《普通高中课程标准实验教科书——数学（选修 2 - 2)》, 2007 年 1 月第 2 版.

4. 暨南大学华文学院预科部:《暨南大学、华侨大学招收港澳台、海外华侨、华人及其它外籍学生考试复习丛书——数学》, 暨南大学出版社, 2007 年 7 月第 1 版.

5. 广东省教育厅编:《高中三年级数学综合训练（上)》, 广东教育出版社 1996 年版.

6. 郭立坤:《百年学典——随堂优化训练——数学（必修 5)》（配新课标人教 A 版), 南方出版传媒新世纪出版社 2012 年版.

谈谈一道复合二次根式高考题的求解

邓海棠

近日，在进行高三年级学生的台湾升大辅导班的备考工作时，看到有这样一道高考题目：计算：$\sqrt{7+\sqrt{48}}+\sqrt{7-\sqrt{48}}=$__________.

这是一道复合（重）二次根式问题的考试题．重二次根式：如果二次根式的被开方数（式）中含有二次根式，这样的式子叫作重二次根式．所谓的“复合二次根式”就是指二次根式里面套二次根式，即形如 $\sqrt{A \pm m\sqrt{B}}$. 如 $\sqrt{3-\sqrt{2}}$，$\sqrt{8+\sqrt{7}}$ 这种类型的式子就是重二次根式.

本来二次根式问题就够棘手的，现在又在根号下套根号，如此复杂的问题，如何化简？事实上，此类问题还是有规律可循的. 一般而论，对于数学问题的常规思维，是：有分母去分母，有绝对值去绝对值，有根号去根号．那么，如何有效去除这个题目中的双重根号呢？

一种解决这类问题的方案，可以考虑用平方法.

由单墫、熊斌总主编，葛军主编，华东师范大学出版社于 2013 年 6 月第 34 次印刷出版发行的《奥数教程・九年级》一书中提到：

“二次根式中套迭著二次根式，这样的式子叫作复合二次根式．遇到复杂的二次根式，通常是可以化简的．”

书中第 3 页的［例题 3］化简：$\sqrt{4-\sqrt{15}}+\sqrt{4+\sqrt{15}}$.

考虑：尝试整体平方，简化结果.

解： 令 $S=\sqrt{4-\sqrt{15}}+\sqrt{4+\sqrt{15}}$，则

$S^2=(4-\sqrt{15})+2\cdot\sqrt{(4-\sqrt{15})(4+\sqrt{15})}+(4+\sqrt{15})=8+2\sqrt{16-(\sqrt{15})^2}=10$.

于是 $S=\sqrt{10}$.

一般地，$S=\sqrt{a-\sqrt{b}}+\sqrt{a+\sqrt{b}}$，就有 $S^2=2a+2\sqrt{a^2-b}$.

运用平方法，可以对 $\sqrt{7+\sqrt{48}}+\sqrt{7-\sqrt{48}}$ 求解如下：

解：令 $S=\sqrt{7-\sqrt{48}}+\sqrt{7+\sqrt{48}}$，则

$S^2=(7-\sqrt{48})+2\cdot\sqrt{(7-\sqrt{48})(7+\sqrt{48})}+(7+\sqrt{48})=14+2\sqrt{49-(\sqrt{48})^2}=16.$

于是 $S=4$.

其实，求解这类复合二次根式问题的另外一种方法，可以运用配方法．对于重二次根式 $\sqrt{a\pm2\sqrt{b}}$，设法找到两个正数 x、y（x > y）使 $x+y=a$，$xy=b$，则 $\sqrt{a\pm2\sqrt{b}}=\sqrt{(\sqrt{x}\pm\sqrt{y})^2}=\sqrt{x}\pm\sqrt{y}$

由周红军主编、康梅红副主编，教育科学出版社和首都师范大学出版社于2013年3月第6次印刷出版发行的曲一线的《5年中考3年模拟·数学九年级·上册》的第8页上写道：

有这样一类题目：将 $\sqrt{a\pm2\sqrt{b}}$ 化简，如果你能找到两个数 m，n，使 $m^2+n^2=a$ 且 $mn=\sqrt{b}$，则将 $\sqrt{a\pm2\sqrt{b}}$ 变成 $m^2+n^2\pm2mn$，即变成 $(m\pm n)^2$ 开方，从而使得 $\sqrt{a\pm2\sqrt{b}}$ 化简.

例如：$5+2\sqrt{6}=3+2+2\sqrt{6}=(\sqrt{3})^2+(\sqrt{2})^2+2\sqrt{2}\times\sqrt{3}=(\sqrt{3}+\sqrt{2})^2$，

$\therefore\ \sqrt{5+2\sqrt{6}}=\sqrt{(\sqrt{3}+\sqrt{2})^2}=\sqrt{3}+\sqrt{2}.$

请仿照上例解下列问题：

（1）$\sqrt{5-2\sqrt{6}}$；（2）$\sqrt{4+2\sqrt{3}}$.

运用配方法，可以对 $\sqrt{7+\sqrt{48}}+\sqrt{7-\sqrt{48}}$ 求解如下：

解：$\sqrt{7+\sqrt{48}}+\sqrt{7-\sqrt{48}}$

$=\sqrt{4+3+2\cdot2\cdot\sqrt{3}}+\sqrt{4+3-2\cdot2\cdot\sqrt{3}}$

$=\sqrt{2^2+(\sqrt{3})^2+2\cdot2\cdot\sqrt{3}}+\sqrt{2^2+(\sqrt{3})^2-2\cdot2\cdot\sqrt{3}}$

$=\sqrt{(2+\sqrt{3})^2}+\sqrt{(2-\sqrt{3})^2}$

$=(2+\sqrt{3})+(2-\sqrt{3})$

$=4$.

观察到式子中“+”与“-”的对应性，本题也可以考虑用对偶法建立方程（组）来求解.

对偶：是修辞学上辞格之一，就是用句法相似的语句表现相反或相关的意思（《辞海》）. 对偶思想应用于数学解题之中便形成对偶法. 具体来说，对偶法就是在数学解题的过程中，通过合理地构造形式相似、具有某种对称关系的一对对偶关系式，并通过适当地对这对对偶关系式进行和、差、积等运算，以此来达到数学解题的目的. 在数学解题的过程中，适当地使用对偶法，往往能使问题得到巧妙的解决，收到出乎意料的效果. 实施对偶法的前提是构造对偶关系式，利用和差变换构造对偶关系式. 对于运算式 $f(x)\pm g(x)$，我们可构造运算式 $f(x)\mp g(x)$ 作为它的对偶关系式.

运用对偶法，可以对 $\sqrt{7+\sqrt{48}}+\sqrt{7-\sqrt{48}}$ 求解如下：

解：令 $A=\sqrt{7+\sqrt{48}}+\sqrt{7-\sqrt{48}}$, $B=\sqrt{7+\sqrt{48}}-\sqrt{7-\sqrt{48}}$, 显然 $A>B>0$,

则 $A+B=2\sqrt{7+\sqrt{48}}$, 变形平方得 $7+\sqrt{48}=\left(\frac{A+B}{2}\right)^2$　①

$A-B=2\sqrt{7-\sqrt{48}}$, 变形平方得 $7-\sqrt{48}=\left(\frac{A-B}{2}\right)^2$　②

把①、②两式展开相加化简得 $A^2+B^2=28$, $A^2\cdot B^2=192$,

解以 A^2, B^2 为根的一元二次方程 $x^2-(A^2+B^2)x+A^2B^2=0$,

即 $x^2-28x+192=0$, 得其两根 A^2, B^2 为 12，16，又 $A>B>0$,

从而必有 $A^2=16$, $B^2=12$, 得 $A=4$, $B=2\sqrt{3}$.

故而 $\sqrt{7+\sqrt{48}}+\sqrt{7-\sqrt{48}}=4$.

从上面的解答可以归纳概括得到求解这类复合二次根式问题的一个**公式**：

$$\sqrt{A\pm m\sqrt{B}}=\sqrt{\frac{A+\sqrt{A^2-m^2B}}{2}}\pm\sqrt{\frac{A-\sqrt{A^2-m^2B}}{2}}.$$

证明：不妨设 $x=\sqrt{A+m\sqrt{B}}+\sqrt{A-m\sqrt{B}}>0$，两边平方，得 $x^2=2A+2\sqrt{A^2-m^2B}$,

两边再开平方，得 $x=\sqrt{2A+2\sqrt{A^2-m^2B}}$,

即 $\sqrt{A+m\sqrt{B}}+\sqrt{A-m\sqrt{B}}=\sqrt{2A+2\sqrt{A^2-m^2B}}$.　①

同理，得 $\sqrt{A+m\sqrt{B}}-\sqrt{A-m\sqrt{B}}=\sqrt{2A-2\sqrt{A^2-m^2B}}$.　②

由①+②，得

$$\sqrt{A+m\sqrt{B}}=\sqrt{\frac{A+\sqrt{A^2-m^2B}}{2}}+\sqrt{\frac{A-\sqrt{A^2-m^2B}}{2}},$$

由①-②，得

$$\sqrt{A-m\sqrt{B}}=\sqrt{\frac{A+\sqrt{A^2-m^2B}}{2}}-\sqrt{\frac{A-\sqrt{A^2-m^2B}}{2}}.$$

例如在 $\sqrt{19-8\sqrt{3}}$ 中，$A=19$，$m=8$，$B=3$，由公式，得

$$\sqrt{19-8\sqrt{3}}=\sqrt{\frac{19+\sqrt{19^2-8^2\times 3}}{2}}-\sqrt{\frac{19-\sqrt{19^2-8^2\times 3}}{2}}=4-\sqrt{3}.$$

显然，当 A^2-B 恰为一完全平方式时，公式可使含有复合二次根式的代数式化为只含有一重根式的代数式.

能够入选作为高考试题，必有其代表性和典型性．深入挖掘试题的内涵和外延，回归日常教学的重点和难点，有助于我们在日常教学工作和备课中有的放矢．既让学生吃饱，也让学生吃好，更让资优生在其教育最近发展区获得最大效能的提升，这是每个教师的责任跟义务．这就需要广大的教育工作者用心备课，使学生扎实掌握知识的四基要求，细心洞悉知识点背后潜藏的考试热点与焦点，培养学生从仿造，到改造，进而创造的能力发展.

下面附上一些练习题，通过解题练习，让读者能对这种复合二次根式的求解的题目在解题过程中可以灵活自如，得心应手.

1. 化简：$2\sqrt{3-2\sqrt{2}}+\sqrt{17-12\sqrt{2}}$.

2. 设 $\sqrt{19-8\sqrt{3}}$ 的整数部分为 x，小数部分为 y，试求 $x+y+\dfrac{1}{y}$ 的值.

3. 计算 $\sqrt{25-4\sqrt{6+2\sqrt{5}}}$.

4. 化简：$\sqrt{6+\sqrt{20-8\sqrt{3}}}+\sqrt{6-\sqrt{20-8\sqrt{3}}}$.

5. 计算 $\sqrt{3+\sqrt{5}}+\sqrt{3-\sqrt{5}}$.

6. 计算 $\sqrt[3]{20+14\sqrt{2}}+\sqrt[3]{20-14\sqrt{2}}$.

附上：6 解：可以设 $x=\sqrt[3]{20+14\sqrt{2}}+\sqrt[3]{20-14\sqrt{2}}$,

则 $x^3=(\sqrt[3]{20+14\sqrt{2}}+\sqrt[3]{20-14\sqrt{2}})^3$

$=(20+14\sqrt{2})+(20-14\sqrt{2})+3\sqrt[3]{(20+14\sqrt{2})(20-14\sqrt{2})}\cdot x$

$=40+3\sqrt[3]{8}\cdot x$

$=40+6x.$

$\therefore x^3=40+6x.$

$x^3-6x-40=0,$

$(x-4)(x^2+4x+10)=0,$

$\because x^2+4x+10=(x+2)^2+6>0$

$\therefore x=4$, 即原式的结果为 4.

[注] 本文原刊登于《澳门教育》2015 年第 2 期（总第 244 期），此中已作补充和修改.

也谈二次复合根式 $\sqrt{a \pm 2\sqrt{b}}$ 的化简

郑志民

一　引例——化简 $\sqrt{7+4\sqrt{3}}$

二次复合根式 $\sqrt{7+4\sqrt{3}}$ 中的 7 可写成 $4+3=2^2+(\sqrt{3})^2$，而 $4\sqrt{3}$ 可写成 $2\times2\times\sqrt{3}$，则 $7+4\sqrt{3}$ 可变形为完全平方式 $(2+\sqrt{3})^2$，从而有

$$\sqrt{7+4\sqrt{3}}=\sqrt{2^2+2\times2\times\sqrt{3}+(\sqrt{3})^2}=\sqrt{(2+\sqrt{3})^2}=2+\sqrt{3}.$$

由解法知，可用**“配平方法”**化简二次复合根式 $\sqrt{7+4\sqrt{3}}$ 为二次（非复合）根式.

同理，可用**“配平方法”**化简二次复合根式 $\sqrt{7-4\sqrt{3}}$ 为二次（非复合）根式.

二　用配平方法化简二次复合式 $\sqrt{a \pm 2\sqrt{b}}$

如果能找到正有理数 m 和 n 使 $\sqrt{a \pm 2\sqrt{b}}$（a,b 为正有理数，b 不是完全平方数）中的 a、b 分别为 $a=m^2+n^2, \sqrt{b}=mn$，则

$$\sqrt{a \pm 2\sqrt{b}}=\sqrt{m^2 \pm 2mn+n^2}=\sqrt{(m \pm n)^2}=m \pm n,$$

（此时，设 $m>n$）达到化简的目的．这种方法称为**“配平方法”**.

［**例** 1］计算 $\sqrt{4+2\sqrt{3}}$.

［**解**］$\sqrt{4+2\sqrt{3}}=\sqrt{3+2\sqrt{3}+1}=$

$$\sqrt{(\sqrt{3})^2+2\times\sqrt{3}\times1+1^2}=\sqrt{(\sqrt{3}+1)^2}=\sqrt{3}+1.$$

＊解这个问题的关键是，要把被开方式 $4+2\sqrt{3}$ 配成 $(\sqrt{3}+1)^2$ 的形式.

那么，在什么条件下，被开方式 $a\pm2\sqrt{b}$ 可以配成完全平方的形式呢？

要使 $a\pm2\sqrt{b}$ 可以配成完全平方的形式，必须使

$a\pm2\sqrt{b}=(\sqrt{x}\pm\sqrt{y})^2$，这里 x、y 都是正有理数，并且 $x>y$.

就是

$$a\pm2\sqrt{b}=x+y\pm2\sqrt{xy}.$$

由此可得

$$\begin{cases}x+y=a,\\ xy=b.\end{cases}$$

解这个方程组，得

$$\begin{cases}x=\dfrac{a+\sqrt{a^2-4b}}{2},\\ y=\dfrac{a-\sqrt{a^2-4b}}{2};\end{cases}\text{或}\begin{cases}x=\dfrac{a-\sqrt{a^2-4b}}{2},\\ y=\dfrac{a+\sqrt{a^2-4b}}{2}.\end{cases}$$

$\because x>y$,

$$\therefore\begin{cases}x=\dfrac{a+\sqrt{a^2-4b}}{2},\\ y=\dfrac{a-\sqrt{a^2-4b}}{2}.\end{cases}$$

只有当 a^2-4b 是完全平方数时，x、y 的值才都是正有理数．这时，我们可以把 $a\pm2\sqrt{b}$ 配成完全平方的形式，就是

$$\boxed{\sqrt{a\pm2\sqrt{b}}=\sqrt{x}\pm\sqrt{y}=\sqrt{\frac{a+\sqrt{a^2-4b}}{2}}\pm\sqrt{\frac{a-\sqrt{a^2-4b}}{2}}.}$$

$\therefore a\pm2\sqrt{b}=(\sqrt{x}\pm\sqrt{y})^2$.

[**定理**] 若 a^2-4b 是完全平方数时，$a\pm2\sqrt{b}$ 可配成完全平方的形式，即 $a\pm2\sqrt{b}=(\sqrt{x}\pm\sqrt{y})^2$，其中有 $x=\dfrac{a+\sqrt{a^2-4b}}{2}$，$y=\dfrac{a-\sqrt{a^2-4b}}{2}$，则有公式

$$\boxed{\sqrt{a\pm2\sqrt{b}}=\sqrt{\frac{a+\sqrt{a^2-4b}}{2}}\pm\sqrt{\frac{a-\sqrt{a^2-4b}}{2}}.}$$

[**证明**] 设 $a \pm 2\sqrt{b} = x + y \pm 2\sqrt{xy}$,

移项，得

$$\pm 2\sqrt{xy} = (a - x - y) \pm 2\sqrt{b}. \qquad ①$$

两边平方，得

$$4xy = (a - x - y)^2 + 4b \pm 4(a - x - y)\sqrt{b},$$

$$\pm 4(a - x - y)\sqrt{b} = 4(xy - b) - (a - x - y)^2.$$

因为 b 不是完全平方数，所以 $\sqrt{b}$ 是无理数．这样，要使等式成立，必须使

$$a - x - y = 0.$$

因为，如果 $a - x - y \neq 0$, 那么

$$\sqrt{b} = \frac{4(xy - b) - (a - x - y)^2}{\pm 4(a - x - y)},$$

这就得出一个无理数与有理数相等的结论．很明显，这是不可能的.

所以 $a - x - y = 0$, 则可得 $x + y = a$.

于是，由①可得 $2\sqrt{xy} = 2\sqrt{b}$, 即 $xy = b$.

因此有 $\begin{cases} x + y = a, \\ xy = b. \end{cases}$

解这个方程组，可得

$$\begin{cases} x = \dfrac{a + \sqrt{a^2 - 4b}}{2}, \\ y = \dfrac{a - \sqrt{a^2 - 4b}}{2}; \end{cases} \text{或} \begin{cases} x = \dfrac{a - \sqrt{a^2 - 4b}}{2}, \\ y = \dfrac{a + \sqrt{a^2 - 4b}}{2}. \end{cases}$$

$\because x > y$,

$\therefore x = \dfrac{a + \sqrt{a^2 - 4b}}{2}, y = \dfrac{a - \sqrt{a^2 - 4b}}{2}$,

则

$$\boxed{\sqrt{a \pm 2\sqrt{b}} = \sqrt{x} \pm \sqrt{y} = \sqrt{\frac{a + \sqrt{a^2 - 4b}}{2}} \pm \sqrt{\frac{a - \sqrt{a^2 - 4b}}{2}}.}$$

[**例 2**] 计算 $\sqrt{7 - 2\sqrt{10}}$.

[**解**] 这里，对比根式 $\sqrt{a - 2\sqrt{b}}$, 得 $a^2 - 4b = 7^2 - 4 \times 10 = 9$, 它是

完全平方数．所以，可以把这个根式化简：

$$\sqrt{7-2\sqrt{10}}=\sqrt{5-2\times\sqrt{5}\times\sqrt{2}+2}=\sqrt{(\sqrt{5}-\sqrt{2})^2}=\sqrt{5}-\sqrt{2}.$$

[例 3] 如果 $a>1$，化简 $\sqrt{a+2\sqrt{a-1}}$.

[解] $\because\ a>1$,

$\therefore\ \sqrt{a+2\sqrt{a-1}}=\sqrt{a-1+2\sqrt{a-1}+1}=\sqrt{(\sqrt{a-1}+1)^2}=\sqrt{a-1}+1.$

当然，也有些根式，原来不是 $\sqrt{a\pm2\sqrt{b}}$ 的形式，但是通过变形，可以化成这种形式.

[例 4] 计算 $\sqrt{9+6\sqrt{2}}$.

[解] $\sqrt{9+6\sqrt{2}}=\sqrt{9+2\sqrt{18}}=\sqrt{6+2\times\sqrt{6}\times\sqrt{3}+3}=\sqrt{(\sqrt{6}+\sqrt{3})^2}=\sqrt{6}+\sqrt{3}.$

[例 5] 计算 $\sqrt{4-\sqrt{15}}$.

[解] $\sqrt{4-\sqrt{15}}=\sqrt{\dfrac{8-2\sqrt{15}}{2}}=\dfrac{\sqrt{5-2\times\sqrt{5}\times\sqrt{3}+3}}{\sqrt{2}}=\dfrac{\sqrt{(\sqrt{5}-\sqrt{3})^2}}{\sqrt{2}}=\dfrac{\sqrt{5}-\sqrt{3}}{\sqrt{2}}=\dfrac{1}{2}(\sqrt{10}-\sqrt{6}).$

[例 6] 计算 $\sqrt{14-5\sqrt{3}}$.

[解] $\sqrt{14-5\sqrt{3}}=\sqrt{14-\sqrt{75}}=\sqrt{\dfrac{28-2\sqrt{75}}{2}}=\dfrac{\sqrt{25-2\times5\times\sqrt{3}+3}}{\sqrt{2}}=\dfrac{\sqrt{(5-\sqrt{3})^2}}{\sqrt{2}}=\dfrac{5-\sqrt{3}}{\sqrt{2}}=\dfrac{1}{2}(5\sqrt{2}-\sqrt{6}).$

[例 7] 计算 $\sqrt[4]{17+12\sqrt{2}}$.

[解] $\sqrt[4]{17+12\sqrt{2}}=\sqrt{\sqrt{17+12\sqrt{2}}}=\sqrt{\sqrt{17+2\sqrt{72}}}$

$=\sqrt{\sqrt{9+2\times\sqrt{9}\times\sqrt{8}+8}}$

$=\sqrt{\sqrt{3^2+2\times3\times2\sqrt{2}+(2\sqrt{2})^2}}=\sqrt{\sqrt{(3+2\sqrt{2})^2}}$

$=\sqrt{3+2\sqrt{2}}=\sqrt{2+2\times\sqrt{2}\times1+1}=\sqrt{(\sqrt{2}+1)^2}$

$=\sqrt{2}+1.$

[**例** 8] 计算 $\sqrt{3+\sqrt{5-\sqrt{13+4\sqrt{3}}}}.$

[**解**] $\sqrt{3+\sqrt{5-\sqrt{13+4\sqrt{3}}}}=\sqrt{3+\sqrt{5-\sqrt{13+2\sqrt{12}}}}$

$=\sqrt{3+\sqrt{5-\sqrt{(\sqrt{12}+1)^2}}}$

$=\sqrt{3+\sqrt{5-(2\sqrt{3}+1)}}=\sqrt{3+\sqrt{4-2\sqrt{3}}}$

$=\sqrt{3+\sqrt{(\sqrt{3}-1)^2}}=\sqrt{3+(\sqrt{3}-1)}=\sqrt{2+\sqrt{3}}$

$=\sqrt{\dfrac{4+2\sqrt{3}}{2}}=\dfrac{\sqrt{(\sqrt{3}+1)^2}}{\sqrt{2}}=\dfrac{1}{2}(\sqrt{6}+\sqrt{2}).$

上述的 [**例** 7] 和 [**例** 8] 都是多次运用 **“配平方法”**，把二次复合根式化为二次（非复合）根式.

[**例** 9] 求 $18+12\sqrt{3}$ 之平方根.

[**解**] $\sqrt{18+12\sqrt{3}}=\sqrt{6\sqrt{3}\times\sqrt{3}+12\sqrt{3}}$

$=\sqrt{\sqrt{3}\times(12+6\sqrt{3})}$

$=\sqrt{\sqrt{3}\times(12+2\sqrt{27})}=\sqrt{\sqrt{3}\times(9+3+2\times\sqrt{9\times 3})}$

$=\sqrt[4]{3}\times\sqrt{3^2+2\times 3\times\sqrt{3}+(\sqrt{3})^2}=\sqrt[4]{3}\times\sqrt{(3+\sqrt{3})^2}$

$=\sqrt[4]{3}(3+\sqrt{3}).$

$=3\sqrt[4]{3}+\sqrt[4]{27}.$

[**例** 10] 求 $\dfrac{17}{16}+\dfrac{3}{2}\sqrt{\dfrac{1}{2}}$ 之平方根.

[**解**] 因 $\dfrac{17}{16}+\dfrac{3}{2}\sqrt{\dfrac{1}{2}}=\dfrac{17}{16}+\dfrac{3}{4}\sqrt{2}=\dfrac{1}{16}(17+12\sqrt{2})$,

$\therefore\ \sqrt{\dfrac{17}{16}+\dfrac{3}{2}\sqrt{\dfrac{1}{2}}}=\sqrt{\dfrac{1}{16}(17+12\sqrt{2})}=\dfrac{1}{4}\times\sqrt{17+2\sqrt{72}}$

$=\dfrac{1}{4}\times\sqrt{(\sqrt{9})^2+2\times\sqrt{9}\times\sqrt{8}+(\sqrt{8})^2}=\dfrac{1}{4}\times(\sqrt{9}+\sqrt{8})$

$=\dfrac{1}{4}(3+2\sqrt{2}).$

[例 11] 求 $\dfrac{1}{\sqrt{15-6\sqrt{6}}}-\dfrac{1}{\sqrt{9+6\sqrt{2}}}$ 的值.

[解] $\dfrac{1}{\sqrt{15-6\sqrt{6}}}-\dfrac{1}{\sqrt{9+6\sqrt{2}}}$

$=\dfrac{1}{\sqrt{15-2\sqrt{54}}}-\dfrac{1}{\sqrt{9+2\sqrt{18}}}$

$=\dfrac{1}{\sqrt{9-2\times\sqrt{9\times6}+6}}-\dfrac{1}{\sqrt{6-2\times\sqrt{6\times3}+3}}$

$=\dfrac{1}{\sqrt{(\sqrt{9})^2-2\times\sqrt{9}\times\sqrt{6}+(\sqrt{6})^2}}-$

$\dfrac{1}{\sqrt{(\sqrt{6})^2+2\times\sqrt{6}\times\sqrt{3}+(\sqrt{3})^2}}$

$=\dfrac{1}{3-\sqrt{6}}-\dfrac{1}{\sqrt{6}+\sqrt{3}}=\dfrac{3+\sqrt{6}}{9-6}-\dfrac{\sqrt{6}-\sqrt{3}}{6-3}=1+\dfrac{\sqrt{3}}{3}.$

[例 12] 设 $x=\dfrac{\sqrt{3}}{2}$, 求 $\dfrac{1+x}{1+\sqrt{1+x}}$ 之值.

[解] $\because x=\dfrac{\sqrt{3}}{2}$,

$\therefore \sqrt{1+x}=\sqrt{1+\dfrac{\sqrt{3}}{2}}=\sqrt{\dfrac{4+2\sqrt{3}}{4}}=\dfrac{\sqrt{3+2\times\sqrt{3}\times1+1}}{2}=\dfrac{\sqrt{3}+1}{2}$,

则 $\dfrac{1+x}{1+\sqrt{1+x}}=\dfrac{1+\dfrac{\sqrt{3}}{2}}{1+\dfrac{\sqrt{3}+1}{2}}=\dfrac{2+\sqrt{3}}{3+\sqrt{3}}=\dfrac{(2+\sqrt{3})(3-\sqrt{3})}{(3+\sqrt{3})(3-\sqrt{3})}$

$=\dfrac{6+\sqrt{3}-3}{9-3}=\dfrac{3+\sqrt{3}}{6}.$

[例 13] 求 $\sqrt{2+\sqrt{3+2\sqrt{5+12\sqrt{3+2\sqrt{2}}}}}$ 之值.

[解] 原式 $=\sqrt{2+\sqrt{3+2\sqrt{5+12(\sqrt{2}+1)}}}$

$=\sqrt{2+\sqrt{3+2\sqrt{17+2\sqrt{72}}}}$

$$=\sqrt{2+\sqrt{3+2\sqrt{3^2+2\times3\times\sqrt{8}+(\sqrt{8})^2}}}$$

$$=\sqrt{2+\sqrt{3+2(3+\sqrt{8})}}$$

$$=\sqrt{2+\sqrt{9+2\sqrt{8}}}=\sqrt{2+\sqrt{(\sqrt{8})^2+2\times\sqrt{8}\times1+1^2}}$$

$$=\sqrt{2+\sqrt{8}+1}=\sqrt{3+2\sqrt{2}}=\sqrt{2+2\times\sqrt{2}\times1+1}$$

$$=\sqrt{(\sqrt{2}+1)^2}=\sqrt{2}+1.$$

本题多次运用**“配平方法”**把二次复合根式化简为二次（非复合）根式.

类似地，形如 $\sqrt{a+2\sqrt{b}+2\sqrt{c}+2\sqrt{d}}$ 的根式（a、b、c、d 都是正有理数，b、c、d 都不是完全平方数），如果它的被开方式能够表示成完全平方式，那么这个二次复合根式也可以化简为二次（非复合）根式.

[例 14] 计算 $\sqrt{8+2\sqrt{2}+2\sqrt{5}+2\sqrt{10}}$.

[解] $\sqrt{8+2\sqrt{2}+2\sqrt{5}+2\sqrt{10}}$

$$=\sqrt{5+2+1+2\times\sqrt{5}\times\sqrt{2}+2\times\sqrt{5}\times1+2\times\sqrt{2}\times1}$$

$$=\sqrt{(\sqrt{5}+\sqrt{2}+1)^2}=\sqrt{5}+\sqrt{2}+1.$$

本题利用**“三数和的平方公式”**，把被开方式配成完全平方，从而把二次复合根式化简为二次（非复合）根式.

三　用公式法化简二次复合式 $\sqrt{a+2\sqrt{b}}$

在**“二”**的定理中，给出结论：**若 a^2-4b 是完全平方式时，$a+2\sqrt{b}$ 可配成完全平方的形式，即 $a+2\sqrt{b}=(\sqrt{x}+\sqrt{y})^2$，其中 $x=\dfrac{a+\sqrt{a^2-4b}}{2}$，而 $y=\dfrac{a-\sqrt{a^2-4b}}{2}$，从而有 $\sqrt{a\pm2\sqrt{b}}=\sqrt{x}\pm\sqrt{y}$.**

因此，我们完全可以运用关于 x，y 的上述公式把二次复合根式 $\sqrt{a+2\sqrt{b}}$ 化简为二次（非复合）根式 $(\sqrt{x}\pm\sqrt{y})$.

[例 15] 计算 $\sqrt{5+2\sqrt{6}}$.

[解] 由 $\sqrt{5+2\sqrt{6}}$ 对比根式 $\sqrt{a+2\sqrt{b}}$，知 $a=5$，$b=6$，$a^2-4b=5^2$

$-4\times6=1^2$，且∵ $x>y$，

$$\therefore\ x=\frac{a+\sqrt{a^2-4b}}{2}=\frac{5+\sqrt{5^2-4\times6}}{2}=3,$$

$$y=\frac{a-\sqrt{a^2-4b}}{2}=\frac{5-\sqrt{5^2-4\times6}}{2}=2.$$

$$\therefore\ \sqrt{5+2\sqrt{6}}=\sqrt{3}+\sqrt{2}.$$

＊本题当然可以用**“配方法”**把它化简为$\sqrt{3}+\sqrt{2}$.

[**例** 16] 化简 $\sqrt{19-4\sqrt{21}}$.

[**分析**] 本题较难找出$\sqrt{x}$和$\sqrt{y}$，因此不容易用**“配平方法”**把它化简，但是运用**“公式法”**完全可以把 $\sqrt{19-4\sqrt{21}}$（即 $\sqrt{19-2\sqrt{84}}$）化简为$2\sqrt{3}-\sqrt{7}$（其中，$a^2-4b=19^2-4\times84=25=5^2$，符合公式成立的条件）.

[**解**] 根据题意，知 $\sqrt{19-4\sqrt{21}}=\sqrt{19-2\sqrt{84}}$. 因此，对比根式$\sqrt{a-2\sqrt{b}}$，知 $a=19$，$a^2-4b=19^2-4\times84=25=5^2$，且 $x>y$，

$$\therefore x=\frac{a+\sqrt{a^2-4b}}{2}=\frac{19+\sqrt{19^2-4\times84}}{2}=\frac{19+\sqrt{25}}{2}=12,$$

$$y=\frac{a-\sqrt{a^2-4b}}{2}=\frac{19-\sqrt{19^2-4\times84}}{2}=\frac{19-\sqrt{25}}{2}=7.$$

$$\therefore\ \sqrt{19-4\sqrt{21}}=\sqrt{12}-\sqrt{7}=2\sqrt{3}-\sqrt{7}.$$

四　用构造法化简二次复合根式 $\sqrt{a+2\sqrt{b}}$

先看下面一个例题.

[**例** 17] 化简 $\sqrt{23-4\sqrt{33}}$.

[**分析**] 本题的常规解法是运用**“配平方法”**（但是此时，要找到$\sqrt{x}$和$\sqrt{y}$并非容易之事，因此**“配平方法”**并不容易实施），也可以用**“公式法”**化简（但公式不易记，因此我们不主张学生必须用**“公式法”**），更可以引进**“辅助元”**$y=\sqrt{23+4\sqrt{33}}$，即 $\sqrt{23-4\sqrt{33}}$ 的**“对偶式”**或**“共轭式”**，构造一个**“一元二次方程”**，从而可以根据**“韦达定理”**

求解之.

[**解**] 设 $x = \sqrt{23 - 4\sqrt{33}}$, $y = \sqrt{23 + 4\sqrt{33}}$, 则 $x^2 + y^2 = 46$, $xy = 1$.

$\therefore (x+y)^2 - 2xy = x^2 + y^2 = 46$, $(x+y)^2 = = x^2 + y^2 + 2xy = 46 + 2 \times 1 = 48$,

$\therefore x + y = \pm 4\sqrt{3}$.

$\because y > x > 0$, $\therefore x + y > 0$,

故取 $x + y = 4\sqrt{3}$.

由 $\begin{cases} x + y = 4\sqrt{3}, \\ xy = 1, \end{cases}$ 知

x 、y 是关于 t 的一元二次方程 $t^2 - 4\sqrt{3}t + 1 = 0$ 的两个不等实根.

由 $t^2 - 4\sqrt{3}t + 1 = 0$, 可得

$t_1 = 2\sqrt{3} + \sqrt{11}$, $t_2 = 2\sqrt{3} - \sqrt{11}$.

$\because x < y$, $\therefore$ 应取 $x = 2\sqrt{3} - \sqrt{11}$.

于是 $\sqrt{23 - 4\sqrt{33}} = 2\sqrt{3} - \sqrt{11}$.

[**例** 18] 化简 $\sqrt{7 + \sqrt{48}} + \sqrt{7 - \sqrt{48}}$.

[解法一]（配方法）

$\sqrt{7 + \sqrt{48}} + \sqrt{7 - \sqrt{48}}$

$= \sqrt{4 + 2 \times \sqrt{4} \times \sqrt{3} + 3} + \sqrt{4 - 2 \times \sqrt{4} \times \sqrt{3} + 3}$

$= \sqrt{2^2 + 2 \times 2 \times \sqrt{3} + (\sqrt{3})^2} + \sqrt{2^2 - 2 \times 2 \times \sqrt{3} + (\sqrt{3})^2}$

$= \sqrt{(2 + \sqrt{3})^2} + \sqrt{(2 - \sqrt{3})^2} = 2 + \sqrt{3} + 2 - \sqrt{3} = 4$.

[解法二]（“自身平方法”或“整体平方法”）

设 $S = \sqrt{7 + \sqrt{48}} + \sqrt{7 - \sqrt{48}}$, 则

$S^2 = (7 + \sqrt{48}) + 2\sqrt{(7 + \sqrt{48})(7 - \sqrt{48})} + (7 - \sqrt{48})$

$= 14 + 2\sqrt{49 - (\sqrt{48})^2} = 16$.

$\therefore S = \sqrt{16} = 4$.

[解法三]（公式法）

（1）$\because \sqrt{7+\sqrt{48}}=\sqrt{7+2\sqrt{12}}$，对比根式 $\sqrt{a+2\sqrt{b}}$，知

$a=7, b=12, a^2-4b=7^2-4\times 12=1^2.$

$$\therefore x=\frac{a+\sqrt{a^2-4b}}{2}=\frac{7+1}{2}=4, y=\frac{a-\sqrt{a^2-4b}}{2}=\frac{7-1}{2}=3.$$

$\therefore \sqrt{7+\sqrt{48}}=\sqrt{4}+\sqrt{3}=2+\sqrt{3}.$

（2）又 $\sqrt{7-\sqrt{48}}=\sqrt{7-2\sqrt{12}}$，同（1），可知

$$x=\frac{a+\sqrt{a^2-4b}}{2}=\frac{7+1}{2}=4, y=\frac{a-\sqrt{a^2-4b}}{2}=\frac{7-1}{2}=3.$$

$\therefore \sqrt{7-\sqrt{48}}=\sqrt{4}-\sqrt{3}=2-\sqrt{3}.$

故 $\sqrt{7+\sqrt{48}}+\sqrt{7-\sqrt{48}}=2+\sqrt{3}+2-\sqrt{3}=4.$

[解法四]（构造法）

设 $A=\sqrt{7+\sqrt{48}}+\sqrt{7-\sqrt{48}}, B=\sqrt{7+\sqrt{48}}-\sqrt{7-\sqrt{48}},$

显然，$A>B>0$，则

$A+B=2\sqrt{7+\sqrt{48}}, A-B=2\sqrt{7-\sqrt{48}},$

分别将上两式的两边加以平方，可得

$$7+\sqrt{48}=\left(\frac{A+B}{2}\right)^2, \quad ①$$

$$7-\sqrt{48}=\left(\frac{A-B}{2}\right)^2. \quad ②$$

由 ① ± ② 并化简，可得

$A^2+B^2=28, A^2\times B^2=192.$

解以 A^2, B^2 为根的一元二次方程

$x^2-(A^2+B^2)x+A^2B^2=0$，即 $x^2-28x+192=0.$

其两根 A^2, B^2 分别为 $A^2=16, B^2=12$；或 $A^2=12, B^2=16.$

但$\because A>B>0,$

$\therefore A^2=16, B^2=12.$

则 $A=4, B=2\sqrt{3}.$

故 $\sqrt{7+\sqrt{48}}+\sqrt{7-\sqrt{48}}=4.$

五　形如 $\sqrt{A \pm \sqrt{B}}$ 的二次复合根式的化简

形如 $\sqrt{A \pm \sqrt{B}}$ 的二次复合根式，若要用**“配方法”**把它化简为二次（非复合）根式，显然有较大的难度．怎么办？下述的定理可提供一个公式，把 $\sqrt{A \pm \sqrt{B}}$ 化简．

[**定理**] 若 $A^2 - B$ 是完全平方数时，$A \pm \sqrt{B}$ 可配成完全平方的形式，即 $A \pm \sqrt{B} = (\sqrt{x} \pm \sqrt{y})^2$，其中有 $x = \dfrac{A + \sqrt{A^2 - B}}{2}$，$y = \dfrac{A - \sqrt{A^2 - B}}{2}$，则有公式

$$\boxed{\sqrt{A \pm \sqrt{B}} = \sqrt{\frac{A + \sqrt{A^2 - B}}{2}} \pm \sqrt{\frac{A - \sqrt{A^2 - B}}{2}}.}$$

[**证明**] 设 $\sqrt{A \pm \sqrt{B}} = \sqrt{x} \pm \sqrt{y}$，

两边平方，可得 $A \pm \sqrt{B} = x + y \pm \sqrt{4xy}$.

则 $x + y = A$，　①

$4xy = B$，　②

由 $(1)^2 - (2)$，又可得

$(x - y)^2 = A^2 - B$.

设 $x > y$，

则 $x - y = \sqrt{A^2 - B}$.　③

由①及③，便可得

$$x = \frac{A + \sqrt{A^2 - B}}{2},\ y = \frac{A - \sqrt{A^2 - B}}{2}.$$

$$\therefore \boxed{\sqrt{A \pm \sqrt{B}} = \sqrt{\frac{A + \sqrt{A^2 - B}}{2}} \pm \sqrt{\frac{A - \sqrt{A^2 - B}}{2}}.}$$

[**例 19**] 求 $\sqrt{5 - \sqrt{21}}$ 之平方根.

[**解**] 由 $\sqrt{5 - \sqrt{21}}$ 对比根式 $\sqrt{A - \sqrt{B}}$，知 $A = 5$，$B = 21$；

且 $A^2 - B = 5^2 - 21 = 4 = 2^2$，

$\therefore \sqrt{5-\sqrt{21}}=\sqrt{\frac{5+\sqrt{5^2-21}}{2}}-\sqrt{\frac{5-\sqrt{5^2-21}}{2}}=\sqrt{\frac{7}{2}}-\sqrt{\frac{3}{2}}=\frac{1}{2}(\sqrt{14}-\sqrt{6})$.

[例 20] 求 $\sqrt{3+\sqrt{5}}$ 之平方根.

[解] 由 $\sqrt{3+\sqrt{5}}$ 对比根式 $\sqrt{A+\sqrt{B}}$, 知 $A=3$, $B=5$, 且 $A^2-B=3^2-5=4=2^2$.

$$\therefore \sqrt{3+\sqrt{5}}=\sqrt{\frac{3+\sqrt{3^2-5}}{2}}+\sqrt{\frac{3-\sqrt{3^2-5}}{2}}$$

$$=\sqrt{\frac{5}{2}}+\sqrt{\frac{1}{2}}=\frac{\sqrt{2}}{2}(\sqrt{5}+1)$$

$$=\frac{1}{2}(\sqrt{10}+\sqrt{2}).$$

六　择优选法，大胆实践

下列各题可作为运用不同方法，化简二次复合根为二次（非复合）根式的实践练习，其中各题之后括弧里的内容均属对应题目的参考答案.

1. 计算下列各式：

（1）$\sqrt{10+2\sqrt{21}}$；$(\sqrt{7}+\sqrt{3})$

（2）$\sqrt{8-2\sqrt{15}}$；$(\sqrt{5}-\sqrt{3})$

（3）$\sqrt{9-\sqrt{56}}$；$(\sqrt{7}-\sqrt{2})$

（4）$\sqrt{12+4\sqrt{5}}$；$(\sqrt{10}+\sqrt{2})$

（5）$\sqrt{14+8\sqrt{3}}$；$(2\sqrt{2}+\sqrt{6})$

（6）$\sqrt{1-\frac{2}{3}\sqrt{2}}$；$\left(\frac{1}{3}(\sqrt{6}-\sqrt{3})\right)$

（7）$\sqrt{3+\sqrt{5}}$；$\left(\frac{1}{2}(\sqrt{10}+\sqrt{2})\right)$

（8）$\sqrt{6-3\sqrt{3}}$；$\left(\frac{1}{2}(3\sqrt{2}-\sqrt{6})\right)$

(9) $\sqrt{6-4\sqrt{3}+\sqrt{16-8\sqrt{3}}}$. $(\sqrt{3}-1)$

(10) $\sqrt[4]{28-16\sqrt{3}}$. $(\sqrt{3}-1)$

2. 化简：$\sqrt{6+2\sqrt{2}+2\sqrt{3}+2\sqrt{6}}$. $(\sqrt{3}+\sqrt{2}+1)$

3. 化简：$\sqrt{9+2\sqrt{15}+2\sqrt{5}+2\sqrt{3}}$. $(\sqrt{5}+\sqrt{3}+1)$

4. 如果 $m>2$, 化简 $\sqrt{2m+2\sqrt{m^2-4}}$. $(\sqrt{m+2}+\sqrt{m-2})$

5. 化简：$\sqrt{x-1+2\sqrt{x-2}}+\sqrt{x-1-2\sqrt{x-2}}$.

$\left(\begin{cases}2\sqrt{x-2}, & x\geqslant 3,\\ 2, & 2\leqslant x<3.\end{cases}\right)$

6. 计算：$\log_{\sqrt{2}}\left(\sqrt{6+4\sqrt{2}}-\sqrt{6-4\sqrt{2}}\right)$. (3)

7. 计算：$\log_{12}\left(\sqrt{12+6\sqrt{3}}-\sqrt{12-6\sqrt{3}}\right)$. $\left(\frac{1}{2}\right)$

8. 求证：$\frac{1}{\sqrt{12-\sqrt{140}}}-\frac{1}{\sqrt{8-\sqrt{60}}}=\frac{2}{\sqrt{10+\sqrt{84}}}$.

9. 求证：$\sqrt{2x^2+y^2+2x\sqrt{x^2+y^2}}-\sqrt{x^2+2y^2-2y\sqrt{x^2+y^2}}=x+y$.

10. 解方程：$\sqrt{x-2+2\sqrt{x-3}}+\sqrt{x+1+4\sqrt{x-3}}=5$. (x=4)

参考资料：

[1] 奚定华：《怎样使用配方法》，上海教育出版社 1982 年版.
[2] 郑志民编：《学海浪花》，中国社会科学出版社 2012 年版.
[3] 方仁杰编：《代数》（第 4 册），香港文风图书公司印行.

本文是作者为帮助初中数学教师扩大数学视野而编写的资料，可作为培训初中数学教师的参考资料.

本文原刊于《澳门教育》2016 年第 3 期（总第 249 期）和 2016 年第 4 期（总第 250 期）.

数形结合题析

邓海棠

数学是研究现实世界中空间形式和数量关系的科学．数和形是数学中最基本的两大概念，也是整个数学发展过程中的两大柱石，数借助形产生直观效果，形依赖数能深刻入微，数和形以一定条件互相转化量关系借用图形的性质，使许多抽象的概念直观化，形象化，简单化；而图形问题在运用了数量关系的公式法则后，使较艰深的问题归结为较容易处理的数量关系式的研究.

1. 设不等式 $\sqrt{1-x^2} \geqslant x+t$ 的解集是 φ，则实数 t 的取值范围（用区间形式）是多少？（“希望杯”全国数学邀请赛第一届高二第一试第 18 题）

分析：作出函数 $y=\sqrt{1-x^2}$ 的图像（即图 1 中的半圆）及函数 $y=x+t$ 的图像（即图中斜率为 1 的直线系）．由题意，直线应在半圆的上方．由图像可知直线 $y=x+t$ 在 y 轴上的截距 $t>\sqrt{2}$. 故填 $(\sqrt{2}, +\infty)$.

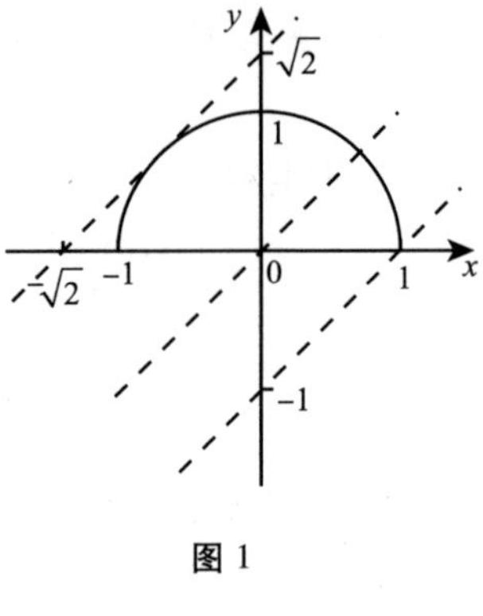

图 1

这是一道蕴含着丰富数学思想方法的好题. 数形结合思想解决了问题，体现了这道题的丰富内涵，揭示了本题的几何背景.

数形结合的思想，其实质是将抽象的数学语言与直观的图像结合起来，关键是代数问题与图形之间的相互转化，它可以使代数问题几何化，几何问题代数化.

2. 设 x，y，z 均为正数，求证：$\sqrt{x^2+y^2+xy}+\sqrt{y^2+z^2+yz}>\sqrt{z^2+x^2+zx}$.

分析：联想到余弦定理：$\sqrt{x^2+y^2+xy}=\sqrt{x^2+y^2-2xy\cos 120^\circ}$，

$$\sqrt{y^2+z^2+yz}=\sqrt{y^2+z^2-2yz\cos120^\circ},$$

$$\sqrt{x^2+z^2+xz}=\sqrt{x^2+z^2-2xz\cos120^\circ},$$

于是，可在平面上任取一点 O，从 O 起作三射线使两夹角为 120°. 在各条射线上分别取点 A、B、C，使 OA = x，OB = y，OC = z，则利用△ABC 三边的关系即可得证.

数形结合是一种重要的数学思想方法，数形结合思想在中学数学中起着举足轻重的作用，主要表现在把抽象的数量关系，转化为适当的几何图形，从图形的直观特征发现数量之间存在的联系，体现了数学的和谐、统一美，数、式能反映图形的准确性，图形能增强数、式的直观性，以达到化难为易、化繁为简、化隐为显的目的，使问题简捷地得以解决，对同学们解题能力的提高，以及后继知识的学习都至关重要.

3. 求函数 $y=\dfrac{2-\sin x}{2+\cos x}$ 的值域.

分析：观察到原函数式非常神似于经过直线 AB 上的两个点 $A(x_1,y_1)$，$B(x_2,y_2)$ 的斜率公式 $k=\dfrac{y_2-y_1}{x_2-x_1}(x_1\neq x_2)$，于是乎，以此为突破口，将原式 $y=\dfrac{2-\sin x}{2+\cos x}$ 变形为 $k=y=\dfrac{2-\sin x}{2-(-\cos x)}$，如图 2，这相当于求过定点 $P(2,2)$ 的共点直线系 $y=k(x-2)+2$ 的斜率的最值问题；

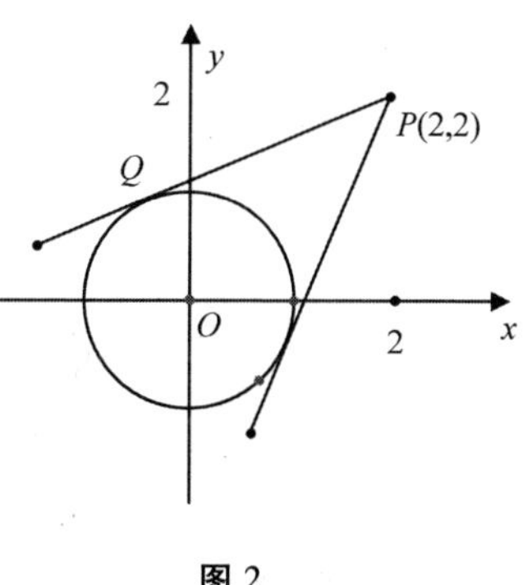

图 2

显然，点 $Q(-\cos x,\sin x)$ 是单位圆 $x^2+y^2=1$ 上的动点，最值在直线与单位圆相切时取得！

由直线与圆相切的等价条件，得圆心到切线的距离等于圆的半径，根据点到直线距离公式，得圆心 $O(0,0)$ 到直线 $y=k(x-2)+2$ 的距离为 $\dfrac{|-2k+2|}{\sqrt{k^2+1}}=1$，解之得 $k=\dfrac{4\pm\sqrt{7}}{3}$，即所求值域为 $\left[\dfrac{4-\sqrt{7}}{3},\dfrac{4+\sqrt{7}}{3}\right]$.

在运用数形结合思想分析和解决问题时，要注意三点：

第一要彻底明白一些概念和运算的几何意义以及曲线的代数特征，对数学题目中的条件和结论既分析其几何意义又分析其代数意义；

第二是恰当设参、合理用参，建立关系，由数思形，以形想数，做好数形转化；

第三是正确确定参数的取值范围.

4. 设 x,y,a,b 为正实数，a,b 为常数，且 $\frac{a}{x}+\frac{b}{y}=1$，则 $x+y$ 的最小值为多少？（“希望杯”全国数学邀请赛第十一届高二培训题）

分析：如图 3，在平面直角坐标系 XOY 中，由已知条件 $x,y,a,b\in R^{+}$ 及 $\frac{a}{x}+\frac{b}{y}=1$ 知直线 $\frac{X}{x}+\frac{Y}{y}=1$ 过第一象限内的定点 $P(a,b)$，$x+y$ 便是该直线在两坐标轴上的截距之和.

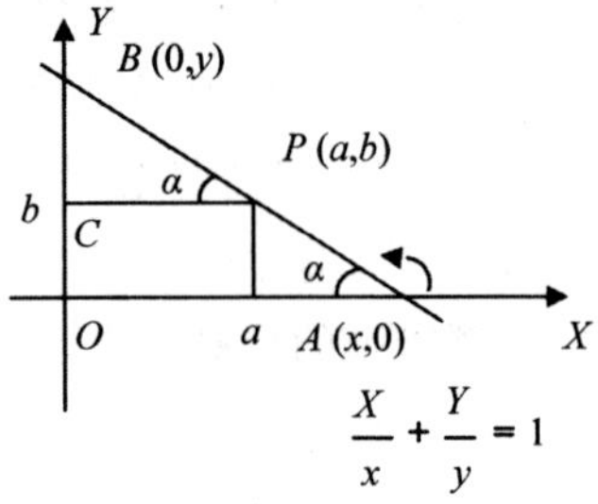

图 3

如图所示，设 $\angle BAO=\alpha$，则 $\angle BPC=\alpha$，由图可知 $A(x,0)$，$B(0,y)$，

$$x=OA=a+b\cot\alpha,\ y=OB=b+a\tan\alpha.$$

$\therefore x+y=a+b+b\cot\alpha+a\tan\alpha\geqslant a+b+2\sqrt{ab}$，当且仅当 $b\cot\alpha=a\tan\alpha$，即 $\tan\alpha=\sqrt{\frac{b}{a}}$ 时取等号.

$$\therefore\ (x+y)_{\min}=a+b+2\sqrt{ab}.$$

“数形结合”是一种很重要的数学思想，在我们学习过程中如果能够加以体会和利用，往往会给我们解题带来帮助，把握住“结合”这一数形结合法的核心，才能把在由数到形这一变换、操作过程中的图形选择的多样性，变成解题的灵活性和创造性．在实际学习中要结合具体问题掌握一些常规的操作策略，例如要画的若是函数图像，那就要设法让要画图象的函数尽可能少含参变数，最好不含参变数，如果一定要含有，也要设法让它在较低次的函数（如一次函数）或在简单函数中含有．只有这样，才能从一个新的层面上去理解、掌握、运用好数形结合法.

5. 已知正实数 a,b 满足 $a+b=1$，求证：$(a+2)^{2}+(b+2)^{2}\geqslant\frac{25}{2}$.

分析：求证原式左边可看作点 (a,b) 与点 $(-2,-2)$ 间的距离的平方，则可在直角坐标系中，构建点 $P(-2,-2)$，$Q(a,b)$，其中 Q 是直线 $x+y=1$ 与两坐标轴的交点 A，B 连线线段 AB 上的点，如图 4，求证原

式左边 = $|PQ|^2$；设 AB 中点为 C，则 $C\left(\frac{1}{2},\frac{1}{2}\right)$，从而 $|PC|^2 = \frac{25}{2}$；又 ΔPAB 为等腰三角形，$PC \perp AB$，则有 $|PQ| \geqslant |PC|$，即 $|PQ|^2 \geqslant |PC|^2 = \frac{25}{2}$，从而命题可以得证.

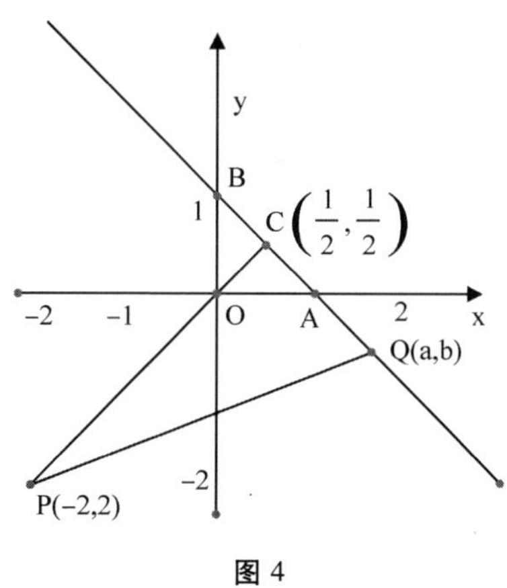

图 4

运用数形结合思想解题的三种类型及思维方法：

①“由形化数”：就是借助所给的图形，仔细观察研究，提示出图形中蕴含的数量关系，反映几何图形内在的属性.

②“由数化形”：就是根据题设条件正确绘制相应的图形，使图形能充分反映出它们相应的数量关系，提示出数与式的本质特征.

③“数形转换”：就是根据“数”与“形”既对立，又统一的特征，观察图形的形状，分析数与式的结构，引起联想，适时将它们相互转换，化抽象为直观并提示隐含的数量关系.

6. 设向量 $\vec{a}$、$\vec{b}$ 不共线，$|\vec{a}| = 2$，$(2\vec{a} + \vec{b}) \perp \vec{a}$，$\langle 2\vec{a} + \vec{b}, \vec{b} - 2\vec{a}\rangle = 45°$. 求 $|\vec{b}|$ 与 $\langle \vec{a}, \vec{b}\rangle$ 的大小.（2006 年全国普通高等学校联合招收华侨、港澳地区、台湾省学生入学数学考试）

分析：观察到已知条件式有垂直关系，构造图形如图 5 所示，

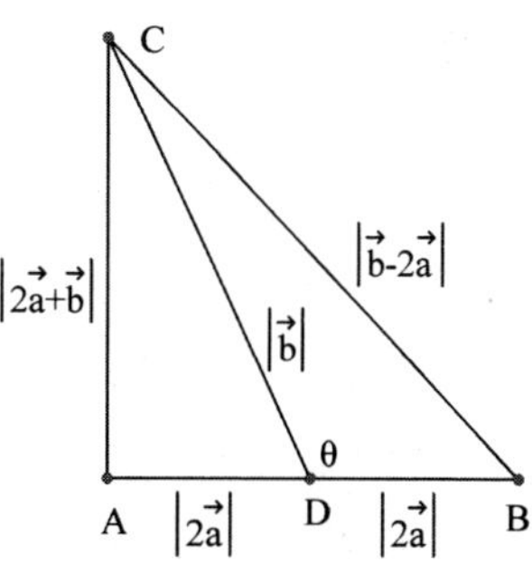

图 5

由已知 $(2\vec{a} + \vec{b}) \perp \vec{a}$，$\langle 2\vec{a} + \vec{b}, \vec{b} - 2\vec{a}\rangle =$

45°,

$\therefore$ $\triangle ABC$ 为等腰直角三角形，$\triangle ADC$ 为直角三角形，

$\because$ $|\vec{a}| = 2$，得 $|AD| = |BD| = 4$，$|AB| = |AC| = 8$，$|BC| = 8\sqrt{2}$，

$\therefore$ $|CD| = 4\sqrt{5}$，即得所求 $|\vec{b}| = 4\sqrt{5}$，

$$\therefore \cos\langle \vec{a},\vec{b}\rangle = \cos\theta = \frac{|\overrightarrow{DB}|^2 + |\overrightarrow{DC}|^2 - |\overrightarrow{BC}|^2}{2\cdot|\overrightarrow{DB}|\cdot|\overrightarrow{DC}|}$$

$$= \frac{4^2 + (4\sqrt{5})^2 - (8\sqrt{2})^2}{2\cdot 4\cdot 4\sqrt{5}} = -\frac{1}{\sqrt{5}} = -\frac{\sqrt{5}}{5}.$$

即得所求 $\langle \vec{a},\vec{b}\rangle = arccos\left(-\frac{\sqrt{5}}{5}\right) \approx 116.6°$.（这个解法相当于原试题中提供的解法的三分之一的运算容量）

我国著名数学家华罗庚曾说过：“数形结合百般好，割裂分家万事休”.“数”与“形”反映了事物两个方面的属性.

作为一种数学思想方法，数形结合的应用大致又可分为两种情形：或者借助于数的精确性来阐明形的某些属性，或者借助形的几何直观性来阐明数之间某种关系，即数形结合包括两个方面：第一种情形是“以数解形”，而第二种情形是“以形助数”.“以数解形”就是有些图形太过于简单，直接观察却看不出什么规律来，这时就需要给图形赋值，如边长、角度等等.

下面提供几道题目给读者以尝试**数形结合题析**的练习.

1. 以最简根式表示 tan15°.（提示：可利用图解法）［2012 亚洲国际数学奥林匹克公开赛初赛（香港赛区）暨港澳数学奥林匹克公开赛《港澳杯》中学初三级试题第 13 题］（注：高中一年级才学习三角函数的半角公式）

2. 若 $-5 \leqslant x \leqslant 10$，求 $x^2 - 6x + 8$ 的最大值.（2012 亚洲国际数学奥林匹克公开赛总决赛中学三年级试题第 5 题）

3. 若 $9 \leqslant (x-5)^2 \leqslant 16$，求 x 的最小值.（2012 亚洲国际数学奥林匹克公开赛总决赛中学三年级试题第 6 题）

题析提示：

1. 如图 6，作 Rt△ABC 使角 B = 30°，延长 CB 到 D 使 BD = BA，令 AC = 1，则 AB = BD = 2，BC = $\sqrt{3}$，从而 tan15° = tan∠D = AC/DC = 1/（2

$+\sqrt{3})=2-\sqrt{3}$.

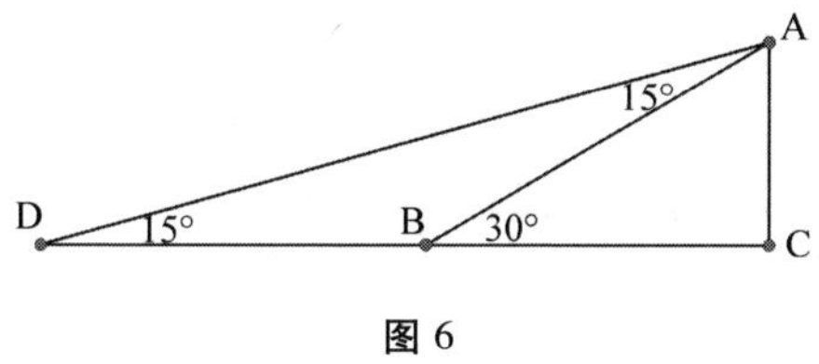

图 6

2. 作出 $y=x^2-6x+8$ 的图像及直线 $x=-5$, $x=10$, 可知所求最大值为 63.（注：本题即使改为求最小值的解法也相同）

3. 作出 $y=(x-5)^2$ 的图像及直线 $y=9$, $y=16$, 可知所求最小值为 1.（注：本题即使改为求最大值的解法也相同）

希望以上点滴体会能够带给数学教师乃至数理教育工作者在日常的教学活动和工作些微帮助，并从中有所裨益地把数学课堂教学更加形象、直观，学生学习数学更加深入浅出、易学易懂，甚至喜爱数学的逻辑推理.

［注］本文原刊登于《澳门教育》2014 年第 3 期（总第 241 期），此中已作补充和修改.

“用代点法求轨迹方程”之典型范例分析

郑志民

求曲线的方程是中学平面解析几何的重要内容之一.

求曲线方程的问题，因已知条件的不同而分为两大类：一类是已知曲线的形状及确定它的条件，求曲线的方程（如已知椭圆的焦点坐标及离心率，求椭圆的标准方程）；另一类是，并不知道曲线的形状，只知道曲线（轨迹）上点所适合的条件，求曲线的方程（这种问题称为**轨迹问题**）. 前一类问题，一般可用**“待定系数法”**加以解决；而后一类问题，由于轨迹上的点所适合的条件千差万别，常使所学者在求轨迹方程时，觉得无从入手. 通常而言，这类轨迹方程的求解方法可归纳为五种：**(1) 直接法；(2) 几何法；(3) 变换坐标法；(4) 单参数法；(5) 多参数法**.

其中，有一种求轨迹方程的方法叫做**“代点法”**；它属于求轨迹方程的**“多参数法”**.

什么叫做求轨迹方程的**“代点法”**呢？

请先看下述的一个例子.

［**例 1**］ 线段 AP 上有一点 B，已知 $|PA|=a$，$|PB|=b$ $(a>b)$，若 A、B 两点分别在互相垂直的两条直线上滑动，求 P 点的轨迹.

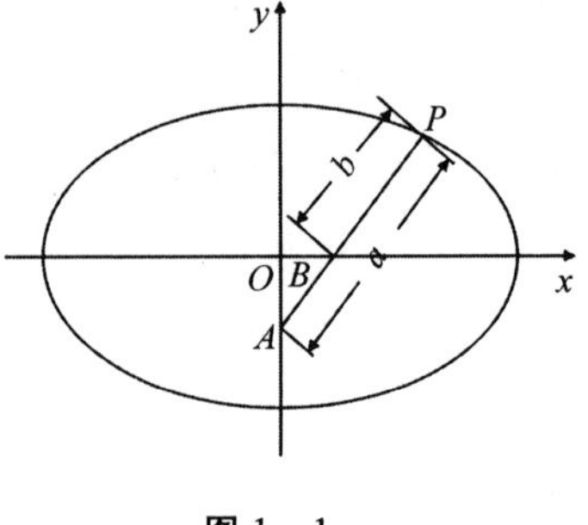

图 1－1

［**解法一**］ 如图 1－1，取 B 点所在直线为 x 轴，A 点所在直线为 y 轴，建立直角坐标系. 设 B、A 两点的坐标分别为 $(x_1, 0)$ 及 $(0, y_1)$，P 点坐标为 (x, y).

设 $\frac{AP}{PB}=\lambda$，则 $\lambda=-\frac{|AP|}{|PB|}=-\frac{a}{b}$，

$$\therefore\ x=-\frac{-\frac{a}{b}x_1}{1-\frac{a}{b}}，即\ x=-\frac{ax_1}{b-a}， \quad ①$$

$$y=\frac{y_1}{1-\frac{a}{b}}，即\ y=\frac{by_1}{b-a}. \quad ②$$

又因 |AB| = a - b,

$$\therefore\ x_1^2+y_1^2=(a-b)^2. \quad ③$$

$$由①，得\ x_1=\frac{a-b}{a}x， \quad ④$$

$$由②，得\ y_1=\frac{b-a}{b}y， \quad ⑤$$

将④、⑤代入③，得

$$\left(\frac{a-b}{a}x\right)^2+\left(\frac{b-a}{b}y\right)^2=(a-b)^2.$$

$\because\ a-b\neq 0$，以 $(a-b)^2$ 除上式两端，得

$$\frac{x^2}{a^2}+\frac{y^2}{b^2}=1.$$

此即 P 点轨迹的方程．它是中心在原点，焦点在 x 轴上，长轴的长为 $2a$，短轴的长为 $2b$ 的椭圆．

此种解法称为"代点法"．

［**注**］（1）**"代点法"**的详细论述见胡世荣、郭琼《解平面解析几何题的一种简捷方法——代点法》，《数学通报》1983 年第 6 期．

（2）**"代点法"**用于求解轨迹方程特别好用．用**"代点法"**求轨迹方程需要有三个条件：（1）有一个已知的轨迹 $f(x,y)=0$；（2）点 $P_1(x_1,y_1)$ 在已知轨迹 $f(x,y)=0$ 上，因此有 $f(x_1,y_1)=0$；（3）所求的轨迹上的点 $P(x,y)$ 与点 $P_1(x_1,y_1)$ 有密切的联系，可以表达成 $x=g(x_1)$，$y=\varphi(y_1)$ 的关系式；并由（3）可得 $x_1=g^{-1}(x)$，$y_1=\varphi^{-1}(y)$，代入方程 $f(x_1,y_1)=0$，即可求得所求的轨迹方程．

作者根据澳门人的生活习惯，把这种方法俗称为**"霸位饮茶法"** **"你霸位，我饮茶"** 这种方法需要（1）有可以饮茶的茶

楼，并有饮茶位可霸；（2）有人（甲）愿意替饮茶人（乙）去霸位；（3）甲霸到位后，会让乙去饮茶．作者在澳门濠江中学教授“解析几何”时，用到此法，深受学生欢迎．

“代点法”实质上是**“多参数法”**．

再用单参数法解这个例题．

［**解法二**］（**单参数法**）建立直角坐标系如图 1－2 所示，作 $PM \perp x$ 轴于 M，$PN \perp y$ 轴于 M．设 P 点坐标为 (x,y)，$\angle XBP = \theta$，取 θ 为整数，$0 \leqslant \theta \leqslant 2\pi$．

$\because\ \angle NPA = \angle XBP = \theta$，

$\therefore x = OM = NP = a\cos\theta$，

$\quad y = MP = b\sin\theta$．

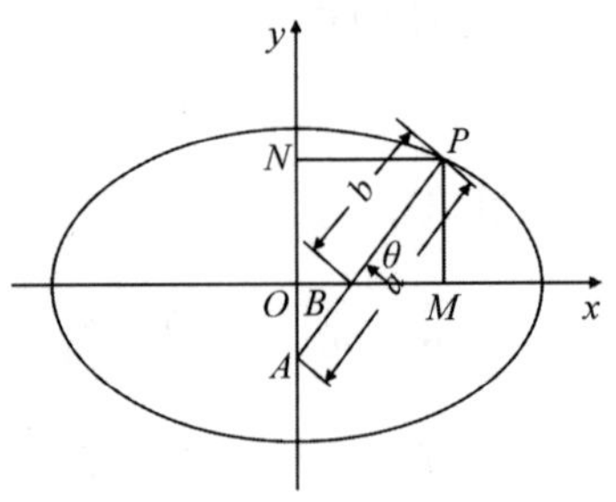

图 1－2

故点 P 轨迹的参数方程为

$$\begin{cases} x = a\cos\theta, \\ y = b\sin\theta. \end{cases}$$

消去参数 θ，得 P 点轨迹的普通方程为

$$\frac{x^2}{a^2} + \frac{y^2}{b^2} = 1.$$

［**注**］有人以此解法为依据，作出**“椭圆规”**．其示意图可参见 1963 版全国教材《平面解析几何》中参数方程一节的习题．

［**例 2**］求椭圆 $b^2x^2 + a^2y^2 = a^2b^2$ 中，斜率是 m 的平行弦的中点的轨迹．

［**解法一**］（**代点法**）（为了便于掌握**“代点法”**，特标明其解题步骤）

（1）设出弦的端点坐标．

设斜率是 m 的平行弦中的任意一条是 AB，其两端点是 $A(x_1,y_1)$ 与 $B(x_2,y_2)$．

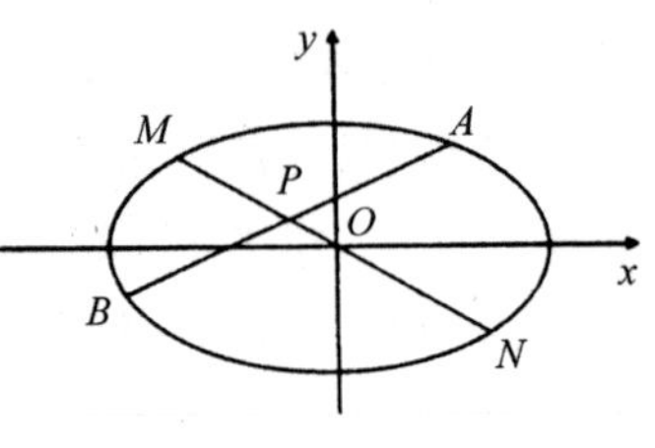

图 2

（2）代入．

因点 $A(x_1,y_1)$ 与点 $B(x_2,y_2)$ 都在椭圆上，故将它们的坐标代入椭圆方程，得

$b^2x_1^2 + a^2y_1^2 = a^2b^2$，$b^2x_2^2 + a^2y_2^2 = a^2b^2$．

（3）相减并分解因式．

上述二式相减，得

$b^2(x_1^2 - x_2^2) + a^2(y_1^2 - y_2^2) = 0$．

上式左边分解因式得

$b^2(x_1+x_2)(x_1-x_2)+a^2(y_1+y_2)(y_1-y_2)=0.$ ①

（4）代换.

因弦 AB 的斜率存在（斜率为 m），故 $x_1-x_2\neq 0$，于是将①的各项都除以 x_1-x_2，得

$$b^2(x_1+x_2)+a^2(y_1+y_2)\frac{y_1-y_2}{x_1-x_2}=0. \quad ②$$

因已知弦 AB 的斜率为 m，故

$$\frac{y_1-y_2}{x_1-x_2}=m. \quad ③$$

设 AB 的中点是 $P(\bar{x},\bar{y})$，则由线段中点坐标公式，得

$x_1+x_2=2\bar{x},y_1+y_2=2\bar{y}.$ ④

将①、④代入②并整理，得直线方程

$b^2\bar{x}+a^2m\bar{y}=0.$

因此，点 $P(\bar{x},\bar{y})$ 的轨迹是这直线在椭圆内的一条线段 MN.

由于首先把弦 AB 的端点坐标代入椭圆方程，因此把这个解法命名为**“代点法”**.

［**解法二**］（**常见解法——单参数法**）

设 AB 是平行弦中的任意一条，其所在直线方程是 $y=mx+t$，t 是参数.

把 $y=mx+t$ 代入椭圆方程，得

$b^2x^2+a^2(mx+t)^2=a^2b^2$，

整理得 $(a^2m^2+b^2)x^2+2a^2mtx+a^2t^2-a^2b^2=0.$ ①

这个方程的两个根就是点 A 的横坐标 x_1 与点 B 的横坐标 x_2，于是由韦达定理，得

$$x_1+x_2=-\frac{2a^2mt}{a^2m^2+b^2}. \quad ②$$

设弦 AB 的中点是 $P(\bar{x},\bar{y})$，则由线段中点坐标公式及②得

$$\bar{x}=\frac{x_1+x_2}{2}=-\frac{a^2mt}{a^2m^2+b^2}. \quad ③$$

因为点 $P(\bar{x},\bar{y})$ 在弦 AB 上，所以

$\bar{y}=m\bar{x}+t.$ ④

代③入④并整理，得

$$\bar{y} = -\frac{b^2 t}{a^2 m^2 + b^2}. \tag{⑤}$$

由③与⑤消去参数 t，得点 $P(\bar{x},\bar{y})$ 的轨迹所在直线的普通方程是

$$b^2 x^2 + a^2 (mx + t)^2 = a^2 b^2. \tag{⑥}$$

所求轨迹是直线⑥与椭圆相交所得的一条线段.

〔**注**〕这个解法见于人民教育出版社，1963 年编写的高中数学课本《平面解析几何》，还见于国内外很多平面解析几何书，如美国 P. F. Smith 和 A. S. Gale 二人合著的 *The Elements of Analytic Geometry*，苏联 H. B. 叶菲莫夫著的《解析几何简明教程》（人民教育出版社 1956 年中译本），日本笹部贞市郎著的《几何学辞典》（科学技术文献出版社重庆分社 1980 年中译本），上海教育学院编写的《解析几何》上册（1982 年版）等 · 可见这个解法经历时间很长，流传很广.

[解法三]（常见解法——多参数法）

设斜率为 m 的弦 AB 的中点为 $P(\bar{x},\bar{y})$，这弦的倾斜角为 θ，则这弦所在直线的参数方程是

$$\begin{cases} x = \bar{x} + t\cos\theta, \\ y = \bar{y} + t\sin\theta. \end{cases} \text{（t 是参数）}$$

代入椭圆方程并化简，得

$$(b^2\cos^2\theta + a^2\sin^2\theta)t^2 + 2(b^2\bar{x}\cos\theta + a^2\bar{y}\sin\theta)t + b^2(\bar{x})^2 + a^2(\bar{y})^2 - a^2b^2 = 0. \tag{①}$$

当点 $(\bar{x},\bar{y})$ 在椭圆内部时，有

$$b^2(\bar{x})^2 + a^2(\bar{y})^2 - a^2b^2 < 0,$$

因此方程①的判别式 $\Delta > 0$，于是方程①有两个实数根 t_1 与 t_2. 因为点 $P(\bar{x},\bar{y})$ 是弦 AB 的中点，所以 $t_1 + t_2 = 0$. ②

方程①中，由韦达定理，有

$$t_1 + t_2 = -\frac{2(b^2\bar{x}\cos\theta + a^2\bar{y}\sin\theta)}{b^2\cos^2\theta + a^2\sin^2\theta}, \tag{③}$$

由②、③，得

$$b^2\bar{x}\cos\theta + a^2\bar{y}\sin\theta = 0. \tag{④}$$

因弦 AB 的斜率存在且为 m，故 $\theta \neq 90°$，则 $\cos\theta \neq 0$，于是由④，得

$$b^2\bar{x} + a^2\bar{y} \cdot tg\theta = 0.$$

但因 $tg\theta = m$，又以 x，y 代换 $\bar{x}, \bar{y}$，得所求轨迹方程为

$b^2x + a^2my = 0$.

因此，所求的点 $P(\bar{x}, \bar{y})$ 的轨迹是这条直线上椭圆内的一段.

［**注**］这个解法见于《数学题解辞典·平面解析几何》（上海辞书出版社 1983 年版）第 621 题.

［**解法四**］（**常见解法——多参数法**）

因椭圆 $\frac{x^2}{a^2} + \frac{y^2}{b^2} = 1$ 的参数方程是 $\begin{cases} x = a\cos\theta, \\ y = b\sin\theta. \end{cases}$ 故设斜率为 m 的弦 AB 的两个端点是

$$A(a\cos\theta, b\sin\theta), B(a\cos\varphi, b\sin\varphi).$$

则弦 AB 的斜率是

$$m = \frac{b\sin\theta - b\sin\varphi}{a\cos\theta - a\cos\varphi} = \frac{b}{a} \cdot \frac{2\cos\frac{\theta+\varphi}{2} \cdot \sin\frac{\theta-\varphi}{2}}{-2\sin\frac{\theta+\varphi}{2} \cdot \cos\frac{\theta-\varphi}{2}}$$

$$= -\frac{b}{a} ctg\frac{\theta+\varphi}{2},$$

因此，得 $ctg\frac{\theta+\varphi}{2} = -\frac{am}{b}$.　①

设弦 AB 的中点为 $P(\bar{x}, \bar{y})$，则

$$\bar{x} = \frac{a\cos\theta + a\cos\varphi}{2} = a\cos\frac{\theta+\varphi}{2}\cos\frac{\theta-\varphi}{2},$$

$$\bar{y} = \frac{b\sin\theta + b\sin\varphi}{2} = b\sin\frac{\theta+\varphi}{2}\cos\frac{\theta-\varphi}{2}.$$

由上述二式，得

$$\frac{\bar{x}}{\bar{y}} = \frac{a}{b} ctg\frac{1}{2}(\theta + \varphi).$$　②

把①代入②，得

$$\frac{\bar{x}}{\bar{y}} = -\frac{a^2m}{b^2},$$

即　$b^2\bar{x} + a^2m\bar{y} = 0$,

因此点 $P(\bar{x}, \bar{y})$ 的轨迹是这直线在椭圆内的一段.

这个解法见《数学教学通讯》1980 年第 3 期.

［**例** 3］已知△ABC 两顶点坐标为 B（-2，0），C（3，0），第三个

顶点 A 在直线 l：$2x+3y-12=0$ 上滑动，求三角形 ABC 的重心轨迹方程.（图 3）

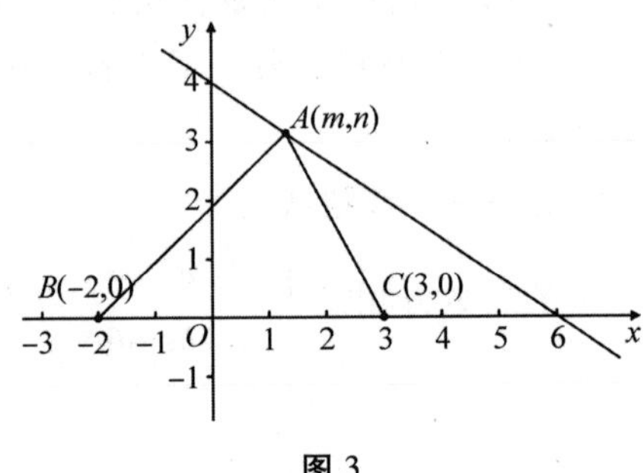

图 3

［**解**］（**代点法**）设△ABC 的重心坐标为 $P(\bar{x},\bar{y})$，顶点的坐标为 $A(m, n)$，据三角形重心坐标公式，得

$$x=\frac{-2+3+m}{3}, y=\frac{0+0+n}{3}.$$

解之，得 $m=3x-1$，$n=3y$.

由于点 $A(m, n)$ 在直线 l 上滑动，所以其坐标适合方程 $2x+3y-12=0$，于是有

$$2(3x-1)+3(3y)-12=0,$$

即　$6x+9y-14=0$ 为所求的重心的轨迹方程.

［**例** 4］已知点 P 是圆 O：$x^2+y^2=a^2$ 上的动点，$A(2a, 0)$ 是定点，$\angle POA$ 的平分线 OT 交 PA 于 T，求点 T 的轨迹方程.（图 4）

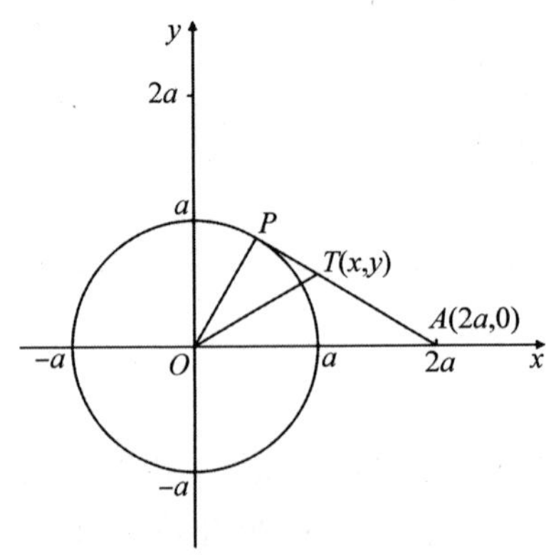

图 4

〔**解**〕（**代点法**）设 T（x，y）是轨迹上任一点（图 4），p 点的坐标为 P（x_p，y_p），

$\because$ OT 平分 $\angle POA$，$\therefore$ $\dfrac{|AT|}{|TP|}=\dfrac{|OA|}{|OP|}=2$，

即 T 分 AP 成定比 $\lambda=2$，由定比分点坐标公式，得

$$\begin{cases}x=\dfrac{2a+2x_p}{1+2},\\ x=\dfrac{0+2y_p}{1+2};\end{cases}\quad \begin{cases}x_p=\dfrac{3x-2a}{2},\\ y_p=\dfrac{3y}{2}.\end{cases}$$

$\because$ P 在圆 $x^2+y^2=a^2$ 上，

$\therefore$ $\left(\dfrac{3x-2a}{2}\right)^2+\left(\dfrac{3y}{2}\right)^2=a^2$，

即 $\left(x-\dfrac{2}{3}a\right)^2+y^2=\left(\dfrac{2}{3}a\right)^2$ 为所求的点 T 的轨迹方程.

〔**例** 5〕在△ABC 中，$BC=24$，其他两边上的两条中线之和为 39，（a）求△ ABC 的重心 G 的轨迹方程；（b）求△ABC 的顶点 A 的轨迹方程.（图 5）

［**解**］（**代点法**）（a）建立直角坐标系如图 5，

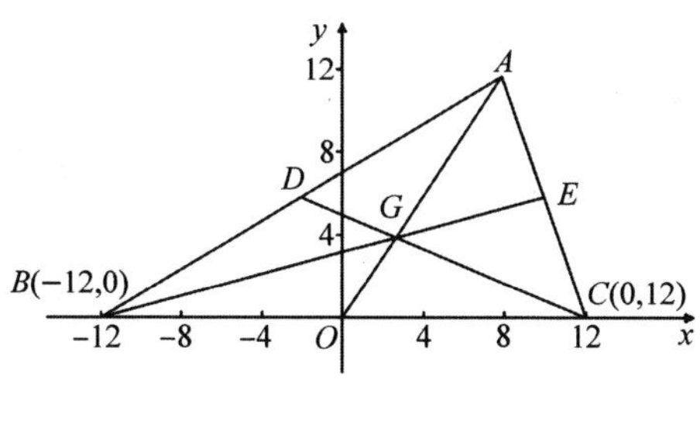

图 5

设 B，C 的坐标分别为 B（-12，0），C（12，0），AO，CD，BE 是△ABC 的三条中线，并设中线交于 G（x_1，y_1），则因 G 为△ABC 的重心，故有

$$|GB|+|GC|=\frac{2}{3}(|BE|+|CD|)=\frac{2}{3}\times 39=26.$$

由此得出，G 的轨迹是 B，C 为焦点，长轴长为 26 的椭圆.

$\because\ 2a = 26,\ 2c = 24,\ \therefore\ b^2 = a^2 - c^2 = 25$.

$\therefore$ G 的轨迹是不包括点（±13，0）的椭圆：

$$\frac{x^2}{169} + \frac{y^2}{25} = 1 (x \neq \pm 13).\ (1)$$

（b）设 A 的坐标为 $A(x_A, y_A)$，则 $GO = \frac{AO}{3}$，G 的坐标为 $\left(\frac{x_A}{3}, \frac{y_A}{3}\right)$，而 G 在椭圆（1）上，故有

$$\frac{\left(\frac{x_A}{3}\right)^2}{169} + \frac{\left(\frac{y_A}{3}\right)^2}{25} = 1，即 \frac{x^2}{1521} + \frac{y^2}{225} = 1.$$

$\therefore$ A 的轨迹是不包括点（±39，0）的椭圆.

［**例 6**］求曲线 $C: y^2 = -4x$ 关于直线 $l: x + y = 2$ 对称的曲线 C′的方程.（图 6）

［**解**］（**代点法**）如图 6，设 Q 在 C 上，P 在 C'上，P，Q 的坐标分别为 P（x，y），Q（x_1，y_1），曲线 C 和 C'关于直线 $l: x + y = 2$ 对称，且 P，Q 关于直线 $l: x + y = 2$ 对称.

$\therefore$ PQ 的中点为 $R\left(\frac{x_1 + x}{2}, \frac{y_1 + y}{2}\right)$，且它在直线 l 上，

$$\therefore\ \frac{x_1 + x}{2} + \frac{y_1 + y}{2} = 2,$$

即 $x_1 + y_1 = 4 - x - y$.　　①

$\because$ PQ 与直线 $l: x + y = 2$ 垂直，

$\therefore\ k_{PQ} \cdot k_l = -1$，

$$\therefore\ \frac{y_1 - y}{x_1 - x} \cdot (-1) = -1,$$

即 $x_1 - y_1 = x - y$.　　②

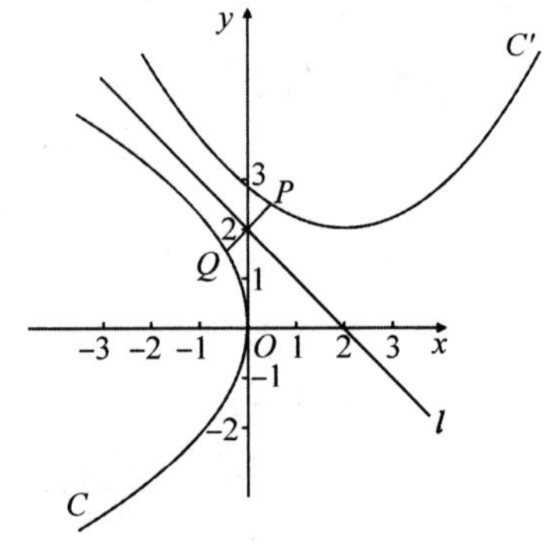

图 6

由①，②解得 $x_1 = 2 - y,\ y_1 = 2 - x$.

$\because$ 点 Q 在曲线 C 上，

$\therefore\ y_1^2 = -4x_1$，则 $(2 - x)^2 = -4(2 - y)$，

也即 $(x - 2)^2 = 4(y - 2)$ 为曲线 C′的方程.

［**例 7**］给定锐角三角形 ABC，求它的内接矩形（矩形一边与 AB 重合，其余二个点分别在 AC，BC 上）的两条对角线交点的轨迹.

[**分析一**] 建立如图 7－1 所示的直角坐标系，给出 A，B，C 三点的坐标，设 $DEFG$ 为 $\triangle ABC$ 的内接矩形，选取 G、F 两点的三个坐标为参数，因直线 AC，BC 的方程可以写出，而 G、F 两点分别在直线 AC、BC 上，故可得含这三个参数的两个等式．设 M（x，y）为矩形对角线 DF 的中点，又可得到含 x、y 及上述三个参数的两个等式，通过上述四个等式，即可求 M 点的轨迹方程．

[**解法一**]（**代点法**）取 AB 所在直线为 x 轴，过 C 垂直于 AB 的直线为 y 轴．设 A，B，C 的坐标分别为 $(-a, 0)$、$(b, 0)$、$(0, c)$，$a>0$，$b>0$，$c>0$，$EFGH$ 为 $\triangle ABC$ 的内接矩形，G、F 的坐标分别为 (x_1, y_1)、(x_2, y_1)，对角线交点为 M（x，y），则 D、E 的坐标分别为 $(x_1, 0)$、$(x_2, 0)$（见图 7－1）．

因直线 AC、BC 的方程分别为

$$\frac{x}{-a}+\frac{y}{c}=1, \frac{x}{b}+\frac{y}{c}=1,$$

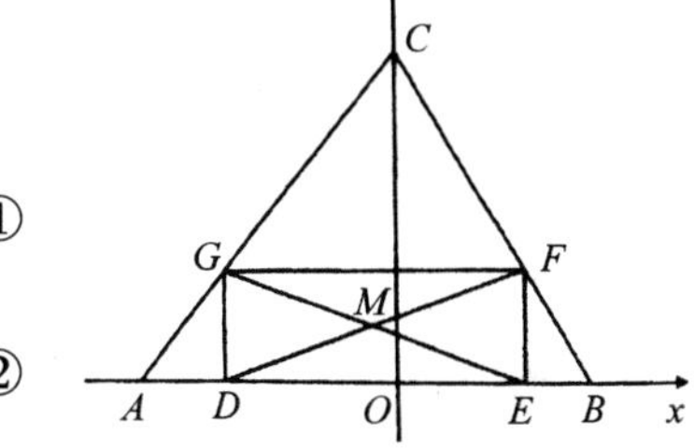

图 7－1

又 G、F 分别在此二直线上，

故 $$\frac{x_1}{-a}+\frac{y_1}{c}=1, \quad ①$$

$$\frac{x_2}{b}+\frac{y_1}{c}=1. \quad ②$$

因 M 为 DF 的中点，

故 $$x_1+x_2=2x, \quad ③$$

$$y_1=2y. \quad ④$$

用 $-a$ 乘①的两边，得

$$x_1-\frac{a}{c}y_1=-a. \quad ⑤$$

用 b 乘②的两边，得

$$x_2-\frac{b}{c}y_1=b. \quad ⑥$$

⑤＋⑥，得

$$(x_1+x_2)+\frac{b-a}{c}y_1=b-a. \quad ⑦$$

将③，④代入⑦，并用 c 乘方程两边，得

$$2cx+2(b-a)y=c(b-a)\left(0\leqslant y\leqslant\frac{c}{2}\right), \quad ⑧$$

方程（8）即 M 点的轨迹方程，M 点的轨迹是以 $Q\left(0,\frac{c}{2}\right)$ 和 $P\left(\frac{b-a}{2},0\right)$ 为端点的线段（两个端点是轨迹的极限点，因此算轨迹上的点）（见图 7-2）.

当 $a=b$ 时，则 M 点的轨迹方程为 $x=0\left(0\leqslant y\leqslant\frac{c}{2}\right)$.

本题还可用单参数法解之.

［**分析二**］建立如图 7-2 所示的直角坐标系，给出 A、B、C 三点的坐标．当内接矩形 $DEFG$ 变动时，取 $|EF|=m$ 为参数，则 G、F 的坐标以及 D 点的坐标均可用 m 表示．由于 M 为 DF 的中点，因此 M 的坐标也可用 m 表示，于是可得 M 点轨迹的参数方程.

［**解法二**］（**单参数法**）建立如图 7-2 所示的直角坐标系．设 A、B、C 三点坐标分别为 $(-a,0)$、$(b,0)$、$(0,c)$，$a>0$，$b>0$，$c>0$，$DEFG$ 为内接矩形，其对角线交点为 $M(x,y)$．则直线 AC、BC 的方程分别为

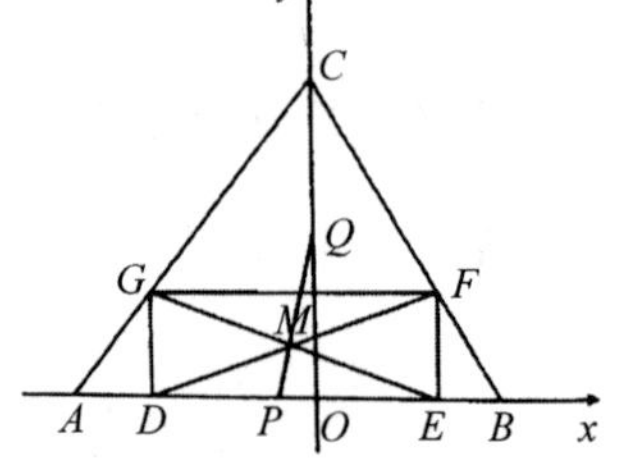

图 7-2

$$\frac{x}{-a}+\frac{y}{c}=1,\qquad ①$$

$$\frac{x}{b}+\frac{y}{c}=1.\qquad ②$$

设 $|EF|=|DG|=m$（m 为参数），

则直线 GF 的方程为

$$y=m.\qquad ③$$

解①、③组成的方程组，得 G 点的坐标为 $\left(-a\left(1-\frac{m}{c}\right),m\right)$，因此 D 点坐标为 $\left(-a\left(1-\frac{m}{c}\right),0\right)$.

解②、③组成的方程组，得 F 点的坐标为 $\left(b\left(1-\frac{m}{c}\right),m\right)$.

因 M 为 DF 的中点，故 M 点的坐标为

$$\begin{cases} x = \dfrac{1}{2}(b-a)\left(1-\dfrac{m}{c}\right), & ④ \\ & (0 \leqslant m \leqslant c) \\ y = \dfrac{m}{2}. & ⑤ \end{cases}$$

此即 M 的轨迹的参数方程.

由⑤，得 $m=2y$,

代入④，得

$$2cx+2(b-a)y=c(b-a)\left(0 \leqslant y \leqslant \frac{c}{2}\right).$$

此即为轨迹的普通方程.

［**例** 8］二直线分别绕著点 A（-5，0）及点 B（5，0）旋转，如果二直线的纵截矩的乘积等于25，求这两条直线交点的轨迹.

［**分析**］如果两条动直线的纵截距分别为 b、b'，借助 b 与 b'可求出两条直线族的方程，还有 $b \cdot b'$，即得轨迹方程.

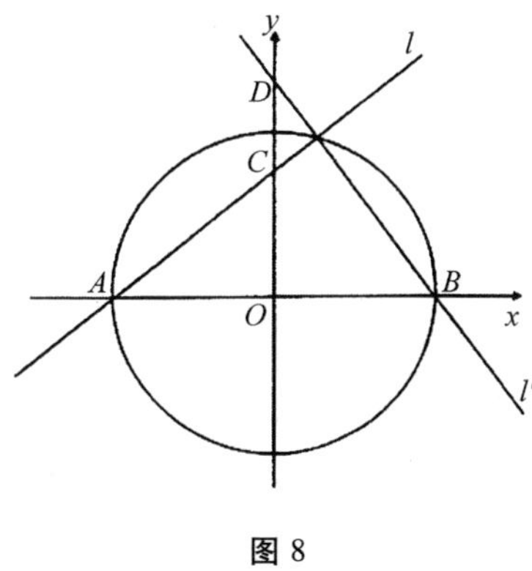

图 8

［**解**］如图 8，设通过 A、B 的直线分别为 l 、l'，它们的纵截矩分别为 b、b'，

则 $bb'=25$　①

又直线 l 的方程为 $\dfrac{x}{-5}+\dfrac{y}{b}=1$，　②

直线 l' 的方程为 $\dfrac{x}{5}+\dfrac{y}{b'}=1$，　③

由②，得 $\dfrac{y}{b}=1+\dfrac{x}{5}$，　④

由③，得 $\frac{y}{b'}=1-\frac{x}{5}$，　⑤

由④×⑤，得 $\frac{y^2}{bb'}=1-\frac{x^2}{25}$，

将①代入上式，得 $\frac{y^2}{25}=1-\frac{x^2}{25}$，

故两条直线交点的轨迹方程为

$$x^2+y^2=25.$$

由于极限点 A、B 算作轨迹上的点，于是轨迹是以原点为圆心，5 为半径的圆.

［**例 9**］过等边双曲线 $x^2-y^2=a^2$ 上一点 P 的法线分别交实轴、虚轴于 K、L，当 P 点在双曲线上运动时，求 KL 中点 M 的轨迹.

［**分析**］如图 9，取等边双曲线上点 P 的坐标x_1、y_1为参数，容易写出过 P 点的法线方程，因而可知 K，L 两点的坐标．于是，根据 M 是 KL 的中点可得到两个等式，再有 P 点在双曲线上，又可得到一个等式，由这三个等式消去参数x_1、y_1，即得所求的轨迹方程.

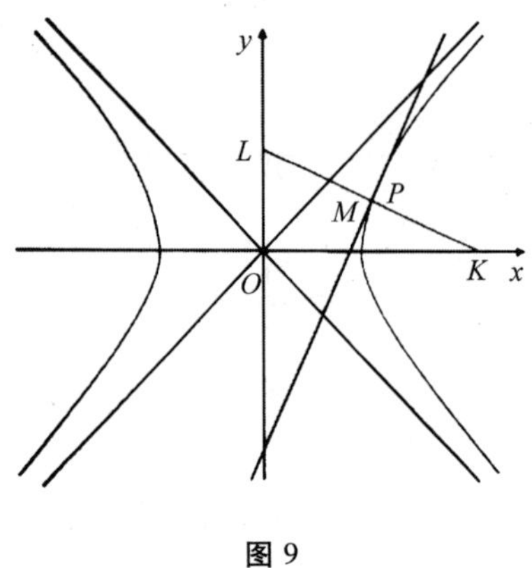

图 9

［**解**］（**代点法**）设双曲线 $x^2-y^2=a^2$ 上任一点 P 的坐标为 (x_1,y_1)，点 M 的坐标为 (x,y).

因过点 P 的双曲线切线的斜率为 $\frac{x_1}{y_1}(y_1\neq 0)$，过点 P 的法线斜率为 -

$\frac{y_1}{x_1}$，于是过点 P 的法线方程为

$$y-y_1=-\frac{y_1}{x_1}(x-x_1),$$

即　$y_1x+x_1y=2x_1y_1$.

因此点 K 的坐标为 $(2x_1,0)$，点 L 的坐标为 $(0,2y_1)$.

$\therefore\quad x=x_1,$ ①

$\quad\quad y=y_1,$ ②

又 P 点在等边双曲线上，

故 $x_1^2-y_1^2=a^2$. ③

由①、②、③消去 x_1,y_1，得

$x^2-y^2=a^2$. ④

当 $y_1=0$ 时，依 P 点在双曲线的左支或右支，分别取 M 点为轨迹的极限点（$-a$，0）或（a，0）．于是可知，（4）为所求的轨迹方程．轨迹为等边双曲线本身.

［**例** 10］设椭圆的方程是 $\frac{x^2}{9}+\frac{y^2}{16}=1$，点 A 的坐标是（m，-2），点 B 是椭圆上任意一点，点 P 分 $\overline{BA}$ 所成的比为 2，已知当 B 在椭圆上移动时，点 P 的轨迹关于直线 $x=1$ 对称，求 m 的值及点 P 的轨迹方程（1991 年全国重点高校入学试题、理科）.

［**解**］（**代点法**）设点 P 的坐标为 P（x，y），点 B 的坐标为 B（x_0，y_0），

$\because$ 点 P 分 BA 所成的比为 2，$\therefore$ $\lambda=\frac{BP}{PA}=2$.

点 $P(x,y)$ 的坐标为

$$\begin{cases}x=\dfrac{x_0+\lambda m}{1+\lambda}=\dfrac{x_0+2m}{3},\\[2ex] y=\dfrac{y_0+\lambda\times(-2)}{1+\lambda}=\dfrac{y_0-4}{3}.\end{cases}$$

$$\therefore\quad\begin{cases}x_0=3x-2m,\\ y_0=3y+4.\end{cases}$$

$\because$ $B(x_0,y_0)$ 在椭圆上，$\therefore$ $\frac{x_0^2}{9}+\frac{y_0^2}{16}=1$.

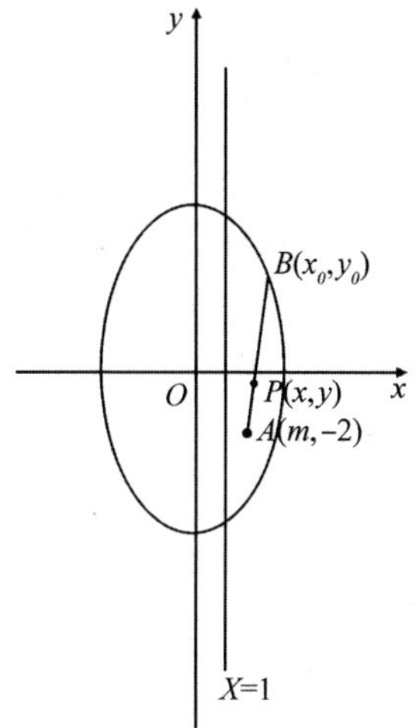

图 10

则 $\frac{(3x-2m)^2}{9}+\frac{(3y+4)^2}{16}=1.$

整理，得 $\left(x-\frac{2}{3}m\right)^2+\frac{\left(y+\frac{4}{3}\right)^2}{\frac{16}{9}}=1.$ ①

∵ 点 P 的轨迹关于直线 x = 1 对称，

∴ 椭圆①的中心 $\left(\frac{2}{3}m,\ -\frac{4}{3}\right)$ 在直线 x = 1 上，

∴ $\frac{2}{3}m=1, m=\frac{3}{2}.$

因此，点 P 的轨迹方程为 $(x-1)^2+\frac{\left(y+\frac{4}{3}\right)^2}{\frac{16}{9}}=1.$

［**例 11**］求椭圆 $x^2+4y^2=4$ 关于直线 $x+y=4$ 成对称的图形之方程.

［**分析**］如果 A、B 两点关于直线 l 对称，它们必须满足：

（1）直线 AB 垂直于直线 l；

（2）线段 AB 的中点在直线 l 上.

要求椭圆 $x^2+4y^2=4$ 关于直线 $x+y=4$ 成对称的图形之方程，实际上就是求椭圆 $x^2+4y^2=4$ 上任一点关于直线 $x+y=4$ 对称的点所组成之图形的方程.

另外，如果两个图形是对称图形，那么它们的形状和大小是相同的，只是位置不同，因此，要求椭圆的对称图形的方程，关键是找到对称椭圆的中心和对称轴的位置，结合长、短轴的大小，就可以写出方程.

［**解法一**］（**代点法**）设 $P'(x',y')$ 是椭圆 $x^2+4y^2=4$ 上任意一点，P' 关于直线 l：x + y = 4 的对称点是 $P(x,y)$，线段 PP′的中点是 $P_0(x_0,y_0)$，l 的斜率为 k_l.

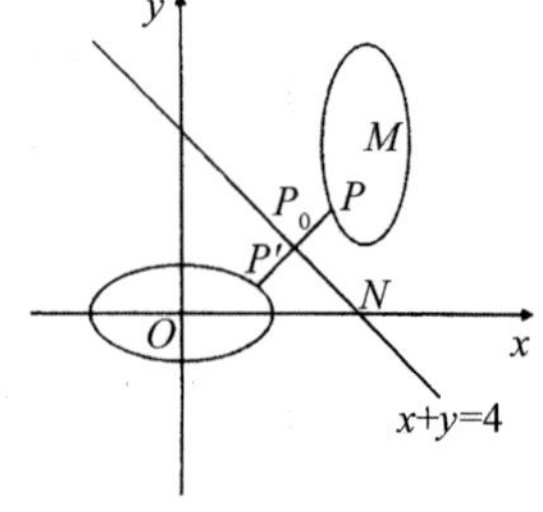

图 11（1）

∵ $pp'\perp l$，∴ $k_{PP'}=-\frac{1}{k_l}$，

而 $k_l=-1$，∴ $\frac{y-y'}{x-x'}=1.$

整理，得 $x'-y'=x-y.$ ①

∵ pp'的中点是 $P_0(x_0,y_0)$，

$\therefore\quad x_0=\dfrac{x+x'}{2},\ y_0=\dfrac{y+y'}{2},$

$\because\ P_0(x_0,y_0)$ 在 l：$x+y=4$ 上，

$\therefore\quad \dfrac{x'+x}{2}+\dfrac{y'+y}{2}=4,$

即 $x'+y'=8-x-y.$　②

由方程组 $\begin{cases}x'-y'=x-y,\\x'+y'=8-x-y.\end{cases}$

得 $\begin{cases}x'=4-y,\\y'=4-x.\end{cases}$

$\because\ P'(x',y')$ 在椭圆 $x^2+4y^2=4$ 上，

$\therefore\ (4-y)^2+4(4-x)^2=4,$

即 $4x^2+y^2-32x-8y+76=0$ 为所求方程.

［**解法二**］（**常见解法**）.

将 $x^2+4y^2=4$，变为 $\dfrac{x^2}{4}+y^2=1.$

则此椭圆中心在（0，0），长半轴长为 2，半短轴长为 1.

设 O（0，0）关于 l：$x+y=4$ 的对称点为 M（a，b），则 $k_l=-1$，

$\therefore\ k_{OM}=1$，即 $\dfrac{b}{a}=1.$

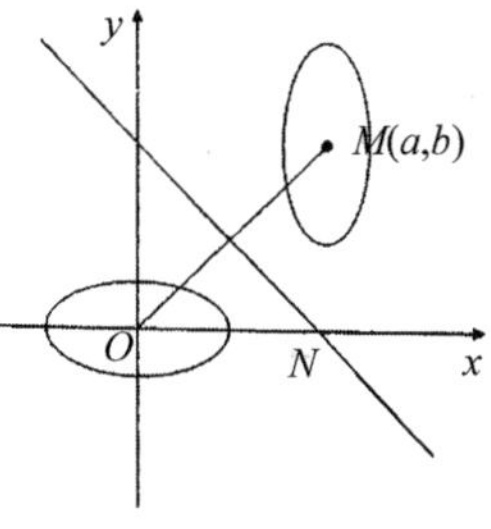

图 11（2）

又$\because$ 线段 OM 的中点坐标为 $\left(\dfrac{a}{2},\dfrac{b}{2}\right)$ 且 $\left(\dfrac{a}{2},\dfrac{b}{2}\right)$ 在 l 上，

$\therefore\quad \dfrac{a}{2}+\dfrac{b}{2}=4,$

即 $a+b=8.$

由 $\begin{cases}\dfrac{b}{a}=1,\\a+b=8.\end{cases}$ 可得 $\begin{cases}a=4,\\b=4.\end{cases}$

又椭圆的长轴所在的直线 $y=0$ 与 l 的交点为 N（4，0），而所求的椭圆的长轴所在的直线过 M 和 N，即 $x=4$，结合图形可知，所求椭圆方程为

$$\frac{(x-1)^2}{1}+\frac{(y-4)^2}{4}=1,$$

即 $4x^2+y^2-32x-8y+76=0.$

［**例** 12］已知椭圆族 $4x^2+5y^2-8mx-20my+24m^2-20=0$（m 为实参数）.

（1）求这些椭圆的中心的轨迹方程；

（2）求被每一个椭圆截得的线段都等于 $\frac{5\sqrt{5}}{3}$ 的直线方程.

［**解**］（1）原方程经配方，可得

$4(x^2-2mx+24m^2)+5[y^2-4my+(2m)^2]=-24m^2+20+4m^2+5\times(2m)^2.$

整理，得

$$\frac{(x-m)^2}{5}+\frac{(y-2m)^2}{4}=1.$$

椭圆的中心为（m，2m）.

设 $x=m$，$y=2m$，

由 $\begin{cases}x=m,\\ y=2m,\end{cases}$ 消去 m，得 $y=2x$.

∴ 椭圆族的椭圆的中心轨迹方程是 y = 2x

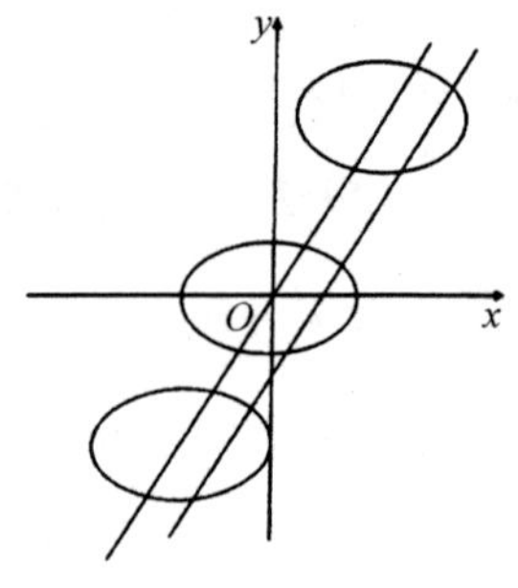

图 12

（2）由于椭圆族中任一椭圆都可由椭圆 $\frac{x^2}{5}+\frac{y^2}{4}=1$ 平移得到，被所有椭圆截得相等的线段的直线必与直线 $y=2x$ 平行.

设所求的直线方程为 $y=2x+b$，代入方程 $\frac{x^2}{5}+\frac{y^2}{4}=1$，得

$$24x^2+20bx+5b^2-20=0$$

设 x_1,y_1 为方程（2）的两根，据题意，有

$$(x_1-x_2)^2+(y_1-y_2)^2=\left(\frac{5\sqrt{5}}{3}\right)^2.$$

再以 $y_1=2x_1+b$ 和 $y_2=2x_2+b$ 代入上式，得

$$5(x_1-x_2)^2=\frac{125}{9},(x_1-x_2)^2=\frac{25}{9},$$

即　$(x_1+x_2)^2-4x_1x_2=\frac{25}{9}.$

由（2），据韦达定理，得

$$\left(\frac{20b}{24}\right)^2-4\left(\frac{5b^2-20}{24}\right)=\frac{25}{9},$$

可解得 $b=\pm 2.$

$\therefore\ y=2x\pm 2$ 即为所求的直线方程.

［**例** 13］已知椭圆 $\frac{x^2}{a^2}+\frac{y^2}{b^2}=1\ (a>b>0)$，$A$、$B$ 是椭圆上的两点，线段 AB 的垂直平分线与 x 轴相交于点 $P(x_0,0)$. 证明：$-\frac{a^2-b^2}{a}<x_0<\frac{a^2-b^2}{a}$（1992 年普通高校招生全国统一考试试题，理科）.

［**证法一**］设 A、B 的坐标为 $A(x_1,y_1)$、$B(x_2,y_2)$. 因线段 AB 的垂直平分线与 x 轴相交，所以 AB 不平行于 x 轴，即 $x_1\neq x_2$.

又交点为 $P(x_0,0)$，且 $|PA|=|PB|$，

则 $\sqrt{(x_1-x_0)^2+y_1^2}=\sqrt{(x_2-x_0)^2+y_2^2}$，

$\therefore\quad (x_1-x_0)^2+y_1^2=(x_2-x_0)^2+y_2^2$，

整理，得 $2(x_2-x_1)x_0=x_2^2-x_1^2+y_2^2-y_1^2$，　①

$\because\quad \frac{x_1^2}{a^2}+\frac{y_1^2}{b^2}=1,\ \frac{x_2^2}{a^2}+\frac{y_2^2}{b^2}=1.$

$\therefore\quad y_1^2=b^2-\frac{b^2}{a^2}x_1^2,\ y_2^2=b^2-\frac{b^2}{a^2}x_2^2.$

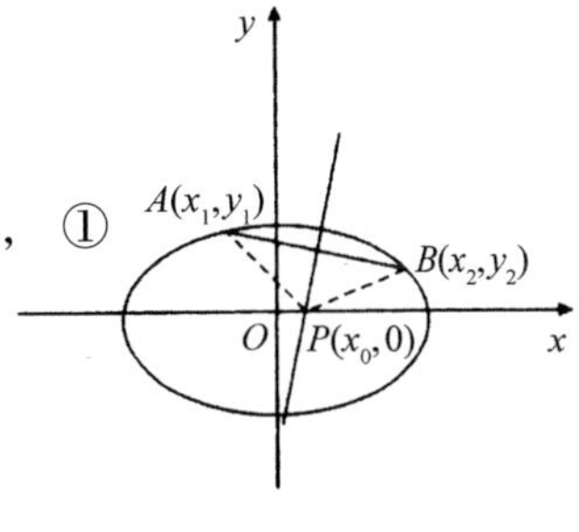

图 13

将上两式代入①，得

$$2(x_2-x_1)x_0=x_2^2-x_1^2+\left(b^2-\frac{b^2}{a^2}x_2^2\right)-\left(b^2-\frac{b^2}{a^2}x_1^2\right)=(x_2^2-x_1^2)\left(1-\frac{b^2}{a^2}\right),$$

$$\therefore\quad x_0=\frac{x_1+x_2}{2}\cdot\frac{a^2-b^2}{a^2}. \qquad ②$$

$\because\quad -a\leqslant x_1\leqslant a,\ -a\leqslant x_2\leqslant a,\ x_1\neq x_2$，

$\therefore\quad -2a\leqslant x_1+x_2\leqslant 2a$，因此 $-a\leqslant\frac{x_1+x_2}{2}\leqslant a$，

$$\therefore \quad -a\cdot\frac{a^2-b^2}{a^2}<\frac{x_1+x_2}{2}\cdot\frac{a^2-b^2}{a^2}<a\cdot\frac{a^2-b^2}{a^2},$$

即 $$-\frac{a^2-b^2}{a}<x_0<\frac{a^2-b^2}{a}.$$

[**证法二**] 设 A、B 的坐标分别为 (x_1,y_1) 和 (x_2,y_2)，因 $P(x_0,0)$ 在 AB 的垂直平分线上，以点 $P(x_0,0)$ 为圆心，$|PA|=r$ 为半径的圆 P 过 A、B 两点，所以圆 P 的方程为

$$(x-x_0)^2+y^2=r^2,$$

与椭圆方程联立，消去 y，得

$$(x-x_0)^2+\frac{b^2}{a^2}x^2=r^2-b^2,$$

$$\frac{a^2-b^2}{a^2}x^2-2x_0x+x_0^2-r^2+b^2=0. \qquad ①$$

$\because$ A、B 是椭圆与圆 P 的交点，故 x_1,x_2 为方程①的两个根，由韦达定理，得

$$\therefore \quad x_1+x_2=\frac{2a^2}{a^2-b^2}x_0,$$

$\because$ $-a\leqslant x_1\leqslant a$，$-a\leqslant x_2\leqslant a$，且 $x_1\neq x_2$，$-2a\leqslant x_1+x_2\leqslant 2a$.

故 $$-2a<\frac{2a^2}{a^2-b^2}x_0<2a.$$

从而 $$-\frac{a^2-b^2}{a}<x_0<\frac{a^2-b^2}{a}.$$

参考资料

[1]《平面解析几何》，人民教育出版社 1963 年版.

[2] 赵殿兴：《轨迹与方程》，河北人民出版社 1983 年版.

[3] 胡世荣、郭琼：《巧解平面解析几何》，重庆出版社 1989 年版.

[4] 郑志民编著：《润物细无声——数学教育探研集》，中国社会科学出版社 2015 年版.

[**注**] 本文原刊于《澳门数学教育》2014 年第 12 期.

从“数学归纳法”与“数学演绎法”之争谈开来

郑志民

高中学生在学习了**“数学归纳法”**后，基本上能够按照老师的教导，正确地对“用数学归纳法证明相关的数学问题（包括等式，不等式，整除性等数学命题）”作出解答．但是什么是**“数学归纳法”**？它的真正含义是什么？它是**“归纳法”**还是**“演绎法”**却完全不清楚．甚至于有个别老师也没法正确而清晰地回答这一问题．

本文从**“数学归纳法”**与**“数学演绎法”**的争论入手，对**“归纳法”**（包括**“完全归纳法”**和**“不完全归纳法”**）、**“演绎法”**和**“数学归纳法”**作较详细地分析和论述，以便看清**“数学归纳法”**之庐山真面目．

一　“数学归纳法”与“数学演绎法”之争由来已久

20 世纪 60 年代末至 70 年代中期，中国数学教育界掀起了一次**“数学归纳法”**和**“数学演绎法”**的大论战．

坚持**“数学归纳法”**的学者认为，**“数学归纳法”**是一种**“归纳法”**，此种方法的应用有着悠久的历史，它一直被沿用至今（早在 50 年代苏联的教学法书籍中，已经明确指出**数学归纳法是演绎法的特殊形式**，但是中国的中学数学课本和数学教学法书籍仍然坚持讲“数学归纳法”是归纳法，真是令人深感遗憾!），并认为大数学家华罗庚先生也称之为**“数学归纳法”，**并针对这种方法的应用时，强调**“归纳奠基”**（即 $n=1$ 时命题成立），和**“归纳递推”**（即从“$n=k$ 时，命题成立”，推出“$n=k+1$ 时，命题也成立”），两条缺一不可（即**“1 对；假设 n 对，那么 $n+1$ 也对”**）!

而主张**“数学演绎法”**的学者，则认为实施**“数学归纳法”**的整个过程完全是**演绎推理**的过程，根本不是**“归纳”**. 整个过程完全没有**“猜想”**和**“归纳”**（通过观察，猜想，最后得出某个结论）的成分. **“数学归纳法”**实际是**“归纳—演绎法”**，属于**“演绎法”**而不是**“归纳法”**.

“数学归纳法”是**“完全归纳法”**的一种**特殊状态**.

“数学归纳法”包括了两个命题：

第一个命题：“当 $n=1$（或 $n=2,3$ 等）时，命题成立”；

第二个命题：“假设 $n=k$ 时，命题成立，证明当 $n=k+1$ 时，命题也成立”.

“数学归纳法”是高考、数学竞赛、学习高等数学乃至于研究现代数学的一种严格的推理论证方法，实际上是一种货真价实的**“演绎法”**.

二　“演绎法”、“归纳法”和“数学归纳法”的再认识

人们在认识事物时，通常都要在已知事实的基础上进行推理，得出新的结论. 推理的方法很多，其中**演绎推理**（简称**演绎法**）与**归纳推理**（简称**归纳法**）是两种基本的方法，无论在日常生活还是在数学中都得到了广泛应用. 例如，我们由

每一个三角形的内角和都等于 180°，　①

ΔABC 是一个三角形，　②

得出 $\angle A+\angle B+\angle C=180°$.　③

这便进行了推理，这里①是一个已知的一般性命题，②说明具体的 ΔABC 在 {三角形} 这个集合中，于是得到结论③. 整个推理过程是从总体到个别，从一般到特殊，这样的推理称为**演绎法**. ①称为大前提（前提即条件的意思），②称为小前提，③是结论. 由大前提、小前提推出结论，这种形式的**演绎法**称为**三段论演绎法**. 一个数学定理的证明通常就是由若干个三段论演绎法构成的（平面几何中的定理和代数中的许多定理的证明都是如此）. 可以说，没有**演绎法**就没有数学证明.

演绎法虽然重要，但它并不是万能的. 特别是当我们去研究一个不熟悉的新问题时，像上面①中那样的一般规律我们还知之甚少，这时，我们的推理的方向往往恰好颠倒过来——从特殊到一般，这样的推理称为**归**

纳法.

例如，（甲）当我们比较 n^2 与 4^n 的大小时，经初步计算可得表：

n	1	2	3	4	5	6	…
n^2	1	4	9	16	25	36	…
4^n	4	16	64	256	1024	4096	…

由表 1 我们可能猜想，对所有的自然数 n 都有

$$n^2 < 4^n. \quad ④$$

表 1 说明对 $n=1$、2、3、4、5、6 这几个特殊值，④式都成立．我们由表 1 推断（实际是猜想）④式对所有自然数成立，这就是从特殊到一般的推理，采用的便是**归纳法**.

像这种只验证了部分特殊情况而推测一般情况也成立的归纳法又称为**不完全归纳法**．很明显，不完全归纳法只能提供一种猜测．这时，可能猜对，也可能猜错．所以，它不是一种证明方法，在这一点上它与演绎法有著根本区别.

“不完全归纳法”从“试一试”开始，通过**“试验（观察）、归纳、猜想”**揭示规律，找到结论.

“不完全归纳法”是通过对某类事物中的部分对象的研究，概括出关于该事物的一般性结论的推理方法．这种先“试一试”，再逐步加以归纳，最后猜想出一般的规律的方法，虽然不是严密的逻辑论证的方法，但是，它对于发现新的命题、概括新的性质，又是不可缺少的.

“不完全归纳法”虽然可能导致错误的猜想，但它也可能道致正确的猜想，它能使我们发现新的规律．研究一个新问题时，我们首先需要猜到结论，然后再设法去证明（或否定）该结论．如对于不等式 $n^2<4^n$，只有当我们已经猜到它之后，才会设法去证明它．所以，**“不完全归纳法”**作为一种猜想的方法，在数学研究、数学发现中起着重要作用.

应用**“不完全归纳法”**的一般步骤是：先找几个特殊对象进行试验（观察），然后归纳出共性特征，最后提出一种比较合理的猜想，即**“试验——归纳——猜想”**．至于要考察多少个特殊对象，那就要看具体情况．一般说来，总要使我们能比较有把握地猜想出一般规律为止．当然，用**“不完全归纳法”**提出的结论，仅仅是一种预测性的设想，它的正确

与错误，还要经过严格证明或举反例来加以否定．这一点也是不可忽视的．

“不完全归纳法” 对发现新的命题、概括新的性质有重要作用，我们应该逐步掌握它．这不仅是学好数学基础知识的需要，也是培养我们独立思考、观察与分析、发展与创新能力的需要．

相反的，在进行归纳时，如果我们考虑了全部特殊情况，那么我们就可以断言结论确实成立．这样的归纳法称为 **“完全归纳法”**．**“完全归纳法”** 是一种证明方法．

又如，(乙) 当我们在证明 **“一条弧所对的圆周角等于它所对的圆心角的一半”** 这一定理时，我们分三种特殊情况考虑：

ⅰ) 圆心在圆周角的边上，

ⅱ) 圆心在圆周角的内部，

ⅲ) 圆心在圆周角的外部．

对于情况ⅰ)、ⅱ)、ⅲ)，我们分别证明了上述结论成立，由于同一圆中，圆心与圆周角的位置只有上述这三种情况，所以上述结论普遍成立

一般地，如果在一个问题中仅有有限种特殊情况，那么从原则上讲，我们总可以如上面的例子一样，逐一去考查各种情况，作出完全的归纳，从而证明结论．但是要证明 $n^2 < 4^n$ 对所有的自然数 n 都成立却不能这样做，因为自然数集是无限集，简单地令 $n = 7,8,9\cdots$，这样验证下去是没有完结的．对于像 $n^2 < 4^n$ 这种与自然数有关的命题，我们一般可以采用 **“数学归纳法”** 来处理．**数学归纳法**也是一种**完全归纳法**，利用它，我们可以证明一个命题对所有的自然数成立．

应用 **“完全归纳法”** 时，要注意对考察的对象进行**合理的分类**，使**其既不遗漏，又不重复，遗漏了则结论就没有普遍性，重复了则劳而无功**．**完全归纳法**是一种严格的证明方法，当对象数目有限，而且不是很大时，我们常可采用这种方法．

学习和掌握 **“完全归纳法”**，对培养我们全面地考虑问题的能力，养成周到严密的习惯，是大有好处的．

但是，这种方法也有局限性．其一，当所列举的情况比较复杂，不易判别可能情况的具体属性时，用起来就比较困难；其二，如果列举的情况太多，证明或求解起来，必然繁琐；其三，当列举的情况为无限多时，就无能为力了．这必然为 **“数学归纳法”** 所代替．

数学归纳法包括下面两个步骤：

A. 证明当 $n=1$ 时，命题成立.

B. 假设 $n=k$ 时命题成立，证明当 $n=k+1$ 时命题也成立.

完成这两个步骤后，我们就可以断言该命题对所有的自然数都成立.

为什么完成了 A、B 两步后便能断言命题对所有的自然数都成立呢？这是因为.

（ⅰ）由 A 知，$n=1$ 时命题成立；

（ⅱ）在 B 中，令 $k=1$，由（ⅰ）与 B 知 $n=k+1=1+1=2$ 时命题成立；

（ⅲ）在 B 中，令 $k=2$，由（ⅱ）与 B 知 $n=k+1=2+1=3$ 时命题成立；

……　……　……

如此无限地推证下去，可知 $n=1,2,3,4,\cdots$，即 n 为任意自然数时命题成立. 在上面无限步推理中，我们无限次地应用了步骤 B. 这里，k 的任意性起了关键作用. 即是说，k 是一个变量. 上面，k 依次取了 1，2，3，…无穷多个值.

对一步骤 B 我们也可以叙述为**“假设命题对任给的一个自然数 k 成立，那么对后面一个自然数 $k+1$ 命题也成立”，**所以可以说步骤 B **体现了一种“遗传性”**. 因为 $n=1$ 时命题成立，经过“遗传”，逐次得出 $n=2,3,\cdots$，以致对任何一个自然数命题都成立.

不难看出，上面我们**由（ⅰ）与 B 推出（ⅱ）时，B 是大前提，（ⅰ）是小前提，（ⅱ）是结论；在由（ⅱ）与 B 推出（ⅲ）时，B 是大前提，（ⅱ）是小前提，（ⅲ）是结论；……. 所以“数学归纳法”实质上是由无穷多步的三段论“演绎法”构成的**. 由于我们在记号上引入了变量 k，因此能够用 A、B 两个步骤把这个无限的过程简明地表达出来.

下面我们用**“数学归纳法”**来证明上述的不等式④：$n^2<4^n$.

A. $n=1$ 时，④式变为 $1<4$，成立.

B. 设 $n=k$ 时，④式成立，即

$$k^2<4^k. \qquad ⑤$$

现在，我们要证明 $n=k+1$ 时④式也成立，即证明

$$(k+1)^2<4^{k+1} \qquad ⑥$$

成立．今比较已知的⑤式与求证的⑥式知，可将⑤式变形为 $4^{k+1} > 4k^2$，要证⑥式只需证明

$$4k^2 > (k+1)^2. \qquad ⑦$$

由 $4k^2-(k+1)^2=3k^2-2k-1=(3k+1)(k-1)>0(k>1)$ 知，⑥式成立（$k=1$ 时直接验证）．于是，根据**数学归纳法**知，对所有的自然数 n 有 $n^2<4^n$.

上面我们初步弄清了**“数学归纳法”**的原理及其用法，下面我们再指出几个应该注意之点：

第一点，上面的步骤 A 通常验证时十分简单，但是却绝对不可缺少．因为步骤 A 是我们推理的出发点（通常称之为**归纳奠基**）．如果我们不知道 $n=1$ 时命题成立，也就不能逐步推出 $n=2$，$n=3$，…时命题成立．例如，我们考虑下述的命题．

又如，（丙）“命题：$n>n+1$”.

这显然是个荒谬的命题，但它却满足步骤 B 的要求：假设 $n=k$ 时命题成立，即 $k>k+1$，两边加上 1 得 $k+1>(k+1)+1$，于是 $n=k+1$ 时命题也成立．

这个例子说明，如果仅仅有步骤 B 而没有步骤 A 作为推理的基础，那么我们就可能是从一个荒谬的假设（$1>2$）开始，推出一个荒谬的结论（$2>3$），再以这个荒谬的结论为基础，又推出另一个荒谬的结论（$3>4$），…．最后我们得出一连串不正确的结论．所以步骤 A 是不可缺少的．

再如，**（丁）**如果我们不考虑 $n=1$ 的情况，可以证明

$$1^3+2^3+\cdots+n^3=\left[\frac{1}{2}n(n+1)\right]^2+\ell.$$

这里，ℓ 是任何的数．

事实上，假设第 k 号命题

$$1^3+2^3+\cdots+k^3=\left[\frac{1}{2}k(k+1)\right]^2+\ell$$

正确，那么第 $k+1$ 号命题

$$1^3+2^3+\cdots+k^3+(k+1)^3=\left[\frac{1}{2}k(k+1)(k+2)\right]^2+\ell$$

也就正确（注意 ℓ 是任何数）．

但是，**这个结论显然是荒谬的**．

讲到这里，让我们再重复说一遍：**数学归纳法的证明过程必须包括两个步骤：①“当 $n=1$ 的时候，这个命题是正确的”；②“假设当 $n=k$ 的时候，这个命题是正确的，那么当 $n=k+1$ 的时候，这个命题也是正确的”．两者缺一不可！缺一不可！**

也许有人会问：上面的第一句话要不要改做“当 $n=1,2,3,\cdots$ 的时候，这个命题是正确的”？

这样的要求是多余的，同时也是不正确的，所以多余，在于除了用 $n=1$ 的来验证以外，还要用 $n=2$ 和 $n=3$ 来验证，而它的不正确则在于“…”．如果“…”表示试下去都正确，那么试问到底要试到什么地步才算试完呢？

“多余”还可以解释成我是从 $n=1,n=2,n=3$ 里看出规律来的，或者希望通过练习熟悉这个公式；但在没有证明 n 是所有自然数时都对以前就加上“…”，却要不得，这是犯了逻辑上的错误！

第二点，步骤 A 虽然不可缺少，但是我们不一定从 $n=1$ 开始．根据问题的需要，我们可以从任何一个适当的自然数 n_0 开始．这时，**数学归纳法**的步骤变为

1. 证明 $n=n_0(n_0\in N)$ 时，命题成立.

2. 假设 $n=k(k\geqslant n_0)$ 时命题成立，证明 $n=k+1$ 时命题也成立.

那么，对于大于或等于 n_0 的所有自然数 n 命题成立.

总之，我们是在集合 $E=\{n\mid n\in N,n\geqslant n_0\}$ 上考虑问题的.

第三点，步骤 B 也是不可缺少的．实际上，如果只有步骤 A，那就不是**数学归纳法**而是**不完全归纳法**，正如前面所说，不能由此断定结论成立.

第四点，**“数学归纳法”**虽然是证明与自然数集 N 有关的命题的一个有力工具，但是，并非每一个与自然数集有关的命题都能用**“数学归纳法”**简单地加以证明．例如，对著名的**哥德巴赫（Goldbach）猜想“每一个大于 4 的偶数 $2n$ 都可以表示为二个奇素数之和”**，有人已经用计算机验证，当 $2n\leqslant 9\times 10^8$ 时，结论均成立．但是，这个问题至今尚未解决.

此外，有一些命题虽可以用数学归纳法证明，但不一定要用数学归纳法证明，也可以用其他方法证明.

三　“数学归纳法”之三部曲

从分析一些特例的共同特征，进而得出一般性结论，这种由特殊到一般的推理方法称为**“归纳法”**.

“归纳法”包括前面所述的**“完全归纳法”**和**“不完全归纳法”**.

“完全归纳法”适用于研究对象的个数是有限的，或对象分类有限，并且不很大的情况.

“不完全归纳法”不仅可适用于研究对象无限多个，也适用于研究对象的数目有限（数目较大）的情况.

由于用**“不完全归纳法”**作出的猜想不一定正确，因此要经过严格论证加以肯定，或举反例加以否定．与自然数 n 有关的命题，常用两个步骤（实即两个命题）来证明它们的正确性.

（1）难当 n 取第一个 n_0（$n_0=1$，或 $n_0=2$ 等）时，命题成立.

（2）假设当 $n=k(k\geqslant n_0,k\in N)$ 时命题成立，应用假设证明 $n=k+1$ 时，命题也成立.

这种证明方法称为**“数学归纳法”，它属于推理论证的演绎法而非归纳法**.

“归纳法”是一种发现结论的方法，用以发现规律，作出猜想的方法.“数学归纳法”是对猜想的正确性加以肯定的一种严格论证方法．二者概念不同，但却是相互联系的.

运用**“数学归纳法”**论证命题时，两个步骤缺一不可．第一个步骤称为**“归纳奠基”**，是证明的基础；而第二个步骤称为**“归纳递推”**，它反映了无限递推关系．第二个步骤中假设 $n=k$ 时命题成立称为**“归纳假设”**．**“归纳递推”**的基本构思，也是中心任务在于**“一凑假设，二凑结论”，设法接纳、使用“归纳假设”于“递推论证”中**，从而推证出**“归纳结论”**（即 $n=k+1$ 时的证明目标），从而证明命题（从中清晰地理解了由 $n=k$ 到 $n=k+1$ 时命题形式之间的关系）.

由“归纳奠基”（第一步），到**“归纳递推”**（第二步），进而得**“归纳结论”**（第三步）合称为**“数学归纳法”**的**“三部曲”**.

[**例 1**] 通过下列各式计算，你可以得到什么结论?

1 = ?

$1+2+1=?$

$1+2+3+2+1=?$

（1）计算：

$1=1^2$，

$1+2+1=4=2^2$，

$1+2+3+2+1=9=3^2$，

（2）再观察：

通过对各算式及结果的再观察，发现**“后一个算式的各加数的个数比前一个算式的各加数的个数多 2，各算式的结果都是该算式序号的平方”**.

（3）联想：

通过对三个算式的观察，模拟分析，可得更多的算式：

$1+2+3+4+3+2+1=4^2$，

$1+2+3+4+5+4+3+2+1=5^2$，

$1+2+3+4+5+6+5+4+3+2+1=6^2$，

（4）猜想：

在归纳的基础上，可作出一般的猜想：

$1+2+3+\cdots+(n-1)+n+(n-1)+\cdots+3+2+1=n^2$

（5）验证：

对猜想作初步的验证：

左边 $=n+(n-1)+(n-2)+\cdots+3+2+1+1+2+3+\cdots+(n-2)+(n-1)$

$=\underbrace{(n+1)+(n+1)+\cdots+(n+1)}_{(n-1)\text{个}}+1$

$=(n-1)(n+1)+1$

$=n^2=$ 右边.

（6）严格论证：

用**“数学归纳法”**证明猜想的正确性.

证明：① 当 $n=1$ 时，左边 $=1$，右边 $1^2=1$，左边 = 右边，等式成立.

② 假设 $n=k$ 时，等式成立，即

$1+2+3+\cdots+(k-1)+k+(k-1)+\cdots+3+2+1=k^2$，

则当 $n=k+1$，有

$1+2+3+\cdots+(k-1)+k+(k+1)+k+(k-1)+\cdots+3+2+1=[1+2+3+\cdots+(k-1)+k+(k-1)+\cdots+3+2+1]+k+(k+1)=k^2+k+(k+1)=(k+1)^2$.

因此，$n=k+1$ 时，等式也成立.

根据数学归纳法原理，由①和②可知，对于任何正整数 n，等式成立.

(7) 数形结合，深化理解：

用黑点“●”表示数 1，若“●●”表示数 2，则 1+2+1 用 4 个黑点“●”表示，把表示数的黑点按各和式作出**“黑点正方形”**，顺序排列如下：

(1) ● 表示 $1=1^2$，

(2)  表示 $1+2+1=2^2$，

(3) 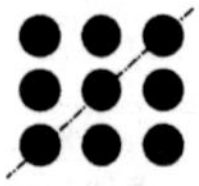 表示 $1+2+3+2+1=3^2$，

(4) 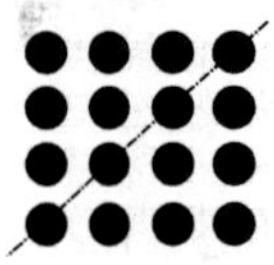 表示 $1+2+3+4+3+2+1=4^2$，

……

(n)

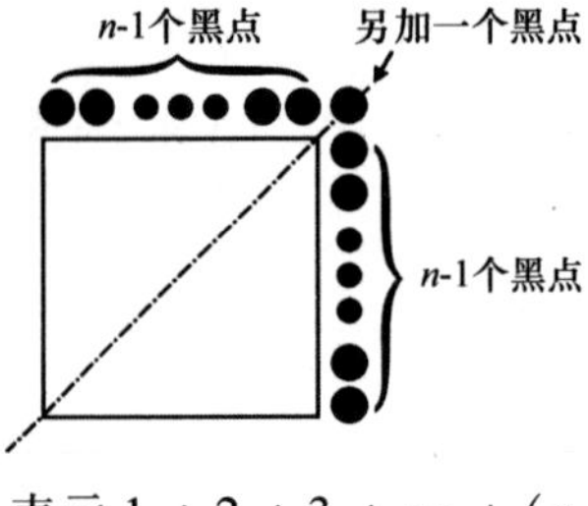

n-1个黑点　另加一个黑点

n-1个黑点

(n) 表示 $1+2+3+\cdots+(n-1)+n+(n-1)+\cdots+3+2+1=n^2$.

其中 (1) 表示构成“边长”为 1 的“正方形”的黑点个数为 1^2；(2) 表示构成“边长”为 2 的“正方形”的黑点个数为 2^2；(3) 表示构成“边长”为 3 的“正方形”的黑点个数为 3^2；(4) 表示构成“边长”为 4 的“正方形”的黑点个数为 4^2；… (n) 表示构成“边长”为 n 的“正方形”的黑点个数为 n^2.

(1) 至 (n) 中的“正方形”中，后一个比前一个的“边长”多出一个黑点.

从上例可以看出用**“数学归纳法”**解题，是依照**“三部曲”**来行事.

首先，考虑当 n 等于 1 时，从等式左边计算出来的结果，是否等于右边. 如果相等，那么就称该等式在 $n=1$ 的情况之下成立. 这就是**“归纳奠基”**.

其次就是所谓的**“归纳递推”**. 先假设仅 n 等于某一整数 k 时，等式成立；然后证明从上面的假设可以推算出，当 n 等于 $k+1$ 时，该等式仍然成立.

第三步就是写一段**“声明”**：由于算式满足以上的两个验证，根据所谓的**“数学归纳法原理”**，命题就会对一切的整数 n 成立.

从以上的讨论可见，教科书中的**“数学归纳法”**的确是一个**非常严谨的推理证明**. 我们所进行的每一步计算都要有根有据，**完全没有观察和猜想的成分**. 因此，提出将**“数学归纳法”**更名为**“数学演绎法”**的人，确实有他们的道理.

应用**“数学归纳法”**证明命题时，运用了**“三部曲”**. 其中的第一部曲——**“归纳奠基”**是**“数学归纳法”**的重要基础（**“奠基石”**）. 没有它，则论证将产生错误！

误区一：忽视了“归纳奠基”的必要性.

[**错例 1**] 试证：$1+2+3+\cdots+n=\dfrac{n(n+1)}{2}+1\ (n\in N)$.

[**错证**] 假设 $n=k$ 时，等式成立，即

$$1+2+3+\cdots+k=\frac{k(k+1)}{2}+1,$$

则当 $n=k+1$ 时，有

$$\begin{aligned}&1+2+3+\cdots+k+(k+1)\\&=\frac{k(k+1)}{2}+1+(k+1)=\frac{(k+1)(k+2)}{2}+1,\end{aligned}$$

即 $n=k+1$ 时，等式成立.

根据数学归纳法原理可知，当 n 为任意正整数时，等式成立.

这个“证明”是错误的，因为它没有“基础”，忽视了**“归纳基础”**的必要性.

上述的错证竟把错误的结论“证明”出来了，岂非怪事？出现此种

怪现象的原因就是缺少了**“归纳奠基”**这一步！

切莫以为**“归纳奠基”**这一步就是“当 $n=1$ 时，命题成立”这么一句话，似乎无关紧要，可有可无．从上例可以看出，不去认真验证这一步，或者根本没有这一步就可能陷入错误的泥坑．

事实上，当 $n=1$ 时，左边 $=1\neq\frac{1\times(1+1)}{2}+1=$ 右边，故［错例1］的题目是错误的．

因此，只有**“归纳递推”，**没有**“归纳奠基”**的论证是错误的论证，**“归纳奠基”**的步骤决不可少．形象地说，只有**“归纳递推”，**没有**“归纳奠基”**（的论证），只能是一座没有基础的空中楼阁．

“数学归纳法”的第二部曲称为**“归纳递推”**，它是使命题的结论的正确性从 n 走向 $n+1$ 的关键．

误区二：忽视了“归纳递推”的必要性．

［**错例**2］试证：当 n 为任意正整数时 n^2+n+41 都是质数．

［**错证**］经过计算（可让学生用计算器计算），当 $n=1,2,3,\cdots,10$ 时，式子 n^2+n+41 的结果都是质数，列表如下：

n	1	2	3	4	5	6	7	8	9	10	…
n^2+n+41	43	47	53	61	71	83	97	113	131	151	…

因此，当 n 为任意自然数时，$n^2+(n+40)+1$ 都是质数！

［**评注**］把 n^2+n+41 写成 $n^2+(n+41)+1$，联想公式 $(n+1)^2=n^2+2n+1$，则可以知道，当 $n=40$ 时，有 $n^2+n+41=n^2+(n+40)+1=40^2+2\times40+1=41^2$，可见，当 $n=40$ 时，n^2+n+41 不是质数；又当 $n=41$ 时，显然，$n^2+n+41=41\times43$，也不是质数．

因此，［错例2］的题目也是错误的．

即使我们验证了 n 的100个不同的值，命题都成立，为甚么对于任意的 n 值，命题却不成立呢？

其实，道理很简单，由若干个具体特例归纳或猜想出某一个一般性结论，这个一般性结论是否成立，仍是有待证明的问题．

事实上，**“错证”**没有完成**“归纳递推”**，即“由 $n=k$ 时命题成立，推导出 $n=k+1$ 时命题成立”．

难道我们见到过成千上万的人都是黄皮肤、黑眼睛、黑头发，就可以肯定世界上所有的人都是黄皮肤、黑眼睛、黑头发吗？

误区三：采用“形式伪证”.

形式伪证是初学者常犯的错误，在证明过程中，虽然形式地套用了数学归纳法的步骤，而实际上命题没有被证明.

[**错例** 3] 证明：$1+2+3+\cdots+n=\frac{n(n+1)}{2}(n\in N)$.

[**错证**]（1）当 $n=1$ 时，左边 $=1$，右边 $=\frac{1\times(1+1)}{2}=1$，左边 $=$ 右边. 即 $n=1$ 时，等式成立.

（2）假设 $n=k$ 时，等式成立，即

$$1+2+3+\cdots+k=\frac{k(k+1)}{2},$$

则当 $n=k+1$ 时，有

$$1+2+3+\cdots+k+(k+1)=\frac{(k+1)(k+2)}{2},$$

即 $n=k+1$ 时，等式成立.

根据数学归纳法原理，由（1）和（2）可知，等式对于 $n\in N_+$ 都成立.

证毕后，让学生研究上述“**错证**”错在何处，再作评注.

[**评注**] 上述**证明“$n=k+1$ 时，命题成立”**，并未利用“**归纳假设**”，只是在证明过程中套用了“**数学归纳法**” **的步骤**——只是把要证明的等式对于 $n=k+1$ 时加于批注而已，并非证明，这种证明是无效的伪证，根本没有完成“**归纳递推**”，因此上述证明是错误的，但命题本身却是成立的.

通过上述三个错例，我们知道使用“**数学归纳法**”时，必须注意“**归纳奠基**”和“**归纳递推**”两大步骤缺一不可，而且要很好匹配，否则会陷入误区，致使“**正例错证**”或“**错例正证**”.

一般来说，“**归纳奠基**”步骤只是简单的验证，容易完成，因而，实施“**归纳递推**”就成了关键的一步，“**归纳递推**”的任务是“**由 $n=k$ 时命题成立，推出 $n=k+1$ 时命题成立.**”

“**归纳递推**”的基本构思是“通过 $n=k$ 时的命题”与“$n=k+1$ 的命题”的对比，找出在 $n=k+1$ 命题的推证过程中，使用 $n=k$ 时的命题

（即**“归纳假设”**）的途径.

简单地说，**“归纳递推”**的基本构思在于设法使用**“归纳假设”**.

通俗地讲**“归纳递推”**［也即数学归纳法的步骤（2）］中的中心任务是两个“凑”，**一“凑假设”，二“凑结论”，**关键是明确 $n=k+1$ 时的证明目标，理解由 $n=k$ 到 $n=k+1$ 时命题形式之间的区别和联系.

“数学归纳法”是用**两个命题**的证明，代替了**无穷多个命题**的证明，体现了有穷与无穷的辩证关系.

能否实施**“归纳递推”**关键是作好**“递推构思”**. 做好**“递推构思”**的关键是从变形入手，对**“归纳假设”**作变形，进而推出**“归纳结论”**的形式.

“递推构思”有很多方法，其中包括**“两边同加变形法”**，**“两边同乘变形法”**，**“重组变形法”**都是重要的**“递推构思”**的方法，此外，又如**“求差变形法”**，**“等价命题法”**，**“归纳假设转化法”**也都是重要而切实可行的**“递推构思”**方法（可参阅作者编著之数学教育闲思集**《学海浪花》**第 251—266 页）.

我们将会看到，**“递推构思”**的方法甚多，精巧独特之处常常使人叹服，然而，种种精彩独特的**“归纳递推”**都出于同一基本构思——**设法接纳和使用“归纳假设”**.

“数学归纳法”，锋芒所到之处锐不可当，但毕竟**“数学归纳法”**常限于证明与自然数有关的命题，且并非所有与自然数有关的命题都能用**“数学归纳法”**证明，更不是凡与自然数有关的命题都一定要用**“数学归纳法”**才能证明.

并非**“非数学归纳法莫属”**. 下述的例子便是这方面的例证.

［**例** 2］试证：n 为任意正整数时，

$$\frac{1}{1\times3}+\frac{1}{3\times5}+\cdots+\frac{1}{(2n-1)\times(2n+1)}=\frac{n}{2n+1}.$$

［**证法一**］（1）当 $n=1$ 时，左边 $=\frac{1}{1\times3}=\frac{1}{3}$，右边 $=\frac{1}{2\times1+1}=\frac{1}{3}$，左边 = 右边，等式成立.

（2）假设 $n=k$ 时，等式成立，即

$$\frac{1}{1\times3}+\frac{1}{3\times5}+\cdots+\frac{1}{(2k-1)\times(2k+1)}=\frac{k}{2k+1},$$

那么，当 $n=k+1$ 时，有

$$\frac{1}{1\times3}+\frac{1}{3\times5}+\cdots+\frac{1}{(2k-1)\times(2k+1)}+\frac{1}{[2(k+1)-1][2(k+1)+1]}$$

$$=\frac{k}{2k+1}+\frac{1}{(2k+1)(2k+3)}$$

$$=\frac{k(2k+3)+1}{(2k+1)(2k+3)}=\frac{2k^2+3k+1}{(2k+1)(2k+3)}$$

$$=\frac{(2k+1)(k+1)}{(2k+1)(2k+3)}=\frac{k+1}{2k+3}$$

$$=\frac{k+1}{2(k+1)+1}.$$

这就是说，当 $n=k+1$ 时，等式也成立

根据**“数学归纳法”**的原理，由（1）和（2）可知，对于任何自然数 n，等式成立.

［**证法二**］易知

$$\frac{1}{1\times3}=\frac{1}{2}(1-\frac{1}{3}),$$

$$\frac{1}{3\times5}=\frac{1}{2}(\frac{1}{3}-\frac{1}{5}),$$

$$\frac{1}{5\times7}=\frac{1}{2}(\frac{1}{5}-\frac{1}{7}),$$

……

$$\frac{1}{(2n-1)(2n+1)}=\frac{1}{2}(\frac{1}{2n-1}-\frac{1}{2n+1}).$$

将以上 n 个等式相加，得

$$\frac{1}{1\times3}+\frac{1}{3\times5}+\cdots+\frac{1}{(2n-1)\times(2n+1)}=\frac{1}{2}\left(1-\frac{1}{2n+1}\right)=\frac{n}{2n+1}.$$

等式成立.

［**评注**］这种证法称为**“分项相消法”**（**“析项法”**），它将等式左边的每一项析成两项的差，并且前一个差中的减项好等于后一差中的被减项.

这些差相加时，由于成对的项都能相消，因此由**“无限”项**的和变成**有限项**的和（两项差），结果便容易得出了.

[**证法三**] 设 $S_n=\dfrac{n}{2n+1}$，其中 n 为非负整数，特别地 $S_0=\dfrac{0}{2\times0+1}=0$.

由于 $S_n-S_{n-1}=\dfrac{n}{2n+1}-\dfrac{n-1}{2(n-1)+1}=\dfrac{1}{(2n-1)(2n+1)}$（通项），

因此 $\dfrac{1}{1\times3}+\dfrac{1}{3\times5}+\cdots+\dfrac{1}{(2n-1)(2n+1)}$

$$=(S_1-S_0)+(S_2-S_1)+(S_3-S_2)+\cdots+(S_n-S_{n-1})$$

$$=S_n-S_0$$

$$=\frac{n}{2n+1}.$$

证毕.

此证法是由分析和式的通项 $\dfrac{1}{(2n-1)(2n+1)}$ 入手，并构造出和式 $S_n=\dfrac{n}{2n+1}$，进而推出用 S_n 和 S_{n-1} 表达通项 $\dfrac{1}{(2n-1)(2n+1)}$，从而证明了本题.

与 n 有关的数学命题（即有无限个研究对象的命题）的证明属于 **“不完全归纳法”** 的证明，但不一定都要用 **“数学归纳法”** 证明. 下述的三个例子可以作出充分的说明.

[**例 3**] 计算 $\sqrt{\underbrace{44\cdots4}_{n个}\underbrace{88\cdots8}_{n个}9}$.

[**解**] 当 $n=1$ 时，$\sqrt{49}=7$，

当 $n=2$ 时，$\sqrt{4489}=67$，

当 $n=3$ 时，$\sqrt{444889}=667$，

……

进而猜想，本题的结论可能是 $\underbrace{666\cdots6}_{n个}7$.

事实上，$\sqrt{\underbrace{44\cdots4}_{n个}\underbrace{88\cdots8}_{n个}9}=\sqrt{\underbrace{44\cdots4}_{n个}\times10^n+2\times\underbrace{44\cdots4}_{n个}+1}$

$$=\sqrt{\underbrace{44\cdots4}_{n个}\times(\underbrace{99\cdots9}_{n个}+1)+2\times\underbrace{44\cdots4}_{n个}+1}$$

$$=\sqrt{4\times9\times(\underbrace{11\cdots1}_{n个})^2+3\times\underbrace{44\cdots4}_{n个}+1}$$

$$= \sqrt{[6\times(\underbrace{11\cdots1}_{n个})]^2+2\times6\times(\underbrace{11\cdots1}_{n个})\times1+1^2}$$

$$= \sqrt{[6\times(\underbrace{11\cdots1}_{n个})+1]^2}$$

$$= 6\times(\underbrace{11\cdots1}_{n个})+1$$

$$= \underbrace{666\cdots6}_{n个}7.$$

从而证明了猜想的正确性（它并不是用**“数学归纳法”**证明）.

[**例** 4] 证明：具有下列形式

$$N = \underbrace{11\cdots1}_{(n-1)个}\underbrace{2\cdots2}_{n个}5$$

的数是完全平方数.

[**证明**] 当 $n=1$ 时　$N=25=5^2$，

当 $n=2$ 时　$N=1225=35^2$，

当 $n=3$ 时　$N=112225$，通过计算知 $112225=335^2$，

当 $n=4$ 时　$N=11122225$，通过计算知 $11122225=3335^2$.

我们猜想

$$\underbrace{11\cdots1}_{(n-1)个}\underbrace{22\cdots2}_{n个}5=\underbrace{33\cdots3}_{(n-1)个}5^2$$

下面证明这个猜想的正确性：

$$N = \underbrace{11\cdots1}_{(n-1)个}\underbrace{22\cdots2}_{n个}5$$

$$10^{2n-1}+10^{2n-2}+\cdots+10^{n+1}+2\times10^n+2\times10^{n-1}+\cdots+2\times10+5$$

$$=10^n(10^{n-1}+10^{n-2}+\cdots+10)+2\times(10^n+10^{n-1}+\cdots+10)+5$$

$$=10^n\times\frac{10(10^{n-1}-1)}{10-1}+2\times\frac{10(10^n-1)}{10-1}+5$$

$$=\frac{1}{9}(10^{2n}+10^{n+1}+25)$$

$$=\left(\frac{10^n+5}{3}\right)^2$$

注意到分子 10^n+5 各位数字之和为 6，所以 10^n+5 为 3 的倍数，所以 $\frac{10^n+5}{3}$ 为整数．因此，N 为完全平方数.

[**例** 5] 证明数列 12，1122，111222，…的每一项都是相邻两个整数之积.

[**证明**] $12 = 3 \times 4$,

$1122 = 33 \times 34$,

$111222 = 333 \times 334$.

我们猜想

$$\underbrace{11\cdots1}_{n个}\underbrace{22\cdots2}_{n个} = \underbrace{33\cdots3}_{n个} \times (\underbrace{33\cdots3}_{n个} + 1).$$

下面证明这个猜想的正确性：

$$a_n = \underbrace{11\cdots1}_{n个}\underbrace{22\cdots2}_{n个}$$

$$= \underbrace{11\cdots1}_{n个} \times 10^n + 2 \times \underbrace{11\cdots1}_{n个}$$

$$= \underbrace{11\cdots1}_{n个} \times (10^n + 2).$$

令 $m = \underbrace{11\cdots1}_{n个}$，则 $10^n + 2 = \underbrace{99\cdots9}_{n个} + 3 = 9m + 3$.

所以 $a_n = m(9m+3) = 3m(3m+1) = \underbrace{33\cdots3}_{n个} \times (\underbrace{33\cdots3}_{n个} + 1)$ 猜想正确，因此本题得证.

[**例** 4] 和 [**例** 5] 所写的猜想过程可以略去，因为题目已明确提出所要证明的结论，但我们还是写下 **“试验——归纳——猜想”** 这三步，目的是让我们学会这种归纳推理的思考方法，[**例** 3] 至 [**例** 5] 之证明用的是演绎法.

四 “归纳法”和“数学归纳法”的再反思

从分析一些特例的共同特征，进而得出一般性结论，这种由特殊到一般的推理方法称为 **“归纳法”**.

“归纳法” 包括 **“完全归纳法”** 和 **“不完全归纳法”**.

“完全归纳法” 适用于研究对象的个数是有限的，或对象分类有限，并且不很大的情况.

“不完全归纳法” 不仅可适用于研究对象无限多个，也适用于研究对象的数目有限个（但数目较大）的情况.

我们先看以下的几个推理过程.

[**例** 1] 三个人从装满各种颜色的球袋中摸球，甲摸出一个是黄球，

乙摸出的一个也是黄球，丙摸出的一个还是黄球，因此可以说**“三个人摸出的都是黄球.”**（但绝不可以说球袋中的球都是黄球!）

［**例** 2］某班学生某星期的星期一、星期二无人迟到，星期三、星期四、星期五也都无人迟到，所以可以说**“这个班的学生这个星期无人迟到.”**（但绝对不可以说该班的学生全学期都无人迟到!）

［**例** 3］在 $f(x)=x^2+x+11$ 中，分虽令 $x=1,2,\cdots,9$，得

$f(1)=13$ 是质数；$f(2)=17$ 是质数；$f(3)=23$ 是质数；

$f(4)=31$ 是质数；$f(5)=41$ 是质数；$f(6)=53$ 是质数；

$f(7)=67$ 是质数；$f(8)=83$ 是质数；$f(9)=101$ 是质数.

从而可以得出结论：**“当 x 是小于 10 的正整数时，函数 $f(x)=x^2+x+11$ 的值总是质数.”**［但绝对不可以说，对于任意正整数 n，$f(x)=x^2+x+11$ 的值都是质数！事实上，至少我们知道，当 $x=10$ 时，$f(10)=11^2$ 是合数而不是质数.］

以上这些通过**枚举**而得到结论的推理方法，就是**完全归纳法**. 这种归纳法是对考察对象一一考察之后，经过归纳而得出结论（也即这些对象的共同特征），因此完全归纳法所得出的结论是正确的.

例 1、例 2 和例 3 都是用**“完全归纳法”**论证命题的典型例题.

应用完全归纳法时，要对考察的对象进行合理的分类，使其既不重复也不遗漏，遗漏了则结论没有普遍性，重复了则劳而无功. **完全归纳法**是一种严格的证明方法. 当考察的对象数目有限，并且对象数目不很大时，我们常用这种方法.

［**例** 4］求证：满足不等式 $2\leqslant n\leqslant 15$ 的每一个自然数 n，或者是素数，或者可以表示为不多于三个素数的乘积.

［**证明**］考虑 2 到 15 的每一个自然数，其中 2，3，5，7，11，13 是素数，4，6，9，10，14，15 可以表示为两个素数的乘积；8，12 可以表示为三个素数的乘积. 所以命题得证.

［**例** 5］任给五个整数，求证：必能从其中选出三个，使它们的和能被 3 整除（安徽省 1978 年中学生数学竞赛第二试第 2 题）.

［**证明**］任何一个整数被 3 除所得的余数只能是 0，1，2 中的一个，在给定的五个整数被 3 除所得的五个余数只有以下三种可能：

若 0，1，2 三种都有，则余数为 0，1，2 的三个数之和能被 3 整除.

若五个余数中只出现 0，1，2 中的两个数，则由抽屉原理知，必有

个余数至少出现三次，选取余数相同的这三个数，则它们的和能被 3 整除.

若五个余数中只出现 0，1，2 中的一个数，那么在给定的五个数中任选三个，则它们的和能被 3 整除.

综上所述，从任意五个整数中，一定可以取出三个数，使它们的和能被 3 整除.

本例的分类，是用五个整数被 3 除所得的余数，出现在 0，1，2 中的三个、二个、一个来分的，这样分类是合理的，也容易得到证明．证明中，用到**“抽屉原则”** *.

［**注**］ *这里用到**抽屉原则**：把 $m(m \geqslant 1)$ 个东西分成 n 个组，当 n 除不尽 m 的时候，也就是说，$m = nq + r(0 < r < n)$ 时，那么至少有一个组里面至少含有 $q+1$ 个东西.

例 4 和例 5 的证明过程体现了**“合理分类”**（不重复也不遗漏）的**“数学思想”**.

［**例 6**］观察以下等式：

$1 = 1$,

$1 - 4 = -3$,

$1 - 4 + 9 = 6$,

$1 - 4 + 9 - 16 = -10$

我们试图找出更多的**“同类等式”**，以便找出具有**“共同特征”**的一般性等式，为此我们要找出**“共同特征”**，找出规律．**“试一试”**改造以上等式，

$(n = 1)\ 1 = 1$,

$(n = 2)\ 1 - 4 = -3 = -(1+2)$,

$(n = 3)\ 1 - 4 + 9 = 6 = 1 + 2 + 3$,

$(n = 3)\ 1 - 4 + 9 - 16 = -10 = -(1+2+3+4)$,

我们发现，式子的左边的最后一个数依次出现 1，-4，9，-16，它们恰好为前 4 个正整数（也即 4 个等式的序号）1，2，3，4 的平方，符号交错变化；而右边依次出现了前 1 个正整数的和，前 2 个正整数的和，前 3 个正整数的和，前 4 个正整数的和，符号交错变化，因此可以大胆猜想第 n 个等式为：

$1 - 4 - 9 - 16 + \cdots + (-1)^{n+1}n^2 = (-1)^{n+1}(1 + 2 + \cdots + n) = (-1)^{n+1}$

$\frac{n(n+1)}{2}$.

从**“试一试”**开始，用**“观察、归纳、猜想”**揭示规律，找到结论，这种推理的方法称为**“不完全归纳法”**.

“不完全归纳法”是通过对某类事物中的部分对象的研究，概括出关于该类事物的一般性结论的推理方法．这种先“试一试”，再逐步加以归纳，最后猜想出一般规律的方法，虽然不是严密的逻辑论证的方法，但是它对于发现新的命题，概括新的性质，又是不可缺少的.

“不完全归纳法”的一般推理形式是：

S_1 具有（或不具有）P，

S_2 具有（或不具有）P，

S_3 具有（或不具有）P，

……

S_n 具有（或不具有）P（最后猜想出结论）.

（$S_1,S_2,\cdots,S_n$ 是某类事物的部分对象，在考察中没有遇到矛盾的情形．）

那么，某类事物具有（或不具有）P.

应用**“不完全归纳法”**的一个步骤是先找出几个特殊的对象进行试验，然后归纳出共同特征，最后作出一种比较合理的猜想，即**“试验——归纳——猜想”**．至于要考察多少特殊对象，那就要看具体情况，一般来说，总要使我们能比较有根据地猜想出一般规律为止．当然，用**“不完全归纳法”**作出的猜想，其正确与否还要经过严格的证明或证伪（举反例），这一点是不可忽视的.

“不完全归纳法”对发现新的命题，概括新的性质有重要作用，我们应该逐步掌握这一数学方法．这不仅是学好数学基础知识的需要，也是培养独立思考能力、观察与分析能力、发展与创新能力的需要.

［**例** 7］对于非负整数 n，形如 $2^{2^n}+1$ 的数（**费尔马数**）都是素数（质数）——著名的**“费尔马猜想”**（费尔马，1601—1665 年，法国数学家）.

［**解**］费尔马数，当 $n=0,1,2,3,4$ 时，都是素数：

$F_0=2^{2^0}+1=3$，

$F_1=2^{2^1}+1=5$，

$F_2 = 2^{2^2} + 1 = 17$,

$F_3 = 2^{2^3} + 1 = 257$,

$F_4 = 2^{2^4} + 1 = 65537$.

然而，**这个猜想是错误的**．过了不久，**瑞士数学家欧拉**（1707—1783）证明了

$F_5 = 2^{2^5} + 1 = 4294967297 = 641 \times 6700417$ 是合数．

后来又有大发现，当 $n = 12$ 时，

$F_{12} = 2^{2^{12}} + 1 = 2^{4096} + 1$ 也可以被 114689 整除，

当 $n = 23$ 时，

$F_{23} = 2^{2^{23}} + 1$ 也可以被 167772161 整除.

我们还可以举个例子，假设当 $n = 1,2,3,\cdots,11000$ 时，$f(n) = n^2 + n + 72491$ 的值是素数．能否说对一切自然数 $f(n)$ 的值是素数呢？不对．事实上，当 $n = 72490$ 时，

$$
\begin{aligned}
f(72490) &= 72490^2 + 72490 + 72491 \\
&= 72490^2 + 2 \times 72490 + 1 \\
&= (^72490 + 1)2 \\
&= 72491^2
\end{aligned}
$$

是合数了.

［**注**］上述例子来自**华罗庚**先生之著作《**数学归纳法**》第 7—8 页的［例 1］之（2）华先生提到“当 $n = 1,2,3,\cdots,11000$ 的时候，式子 $n^2 + n + 72491$ 是素数”，但实际上，**这个前提是错误的**，因为当 $n = 4$ 时，$n^2 + n + 72491 = 72511 = 59 \times 1229$ 为**合数**，而非**素数（质数）**．

通过**例** 3 **至例** 7 的展示，再次使我们认识到由于用**“不完全归纳法”**作出的猜想不一定正确，因此要经过严格论证加以肯定，或举反例加以否定．与自然数 n 有关的命题，常用两个步骤（实即两个命题）来证明它们的正确性.

（1）验证当 n 取第一个 n_0（如 $n_0 = 1$，或 $n_0 = 2$ 等）时，命题成立.

（2）假设当 $n = k(k \geqslant n_0, k \in N)$ 时命题成立，应用假设证明 $n = k + 1$ 时，命题也成立.

这种证明方法称为**“数学归纳法”，它属于“推理论证的演绎法”而非“归纳法”**.

“归纳法”是一种发现结论的方法，用以发现规律，作出猜想的方法.

而“数学归纳法”是对猜想的正确性加以肯定的一种严格论证方法．二者概念不同，但却是相互联系的．

运用**“数学归纳法”**论证命题时，两个步骤缺一不可．第一个步骤称为**“归纳奠基”**，是证明的基础；而第二个步骤称为**“归纳递推”**，它反映了无限递推关系．第二个步骤中假设 $n=k$ 时命题成立称为**“归纳假设”．“归纳递推”的基本构思，也是中心任务在于“一凑假设，二凑结论”，设法接纳、使用“归纳假设”于“递推论证”中，从而推证出“归纳结论（问题的目标）”，进而证明命题．**

“数学归纳法”常用于证明与自然数有关的问题，但非所有与自然数有关的命题都可以用**“数学归纳法”**证明，更不是凡与自然数有关的命题都一定要用**“数学归纳法”**才能证明．

参考资料：

［1］华罗庚：《数学归纳法》，上海教育出版社 1963 年版．

［2］郑隆炘：《归纳与递推》，湖北教育出版社 1984 年版．

［3］颜同照：《归纳与递推》，商务印书馆 1984 年版．

［4］张明志：《数学归纳法》，湖北教育出版社 1984 年版．

［5］唐以荣：《中学数学综合题解题规律讲义》，西南师范大学出版社 1987 年版．

［6］夏兴国：《数学归纳法纵横谈》，河南科学技术出版社 1993 年版．

［7］郑子杰：《数学归纳法还是数学演绎法?》，《香港青松中学教师论文选》第二辑，2000 年版．

［8］郑志民编著：《学海浪花——数学教育闲思集》，中国社会科学出版社 2012 年版．

［注］本文原刊于《澳门数学教育》2015 年第 13 期．

夯实基础，合情推理，追求简单，创设情趣

——与青年教师分享数学教育的苦中之乐

郑志民

一　班门弄斧求真谛，讲座伊始话真情

教无定法，教也有法．教是为了不教（陶行知语）．

教什么给学生和如何教学生，都是教师的永远课题！

从长远而言，没有教不好的学生，只有不会教和教得不得法的老师！

数学教学应提倡：“**要重视问题的结论，更要重视如何得到结论的过程**”．

任何数学问题的求解（包括求作和求证）过程都可以用下述的框图加以表达：

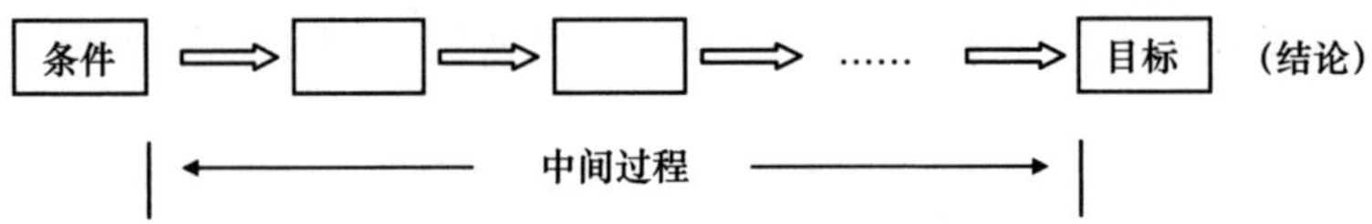

教师可以在学生完成从“条件”向“目标”（结论）推进的过程中（即完成中间过程）了解到学生运用数学思想，掌握数学基础知识和基本技能的水平，以及学生展示数学解题能力的强弱程度．

福建省的教师在长期的教学中总结出中学数学各知识点的地位和关系：“**以数为基础，以恒等变形为手段，以方程为主要内容，以函数为纲**”．这些结论虽然已过几十年，但这种传统的教学理念，至今仍然适用（最多是加以充实而已）．

实践证明，中学数学（特别是初中数学）的教学，要重视“**恒等变形**”、“**合理分类**”以及“**数形结合**”三大数学思想的渗透.

本澳一位数学老师在《澳门教育》上发表文章，其题目甚为独特：“不懂得做怎么办？——问条件!”文章指出，这是他的数学老师在学生向老师提出“不懂得做怎么办?”时，给出的“灵方妙药”！言下之意，要学生“**认真揣摩题目的条件**”，“**研究如何由条件推出结论.**”

教师在指导学生解题时，首先要使学生认清解题的目标（问题的结论），再引道学生去寻找可以达到这一目标的条件. 因此要逐步地分析题目条件的功能，研究如何运用这些条件去达到目标（简单的问题可以一步到位，较难的问题则要经过多方面的分析才可以完成从“条件”到“目标”——结论的过渡，有的甚至还要把“结论”变形，以便可以运用条件，达到条件向目标的转化）. 而这种能力正是解题能力的培养所要求的.

如果双基训练只停留在“模仿”，按“套路”做题，那么这种“双基”是不扎实的双基. **在完成了初阶的“双基训练”后，一定要逐步地通过“深化”、“综合”、“拓广”等办法，在新的高度和更深的层次上去夯实双基**，使学生对双基的掌握更扎实，更灵活. 也借此发现学生学习的不足之处和教师在教学上可以改进的地方，加以反思，更好地提高教与学的水平.

数学知识和技能的掌握，数学思维能力的培养和其他数学能力（包括准确快捷的计算能力，准确美观的画图能力，良好的空间想象能力，严格的推理论证能力，以及良好的逻辑表达能力）的培养要互相补足，不能分割，不能偏废，要齐头并进，逐步提高.

数学测试是准确检验教与学的效果的重要手段之一. **“好的教学测试”决定于好的“数学命题”. 本人一贯认为数学命题，要遵守三大原则：（1）数学知识（包括数学技能、数学思想）覆盖面足够的原则；（2）试题梯度明显，合理的原则；（3）试题分离度（分离出班级学生上、中、下程度）准确的原则.**

一位教师教得好不好，都是相对的，确实很难决定. 但是，在学生离开学校后，无论成绩优秀的学生或是成绩较差的学生，也无论是很“守规矩”的学生，还是比较“顽皮”的学生，都记得起你，可能因为你的良好师德，渊博的知识和优秀的教法，**他们都很怀念你这一位老师，那么**

你一定是位好老师!

在我几十年的数学教师教学生涯中，我对下面两句话特别有体会:

“以生为本，更新观念，提高素质，浅中锤炼争高效”.

“立足教材，博览群书，磨炼教法，深处探索创优质”.

“榜样的力量是无穷的!”，再好的数学教学理念，没有好的案例的依托都将是“一场空谈”. **“一个好的案例胜过一打套话”**.

美国数学家哈尔莫认为“**问题是数学的心脏**”. 数学的真正的组成部分是“**问题**”和“**解**”.

今天，我将运用一连串的“**问题数学**”作为范例来展开我的讲座. 我所选择的典型案例不一定最好，但都很典型，解决这些“**问题数学**”时运用了各种相关的“**数学知识**”、解题的“**数学思想**”和“**解题技巧**”，也涉及了许多重要的**数学公式、定律和定理**，甚至典型的“**数学名题**”. 其中的“**问题数学**”的解决都使人得到很大的启发，完全可以在日常的教学中加以借鉴.

希望大家共同分享这些典型案例，促使“讲者”和“听者”之间思维的碰撞，擦出火花，为提高数学教学效益，做出努力.

我们所提出的“**问题数学**”起码包括下述的几个问题:

问题1:“**公式变形**”不显眼，“**推广公式**”见功夫.

问题2:“**恒等变形**”用得好，“**数学解题**”见彩虹.

问题3:“**无1生1**”简单化，“**十字相乘**”繁变简.

问题4:“**哲学思想**”显神威，“**因式分解**”用对称.

问题5:“**语言等式**”掌握好，“**应用题解**”程序化.

问题6:“**错误等式**”照本宣，“**合情推理**”全忘光.

问题7:“**除法四式**”渗（进）函数，“**声东击西**”出奇兵.

问题8:“**框图教学**”形象化，“**数学解题**”苦变乐.

问题9:“**内角外角**”共一线，“**逆向思维**”擦（出）火花.

问题10:“**四个二次**”成一家，“**判别式Δ**”是（大）管家.

问题11:“**等差（比）公式**”巧变形，“**一题多解**”见功底.

问题12:“**以数助形**”皆称好，“**几何问题**”细入微.

问题13:“**以形助数**”真叫绝，“**代数问题**”直观化.

问题14:“**换元思想**”来渗透，“**复杂问题**”简单化.

问题15:“**几何变换**”显神通，“**几何问题**”难变易.

问题 16：“几何解释”善运用，**“绝对（值）问题”**巧解答.
问题 17：“穿针引线”真神奇，**“高次不等（式）”**迎刃解.
问题 18：“归纳猜想”真功夫，**“无限问题”**变有限.
问题 19：“立体、平面”巧转化，**“准确求取”**最短（路）线.
问题 20：“霸位饮茶”求轨迹，**“轻巧求解”**永不忘.
问题 21：“不同角度”选方法，**“二次（复合）根式”**巧化简.
问题 22：“构造对称（式）”助解题，**“驾轻就熟”**走新路.
问题 23：“捆、绑、插入”巧运用，**“条件排列”**轻巧解.
问题 24：“以退求进”探思路，**“解题步伐”**健而稳.
问题 25：“以数助形”方法多，**“解析（方）法”**属典范.
问题 26：“引进参数”助解题，**“解析（方）法”**添威力.
问题 27：“几何、三角”相结合，**“三角（方）法”**解题易.
问题 28：“单位圆法”显威力，**“数形结合”**辟新路.
问题 29：“函数图像”建奇功，**“以形助数”**再发威.
问题 30：“以形助数”构新法，**“数形结合”**展妙招.

二　典型例题共分享，解题方法齐探研

问题 1：“公式变形”不显眼，**“推广公式”**见功夫.

【例 1】关于乘法公式 $(a+b)^2=a^2+2ab+b^2$ 的推广.

公式 $(a+b)^2=a^2+2ab+b^2$ 的表述是无可非议的．但如果换一个角度加以展示，便可以出现**“新天地”**．事实上，$(a+b)^2=a^2+2ab+b^2=a^2+b^2+2ab$.

它可理解为，**“两数和的平方，等于这两数的平方和再加上这两数积的 2 倍.”**

而 $(a+b+c)^2=[(a+b)+c]^2=(a+b)^2+c^2+2(a+b)c$

$=a^2+b^2+2ab+c^2+2ac+2bc$

$=a^2+b^2+c^2+2ab+2ac+2bc.$

它可理解为：**“三数和的平方，等于这三数的平方和再加上每两数积的 2 倍.”**

进而又有：

$(a+b+c+d)^2=a^2+b^2+c^2+d^2+2ab+2ac+2ad+2bc+2bd+$

$2cd$.

更一般地，有：

$$(a_1+a_2+a_3+\cdots+a_{n-1}+a_n)^2$$
$$=a_1^2+a_2^2+a_3^2+\cdots+a_{n-1}{}^2+a_n{}^2+2a_1a_2+\cdots+2a_1a_n+2a_2a_3+\cdots+2a_2a_n+\cdots+2a_{n-1}a_n.$$

学生理解公式的本质后，非常兴奋，不必死记便可以写出结论：**“多项式的平方，等于各项的平方和再加上每两项积的2倍”**.

问题2：“恒等变形”用得好，**“数学解题”**见彩虹.

【例2】平方差公式的推导和变形解题.

上课开始，老师不点明课题，不讲授，只给学生每人派发一张16开的练习纸，上面印著十道题：

计算：

(1) $(1+2x)(1-2x)=$____________；

(2) $(3m+2n)(3m-2n)=$____________；

(3) $(a+b)(a-b)=$____________；

(4) $\left(-\frac{1}{2}x+2y\right)\left(-\frac{1}{2}x-2y\right)=$____________；

(5) $(2t+u)(-u+2t)=$____________；

(6) $(2x+4y)(x-2y)=$____________；

(7) $(a-b)(a+b)(a^2+b^2)=$____________；

(8) $1002\times998=$____________；

(9) $85\times115=$____________；

(10) $99^2-1=$____________；

师：这堂课要举行一个小小的数学竞赛，看看谁能又快又准又好地把题目做出来（15分钟为限）（激起学生的学习兴趣，引进竞争机制）.

十分钟过后，有五、六位学生举手示意：已经完成（老师巡堂发现算得很快的学生）.

师：（向那几位做得快的学生）：怎样算得那么快？有什么窍门？

生1：算完第（3）题，我就发现：乘出的四项中，总有两项互消，可以干脆不写它，……噢，就是把第（3）题看成公式.

生2：后面的题只不过略有变化便可以运用公式计算，……只是最后一题要把公式倒过来用，……

师：（问尚未做完的学生）：你们呢？

生3：我们总是“老老实实”地算，没有想什么“窍门”.

师：谁来评论一下？

生4：反复做一件事（特别是一件单调、繁重的工作，就要找窍门，搞革新.

师：好极了，反复做一件单调、繁重的工作，就要找窍门，搞革新，寻求简单方法，在学习数学中形成一种习惯，一种追求，这就是“**公式化的思想**”. $(a+b)(a-b)=a^2-b^2$就是我们要寻找和研究的公式，给它起一个什么名字呢？就叫“**平方差公式**”吧！……

课例点评：

（1）十道题目，在教学中都是常见的题目．教师不是把它作为例题，就是做练习题或作业题，没有什么特别．但是经过老师的“**精心设计**”，题目显然分成三个层次：**第（1）—（3）题供学生运用已学知识、方法进行实践的机会，通过实践，企图让学生“悟出道理”，“找出规律”，让学生自己发现“平方差公式”．学生从数学实践中，确认第（3）题可作公式使用，而第（4）—（9）题只不过是不同形式的变形、深化，拓广了的题目．通过变形便可以套用自己发现的公式，快捷、准确地得出结果，第（10）题是逆向使用公式，第（1）—（10）题为学生提供运用公式的广阔空间，展现学生大胆发现公式，自觉运用公式的才华．**

（2）教师“**精心设计**”是这堂课成功的根本保证．“**精心设计**”可把低水平的教学变为“**优质教学**”．优质的核心在于发挥学生的主体作用，通过数学实践，领悟出教师没有讲过，学生没有学过的知识和方法，发现没有学过的规律和结论，从中培养学生的创新精神和能力．

（3）学生从头到尾全过程地参与数学实践——“**实际操作（计算）**”，“**展开思维**”，“**探索规律**”，“**归纳结论**”和“**实践应用**”，优化了教学过程，提高了教学质量，使教育成为优质教育．

* 作为公式变形，可把$(a+b)(a-b)=a^2-b^2$，**变为**$a^2=(a+b)(a-b)+b^2$，**以凑整的办法进行平方数的速算**．

$994^2=(994+6)(994-6)+6^2=1000\times988+36=988000+36=988036$.

* 利用$(a+b)(a-b)=a^2-b^2$的逆向公式$a^2-b^2=(a+b)(a-$

b）——**实质是因式分解——又可用来作简捷运算：**

$100^2-99^2+98^2-97^2+96^2-95^2+\cdots+2^2-1^2$

$=(100^2-99^2)+(98^2-97^2)+(96^2-95^2)+\cdots+(2^2-1^2)$

$=(100-99)(100+99)+(98-97)(98+97)+(96-95)(96+95)+\cdots+(2-1)(2+1)$

$=100+99+98+97+\cdots+2+1$

$=(100+1)\times 50=5050.$

问题3：“无1生1”简单化，**“十字相乘”**繁变简.

【例3】关于 $3x^2+5x-2$ 的因式分解.

【解法一】（用十字相乘法）

$3x^2+5x-2=(3x-1)(x+2).$

【解法二】（用**“归一法”**——把二次项系数“变为1”）

$$3x^2+5x-2=\frac{(3x)^2+5(3x)-6}{3}=\frac{(3x-1)(3x+6)}{3}$$

$$=(3x-1)(x+2).$$

[此法称为“归一法”，利用“乘3除3”，把二次项 $3x^2$ 变为 $(3x)^2$，经“换元”后，二次项的系数由3变为1，进而使用“十字相乘法”，简化了试算！“归一法”使用了“换元法”，其理论依托见下述命题].

【命题】若 $p+q=b,pq=ac$，则 $ax^2+bx+c=\dfrac{(ax+p)(ax+q)}{a}$，

【证明】$\because p+q=b,pq=ac$，

$$\therefore\ ax^2+bx+c=\frac{(ax)^2+b(ax)+ac}{a}=\frac{(ax)^2+(p+q)(ax)+pq}{a}=\frac{(ax+p)(ax+q)}{a}.$$

【$\because pq=ac,a/p$ 或 a/q，设 $\dfrac{p}{a}=p_1$ 或 $\dfrac{q}{a}=q_1$，则 $ax^2+bx+c=(x+p_1)(ax+q)$ 或

$ax^2+bx+c=(ax+p)(x+q_1)$，用十字相乘法完成分解因式；若 $a=a_1a_2$，且 $\dfrac{p}{a_1}=p_1$，$\dfrac{p}{a_1}=p_1$，则

$ax^2+bx+c=\dfrac{(ax+p)}{a_1}\cdot\dfrac{(ax+q)}{a_2}=(a_2x+p_1)(a_1x+q_2)$，也同样可

以用十字相乘法完成分解因式.】

【例 4】（1）分解 $21x^2-23x-20$；

【解】$21x^2-23x-20$

$=\dfrac{(21x)^2-23\times(21x)-20\times 21}{21}$

$=\dfrac{(21x)^2-23\times(21x)-4\times 5\times 3\times 7}{7\times 3}$

$=\dfrac{(21x-35)(21x+12)}{7\times 3}$

$=(3x-5)(7x+4)$

（2）分解 $35x^2+27x-18$.

【解】$35x^2+27x-18$

$=\dfrac{(35x)^2+27\times(35x)-18\times 35}{35}$

$=\dfrac{(35x)^2+27\times(35x)-6\times 3\times 5\times 7}{7\times 5}$

$=\dfrac{(35x-15)(35x+42)}{7\times 5}$

$=(7x-3)(5x+6)$

问题 4：“哲学思想”显神威，**“因式分解”**用对称.

【例 5】分解 $a^3+b^3+c^3-3abc$.

【解法一】$a^3+b^3+c^3-3abc$

$=(a^3+b^3)+c^3-3abc$

$=(a^3+3a^2b+3ab^2+b^3)+c^3-3a^2b-3ab^2-3abc$

$=(a+b)^3+c^3-3ab(a+b+c)$

$=[(a+b)+c][(a+b)^2-(a+b)c+c^2]-3ab(a+b+c)$

$=(a+b+c)(a^2+2ab+b^2-ac-bc+c^2)-3ab(a+b+c)$

$=(a+b+c)(a^2+2ab+b^2-ac-bc+c^2-3ab)$

$=(a+b+c)(a^2+b^2+c^2-ab-bc-ca)$.

想出这个方法的关键，是第一步和第二步的构思，它是怎么形成的呢？

这里还是前人说过的：两人下象棋，能想到第 8 步的人赢能想到第 7

步的人.

构思过程如下：

眼前是 $a^3+b^3+c^3$，这时想到公式 $a^3+b^3=(a+b)(a^2-ab+b^2)$.

但现在存在三个立方项，自然想试试把其中的 a^3，b^3 两个捏成一个.

然而，把 a^3+b^3 变成一个新立方项，中间须添上 $3a^2b+3ab^2$，那么，后面就要加上 $-3a^2b-3ab^2$，这时注意到原式的后面有一个“$-3abc$”项，其系数恰好也是“-3”，那么提取公因式“$-3ab$”之后，得到 $(a+b+c)$ 恰能与 $(a+b)^3+c^3$ 分解出来的 $(a+b+c)$ 形成公因式，于是全题的因式分解得以实现.

本解法的关键在于把 a^3+b^3 变成 $(a+b)^3$.

【解法二】如果用对称平衡思想分析，很容易便可以得到解法.

事实上，如果三次齐次式 $a^3+b^3+c^3-3abc$ 可以分解，那么两个因式应是一个一次齐次式、一个二次齐次式，或者三个一次齐次式，由于这三个一次式中的任两个项乘起来可得一个二次式. 所以可以认为，若原式能分解，必定是一个一次式与一个二次式相乘的形式. 形如：

(　　　　)(　　　　　　　　)

这里第一个括号内是一次式，它应该什么样子呢?

由于原式看出 a、b、c 是对称（机会均等）的，那么在第一个括号内，a、b、c 应是对称的，即，都要出现，系数亦相同，若不是“$+1$”，负数提出去之后，系数都是“$+1$”，即，第一个括号内应是 $a+b+c$.

从还原的角度看第二个括号内，应该有“$+a^2$”，而 a、b、c 是对称的，那么，就应该同时有“$+b^2$”，“$+c^2$”，这时第二个括号内，就出现了 $a^2+b^2+c^2$.

但从还原的角度，出不来 $-3abc$ 的“$-$”号，因此，第二括号前三项之后，应出现负项，先考虑这个“负项”是二次项，写出了“$-ab$”，那么，由于 a、b、c 的对称性，必须还有“$-bc$”及“$-ca$”，这样便得到了 $(a+b+c)(a^2+b^2+c^2-ab-bc-ca)$.

对不对呢? 把它乘开，能还原回去，说明分解正确!

$a^3+b^3+c^3-3abc=(a+b+c)(a^2+b^2+c^2-ab-bc-ca)$.

当然，在分析时，把 $a^3+b^3+c^3-3abc$ 猜想为 $(a+b+c)(a^2+b^2+c^2-mab-mbc-mca)$ 或为 $(a+b)(b+c)(c+a)$ 或改为 $(a+b-c)(b+c-a)(c+a-b)$ ……也是不违背对称思想的，但它们都还原不回去而

不可取，这里灵活地运用“**还原**”做判断，又是运用了“**换个角度看问题**”.

运用对称（平衡）观点指道解题思考，本正源清，此例不过是**牛刀小试**.

哲学思想竟然在数学解题中大行其道，真值得发人深省（数学教学看来要重视渗透哲学思想的教育）！

问题5：“语言等式” 掌握好，**“应用题解”** 程序化.

【例6】 甲、乙、丙、丁四个数的和为43. 甲数的2倍加8，乙数的3倍，丙数的4倍同丁数的5倍减去4都相等．问这四个数各是什么？

【分析一】 根据题意，本题含有下述几个相等关系：

甲数 + 乙数 + 丙数 + 丁数 = 43.	①

2 × 甲数 + 8 = 3 × 乙数.	②

3 × 乙数 = 4 × 丙数.	③

4 × 丙数 = 5 × 丁数 − 4.	④

设甲数为 x，用相等关系②，③，④列代数式，再分析相等关系①的左边和右边，可得下表：

左边	右边
甲数为 x, 乙数为 $\frac{2x+8}{3}$, 丙数为 $\frac{3}{4}\times\frac{2x+8}{3}$. 丁数为 $\frac{1}{5}\times\left[4\times\left(\frac{3}{4}\times\frac{2x+8}{3}\right)+4\right]$.	甲、乙、丙、丁四个数的和为43.

依上表用相等关系①列方程，便可得本题的解法一.

【解法一】 设甲数为 x，依题意，得

$$x+\frac{2x+8}{3}+\frac{3}{4}\times\frac{2x+8}{3}+\frac{1}{5}\times\left[4\times\left(\frac{3}{4}\times\frac{2x+8}{3}\right)+4\right]=43.$$

解这个方程，得

$$x+\frac{2x+8}{3}+\frac{x+4}{2}+\frac{1}{5}(2x+12)=43.$$

$$77x=1078,$$

$$x=14.$$

$$\therefore \frac{2x+8}{3}=\frac{2\times 14+8}{3}=12,\ \frac{3}{4}\times\frac{2x+8}{3}=\frac{3}{4}\times 12=9,$$

$$\frac{1}{5}\times\left[4\times\left(\frac{3}{4}\times\frac{2x+8}{3}\right)+4\right]=\frac{1}{5}\times(4\times 9+4)=8.$$

答：甲、乙、丙、丁四个数分别为 14、12、9、8.

【分析二】上面的相等关系②③④可以综合成下述相等关系：

2 × 甲数 + 8 = 3 × 乙数 = 4 × 丙数 = 5 × 丁数 − 4 = 相等的数.

⑤

设相等的数为 x，用相等关系⑤列代数式，再分析相等关系①的左边和右边，可得下表：

左边	右边
甲数为 $\frac{x-8}{2}$， 乙数为 $\frac{x}{3}$， 丙数为 $\frac{x}{4}$， 丁数为 $\frac{x+4}{5}$.	甲、乙、丙、丁四个数的和为 43.

依上表用相等关系①列方程，便可得本题的解法二.

【解法二】设相等的数为 x，根据题意，得

$$\frac{x-8}{2}+\frac{x}{3}+\frac{x}{4}+\frac{x+4}{5}=43.$$

解这个方程，得

$$30(x-8)+20x+15x+12(x+4)=2580,$$

$$77x=2772,$$

$$x=36.$$

$\therefore$ 甲数为 $\frac{x-8}{2}=\frac{36-8}{2}=14$，

乙数为 $\frac{x}{3}=\frac{36}{3}=12$，

丙数为 $\frac{x}{4}=\frac{36}{4}=9$，

丁数为 $\frac{x+4}{5}=\frac{36+4}{5}=8$.

答：甲、乙、丙、丁四个数分别为 14、12、9、8.

【评注】本题两种解法说明，对于同一个问题，有时可以从不同的角度引入不同的未知数（可以直接设所求的量为未知数——引入**直接未知数**，也可以间接设一个与所求量有关的未知数——**引入间接未知数**）. 由于引入未知数的不同，同一个问题可列出不同形式的方程，但最终所求的量的答案完全相同. 这就是所谓的“**殊途同归**”了.

【例 7】一个两位数，十位上的数比个位上的数的 2 倍还大 1，如果把十位上的数与个位上的数对调，那么得到的新两位数比原两位数小 45，求这个两位数.

【分析】本题含有下述相等关系：

两位数 =10 ×十位上的数 + 个位上的数.	①
十位上的数 =2 ×个位上的数 +1.	②
原两位数 - 新两位数 =45.	③

设原两位数的个位上的数为 x，用相等关系②及①列代数式，再分析相等关系③的左边和右边，可得下表：

左边	右边
设原两位数的个位上的数为 x， 原两位数的十位上的数为（2x+1）， 原两位数为 10（2x+1）+x， 新两位数为 10x+（2x+1）.	45 为原两位数与新两位数的差.

依上表用相等关系③列方程，便可得本应用题的解法.

【**解**】设原两位数的个位上的数为 x，根据题意，可得方程

$$[10(2x+1)+x]-[10x+(2x+1)]=45$$

解这个方程，得

原个位上的数

$$x=4.$$

原十位上的数

$$2x+1=9.$$

所以所求的原两位数为 94.

答：所求的两位数为 94.

【例 8】 有一个三位数，各数位上的数的和是 15，个位上的数与百位上的数的差是 5，若颠倒数位上的数的顺序，则所成的新三位数比原三位数的 3 倍小 39. 求这个三位数.

【分析】 本题含有下述相等关系：

三位数 =100 ×百位上的数 +10 ×十位上的数 + 个位上的数. ①

百位上的数 + 十位上的数 + 个位上的数 =15. ②

个位上的数 = 百位上的数 +5. ③

新三位数 =3 ×原三位数 −39. ④

设原三位数的百位上的数为 x，用相等关系③、②、①列代数式，再分析相等关系④的左边和右边，可得到下表：

左边	右边
设新三位数上的个位上的数为 x， 新三位数的十位上的数为 15 − (x + x + 5)，即 (10 − 2x)， 新三位数的百位上的数为 (x + 5)， 新三位数为 100 (x + 5) + 10 (10 − 2x) + x.	原三位数的百位数上的数为 x， 原三位数的十位上的数为 (10 − 2x)， 原三位数的个位上的数为 (x + 5)， 原三位数为 100x + 10 (10 − 2x) + x + 5.

依上表用相等关系④列方程，便可得出本应用题的解法.

【解】 设原三位数的百位上的数为 x，根据题意，可得方程

$$100(x+5)+10(10-2x)+x=3[100x+10(10-2x)+x+5]-39.$$

解这个方程，得

$$81x+600=243x+276$$

$$x=2.$$

原三位数为　$100x+10(10-2x)+x+5$

$$=100\times 2+10(10-2\times 2)+2+5=267$$

答：这三位数是 267.

【例 9】 有两个两位数的整数，它们的和等于 99，如果把其中较大的数放在较小的数的左边，并且点一个小数点在这两个数之间，那么构成的新数，正好等于把较小的数放在较大的数的左边，并且也点一个小数点在这两数之间所构成的数的 90/11 倍，求这两个数中较大的数.

【分析】 根据题意可知，本题含有下述两个相等关系：

$$\boxed{\text{较大的整数}+\text{较小的整数}=99.}\quad ①$$

$$\boxed{\text{较大的整数}+\frac{\text{较小的整数}}{100}=\frac{90}{11}\times\left(\text{较小的整数}+\frac{\text{较大的整数}}{100}\right).}\quad ②$$

设较大的整数为 x，用相等关系①列代数式，再分析相等关系②的左边和右边，可得下表：

左边	右边
设较大的整数为 x， 较小的整数为（99 − x）， 第一次的新数为 $x+\frac{99-x}{100}$.	第二次的新数为 $(99-x)+\frac{x}{100}$，第二次的新数的 $\frac{90}{11}$ 倍等于第一次的新数.

依上表用相等关系②列方程，便可得本题的解法.

【解】 设较大的整数为 x，根据题意，可得方程

$$x+\frac{99-x}{100}=\frac{90}{11}\left[99-x+\frac{x}{100}\right].$$

解这个方程，得

$$\frac{100x+(99-x)}{100}=\frac{90}{11}\times\left[\frac{100(99-x)+x}{100}\right],$$

$$\frac{99(x+1)}{100}=\frac{90}{11}\times\frac{99(100-x)}{100},$$

$$x+1=\frac{90}{11}\times(100-x),$$

$$x=89$$

答：较大的数为 89.

【例 10】要把 30 克含盐 16% 的盐水稀释成含盐 0.15% 的盐水，需要加水多少克?

【评注】一般地，几种物质按照预定的计划混合在一起，要计算出所取各物质的重量（或体积）所占的百分数与混合物中各元素所占的百分数等问题，叫作混合物（溶液配制）问题.

解溶液配制问题这类应用题前，要先对溶液有个基本认识，即溶液是由溶质和溶剂组成，如盐水溶液由盐（溶质）和水（溶剂）组成，浓度是指溶质在溶液中所占的百分比，这里固有的等量关系是：

$$\text{浓度（百分比）}=\frac{\text{溶质}}{\text{溶质}+\text{溶剂}}，\text{溶质重量}=\text{溶液重量}\times\text{溶度}.$$

【分析】盐水加上水后，重量变了，浓度也变了，但盐水中所含盐的重量没有变（图 1），根据题意可知，本应用题含有下述两个相等关系：

盐水含盐重量 = 盐水重量 × 盐水浓度. ①

加水前盐的重量 = 加水后盐的重量. ②

设需要加水 x 克（图 1），用相等关系①列代数式，再分析相等关系②的左边和右边，可得下表：

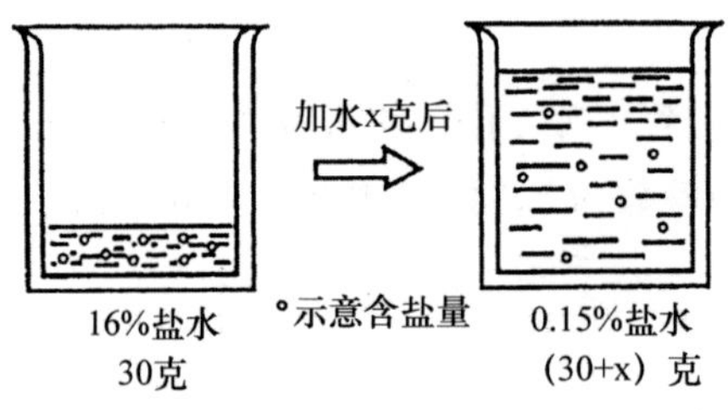

图 1

左边（加水前）		右边（加水后）
30 克	溶液重量	(30 + x) 克
16%	浓度	0.15%
30 ×16% 克	溶质重量	(30 + x) ×0.15% 克

依上表用相等关系②列方程，便可得本题的解法.

【解】 设需要加水 x 克，根据题意，得方程

$$30 \times 16\% = (30 + x) \times 0.15\%.$$

解这个方程，得

$$x = 3170.$$

答：需要加水 3170 克.

【例 11】 有含盐 10% 的盐水 20 千克，要使盐水含盐 20%，需要加盐多少千克？

【分析一】 盐水加盐后，含盐量变了. 根据题意可知，本应用题含有下述两个相等关系：

盐水含盐重量 = 盐水重量 × 盐水浓度.	①

加盐前盐水含盐重量 + 加盐重量 = 加盐后盐水含盐重量	②

设需加盐 x 千克，用相等关系①列代数式，再分析相等关系②的左边和右边，可得下表：

左边（加盐前）		右边（加盐后）
20 千克	溶液重量	(20 + x) 千克
10%	浓度	20%
20 ×10% 千克	溶质重量	(20 +x) ×20% 千克

依上表用相等关系②列方程，便可得本题的解法一.

【解法一】 设需加盐 x 千克，根据题意，得方程

$$20 \times 10\% + x = (20 + x) \times 20\%$$

解这个方程，得

$$x = 2.5.$$

答：需要加水 2.5 千克盐.

【分析二】 我们注意到，加盐前后，水的重量保持不变这个事实. 根据题意可知，本题含有下述两个相等关系：

盐水含盐重量 = 盐水重量 × 盐水浓度.	①

加盐前溶液中的水 = 加盐后溶液中的水.

②

设需加盐 x 千克，用相等关系①列代数式，再分析相等关系②的左边和右边，可得下表：

左边（加盐前）		右边（加盐后）
20 千克	溶液重量	(20 + x) 千克
10%	浓度	20%
(1 - 10%) ×20 千克	溶剂重量	(1 -20%) ×(20 +x) 千克

依上表用相等关系②列方程，便可得本题的解法二.

【解法二】 设需加盐 x 千克，根据题意，得方程

$$(1-10\%)\times 20=(1-20\%)\times(20+x).$$

解这个方程，得

$$x=2.5$$

答：需要加水 2.5 千克盐.

【例 12】 有含盐 10% 的盐水 20 千克，要使盐水含盐 15%，需要蒸发多少千克水？

【分析】 根据题意可知，本题含有下述两个相等关系：

盐水含盐重量 = 盐水重量 × 盐水浓度.

①

蒸发前溶液中的水 - 蒸发了的水 = 蒸发后溶液中的水.

②

设需蒸发 x 千克水，用相等关系①式列代数式，再分析相等关系②的左边和右边，可得下表：

左边（蒸发前）		右边（蒸发后）
20 千克	溶液重量	(20 - x) 千克
10%	浓度	15%
(1 - 10%) ×20 千克	溶剂重量	(1 - 15%) ×(20 - x) 千克

依上表用相等关系②列方程，便可得本题的解法.

【解】 设需蒸发 x 千克水，根据题意，得方程

$$(1-10\%)\times 20-x=(1-15\%)\times(20-x).$$

$$x=\frac{20}{3}.$$

答：需蒸发$\frac{20}{3}$千克水.

【评注】上述解法是根据相等关系“**蒸发前盐水中的水－蒸发了的水＝蒸发后盐水中的水**”列方程解题. 本题也可以根据相等关系“**蒸发前盐水中的盐＝蒸发后盐水中的盐**”列方程解题.

【例13】有含盐10%的盐水20千克，要使盐水含盐15%，问需要加含盐20%的盐水多少千克？

【分析】混合后盐水的含盐量与混合前两种盐水的含盐量之和相等. 根据题意可知，本应用题含有下述两个相等关系：

盐水含盐重量＝盐水重量×盐水浓度.	①

甲盐水的含盐量＋乙盐水的含盐量＝混合盐水的含盐量.	②

设需加20%的盐水x千克，用相等关系①列代数式，再分析相等关系②中的左边和右边，可得下表：

左边（混合前）		右边（混合后）	
盐水甲	盐水乙	溶液	混合盐水
20千克	x千克	溶质重量	（20＋x）千克
10%	20%	浓度	15%
10%×20千克	20%×x千克	溶质重量	15%×（20＋x）千克

依上表用相等关系②列方程，便可得本题的解法.

【解】根据题意，得方程

$$10\%\times 20+20\%\times x=15\%\times(20+x).$$

解这个方程，得

$$x=20.$$

答：加含盐20%的盐水20千克.

【例14】甲、乙两人在400米环形跑道上同时同地出发，甲速度为3

米/秒，乙速度为5米/秒，问：

（1）若相向而行，经过多少时间两人首次相遇？

（2）若同向而行，乙经过多少时间首次追上甲？

【分析】 由于甲、乙两人同时同地出发，相向而行，则甲与乙首次相遇时所走的路程之和刚好是一圈（400米）；而甲、乙两人同时同地出发，同向而行，则乙首次追上甲时，乙所走的路刚好比甲走的路程多一圈（400米）. 根据题意可知，本题含有下述三个相等关系：

路程 = 速度 × 时间.	①

甲行程 + 乙行程 = 400.（相向而行，甲乙首次相遇）	②

乙行程 - 甲行程 = 400.（同向而行，乙首次追及甲）	③

（1）设甲、乙相向而行，经x秒后两人首次相遇，用相等关系①列代数式，再分析相等关系②的左边和右边，可得下表：

左边	右边
设甲、乙相向而行，经x秒后两人首次相遇，此时，甲行程为3x米，乙行程为5x米.	一圈400米正好是经x秒后，甲乙两人行程之和.

（2）设甲、乙同向而行，经x秒后乙首次追上甲，用相等关系①列代数式，再分析相等关系③的左边和右边，可得下表：

左边	右边
设甲、乙同向而行，x秒后乙首次追上甲，此时，甲行程为加3x米，乙行程为5x米.	一圈400米正好是经x秒后，甲乙两人所走路程之差.

上述两表可用图1中（1）、（2）表示.

依上表用相等关系②和③分别列方程，便得出本应用题的解法.

【解】（1）设甲、乙相向而行，经过x秒后，两人首次相遇，根据题意，可得方程

$$3x + 5x = 400.$$

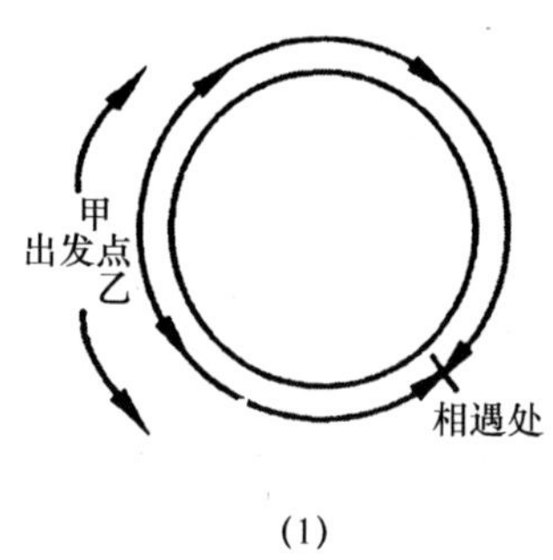

(1)

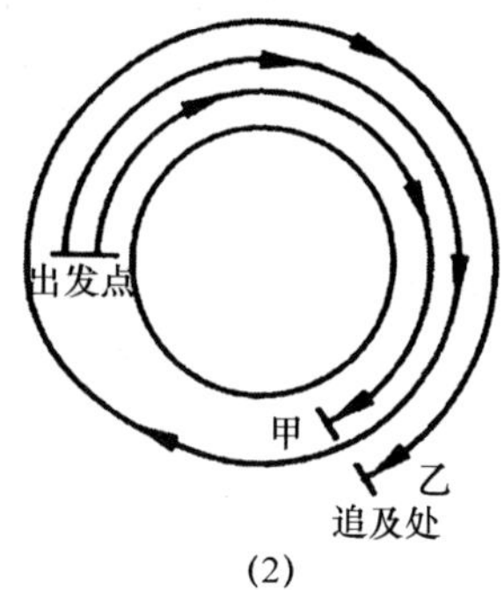

(2)

图 1

解这个方程，得

$$x = 50.$$

答：经 50 秒后甲、乙两人首次相遇.

（2）设甲、乙同向而行，经过 x 秒后，乙首次追上甲，根据题意，可得方程

$$5x - 3x = 400.$$

解这个方程，得

$$x = 200.$$

答：乙经过 200 秒后首次追上甲.

【评注】 环形的相遇与追及问题类似于直线形的相遇与追及问题. 通用的相等关系有：甲乙所用时间相等；相遇问题中：甲、乙第 n 次相遇时，甲、乙路程之和 = n × 每圈长度；追及问题中：乙第 n 次追上甲时，乙所走路程 − 甲所走路程 = n × 每圈长度.

【例 15】 一般轮船从甲地顺流而下，6 小时到达乙地，原路返回要 10 小时才能到达甲地. 已知水流速度是每小时 3 千米，求甲、乙两地的距离.

【分析一】 根据题意及顺流、逆流航行的特点可知，本应用题含有下述几个相等关系：

路程 = 速度×时间.	①
顺流的船速 = （静水的）船速 + 水速.	②

逆流的船速＝（静水的）船速－水速．	③

顺流航行的路程＝逆流航行的路程（均为甲、乙两地的距离）．	④

设轮船在静水中的速度为每小时 x 千米，用相等关系①、②和③列代数式，再分析相等关系④的左边和右边，可得下表：

左边	右边
设轮船在静水中的速度为 x 千米/小时， 轮船在顺流中的速度为（x＋3）千米/小时， 轮船在顺流中航行的路程为6（x＋3）千米．	设轮船在静水中的速度为 x 千米/小时，轮船在逆流中的速度为（x－3）千米/小时， 轮船在逆流中航行的路程为 10（x－3）千米．

依上表用相等关系④列方程，便可得本题的解法一．

【解法一】设轮船在静水中的速度为每小时 x 千米．根据题意，可得方程

$$6(x+3)=10(x-3).$$

解这个方程，得

$$x=12.$$

$\therefore$ $$6(x+3)=6\times(12+3)=90.$$

答：甲、乙两地的距离为 90 千米．

【分析二】设甲、乙两地的距离为 x 千米，用等量关系①、④列代数式，再分析相等关系和的左边和右边，可得下表：

左边	右边
设甲、乙两地的距离为 x 千米，轮船在顺流中的速度为$\frac{x}{6}$千米/小时，轮船在静水中的速度为$\left(\frac{x}{6}-3\right)$千米/小时．	设甲、乙两地的距离为 x 千米，轮船在逆流中的速度为$\frac{x}{10}$千米/小时，轮船在静水中的速度为$\left(\frac{x}{10}+3\right)$千米/小时．

依上表用相等关系②和③列方程，便可得本题的解法二．

【解法二】设甲、乙两地的距离为 x 千米．根据题意，可得方程

$$\frac{x}{6}-3=\frac{x}{10}+3.$$

解这个方程，得

$$x = 90.$$

答：甲、乙两地的距离为 90 千米.

【评注】题中甲、乙两地的距离与轮船本身的速度（静水速度）是"不变量". 分别抓住这两个"不变量"，便可以从两个不同的角度设未知数列出方程.

【例 16】轮船在两个码头这间航行，顺水航行需要 4 小时，逆水航行需要 5 小时，水流的速度是 2 千米/时，求轮船在静水中航行的速度.

【解法一】设轮船在静水中的速度为 x 千米/小时，根据题意，得

$$4(x+2)=5(x-2).$$

解得 $x=18$（千米/小时）.

答：轮船在静水中航行的速度为 18 千米/小时.

【解法二】设两码头之间的距离为 x 千米，根据题意，得

$$\frac{x}{4}-2=\frac{x}{5}+2.$$

解得 $x = 80.$

于是轮船在静水中的速度 $\frac{80}{4}-2=18$(千米/小时).

答：(略)

【解法三】设顺水航行的速度为 x 千米/小时，根据题意，得

$$x-2=\frac{4x}{5}+2.$$

解得 $x = 20.$

于是轮船在静水中的速度 $20-2=18$（千/小时）.

答：(略).

【解法四】设逆水航行的速度为 x 千米/小时，那么两码头之间的距离为 5x，轮船在顺水中航行的速度为 $\frac{5}{4}x$，根据题意，得.

$$\frac{5}{4}x-2=x+2.$$

解得 $x = 16.$

于是轮船在静水中的速度为 $16+2=18$（千米/小时）.

答：(略).

【评注】解法一是直接设出未知数，这是常用的方法. 后面三种解法都是间接设出未知数. 如能灵活应用相等关系列方程，则解起应用题来自然左右逢源，得心应手.

问题6："错误等式"照本宣，**"合情推理"**全忘光.

【例17】"7 ÷ 3 = ?"这是小学低年级的小学生都懂得的问题，为什么我们要提出这种问题来加以研究呢？

研究"7 ÷ 3 = ?"不单是要问"7 ÷ 3"的结果是多少，而是要进一步研究"如何用数学等式来表达 7 ÷ 3 的结果"；同时，也是最重要的一点是，要研究如何让低年级的小学生真正理解由"7 ÷ 3"所带出的相关的数学概念，以及如何求出并表达它的结果（包括求出"商数"和"余数"）.

人教版的小学教材用"21 ÷ 5 = 4……1"表达了"21 ÷ 5"的结果，用"7 ÷ 3 = 2……1"表达了"7 ÷ 3"的结果，并由此让学生掌握"有余数的除法"（带余除法）.

北师大版《数学》（小学二年级数学教材下册）P3 中"分橘子"一节中，正文写到"……每个盘放 4 个橘子，14 个橘子可以放到几个盘上？"给出的算式和答案是：

14 ÷ 4 = 3（盘）……2（个）

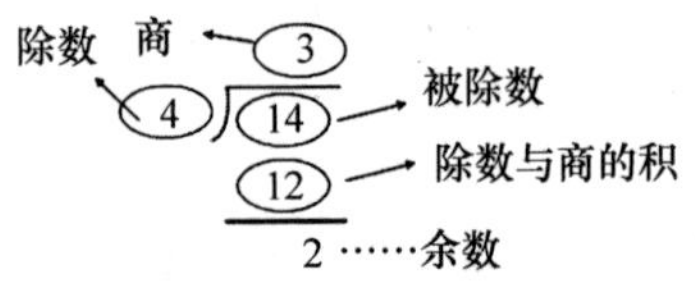

图1 除法算式

答：14 小橘子可以放到 3 小盒里，逐剩 2 小橘子.

这说明教材用横式"14 ÷ 4 = 3（盘）……2"表达了"14 ÷ 4"的结果. 并用它让学生掌握"有余数的除法"（带余除法）.

我们要研究的问题是，"7 ÷ 3 = 2……1"和"14 ÷ 4 = 3……2"是"数学等式"吗？这个式子中的"……"是"运算符号"吗？如果是，它又代表了什么"运算符号"？"有余数的除法"（带余除法）用形式化

的“等式”——“被除数÷除数=商数……余数”的表述，对吗？如果不对，不对在哪里？如何改进？

在小学的数学教学中，“有余数的除法”（带余除法）一节，**教师“忠实”地照本宣科**，把“7÷3=2……1”教给学生，并指出“7除以3得商2，余数是1”，它的表示法就是“7+3=2……1”．这种讲授方法，**“代代相传”，“没人异议”，“心安理得”**．但是，笔者对此总感困惑不已！

笔者曾就这个问题求教于小学数学教学的一线老师，他们的回答是，“书本就是这样写的，我们当然就这样教了”；笔者也就这个问题求教于资深的小学数学老教师，他们的回答是：“我们一路都是原样教的．”看来，这个问题已成“历史问题”了．难怪对此问题，来自国内的数学专家的回答是：“这是历史遗留的问题”．看来，长期以来并没有人对这个问题提出异议，更因为权威专家没有出声，加上几家权威出版社出版的教科书都是这样论述，人们也就“历史性”地把它接受下来，并广传下去．

为什么用“7÷3=2……1”表述“有余数的除法”（有余除法）会长期被接受下来？笔者百思不得其解．其中“……”是“省略号”并非是“数学运算符号”，因此“7÷3=2……1”就根本不是“数学式”，更不是“数学等式”．**如果把这种内容叫做“数学”，客气的说法，那绝不是“好的数学”，言重一点，这种“数学”是“坏的数学”．“坏的数学”不求弄清数理，一味追求形式记忆；相反的，“好的数学”提倡积极思维，重视“弄清数理”**．

如果我们的老师掉以轻心，把这种不是“数学等式”的“算式”生硬地教给小学低年级的学生，不就把“歪理”留在幼小而纯洁的学生的心灵中，岂不是把小学生从小引向错误的思路上！

“7÷3=2……1”的问题到底出在哪里？

“7÷3=？”这是“有余数的除法”（带余除法），属小学二年级学生的学习内容之一．其教学目的有三：一是建立“余数”的概念；二是掌握“余数一定比除数小”的结论；三是学会“试商”．

为此，上海的数学教育专家顾冷沅先生，在澳门教青局主办的“数学教育演讲会”上，讲了他指导的研究团队，用分豆子的活动，让学生通过实践活动，学习和掌握“有余数的除法”（带余除法），收到了极好的效果，并用布鲁纳的认知理论加以论证如下：

用三个碟子分七个豆子，第一次每一个碟子各分得一个豆子，剩下 4 个豆子，分豆子的活动可以继续进行，第二次每一个碟子又各分得一个豆子，最后剩下一个豆子，分豆子的活动不能继续进行. 数学活动——分豆子——的思路如下图所示：

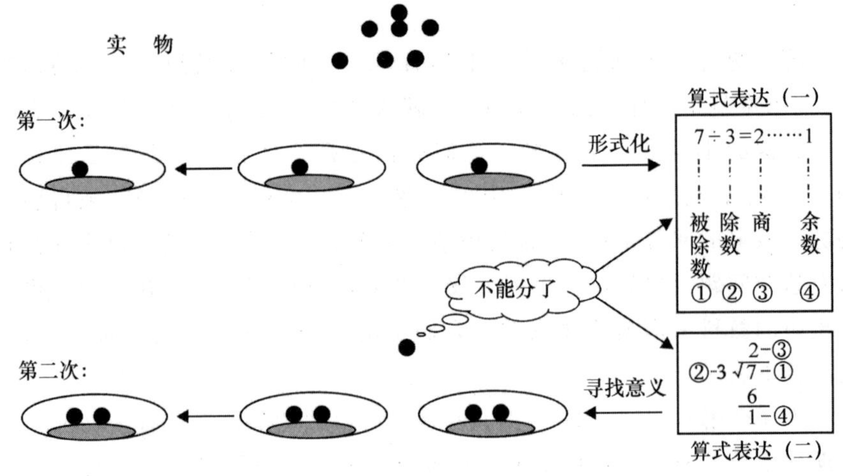

图 2　碟子分豆子

七个豆子——7 是被除数；三个碟子（用来分豆子）——3 是除数；

分两次豆子——2 是商数（每次每碟分得一个豆子）；1 个豆子——1 是余数.

经过这个数学活动（分豆子），学生真正理解了被除数，除数，商数和余数的含义，并且发现了“余数比除教小”（剩下一个豆子不够三个碟子分），同时还对于“被除数”，“除数”，“商数”和“余数”四者之间的关系——“碟子个数 × 每小碟子分得的豆子个数 + 余下的豆子个数 = 豆子的总数”清楚地理解了. 实质上，掌握了“被除数 = 除数 × 商数 + 余数”这个有余除法的公式.

学生能够作出这种语言表达，表明他们已经“发现”的结果与分豆子的生活经验和意义已经紧密地联系起来了.

上述是顾先生在演讲会上精彩的演讲内容之一. 他演绎的数学教育理念引发了任教小学的数学教师对于如何教授“有余数的除法”（带余除

法）深刻的反思！

应该特别指出的是，顾先生在演讲中提出了“有余数的除法”（带余除法）的公式“被除数 = 除数 × 商数 + 余数”（也称“四数关系公式”），真正提供了“有余数除法”（带余除法）的理论基础.

问题该回到对本文题目“7 ÷ 3 = ?”的讨论了.

顾先生的演讲内容极为精彩，但它并不正面地碰撞现行的小学教材的那种带余除法的表述：7 ÷ 3 = 2……1. 事实上，在顾先生的演讲内容里还留下教材里对“带余除法”表述的“阴影”——图 2 右边的“算式表达”（二）是正确的，是真正的“带余除法”的运算式（属竖式运算）；但是“算式表达”（一）却被用“形式化”给出了（这是否也已从另一个角度指出了“7 ÷ 3 = 2……1”不是真正的数学等式，而是被“形式化”了的“算式”），但它根本不是“数学算式”，更不是“数学等式”.

我总感到这种表述形式**绝对不是“好的数学”**，甚至可以说是**“坏的数学”**——除不尽了，尚余下 1，何来“左右相等”？何来“等号”？

老师们如果依书直说——做个“教师匠”，不是认真研究教材，驾驶教材，真正用心“使用教材”来教学生，而是老师讲“教材”，学生听“教材”，岂不是“教坏”了学生？造成学生不求理解，只是把自己当“器皿”，让老师往里面“装东西”，何来启发思维？何来弄清数理？

十分深刻，记忆犹新的是，每当学生升到初中三年级，学习“多项式的带余除法”时，老师要在“被除数 = 除数 × 商数 + 余数”（四数关系公式）这一小学数学基础上讲“四式定理”——“被除式 = 除式 × 商式 + 余式”时，学生竟然头脑“一片空白”，“一头雾水”，把小学的“有余数的除法”（带余除法）全忘光了！究其原因，原来是小学强调“7 ÷ 3 = 2……1”这一被形式化了的“算式”，而非强调“7 = 3 × 2 + 1”——“被除数 = 除数 × 商数 + 余数”这一四数关系公式，因此无法与“多项式的带余除法”（四式关系定理）——“被除式 = 除式 × 商式 + 余式”前呼后应，相互配套，**因而中学讲授“四式关系定理”时，要从头来过，真是劳民伤财！**

如果我们可以用一连串的等式——

16 = 5 × 3 + 1，17 = 5 × 3 + 2，18 = 5 × 3 + 3，19 = 5 × 3 + 4，或 16 − 1 = 5 × 3，17 − 2 = 5 × 3，18 − 3 = 5 × 3，19 − 4 = 5 × 3，来代替下面的一连串被形式化的式子——

$16\div5=3\cdots\cdots1$，$17\div5=3\cdots\cdots2$，$18\div5=3\cdots\cdots3$，$19\div5=3\cdots\cdots4$，

以此，借以表达“有余数的除法”（带余除法），不就可以还等号“=”一个真实的面目了！

如果学生学完“分数”（包括“假分数”）后，还可以把 $7\div3$ 表达为 $7\div3=\frac{7}{3}=\frac{6+1}{3}=2+\frac{1}{3}$，其中 2 即为 $7\div3$ 的商数，$\frac{1}{3}$ 中的分子 1 即为 7 被 3 除的余数.

问题 7：“除法四式”渗（进）函数，**“声东击西”**出奇兵.

【例 18】多项式 $f(x)$ 除以 $(x+2)$ 所得余式为 1，除以 $(x+3)$ 所得余式为 -1，求 $f(x)$ 除以 $(x+2)(x+3)$ 所得之余式.

【解】据题意，可设

$$f(x)=(x+2)Q_1(x)+1, \quad ①$$

$$f(x)=(x+3)Q_2(x)-1, \quad ②$$

$$f(x)=(x+2)(x+3)Q_3(x)+ax+b, \quad ③$$

由①得 $f(-2)=1$，（**“声东”**）

由②得 $f(-3)=-1$，（**“声东”**）

代入③，得 $\begin{cases}-2a+b=1,\\-3a+b=-1,\end{cases}$（**“击西”**）

解之，得 $\begin{cases}a=2,\\b=5.\end{cases}$

$\therefore$ 所求的余式为 $2x+5$.

【注】此解法利用**“声东击西”**，借助于一个等式 $f(x)=(x+2)(x+3)q(x)+ax+b$，通过 $f(1)$ 和 $f(-1)$“消去 $q(x)$”，达到设“$q(x)$”，而不求“$q(x)$”的效果.

问题 8：“框图教学”形象化，**“数学解题”**苦变乐.

【例 19】从最大三位数谈开来.

（1）最大三位数是哪一个？最小三位数又是哪一个？

答案很容易得到：最大三位数是 999，最小三位数是 100. 理由呢？如何想出这些答案？如何揭示解题规律？让学生通过解题，**“发现规律，掌握规律，驾驭规律，运用规律！”一通百通——这正是数学教学（数学**

教育）的真谛！

（2）给出三组数：（a）1，2，3；（b）1，2，0；（c）1，0，0；（d）5，5，5，每组数可以组成几个三位数？最大的三位数是哪一个？最小的三位数又是哪一个？

【分析】利用“**框图教学法**”，可直观清晰地解答这个问题：

百位数	十位数	个位数

（a）按1，2，3位据“百位数位”，“十位数位”，“个位数位”的不同情况，可以得出：

百位数	十位数	个位数	
1	2	3	三位数为123；
1	3	2	三位数为132；
2	1	3	三位数为213；
2	3	1	三位数为231；
3	1	2	三位数为312；
3	2	1	三位数为321；

三位数共有6个，其中最大的三位数为321，最小的三位数为123.

（b）由于三位数的百位数字不能是0，按1，2，0占据“百位数位”，“十位数位”，“个位数位”的情况，可以得：

百位数	十位数	个位数	
1	0	2	三位数为102；
1	2	0	三位数为120；
2	0	1	三位数为201；
2	1	0	三位数为210；

三位数共有 4 个，其中最大的三位数为 210，最小的三位数是 102.

（c）由于三位数的百位数不能是 0，按 1，0，0 占据“百位数位”，“十位数位”，“个位数位”的情况，可以得出三位数仅一个 100，图示如下：

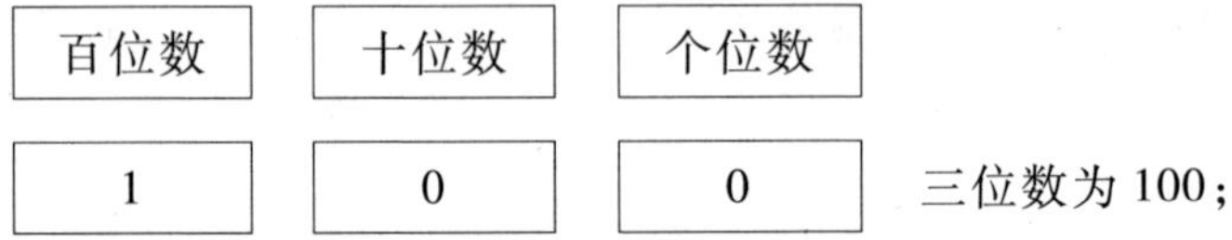

（d）由于三个数均为 5，而“百位数位”，“十位数位”，“个位数位”均有机会被“5”占据，而且都被 5 占据，因此三位数仅一个 555，图示如下：

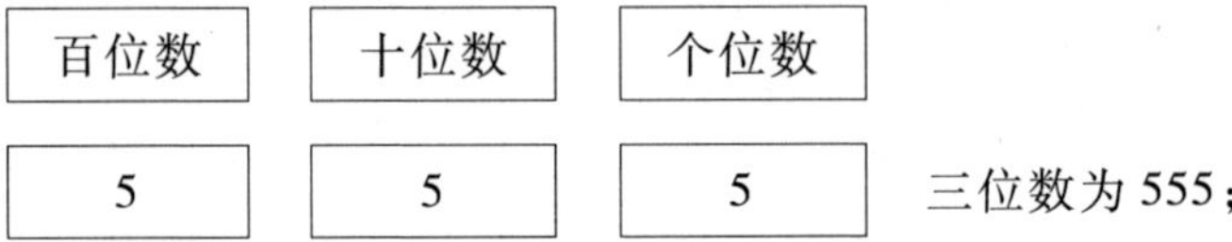

＊（1）从以上的分析，可以看到“**框图教学法**”在解题中的威力.

（2）本题的解法思路中，已经渗透了学生在高中三年级才学习的“**排列**”的解题思想.

（3）学生掌握了“**如何构造三位数**”的方法后，哪怕要研究由 n 个数所组成的 n 位数（$n \in N$, 且 N 是有限数），都可以“**潇洒走一回！**”

【例 20】 三个球队进行单循环比赛（参加比赛的每一个队都与其他所有的球队各赛一场），总的比赛场数是多少？四个球队呢？五个球队呢？试写出 n 个球队进行单循环比赛时总的比赛场数的公式.

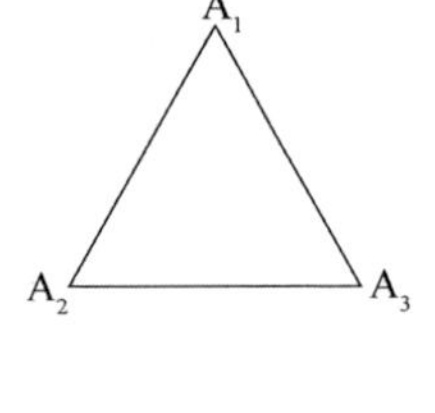

【解】 设三个球队分别为 A_1, A_2, A_3 如图，由 A_1 出发，可连 A_1A_2, A_1A_3，有两场比赛；换个位，由 A_2 出发，可连 A_2A_1, A_2A_3，也可以有两场比赛；又可由 A_3 出发，连 A_3A_1, A_3A_2，同样有两场比赛，共有 6 场比赛. 但是，A_1A_2 与 A_2A_1，A_1A_3 与 A_3A_1，A_2A_3 与 A_3A_2 的比赛是同一场比赛，因此比赛场数要除以 2，比赛场数仅有 $6 \div 2 = 3$（场）.

要研究四个球队，五个球队的比赛数，可先由 3 个球队的比赛场数的计算中，找出规律，便可以驾驭自如.

事实上，由 A_1 出发有 2 条线段，共赛 2 场，即 $1 \times 2 = 1 \times (3-1)$（场）.

把 A_1 换成 A_2 、A_3，则有 $3 \times (3-1)$（场）.

但是 A_1A_2 与 A_2A_1，A_1A_3 与 A_3A_1，A_2A_3 与 A_3A_2 是同一场比赛，因此要变 2 为 1（除以 2），因此

有 $\frac{3 \times (3-1)}{2}$（场）.

若把 3 改为 4，5，n 则比赛场数分别是：

$\frac{4 \times (4-1)}{2}$（场），$\frac{5 \times (5-1)}{2}$（场），$\frac{n \times (n-1)}{2}$（场）.

上述解法，可算是真正掌握了解题的真谛，可以由具体到抽象地加以推广. 解题也就成为乐事，不再是“苦思不乐”！而是“好思可乐”！

*问题“不共线的五个点可以连成几修线段？”也可以如上述解法处理之（千万不要用直观画图得出结论——“**杀鸡取蛋**”!）

【例 21】 有四个数，前三数成等差数列，后三个数成等比数列，并且第一个数与第四个数之和为 16，第二个数与第三个数之和为 12，求这四个数.

【解法一】 根据题意，可设四个数分别为 $x-d$，x，$x+d$，y，

$x-d$	x	$x+d$	y
第一数	第二数	第三数	第四数

则有 $\begin{cases} x+(x+d)=12, & ① \\ (x-d)+y=16, & ② \\ (x+d)^2=xy. & ③ \end{cases}$

解之，得 $d_1=4$，$d_2=-6$.

∴ 所求的四个数分别为 0，4，8，16 或 15，9，3，1.

（此解法设三个未知数 x，y，d，并借助于框图表达出第四个数，列三元一次方程组求解.）

【解法二】 根据题意，可设四个数分别为 x，y，$12-y$，$16-x$，

x	y	$12-y$	$16-x$
第一数	第二数	第三数	第四数

则有 $\begin{cases} 2y=x+(12-y), & ① \\ (12-y)^2=y(16-x). & ② \end{cases}$

由①，可得 $x=3y-12$，代入②，得

$$(12-y)^2=y(28-3y),$$

即 $y^2-13y+36=0,(y-4)(y-9)=0,$

∴ $y_1=4,y_2=9,$

$x_1=0,x_2=15.$

∴ 所求的四个数分别为0，4，8，16或15，9，3，1.

（此解法设两个未知数 x，y，并借助于框图表达出其他两个数，列二元二次方程组求解.）

【解法三】 根据题意，可设四个数分别为 $16-xq^2$，x，xq，xq^2，

$16-xq^2$	x	xq	xq^2
第一数	第二数	第三数	第四数

则有 $\begin{cases}x+xq=12, & ①\\ 16-xq^2+xq=2x. & ②\end{cases}$

由①，可得 $x=\dfrac{12}{1+q}$，代入②，得

$$16-\frac{12}{1+q}\cdot q^2+\frac{12}{1+q}\cdot q=\frac{24}{1+q}.$$

即 $3q^2-7q+2=0,(3q-1)(q-2)=0,$

∴ $q_1=2$，或 $q_2=\dfrac{1}{3}$，

∴ $x_1=4$，或 $x_2=9$.

∴ 所求的四个数分别为0，4，8，16或15，9，3，1.

（此解法设两个未知数 x，q，并借助于框图表达出其他两个数，列二元二次方程组求解.）

【解法四】 根据题意，可设四个数分别为 $3y-12$，y，$12-y$，$16-(3y-12)$，

$3y-12$	y	$12-y$	$16-(3y-12)$
第一数	第二数	第三数	第四数

则有 $(12-y)^2=y\cdot(28-3y)$，

即 $y^2-13y+36=0,(y-4)(y-9)=0,$

∴ $y_1=4$，或 $y_2=9$.

∴ 所求的四个数分别为 0，4，8，16 或 15，9，3，1.

（此解法设一个未知数 y，并借助于框图表达出其他三个数，列一元二次方程组求解.）

【解法五】 根据题意，可设四个数分别为 a，b，c，d，

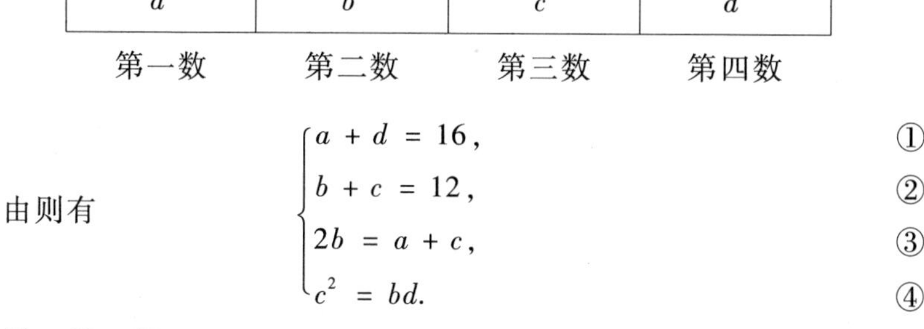

a	b	c	d
第一数	第二数	第三数	第四数

由则有
$$\begin{cases} a+d=16, & ①\\ b+c=12, & ②\\ 2b=a+c, & ③\\ c^2=bd. & ④\end{cases}$$

①+②，得
$$a+b+c+d=28, \qquad ⑤$$

把③代入⑤，得
$$d=28-3b.$$

又由①，又可得
$$a=16-d=-12+3b.$$

由②，得 $c=12-b$，代入④，可得
$$(12-b)^2=b(28-3b),$$

∴ $b^2-13b+36=0,(b-4)(b-9)=0,$

∴ $b_1=4$，或 $b_2=9$；

$a_1=0$，或 $a_2=15$；

$c_1=8$，或 $c_2=3$；

$d_1=16$，或 $d_2=1$.

∴ 所求的四个数分别为 0，4，8，16 或 15，9，3，1.

（此解法设四个未知数 a，b，c，d 分别表达四个数，列出四元一次方程组求解.）

【注】上述五种解法中，显然（解法五）易设元且易列方程组，但解方程组就较繁、较难；而（解法四）虽然“难设元”，但易列方程，易解方程，应属最好的解法. 上述解法中，都借用了框图表达四个数，方便解题，有可取之处.

问题 9："内角、外角" 共一线，**"逆向思维"** 擦（出）火花.

【例 22】 也谈三角形的内角和与三角形的外角和.

对于初中二年级的学生来说，"**三角形的内角和等于** 180°"这个结论并不陌生. 他们在学习平行线的性质定理后，便可借助于下述的图 1 至图 3 中所引的辅助线，证明"**三角形的内角和等于** 180°"这个定理.

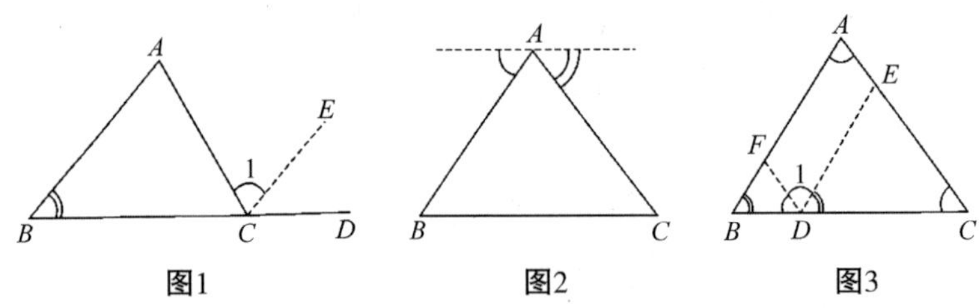

图1 图2 图3

运用定理"**三角形的内角和等于** 180°"，并结合"**补角定理**"便可以证明另一个定理——"**三角形的外角和等于** 360°".

事实上，如图 4，在 △ABC 中，延长 AB 至 D，延长 BC 至 E，延长 CA 至 F，则有

$$\angle FAB = 180° - \angle CAB,$$

$$\angle DBC = 180° - \angle ABC,$$

$$\angle ECA = 180° - \angle BCA,$$

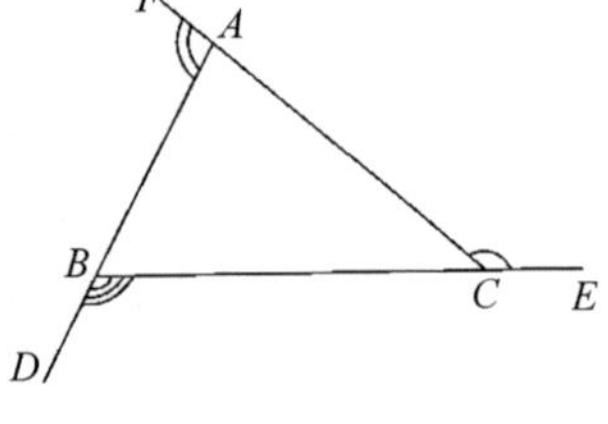

图 4

$\therefore \quad \angle FAB + \angle DBC + \angle ECA = 3 \times 180° - (\angle CAB + \angle ABC + \angle BCA) = 3 \times 180° - 180° = 360°.$

随着教育改革的深入，新教材已把定理"三角形的内角和等于 180°"下放至小学四年级作为教学内容. 但是由于小学生未学习过平行线的性质定理，因此无法严格地对结论"三角形的内角和等于 180°"加以论证，而只能（如教材一样）用拼图的方法，把三角形的三个内角拼成一个平角（180°）来加以"证明"，或者用折纸的方法，把三角形的三个内角折合成一个平角（180°）加以"证明"，或者如教材一样，用度量的方法，"通过度量三角形的三个内角，并计算其和为 180°"，从而"证明"了结论.

显然，"拼图法"或"折纸法"都只是"物理的实验方法"，而非严格的数学推理，更不可能用计算的方法对于任意的三角形，证明"三角形的内角和等于 180°".

如何解决这一矛盾？即不必动用平行线的性质定理，又要证明“三角形的内角行等于180°”呢？

请看下面的一段叙述：

中科院院士、数学教育专家张景中教授在他的科普著作《数学家的眼光》里，关于“三角形的内角和”有这样的一段话：

美籍华人**陈省身**教授是当代举世闻名的数学家，他十分关心祖国数学科学的发展．人们称他是“**中国青年数学学子的总教练**”．

1980年，陈教授在北京大学的一次讲学中语惊四座：“人们常说，三角形的内角和等于180°．但是，这是不对的！”

大家愕然，怎么回事？“三角形的内角和是180°”，这不是数学常识吗？

接著，这位老教授对大家的疑问作了精辟的解答：

说“三角形的内角和为180°”不对，不是说这个事实不对，而是说这种看问题的方法不对，应该说“三角形的外角和是360°”！

把眼光盯住内角，只能看到：

三角形的内角和是180°；

四边形的内角和是360°；

五边形的内角和是540°；

…………

n边形的内角和是$(n-2)\times 180°$．

这就找到了一个计算内角和的公式，公式里出现了边数n．

如果看外角呢？

三角形的外角和是360°；

四边形的外角和是360°；

五边形的外角和是360°；

…………

任意n边形的外角和是360°．

这就把多种情况用一个十分简单的结论概括起来了．用一个与（边数）n无关的常数代替了与n有关的公式，找到了更一般的规律．

读了张景中院士上述的这段叙述，**使我们可以大胆地提出一个“设想”：是否可以设法先证明“三角形的外角和等于360°”，再利用三角形的内角与外角的关系定理，便可以轻易地证明“三角形的内角和等于**

180°”这个定理．这种证明方法不必应用“平行线的性质定理”．这样一来，“三角形的内角和等于180°”这一教材内容下放到小学，便不会出现“理论缺陷”（仅用物理实验的方法而非严格的数学推理论证，或者通过对若干个三角形内角的度量，计算出这些三角形的内角和是180°来证明“三角形的内角和是180°”都是欠缺说服力的，说严重一点，便是“生吞活剥”），岂不两全其美！

关于“三角形的外角和等于360°”可以通过下面的论述得以证明．

事实上，如图5以C为中心把外角$\angle ECA$的始边CE旋转$\angle l$的度数，使CE合于外角$\angle ECA$的终边CA（即射线AF）上，再把C点移到A点，并把外角$\angle FAB$的始边AF旋转$\angle 2$的度数，使AF合于外角$\angle FAB$的终边AB（即射线BD）上，再把A点移至B点，并把外角$\angle DBC$旋转$\angle 3$的度数，使BD合于外角$\angle DBC$的终边BC（即射线CE）上．CE方向旋转了一周（也即CE方向转过角度$\angle 1+\angle 2+\angle 3$），相当$CE$绕点$C$旋转一周，也即有$\angle ECA+\angle FAB+\angle DBC=\angle 1+\angle 2+\angle 3=360°$．

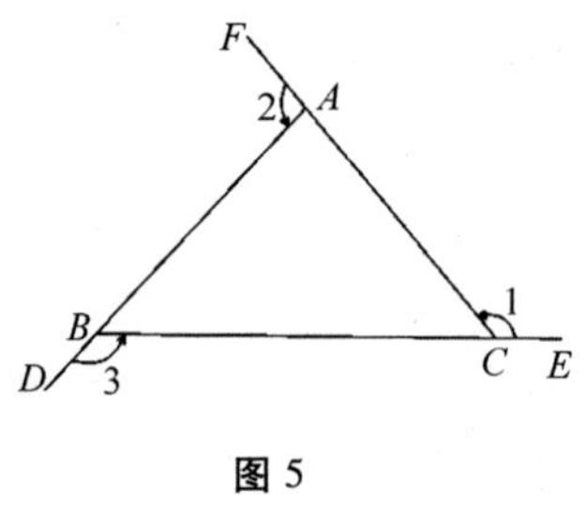

图5

上述的证明可以理解为，设想一只蚂蚁在三角形ABC的边界上绕圈子（图6）（从CA出发），每经过一个顶点，它前进的方向就要改变一次，改变的角度，恰好是这个顶点处的外角的角度．爬了一圈，回到原处，方向和出发时一致了，角度改变量之和当然恰好是360°．

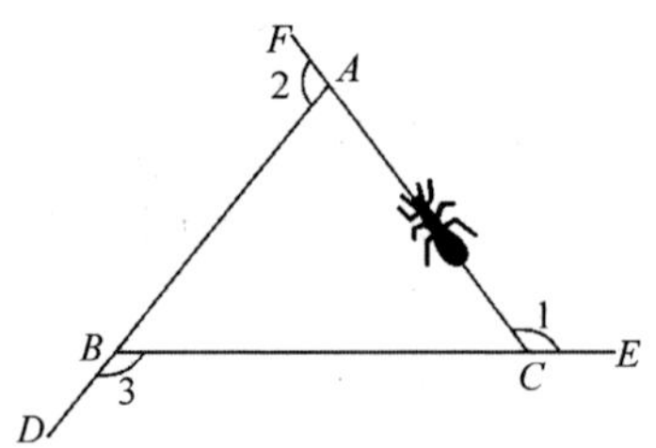

图6

这样看问题，便给“三角形的外角和等于360°”这条普遍的规律找到了直观的解释．

证明了“三角形的外角和等于360°这个结论；那么“三角形的内角和等于180°”的证明就轻而易举了．

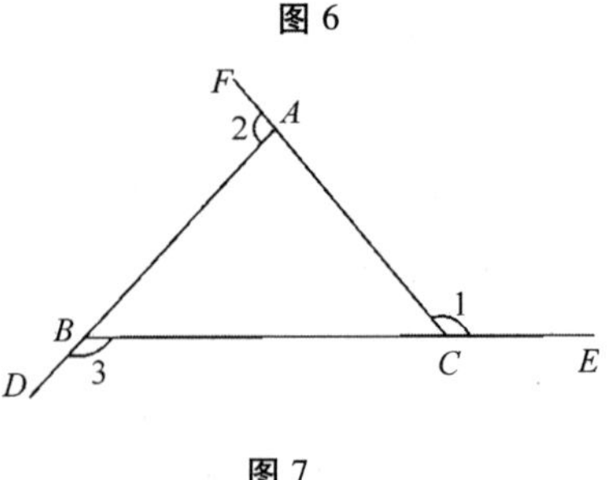

图7

事实上，如图7所示，我们由补角定义，可得

$\angle BCA + \angle ECA = 180°$,

$\angle CAB + \angle FAB = 180°$,

$\angle ABC + \angle DBC = 180°$,

$\therefore$ $(\angle BCA + \angle CAB \angle ABC) + (\angle ECA + \angle FAB + \angle DBC = 3 \times 180°$,

又$\angle ECA + \angle FAB + \angle DBC = 360°$,

$\therefore \angle CAB + \angle ABC + \angle BCA = 3 \times 180° - 360° = 180°$.

因此，我们主张先教“三角形的外角和等于 360°”这个定理，再教定理“三角形的内角和等于 180°”，这种教学安排更加符合学生的认识规律.

问题 10：“四个二次”成一家，**“判别式 Δ”**是（大）管家.

二次三项式，$ax^2 + bx + c$，一元二次方程 $ax^2 + bx + c = 0$，一元二次不等式 $ax^2 + bx + c > 0$（或 $ax^2 + bx + c < 0$），二次函数 $y = ax^2 + bx + c$ 合称**“四个二次”**.

到底谁掌握“四个二次”问题的命运？

“四个二次”统称为一家，**“一个判别式”**牵挂整个家.

（一）判别 $\Delta = b^2 - 4ac$ 属于哪一家？

大家都知道，一元二次方程 $ax^2 + bx + c = 0$ $(a \neq 0)$ 有一个判别式 $\Delta = b^2 - 4ac$，它紧紧地掌握着一元二次方程的根的命运.

当 $\Delta > 0$ 时，方程有两个不等实根；

当 $\Delta = 0$ 时，方程有两个相等实根；

当 $\Delta < 0$ 时，方程没有实数根（有两个不等的虚根）.

当 Δ 是完全平方数（或式）时，方程有有理根.

判别式 $\Delta = b^2 - 4ac$ 不仅仅属于一元二次方程 $ax^2 + bx + c = 0$ $(a \neq 0)$，也属于整个“四个二次”的“家族”. 判别式 $\Delta = b^2 - 4ac$ 已在**“四个二次”**的“国度”里，牵动着“千家万户”，涉及了它们的方方面面.

（二）判别式 $\Delta = b^2 - 4ac$ 是“要 a,b,c，不要 x 的专家”！

从一元二次方程的求根公式可知道，一元二次方程的根的命运掌握在 a,b,c 手中. 同样地，二次三项式能否分解成一次式的积？一元二次不等式的解集是全体实数、是空集或实数集的子集？二次函数的图像和性质如何？命运全部由 a,b,c 掌管！而它又集中表现在判别式 $\Delta=b^2-4ac$ 上.

【例 23】 若关于 x 的方程 $x^2+2(a+1)x+a^2+4a-5=0$ 有实数根，试求正整数 a 之值.

【解】 ∵ 关于 x 的方程 $x^2+2(a+1)x+a^2+4a-5=0$ 有实数根，

∴ $4(-2a+6)=[2(a+1)]^2-4(a^2+4a-5)=\Delta\geqslant 0$.

∴ $\Delta\leqslant 3$.

又 a 是正整数，

∴ a 的取值是 1, 2, 3.

【例 24】 已知方程 $3x^2+2(a+b+c)x+ab+bc+ca=0$ 有两个相等的实数根，其中 a,b,c 是一个三角形的三条边. 求证：这个三角形是等边三角形.

【证明】 ∵ 方程 $3x^2+2(a+b+c)x+ab+bc+ca=0$ 有两个相等的实数根，所以 $\Delta=0$，即

$$4(a+b+c)^2-12(ab+bc+ca)=0.$$

∴ $2a^2+2b^2+2c^2-2ab-2bc-2ca=0$,

∴ $(a-b)^2+(b-c)^2+(c-a)^2=0$.

从而

$$a-b=0\text{ , }b-c=0\text{ 且 }c-a=0.$$

∴ $a=b=c$,

即以 a,b,c 为边长的三角形是等边三角形.

【例 25】 k 是整数时，方程 $kx^2-(2k-1)x+k-1=0$ 有两个不相等的整数根，求 k 的值并解此方程.

【解】 ∵ 方程为 $kx^2-(2k-1)x+k-1=0$ 有两个不相等的整数根，

∴ $\Delta=[-(2k-1)]^2-4k(k-1)=1$ 为完全平方数，

∴ $x=\dfrac{2k-1\pm 1}{2k},x_1=1,x_2=\dfrac{k-1}{k}$.

要使 x_2 为整数，则必须取 $k=1$ 或 $k=-1$.

∴ 当 $k=1$ 时，$x=1$ 或 $x=0$；当 $k=-1$ 时，$x=1$ 或 $x=2$.

【例 26】 已知 m 是有理数，且方程 $x^2-4mx+4x+3m^2-2m+4k=0$ 存在有理根，求有理数 k 的值.

【解】 据题意 $\Delta=[-4(m-1)]^2-4(3m^2-2m+4k)=4m^2-24m+$

$16(1-k)$.

要方程有有理根，必须且只需 Δ 为有理数的完全平方数，则必须使关于 m 为未知数的一元二次方程的判别式 $\Delta_1=0$，即

$$(-24)^2-4\times4\times16(1-k)=0,$$

解得 $k=-\frac{5}{4}=-1\frac{1}{4}$.

【例 27】求证：无论 a,b 为怎样的整数，方程 $x^2+10ax+5b\pm3=0$ 均没有整数根.

【证明】据题意 $\Delta=(10a)^2-4(5b\pm3)=4[5(5a^2-b)\mp3]$.

$\because$ 无论 a,b 为怎样的整数，$5(5a^2-b)$ 一定是 5 的倍数，其个位数字为 5 或 0.

$\therefore$ $5(5a^2-b)\mp3$ 的个位数必定是 2，7，3 或 8.

又由于一个整数的平方，其个位数只能是 0，1，5，6，9.

$\therefore$ $\Delta=4[5(5a^2-b)\mp3]$ 不可能为完全平方数.

从而原方程没有整数根.

【例 28】已知二次三项式 $x^2+mx-(m-1)$. ①当 $m=-1$ 时，其值是正数，求 x 的取值范围；②若其值恒为正数，求 m 的取值范围.

①**【解法一】**据已知，当 $m=-1$ 时，有

$$x^2-x+2>0,$$

$\because$ $a=1>0$，且 $\Delta=(-1)^2-4\times1\times2=-7<0$，

$\therefore$ $x^2-x+2>0$ 的解集为实数集.

$\therefore$ x 的取值范围为全体实数.

【解法二】 当 $m=-1$ 时，有

$$x^2+mx-(m-1)=x^2-x+2=\left(x-\frac{1}{2}\right)^2+\frac{7}{4}>0\text{ 恒成立},$$

$\therefore$ $x^2-x+2>0$ 的解集为实数集.

$\therefore$ x 的取值范围为全体实数.

②**【解】** 因二次三项式 $x^2+mx-(m-1)$ 的二次项系数 $a=1>0$，因此要它的值恒为正数，必须且只需

$$m^2-4\times1\times[-(m-1)]=\Delta<0,$$

即 $$[m+2(1+\sqrt{2})][m+2(1-\sqrt{2})]<0,$$

得 m 的取值范围为 $-2(\sqrt{2}+1)<m<2(\sqrt{2}-1)$.

【说明】由②可知①仅是二次三项式 $x^2+mx-(m-1)$ 恒取正的一个特例.

【例 29】 m 为怎样的实数时，x 的二次三项式 $x^2+m(m-1)x+9$ 是完全平方式？

【解】 二次三项式 $x^2+m(m-1)x+9$ 的二次项系数 $a=1\neq 0$，因此要它是完全平方式，必须且只需

$$[m(m-1)]^2-4\times 1\times 9=\Delta=0,$$

即 $$[m(m-1)]^2-6^2=0,$$

$$[m(m-1)+6][m(m-1)-6]=0,$$

$$(m^2-m+6)(m^2-m-6)=0,$$

$$\left[\left(m-\frac{1}{2}\right)^2+5\frac{3}{4}\right](m^2-m-6)=0.$$

而 $$\left(m-\frac{1}{2}\right)^2+5\frac{3}{4}>0.$$

∴ $$m^2-m-6=0,$$

即 $$(m+2)(m-3)=0,$$

∴ $m=-2$ 或 $m=3$.

【例 30】 已知二次函数 $y=(k-1)x^2+(k-2)x-1$，问 k 取何值时，二次函数的图像（抛物线）与 ox 轴有两个交点？

【解】 二次函数 $y=(k-1)x^2+(k-2)x-1$ 的图像（抛物线）与 ox 轴有两个交点，即方程 $(k-1)x^2+(k-2)x-1=0$ 有两个不相等的实数根，因此必须且只须

$$\begin{cases}k-1\neq 0,\\(k-2)^2+4(k-1)=\Delta>0,\end{cases}$$

解得 $$\begin{cases}k\neq 1,\\k^2>0,\end{cases}$$

0 1 k

因此当 $k\neq 0$ 且 $k\neq 1$（即 $-\infty<k<0$ 或 $0<k<1$ 或 $1<k<+\infty$）时，二次函数的图像（抛物线）与 ox 轴有两个交点.

【例 31】 a,b,c 是三角形的三边．求证：对于任意实数 x，不等式 $a^2x^2+(a^2+b^2-c^2)x+b^2>0$ 恒成立.

【证明】 在已知不等式中，左边二次三项式的二次项系数 $a^2>0$，而且它对应方程的判别式是

$$(a^2+b^2-c^2)^2-4a^2b^2$$
$$=(a^2+b^2-c^2+2ab)(a^2+b^2-c^2-2ab)$$
$$=[(a+b)^2-c^2][(a-b)^2-c^2]$$
$$=(a+b+c)(a+b-c)(a-b+c)(a-b-c)$$

因为其中因式 $a+b+c>0, a+b-c>0, a-b+c>0, a-b-c<0$,(a,b,c 是三角形的三边),

所以 $(a^2+b^2-c^2)^2-4a^2b^2<0$.

因此,$a^2x^2+(a^2+b^2-c^2)x+b^2>0$ 成立.

【例 32】 设 $f(x)=x^4+ax^3+bx^2+x, f(3)=3$, 且对于 x 取任何实数值, $f(x)\geqslant x$ 恒成立, 求 a,b 的值.

【解】 由 $f(3)=3$ 及 $f(x)=x^4+ax^3+bx^2+x$, 可得

$$3a+b+9=0. \quad ①$$

又因为在实数集内, 恒有 $f(x)\geqslant x$, 所以恒有

$$x^2(x^2+ax+b)\geqslant 0,$$

而 $x^2\geqslant 0$, 所以恒有 $x^2+ax+b\geqslant 0$,

∴ 必须 $a^2-4b=\Delta\leqslant 0.$ ②

将①式化为 $b=-3a-9$ 代入②式中, 得

$$a^2+12a+36\leqslant 0,$$

即 $(a+6)^2\leqslant 0,$

∴ $a=-6.$

再将它代入①, 得

$$b=9.$$

问题 11:"等差(比)公式" 巧变形, **"一题多解"** 见功底.

善于利用 A. P. (等差数列) 和 G. P. (等比数列) 的定义、通项公式 (及其变形和拓广形式)、前 n 项和公式, 特别是相关的性质, 都可以简捷地解 A. P. 和 G. P. 的相关问题, 甚至可以做到一题多解.

下面两个问题的一题多解, 便是典型的案例.

【例 33】 已知 $\{a_n\}$ 为 A. P. , $a_3=9$, $a_9=12$, 求 a_{15}, a_{21}, a_{22}

【解法一】 ∵ $\{a_n\}$ 为 A. P. , $a_3=9$, $a_9=12$,

∴ $\begin{cases} a_1+2d=9, \\ a_1+8d=12. \end{cases}$ ∴ $a_1=8$, $d=\dfrac{1}{2}$.

故 $a_{15} = a_1 + (15 - 1)d = 8 + 14 \times \frac{1}{2} = 15$,

$a_{21} = a_1 + (21 - 1)d = 8 + 20 \times \frac{1}{2} = 18$,

$a_{22} = a_1 + (22 - 1)d = 8 + 20 \times \frac{1}{2} = 18\frac{1}{2}$.

(此解法为“通法”——列方程组求解法，属基本的解法，也是最常用的解法.)

【解法二】$\because \{a_n\}$ 为 A. P.，且 $a_3 = 9$，$a_9 = 12$，又 $a_m = a_n + (m - n)d$,

$\therefore d = \frac{a_m - a_n}{m - n} = \frac{a_9 - a_3}{9 - 3} = \frac{12 - 9}{6} = \frac{3}{6} = \frac{1}{2}$,

$\therefore a_{15} = a_3 + (15 - 3)d = 9 + 12 \times \frac{1}{2} = 15$,

$a_{21} = a_3 + (21 - 3)d = 9 + 18 \times \frac{1}{2} = 18$,

$a_{22} = a_3 + (22 - 3)d = 9 + 19 \times \frac{1}{2} = 18\frac{1}{2}$.

[此解法运用了等差**数列通项公式的拓广形式** $a_m = a_n + (m - n)d$ 及**变形公式** $d = \frac{a_m - a_n}{m - n}$, 属 **“巧解法”**.]

【解法三】$\because \{a_n\}$ 为 A. P.，且 $a_3 = 9$, $a_9 = 12$, 又 3，9，15 成 A. P.，

$\therefore a_3, a_9, a_{15}$ 成 A. P.，

$\therefore a_{15} = 2a_9 - a_3 - 2 \times 12 - 9 = 15$;

同理 9，15，21 成 A. P.，

$\therefore a_9, a_{15}, a_{21}$ 成 A. P.，

$\therefore a_{21} = 2a_{15} - a_9 - 2 \times 15 - 12 = 18$;

由 $a_m = a_n + (m - n)d$, 知

$d = \frac{a_m - a_n}{m - n} = \frac{12 - 9}{9 - 3} = \frac{3}{6} = \frac{1}{2}$,

$\therefore a_{22} = a_3 + (22 - 3)d = 9 + 19 \times \frac{1}{2} = 18\frac{1}{2}$.

[此解法运用了**等差数列中等差中项的变形公式**—— a_m, a_n, a_p 成 A. P.，则 $a_p = 2a_n - a_m$ 及**等差数列通项公式的拓广形式** $a_m = a_n + (m -$

$n)d$ 之变形公式 $d=\frac{a_m-a_n}{m-n}$，属“妙解法”，但属“特法”，若3，9，15；9，15，21 不成 A. P.，则此法不通.]

【解法四】$\because \{a_n\}$ 为 A. P.，且 $a_3=9$，$a_9=12$，

$\therefore \frac{a_{15}-a_9}{15-9}=d=\frac{a_9-a_3}{9-3}$，

$\therefore \frac{a_{15}-12}{6}=\frac{12-9}{6}$，

$\therefore a_{15}=3+12-9=15$；

同理 $\frac{a_{21}-a_9}{21-9}=d=\frac{a_9-a_3}{9-3}$，

$\therefore \frac{a_{21}-12}{12}=\frac{12-9}{6}$.

$\therefore a_{21}=2\times 3+12=18$；

同理 $\frac{a_{22}-a_9}{22-9}=d=\frac{a_9-a_3}{9-3}$，

$\therefore \frac{a_{22}-12}{13}=\frac{12-9}{6}$.

$\therefore a_{22}=\frac{1}{2}\times 13+12=18\frac{1}{2}$.

[此解法运用了等差数列的通项公式的拓广形式 $a_m=a_n+(m-n)d$ 之变形公式 $\frac{a_m-a_n}{m-n}=d=\frac{a_p-a_q}{p-q}$. 设 d 而不求 d，“声东击西”去解题，属“巧妙解法”，且此解法具普遍性.]

【例 34】在△ABC 中，A，B，C 的对边分别是 a，b，c，已知 a^2,b^2,c^2 成 A. P.，求证：$\frac{\cos A}{a},\frac{\cos B}{b},\frac{\cos C}{c}$ 成 A. P..

【证法一】在△ABC 中，a^2,b^2,c^2 成 A. P.，

$\therefore -2a^2,-2b^2,-2c^2$ 也成 A. P.，

$\therefore a^2+b^2+c^2-2a^2,a^2+b^2+c^2-2b^2,a^2+b^2+c^2-2c^2$ 也成 A. P.，

即 $b^2+c^2-a^2,a^2+c^2-b^2,a^2+b^2-c^2$ 也成 A. P..

又 $abc\neq 0$，

$\therefore \frac{b^2+c^2-a^2}{2abc},\frac{a^2+c^2-b^2}{2abc},\frac{a^2+b^2-c^2}{2abc}$ 也成 A. P.，

即　$\dfrac{\frac{b^2+c^2-a^2}{2bc}}{a},\dfrac{\frac{a^2+c^2-b^2}{2ac}}{b},\dfrac{\frac{a^2+b^2-c^2}{2ab}}{c}$也成 A. P.，

$\therefore$　$\dfrac{\cos A}{a},\dfrac{\cos B}{b},\dfrac{\cos C}{c}$成 A. P..

(此证法属综合法，利用等差数列的性质结合余弦定理证题.)

【证法二】 在△ABC 中，a^2,b^2,c^2 成 A. P.，

$\therefore$　$a^2+c^2=2a^2$，

又　$\cos A=\dfrac{b^2+c^2-a^2}{2bc},\cos B=\dfrac{a^2+c^2-b^2}{2ac},\cos C=\dfrac{a^2+b^2-c^2}{2ab}$,

$\therefore$　$\dfrac{\cos A}{a}+\dfrac{\cos C}{c}=\dfrac{b^2+c^2-a^2}{2abc}+\dfrac{a^2+b^2-c^2}{2abc}=\dfrac{2b^2}{2abc}=\dfrac{2(2b^2-b^2)}{2abc}$

$$=\frac{2(a^2+c^2-b^2)}{2abc}=2\times\frac{\frac{a^2+c^2-b^2}{2ac}}{b}=2\times\frac{\cos B}{b},$$

故　$\dfrac{\cos A}{a},\dfrac{\cos B}{b},\dfrac{\cos C}{c}$成 A. P..

(此证法属综合法，利用等差中项的充要条件——“a^2,b^2,c^2成 A. P. $\Leftrightarrow 2b^2=a^2+c^2$，代数式的恒等变形结合余弦定理证题.)

【证法三】 在△ABC 中，a^2,b^2,c^2 成 A. P.，

$\therefore$ $a^2+c^2=2b^2$，

又 $a^2=b^2+c^2-2bc\cos A$，$b^2=a^2+c^2-2ac\cos B$，$c^2=a^2+b^2-2ab\cos C$，

$\therefore$ $b^2+c^2-2bc\cos A$，$a^2+c^2-2ac\cos B$，$a^2+b^2-2ab\cos C$ 也成 A. P..

$\therefore$ $b^2+c^2-2bc\cos A+a^2+b^2-2ab\cos C=2(a^2+c^2-2ac\cos B)$，

则 $bc\cos A+ab\cos C=2ac\cos B$，

从而 $bc\cos A,ac\cos B,ab\cos C$ 成 A. P.，

又 $abc\neq 0$，

故 $\dfrac{\cos A}{a},\dfrac{\cos B}{b},\dfrac{\cos C}{c}$成 A. P..

(**此证法属综合法**，利用等差中项的充要条件，代数式的恒等变形结合余弦定理证题.)

【证法四】 在△ABC 中，a^2,b^2,c^2 成 A. P.，

$\therefore$ $a^2+c^2=2b^2$，

又 $\frac{(b^2+c^2-a^2)+(a^2+b^2-c^2)}{2}=b^2=2b^2-b^2=a^2+c^2-b^2$，

$\therefore$ $b^2+c^2-a^2$，$a^2+c^2-b^2$，$a^2+b^2-c^2$ 成 A. P. ，

又 $abc\neq 0$，

$\therefore$ $\frac{b^2+c^2-a^2}{2abc}$，$\frac{a^2+c^2-b^2}{2abc}$，$\frac{a^2+b^2-c^2}{2abc}$ 成 A. P. ，

即 $\dfrac{\frac{b^2+c^2-a^2}{2bc}}{a}$，$\dfrac{\frac{a^2+c^2-b^2}{2ac}}{b}$，$\dfrac{\frac{a^2+b^2-c^2}{2ab}}{c}$ 也成 A. P. ，

$\therefore$ $\frac{\cos A}{a},\frac{\cos B}{b},\frac{\cos C}{c}$ 成 A. P. .

（此证法属综合法，利用等差中项的充要条件，等差数列的性质，代数式的恒等变形结合余弦定理证题.）

【证法五】在△ABC 中，要证明 $\frac{\cos A}{a},\frac{\cos B}{b},\frac{\cos C}{c}$ 成 A. P. ，

只需证 $\frac{\cos A}{a}+\frac{\cos C}{c}=\frac{2\cos B}{b}$，

根据余弦定理知，只需证

$$\frac{b^2+c^2-a^2}{2abc}+\frac{a^2+b^2-c^2}{2abc}=2\times\frac{a^2+c^2-b^2}{2abc},$$

又只需证 $(b^2+c^2-a^2)+(a^2+b^2-c^2)=2(a^2+c^2-b^2)$，

即只需证 $a^2+c^2=2b^2$，

也即只需证 a^2,b^2,c^2 成 A. P. ，

而 a^2,b^2,c^2 成 A. P. （已知），且以上各步，步步可逆，

$\therefore$ $\frac{\cos A}{a},\frac{\cos B}{b},\frac{\cos C}{c}$ 成 A. P. .

（此证法属分析法，利用等差中项的充要条件，代数式的恒等变形结合余弦定理证题.）

【证法六】在△ABC 中，要证明 $\frac{\cos A}{a},\frac{\cos B}{b},\frac{\cos C}{c}$ 成 A. P. ，

只需证 $\dfrac{\frac{b^2+c^2-a^2}{2bc}}{a}$，$\dfrac{\frac{a^2+c^2-b^2}{2ac}}{b}$，$\dfrac{\frac{a^2+b^2-c^2}{2ab}}{c}$ 成 A. P. ，

这只需证 $\frac{b^2+c^2-a^2}{2abc}$，$\frac{a^2+c^2-b^2}{2abc}$，$\frac{a^2+b^2-c^2}{2abc}$ 成 A. P. ，

这又只需证 $b^2+c^2-a^2$，$a^2+c^2-b^2$，$a^2+b^2-c^2$ 成 A. P.，

也即只需证 $(b^2+c^2-a^2)-(a^2+b^2+c^2)$，$(a^2+c^2-b^2)-(a^2+b^2+c^2)$，以及 $(a^2+b^2-c^2)-(a^2+b^2+c^2)$ 成 A. P.，

即 $-2a^2$，$-2b^2$，$-2c^2$ 成 A. P.，

也即只需证 a^2,b^2,c^2 成 A. P.，

而 a^2,b^2,c^2 成 A. P.（已知），且以上各步，步步可逆，

$\therefore \dfrac{\cos A}{a},\dfrac{\cos B}{b},\dfrac{\cos C}{c}$ 成 A. P..

（此证法属分析法，利用等差数列的性质，代数式的恒等变形结合余弦定理证题.）

问题 12：“以数助形”皆称好，“几何问题”细入微.

【例 35】如图，圆的三条弦 PP_1,QQ_1,RR_1，两间相交，交点分别为 A、B、C，若 $AP=BQ=CR$，$AR_1=BP_1=CQ_1$，则△ABC 是正三角形.

【证明】设 $AP=BQ=CR=m$，$AR_1=BP_1=CQ_1=n$，$BC=x$，$CA=y$，$AB=z$. 根据圆内和相交弦定理有

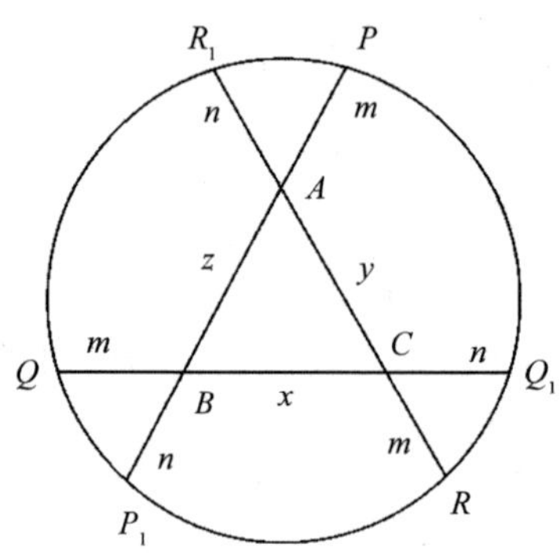

$$\begin{cases}n(m+x)=m(n+y),\\ n(m+y)=m(n+z),\\ n(m+z)=m(n+x).\end{cases}\quad 即 \begin{cases}nx=my,\\ ny=mz,\\ nz=mx.\end{cases}$$

三式相加，从而得 $n(x+y+z)=m(x+y+z)$，

所以 $m=n,x=y=z$.

可见△ABC 是正三角形.

【例 36】已知三棱锥 $V-ABC$ 的三个侧面 AVB、BVC、CVA 两两互相

垂直，且它们的面积分别为 $150cm^2$、$100cm^2$、$75cm^2$，求这三棱锥的体积.

【解】已知平面 $AVB \perp BVC$，$AVC \perp BVC$，

所以　$VA \perp$ 平面 BVC.

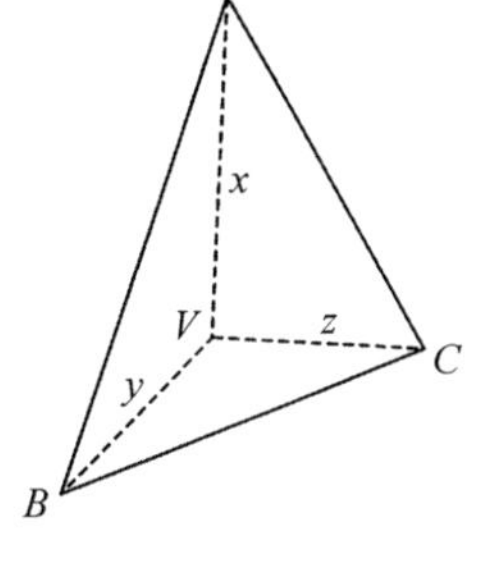

因而　$VA \perp VB$、$VA \perp VC$.

同理可证　$VB \perp VC$.

设 $VA = xcm, VB = ycm, VC = 2zcm$，由题设面积

条件有
$$\begin{cases} \frac{1}{2}xy = 150, \\ \frac{1}{2}yz = 100, \\ \frac{1}{2}zx = 75. \end{cases}$$

$\therefore$　　$x^2y^2z^2 = 9000000.$

则 $xyz = 3000.$

故三棱锥的体积 $V = \frac{1}{3} \cdot \left(\frac{1}{2}yz\right)x = \frac{3000}{6} = 500(cm^3).$

【例 37】已知 P 为正 $\triangle ABC$ 外接圆劣弧 BC 上任意一点.

求证：(1) $PB + PC = PA$；　(2) $PB \times PC = PA^2 - BC^2$.

【分析】根据题意（见图 1），只要证 PB、PC 是方程 $t^2 - PA \cdot t + (PA^2 - BC^2) = 0$ 的两个实根即可.

【证明】设 $AB = BC = CA = a$，在 $\triangle APB$ 中，$\angle APB = \angle APC = 60°$，

$a^2 = PB^2 + PA^2 - 2PB \times PA \times cos60° = PB^2 + PA^2 - PB \times PA$，

即 $PB^2 - PA \times PB + (PA^2 - a^2) = 0.$　①

在 $\triangle PAC$ 中，$\angle APC = 60°$，

$\therefore \alpha^2 = PC^2 + PA^2 - 2PC \times PA \times \cos60°$

$= PC^2 + PA^2 - PC \times PA.$

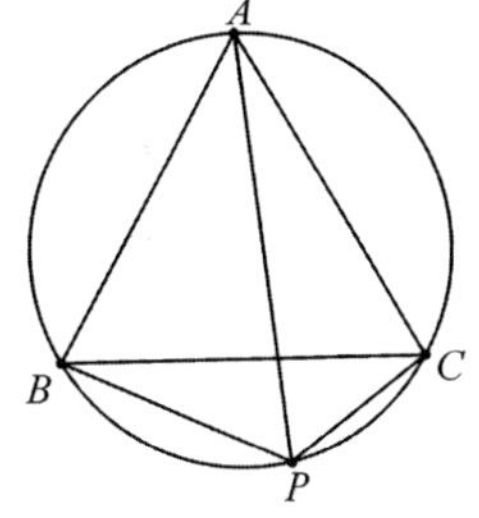

图 1

即 $PC^2 - PA \times PC + (PA^2 - a^2) = 0.$　②

由①与②可知，PB、PC 都是方程 $t^2 - PA \cdot t + (PA^2 - a^2) = 0$ 的根，由韦达定理，得

$PB + PC = PA, PB \times PC = PA^2 - a^2 = PA^2 - BC^2.$

由此，命题获证.

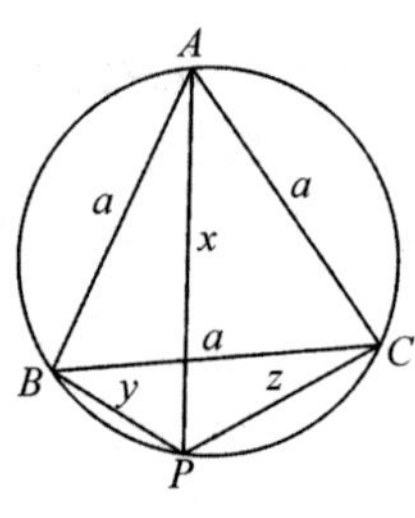

图 2

【证法二】（1）如图 2，设正三角形 ABC 的边长为 a，且 $PA=x$，$PB=y$，$PC=z$，由 $\triangle ABC$ 为正三角形知，$\angle APC=\angle ABC=60°$，$\angle BPC=180°-\angle BAC=180°-60°=120°$.

根据余弦定理，知

在 $\triangle APC$ 中，$PA^2+PC^2-2PA\cdot PC\cdot \cos\angle APC=AC^2$，

即 $x^2+z^2-xz=a^2$. ①

在 $\triangle BPC$ 中，$PB^2+PC^2-2PB\cdot PC\cdot \cos\angle BPC=BC^2$，

即 $y^2+z^2+yz=a^2$. ②

由①・②消去 a^2，得

$$x^2-xz-y^2-yz=0.$$

则 $(x+y)(x-y-z)=0$，

但 $x+y\neq 0$，故 $x-y-z=0$，则 $x=y+z$.

$\therefore$ $PA=PB+PC$.

（2）由（1）知，$x=y+z$，则 $y=x-z$，

$\therefore$ $PB\times PC=yz=(x-z)z=xz-z^2$.

在 $\triangle PAC$ 中，由余弦定理知，

$$AC^2=PA^2+PC^2-2PA\cdot PC\cdot \cos\angle APC,$$

$\therefore$ $a^2=x^2+z^2-xz$，即 $xz-z^2=x^2-a^2$.

则 $PB\times PC=x^2-a^2$.

又 $PA^2-BC^2=x^2-a^2$，

$\therefore$ $PB\times PC=PA^2-BC^2$.

【例 38】（1964 年福建省中学数学竞赛试题）设 a、b、c 是直角三角形的三边，c 为斜边，b 为直角边（n 为正整数）.

【求证】 $a^n+b^n<c^n$（如图）.

【思路】本题虽然是几何不等式，但是显然无法用几何法证得.

由于原不等式等价于 $\left(\frac{a}{c}\right)^n+\left(\frac{b}{c}\right)^n<1$，

如图，注意到在 $\mathrm{Rt}\triangle ABC$ 中，$\frac{a}{c}=\sin A>0$，$\frac{b}{c}=\cos A>0$，所以原

不等式又等价于 $\sin^n A+\cos^n A<1$，至此，显然可以从 $\sin A\cdot\cos A$ 的性质和关系入手来证明.

【证明】 在 $\triangle ABC$ 中（如图），

$\sin A=\dfrac{a}{c}$，$\cos A=\dfrac{b}{c}$.

$\because\ 0°<\angle A<90°$，

$\therefore\ 0°<\angle\sin A<1$，$0°<\angle\cos A<1$.

则当 $n\geqslant3$（n 为正整数）时，有

$\sin^n<\sin^2A$，$\cos^nA<\cos^2A$，

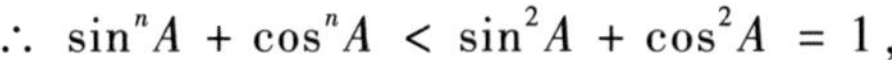

$\therefore\ \sin^nA+\cos^nA<\sin^2A+\cos^2A=1$，

即 $\left(\dfrac{a}{c}\right)^n+\left(\dfrac{b}{c}\right)^n<1$，也即 $a^n+b^n<c^n$.

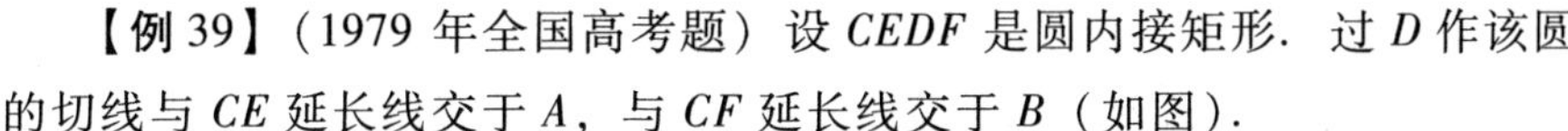

【例 39】（1979 年全国高考题）设 $CEDF$ 是圆内接矩形. 过 D 作该圆的切线与 CE 延长线交于 A，与 CF 延长线交于 B（如图）.

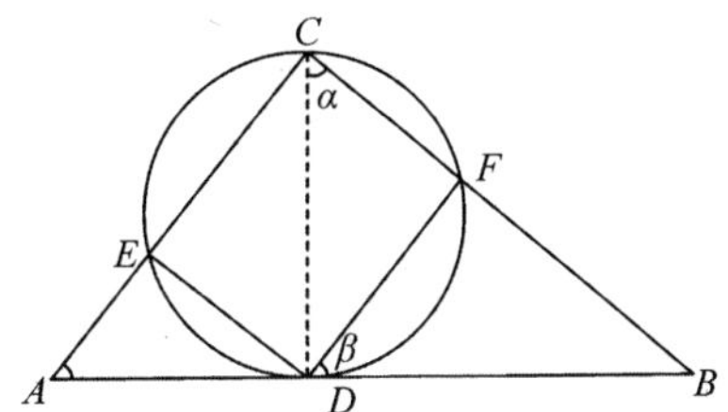

【求证】 $\dfrac{BF}{AE}=\dfrac{BC^3}{AC^3}$.

【分析】 本例可以用几何方法证明，有证法一和证法二，其证法如下：

【证法一】 已知 $CEDF$ 为矩形，在 $\mathrm{Rt}\triangle ABC$ 中，由射影定理得

$AC^2=AD\cdot AB$，$BC^2=BD\cdot AB$.

两式相除，有 $\dfrac{BD}{AD}=\dfrac{BC^2}{AC^2}$.　①

因为 AB 是切线，所以 $CD\perp AB$，从而有：

$BD^2=BC\cdot BF$，$AD^2=AC\cdot AE$.

两式相除，有 $\dfrac{BD^2}{AD^2}=\dfrac{BC\cdot BF}{AE\cdot AC}$.　②

由①·②，有$\frac{BC \cdot BF}{AC \cdot AE} = \frac{BC^4}{AC^4}$.

即　　　$\frac{BF}{AE} = \frac{BC^3}{AC^3}$.

【证法二】 据已知，由 $\triangle BDF \sim \triangle ABC$，得 $\frac{BF}{DF} = \frac{BC}{AC}$.　①

由　$\triangle BDF \sim \triangle DFC$，得　$\frac{BF}{DF} = \frac{DF}{CF}$.

所以　$\frac{DF}{CF} = \frac{BC}{AC}$.　②

又由　$\triangle ADE \sim \triangle ABC$，得　$\frac{DE}{AE} = \frac{BC}{AC}$.　③

①×②×③，并利用 $CF = DE$ 便可证得本题.

上述两种证法分别要多次利用射影定理和相似三角形的性质，进行较复杂的比例式的变换. 思路较难找，能力要求较高.

当年的考生，由于平面几何论证能力差，因为想不起来或者找不到那么几对相似的三角形，或者不会利用射影定理等关系进行代换，而证明不出者，数以千计、万计. 不少在校成绩较好的学生，考试中对这个题也感到有些棘手.

但注意到 AB 是切线，由弦切角可得到一连串的角相等. 若引入辅助角 α、β（如图），则有关线段的比均可用 α、β 的正切表示，从而有证法三.

【证法三】（三角证法）连结 CD，因为 $CEDF$ 是圆的内接矩形，AB 是切线，所以 $CD \perp AB$.

设 $\angle DCF = \alpha$，$\angle BDF = \beta$，则 $\angle\alpha = \angle\beta$.

又 $\angle A = 90^\circ - \angle B = \angle\alpha$，所以 $\angle A = \angle\alpha = \angle\beta$.

在 $Rt\triangle ABC$ 中，$\tan A = \frac{BC}{AC}$，所以 $\tan^3 A = \frac{BC^3}{AC^3}$.　①

又在 $Rt\triangle BDF$ 中，$\tan A = \tan\beta = \frac{BF}{DF}$，　②

由 $Rt\triangle CDF$ 知，$\tan A = \tan\alpha = \frac{DF}{CF}$，　③

在 $Rt\triangle ADE$ 中，$\tan A = \frac{DE}{AE}$，　④

又 $CEDF$ 为矩形，∴ $CF = DE$，

②×③×④，有 $\tan^3 A = \frac{BF}{DF} \cdot \frac{DF}{CF} \cdot \frac{DE}{AE}$，　⑤

比较①、⑤，有 $\frac{BF}{AE} = \frac{BC^3}{AC^3}$.

显然，【证法三】要简明得多. 它通过引入辅助角，将有关线段的比用辅助角的三角函数表示出来，把**几何论证问题转化为三角问题**，使得思路明确，易于入手.

用三角函数来证明平面几何问题的方法我们把它称为“三角法”.

【**例 40**】E 为正方形 ABCD 内一点，且∠ABE =∠BAE = 15°，连结 CE、DE，则△CED 是等边三角形.

（这是一道大家所熟悉的平面几何题，它除了用一般方法直接证明外，还可以用“同一法”、“反证法”、“复数法”证明. 现在我们用解析法来证明它.）

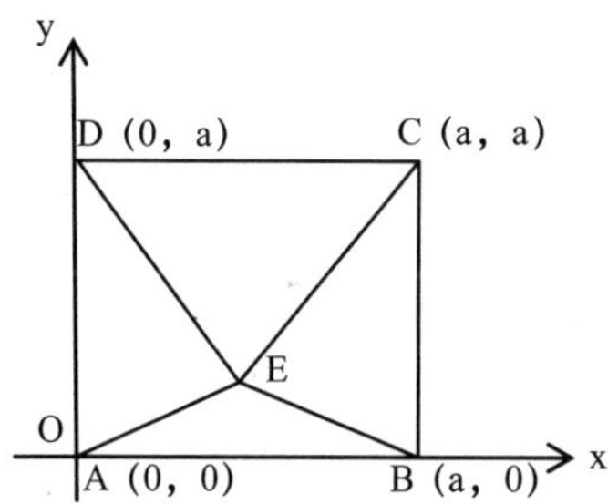

【证明】选项取坐标系如图所示，设正方形的边长为 a，则它的各顶点坐标为：

A (0, 0), B (a, 0), C (a, a), D (0, a).

∵ 直接 AE 的方程为 $y = tg15° \cdot x$.

即 $y = (2-\sqrt{3})x$.　①

又直线 BE 的方程为 $y = -(2-\sqrt{3})(x-a)$.　②

由①、②解得 E 点的坐标为 $\left(\frac{a}{2}, \frac{2-\sqrt{3}}{2}a\right)$.

∴ $|DE| = \sqrt{\left(\frac{a}{2}\right)^2 + \left(\frac{2-\sqrt{3}}{2}a - a\right)^2} = a$，

$$|CE| = \sqrt{\left(-\frac{a}{2}\right)^2 + \left(\frac{2-\sqrt{3}}{2}a - a\right)^2} = a.$$

$\therefore\ |DE| = |CE| = |CD| = a.$

故△CED 为等边三角形.

问题 13："以形助数" 真叫绝，**"代数问题"** 直观化.

【例 41】 设 x、y、z 都是正实数，且满足

$$x^2 + xy + y^2 = 19, \quad ①$$

$$y^2 + yz + z^2 = 37, \quad ②$$

$$z^2 + zx + x^2 = 28, \quad ③$$

求：$x + y + z$ 的值.

【思路】 本题是一道三元二次方程组的问题，但如果试图解这个三元二次方程粗，用求出 x、y、z 的值来求 $x + y + z$ 的值，显然是十分麻烦的.

分析已知条件的特征，如①式将稍作变形，得

$$x^2 + y^2 + 2 \times \frac{1}{2}xy = (\sqrt{19})^2.$$

则具有明显的几何特征——与余弦定理相似. 则由余弦定理知，以 x、y、$\sqrt{19}$ 为三边恰能构成一个三角形，且长 x 和 y 的两边的夹角为 120°. 同此，由②、③知，可构造另两个有一角为 120°的三角形；并且这三个三角形恰能拼成一个边长为 $\sqrt{19}$、$\sqrt{37}$、$\sqrt{28}$ 的大三角形（如图）. 由所得三角形的面积关系易知 $xy + yz + zx$ 的值. 从而可望与原方程组配合，求出 $x + y + z$.

【解】把已知条件改写成

$$x^2 + y^2 - 2xy\cos 120° = (\sqrt{19})^2,$$

$$y^2 + z^2 - 2yz\cos 120° = (\sqrt{37})^2,$$

$$z^2 + x^2 - 2zx\cos 120° = (\sqrt{28})^2.$$

根据余弦定理，把 x、y、z 看作线段长，可以做出辅助三角形 ABC，其中 $AB = \sqrt{28}$，$BC = \sqrt{37}$，$CA = \sqrt{19}$. O 是 $\triangle ABC$ 内一点，$OA = x$，$OB = z$，$OC = y$，$\angle AOB = \angle BOC = \angle COA = 120°$.

显然，$S_{\triangle AOB} + S_{\triangle BOC} + S_{\triangle COA} = S_{\triangle ABC}$.　④

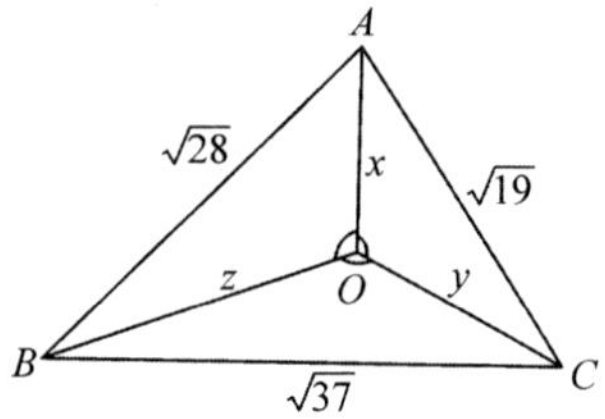

因为 $S_{\Delta AOB}=\frac{1}{2}xz\sin 120^{\circ}=\frac{\sqrt{3}}{4}xz$,

$S_{\Delta BOC}=\frac{1}{2}yz\sin 120^{\circ}=\frac{\sqrt{3}}{4}xz$,

$S_{\Delta COA}=\frac{1}{2}xy\sin 120^{\circ}=\frac{\sqrt{3}}{4}xz$,

又 $\cos\angle CAB=\frac{AB^{2}+AC^{2}-BC^{2}}{2AB\cdot AC}=\frac{5}{\sqrt{28}\cdot\sqrt{19}}$,

所以，$\sin\angle CAB=\sqrt{1-\cos^{2}\angle CAB}=\frac{13\sqrt{3}}{\sqrt{28}\cdot\sqrt{19}}$.

所以 $S_{\Delta ABC}=\frac{1}{2}\cdot AB\cdot AC\cdot\sin\angle CAB=\frac{13}{2}\sqrt{3}$.

把以上各式代入④，得

$$\frac{\sqrt{3}}{4}(xy+yz+xz)=\frac{13}{2}\sqrt{3}.$$

所以　$xy+yz+zx=26$.　⑤

所以①+②+③+3×⑤，并整理得

$$2(x+y+z)^{2}=162.$$

因为 x、y、z 是正数，

所以 $x+y+z=9$.

【评注】（1）求 $xy+yz+zx$ 是解本题的关键，**这里用了构形法（构造△ABC，并利用面积关系）．由此我们体会到，对于代数条件应能联想其是否具有某种几何意义，只有善于正确联想，才能恰当而灵活地运用构形法来简化问题的求解．**

（2）本例求 $xy+yz+zx$ 为了进一步求 $x+y+z$ 做准备．这表明构形法既可以作为整体性的解题策略，也可以为局部计算或推理提供辅助．

【例 42】已知 a、b、c 均为正数．求 $y=\sqrt{x^{2}+a}+\sqrt{(c-x)^{2}+b}$ 的极小值．

【分析】这是一个相当麻烦的求极值问题，运用一般的代数方法无疑要经历令人烦恼的繁杂而又冗长的运算过程．

但是，由于所给条件 a、b、c 均为正数，并且函数关系式是两个都化为平方和的算术平方根之和的形式，因此，可以利用两个直角三角形斜边之和的平面几何途径，使解决这个问题成为可能．

【解】 如图，取 $AB=c$，作 $AC\perp AB$，取 $AC=\sqrt{a}$，作 BD 反向垂直 AB，并取 $BD=\sqrt{b}$．

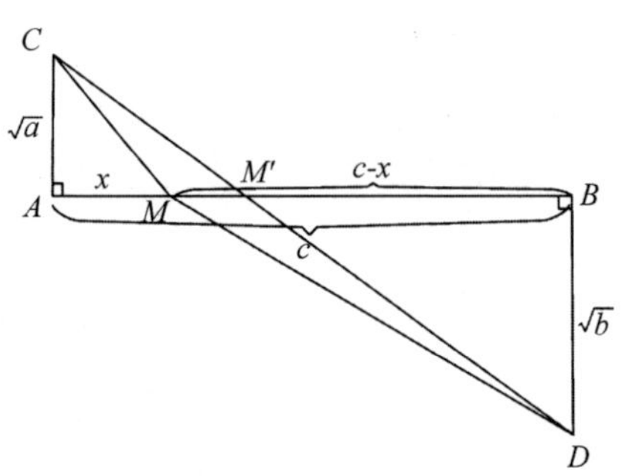

设 $AM=x$，则 $MB=c-x$，

在直角 $\triangle AMC$ 中，$CM=\sqrt{x^2+a}$，

在直角 $\triangle BMD$ 中，$DM=\sqrt{(c-x)^2+b}$．

显然有 $y=CM+DM$，即 y 表示 M 到 C、D 距离之和；当 C、M、D 三点在一直线时，M 到 C、D 距离之和为最小，此时 M 应在 M' 处．

由 $\triangle ACM'\sim\triangle DBM'$，得 $\frac{AM'}{M'B}=\frac{AC}{BD}$，即 $\frac{x}{c-x}=\frac{\sqrt{a}}{\sqrt{b}}$．

解之，得 $x=\frac{c\cdot\sqrt{a}}{\sqrt{a}+\sqrt{b}}$，并代入函数关系式得：

$$y_{极小}=\sqrt{\frac{ac^2}{(\sqrt{a}+\sqrt{b})^2}+a}+\sqrt{\frac{bc^2}{(\sqrt{a}+\sqrt{b})^2}+b}.$$

【例 43】 已知 $x^2+y^2-8x-6y+21=0$，求 $\sqrt{x^2+y^2}$ 的极大值与极小值．

【分析】 ∵ 所给条件 $x^2+y^2-8x-6y+21=0$ 是一个圆．

∴ 满足条件的（x，y）必是圆周上的点．因此，$\sqrt{x^2+y^2}$ 显然是圆周上的点（x，y）到原点的距离了．

求 $\sqrt{x^2+y^2}$ 的极大值与极小值，实际上就是求圆上的点到原点的最大距离和最小距离．

因为原点在圆外（圆心到原点的距离大于半径），这个问题利用平面几何性质极好解决. 我们只需把原点和圆心连结起来并延长，此线与圆的两个交点即是圆上到原点最大距离与最小距离的点了. 分别算出它们的距离，问题即可解决.

当然，在算它们的距离时，我们只要求得原点到圆心的距离和圆的半径，不可机械地先去求直线与圆的交点，然后再用两点间的距离公式求解. 具体解法如下：

【解】 $\because x^2+y^2-8x-6y+21=0$，经配方得：$(x-4)^2+(y-3)^2=4$.

这是圆心为 $C(4,3)$，半径为 $R=2$ 的圆.

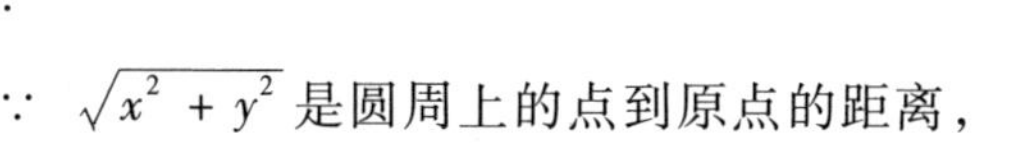

$\because \sqrt{x^2+y^2}$ 是圆周上的点到原点的距离，

$\therefore$ 连 OC 并延长交圆于 A、B.

$\because C$ 点的坐标为 $(4,3)$，$\therefore |OC|=5$.

故 $|OA|=5-2=3$，$|OB|=5+2=7$.

即 $\sqrt{x^2+y^2}$ 的极大值为 7，极小值为 3.

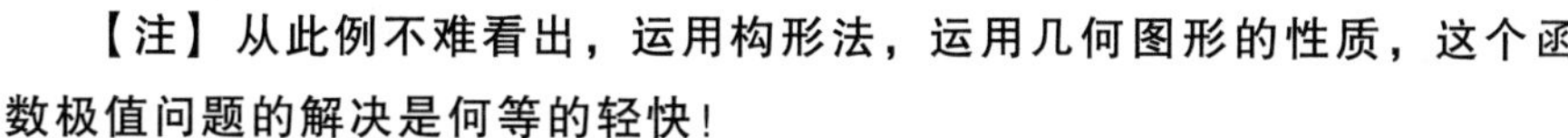

【注】从此例不难看出，运用构形法，运用几何图形的性质，这个函数极值问题的解决是何等的轻快！

【例 44】 当 k 为什么实数时，关于 x 的二次方程 $7x^2-(k+13)x+k^2-k-2=0$ 的两实根 α 和 β 分别满足 $0<\alpha<1$ 和 $1<\beta<2$.

它是一个一元二次方程的问题，应用一元二次方程的知识来解也是理所当然的.

【解法一】 按照常规方法要解下面的不等式组：

$$\begin{cases}[-(k+13)]^2-4\times7(k^2-k-2)=\Delta>0,\\ 0<x_1=\dfrac{(k+13)-\sqrt{\Delta}}{14}<1,\\ 1<x_2=\dfrac{(k+13)+\sqrt{\Delta}}{14}<2.\end{cases}$$

显见，解这个不等式组十分繁琐.

【误解】 由韦达定理，知

$$\alpha+\beta=\frac{k+13}{7},\alpha\beta=\frac{k^2-k-2}{7}.$$

∵ $0<\alpha<1, 1<\beta<2.$

∴ $1<\alpha+\beta<3, 0<\alpha\beta<2.$

即 $1<\dfrac{k+13}{7}<3,$ ①

$0<\dfrac{k^2-k-2}{7}<2.$ ②

解①，得 $-6<k<8$；

解②，得 $\dfrac{1-\sqrt{65}}{2}<k<-1$ 或 $2<k<\dfrac{1+\sqrt{65}}{2}.$

其结果和解法二不同，但为什么断言它是错误的呢？错在由

$0<\alpha<1$ 和 $1<\beta<2$， （Ⅰ）

推出 $1<\alpha+\beta<3$ 和 $0<\alpha\beta<2$. （Ⅱ）

而引起的取值范围的扩大. 就是说，适合（Ⅰ）的 α 和 β，一定适合（Ⅱ）；但是，反过来，适合（Ⅱ）的 α 和 β 并不一定适合（Ⅰ）. 如取 $\alpha=0.8, \beta=0.9$，则有 $1<\alpha+\beta=1.7<3$. $0<\alpha\beta=0.72<2$，适合（Ⅱ），显然，$\beta=0.9$ 不在 1 与 2 之间，这就不适合（Ⅰ）；再如取 $\alpha=1.3, \beta=1.4$，也有 $1<\alpha+\beta=2.7<3, 0<\alpha\beta=1.82<2$. 适合（Ⅱ），但 $\alpha=1.3$ 就不在 0 与 1 之间，这也不适合（Ⅰ）；错解中的答案是适合（Ⅱ）的 α 和 β，但不一定适合（Ⅰ）.

如果将此题的方程左端看作是一个二次函数的话，结合函数的性质来解此题，就简便得多了，为此，我们得下述的解法.

【解法二】 设 $y=f(x)=7x^2-(k+13)x+k^2-k-2$. 则因 $a=7>0$，且有两实根 α 和 β，所以它的图像是开口向上且与轴相交于两点（α, 0）和（β, 0）的抛物线，由于 $0<\alpha<1, 1<\beta<2$，可知在 $x<\alpha$ 或 $x<\beta$ 时，$f(x)$ 取正值；在 $\alpha<x<\beta$，$f(x)$ 取负值.

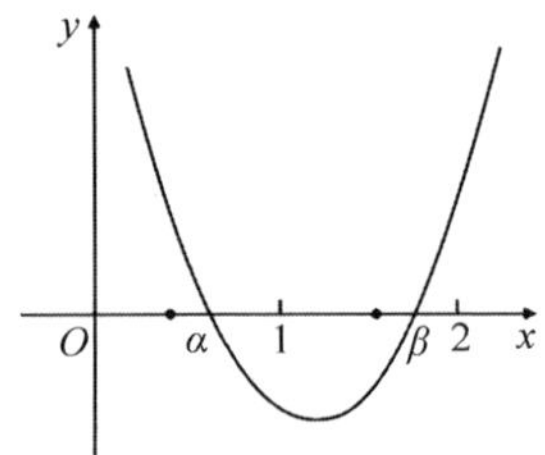

于是，当 x 分别取 0、1、2 时，有

$f(0)=k^2-k-2,$

$f(1)=k^2-2k-8,$

$f(2)=k^2-3k,$

并且 $f(0)>0, f(1)<0, f(2)>0$，因此有

$$\begin{cases} k^2 - k - 2 > 0, \\ k^2 - 2k - 8 < 0, \\ k^2 - 3k > 0. \end{cases}$$

解上述三个不等式组，可得

$$-2 < k < -1 \text{ 和 } 3 < k < 4.$$

解这三个二次不等式所组成的不等式组要比［**解法一**］中解无理不等式组要简单得多!

【解法二】利用二次方程与二次函数的关系，把二次方程问题化为二次函数问题并用函数观点，“以形助数”，借助函数图像解题，解法显得形象、直视、简捷.

问题 14:“换元思想” 来渗透，**“复杂问题”** 简单化.

【例 45】 已知 a. b≠1，且有 $5a^2+1998a+8=0$，$8b^2+1998b+5=0$，求$\frac{a}{b}$的值.

【解法一】 ∵ $5a^2+1998+8=0$（此时 a≠0），$8b^2+1998b+5=0$（此时 b≠0），

∴ $$a_1=\frac{-1998+\sqrt{1998^2-4\times5\times8}}{2\times5},$$

$$a_2=\frac{-1998-\sqrt{1998^2-4\times5\times8}}{2\times5};$$

$$b_1=\frac{-1998+\sqrt{1998^2-4\times8\times5}}{2\times8},$$

$$b_2=\frac{-1998-\sqrt{1998^2-4\times8\times5}}{2\times8}.$$

∴ $$\frac{a_1}{b_1}=\frac{a_2}{b_2}=\frac{8}{5}=1\frac{3}{5}.$$

而 $$\frac{a_1}{b_2}=\frac{-1998+\sqrt{\Delta}}{2\times5}\div\frac{-1998-\sqrt{\Delta}}{2\times8}=\frac{8}{5}\times\frac{1998-\sqrt{\Delta}}{1998+\sqrt{\Delta}}=\frac{8}{5}\times$$

$\frac{(1998-\sqrt{\Delta})^2}{4\times5\times8}$（不合），

（事实上，此时 $a_1 \cdot b_2=\frac{-1998+\sqrt{\Delta}}{2\times5}\cdot\frac{-1998-\sqrt{\Delta}}{2\times8}=$

$\frac{1998^2-1998^2+4\times5\times8}{4\times5\times8}=1$，但 $a\cdot b\neq1$.）

＊此解法属“**求根公式法**”，是“**硬解法**”.

【**解法二**】$\because$ $ab\neq1$，$\therefore$ $a\neq\frac{1}{b}$.

但 $5a^2+1998a+8=0$（$a\neq0$），$8b^2+1998b+5=0$（$b\neq0$）；

$\therefore$ $\frac{5a^2}{a}+1998\frac{a}{a^2}+\frac{8}{a^2}=0$，$\frac{8b^2}{b}+1998\frac{b}{b^2}+\frac{5}{b^2}=0$；

即 $8\left(\frac{1}{a}\right)^2+1998\left(\frac{1}{a}\right)+5=0$，$5\left(\frac{1}{b}\right)^2+1998\left(\frac{1}{b}\right)+8=0$；

也即 a，$\frac{1}{b}$均为 $5t^2+1998t+8=0$ 的两根；b，$\frac{1}{a}$均为 $8t^2+1998t+5=0$ 的两根.

$\therefore$ $a\cdot\frac{1}{b}=\frac{8}{5}$，即$\frac{a}{b}=\frac{8}{5}=1\frac{3}{5}$；$b\cdot\frac{1}{a}=\frac{8}{5}$，即$\frac{b}{a}=\frac{5}{8}$，$\frac{a}{b}=\frac{8}{5}=1\frac{3}{5}$.

＊此解法属“**换元法**”，通过观察发现 a，$\frac{1}{b}\left(或 b，\frac{1}{a}\right)$均为方程 $5t^2+1998t+8=0$（或 $8t^2+1998t+5=0$）的两根，再用韦达定理求解$\frac{a}{b}$，是“**好解法**”.

【**解法三**】$\because$ $5a^2+1998a+8=0$（$a\neq0$），$8b^2+1998b+5=0$（$b\neq0$）；

$\therefore$
$$1998a=-5a^2-8, \quad ①$$
$$1998b=-8b^2-5. \quad ②$$

由①÷②得

$$\frac{a}{b}=\frac{5a^2+8}{8b^2+5}，8ab^2+5a=5a^2b+8b，8b(ab-1)=5a(ab-1).$$

又 $\because$ $ab\neq1$，　$\therefore$ $ab-1\neq0$，$8b=5a$，则$\frac{a}{b}=\frac{8}{5}=1\frac{3}{5}$.

＊本解法运用等式的变形及“**求比法**”，再结合已知条件 $ab\neq1$，推出 $ab-1\neq0$，再对新等式作变形，最后求得答案，是“**巧解法**”.

问题 15：“几何变换”显神通，**“几何问题”**难变易.

【例 46】（几何变之平移法）在$\triangle ABC$中，$AB=AC$，延长AB到D，使$BD=AB$，E是AB的中点．

［求证］$CD = 2CE$.

【证法一】作$BF/\!/AC$，交AC延长线于F（图 1）

$\because E$是AB的中点,$\therefore EC = \frac{1}{2}BF$.

$\therefore BF = 2CE$且$AC = CF$.

而$AC = AB = BD$,

$\therefore BD = CF$且$\angle ABC = ACB$.

$\therefore \angle DBC = \angle FCB$.

又$BC = BC$,

$\therefore \triangle BDC \cong \triangle FCB$,

$\therefore CD = BF$,

则$CD = 2CE$.

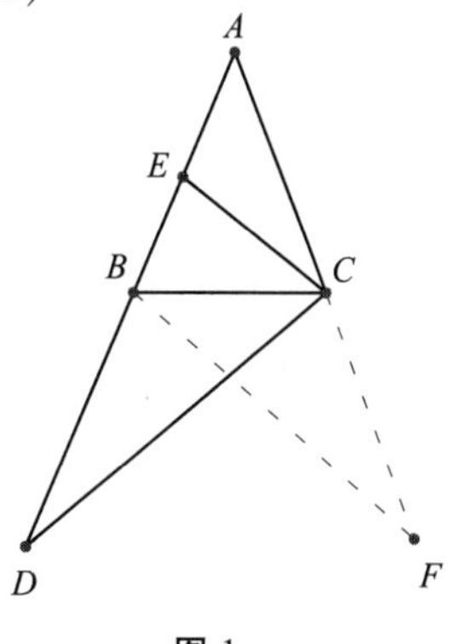

图 1

【评注】本题属线段倍分问题，证明所用的是“加倍法”．欲证一条线段是另一条线段的两倍，可先将短的线段加倍，然后证明加倍后得到的线段和长的线段相等．

【证法二】取CD的中点M，连结BM（图 2）

$\because AB = BD$,

$\therefore BM//AC$, $\therefore \angle \mathrm{ACB} = \angle 2$.

且$BM = \frac{1}{2}AC = \frac{1}{2}AB = BE$.

$\because AB = AC$, $\therefore \angle \mathrm{ACB} = \angle 1$.

$\therefore \angle 1 = \angle 2$,

又$BC = BC$,

$\therefore \triangle BMC \cong \triangle BEC$.

$\therefore CM = CE$,则$CD = 2CE$.

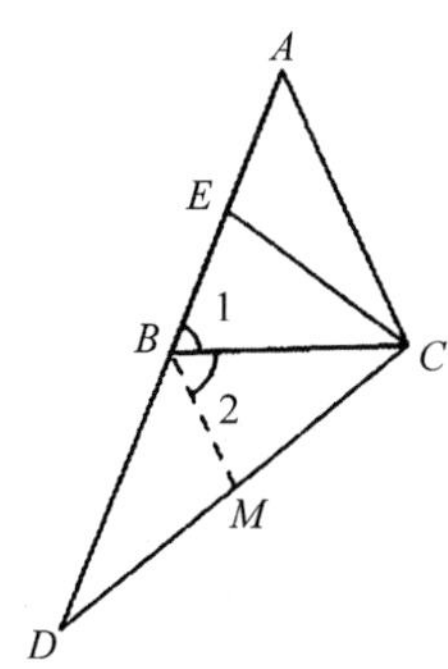

图 2

【评注】这里用的是“折半法”．欲证一条线段是另一条线段的两倍，可先将长的线段折半，然后证明折半后的线段和短的线段相等．

【例 47】［已知］$\triangle ABC$中,M为AC的中点,$AD \perp BD$于D,$\angle MBC = 30°$.

［求证］$BM = AD$.

【证法一】过 M 作 $MN \perp BC$ 于 N,则在 $Rt\triangle BNM$ 中,

$\because \angle MBC = 30°$,

$\therefore MN = \dfrac{1}{2}BM$(图 1).

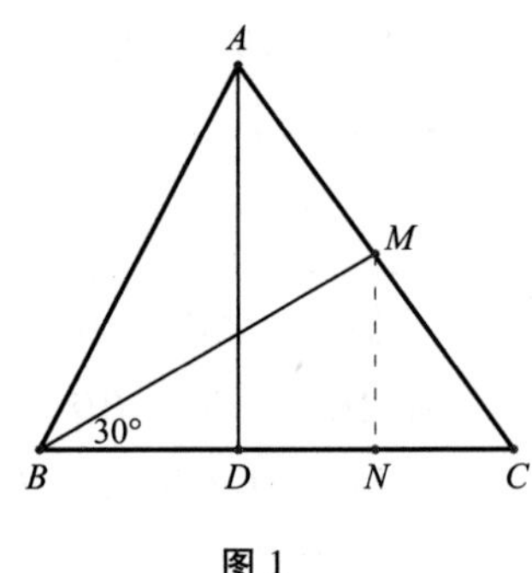

图 1

又 $AD \perp BD$ 于 D,

$\therefore MN \parallel AD$,

而 M 为 AC 的中点,

$\therefore N$ 也是 DC 的中点,

$\therefore MN = \dfrac{1}{2}AD$(三角形中位线定理),

$\therefore BM = AD$.

【证法二】过 A 作 AN ∥ BM 交 CB 的延长线于 N,如图 2.

$\because \angle MBC = 30°$,

$\therefore \angle N = 30°$.

又 $AD \perp BD$ 于 D,

$\therefore AD = \dfrac{1}{2}AN$.

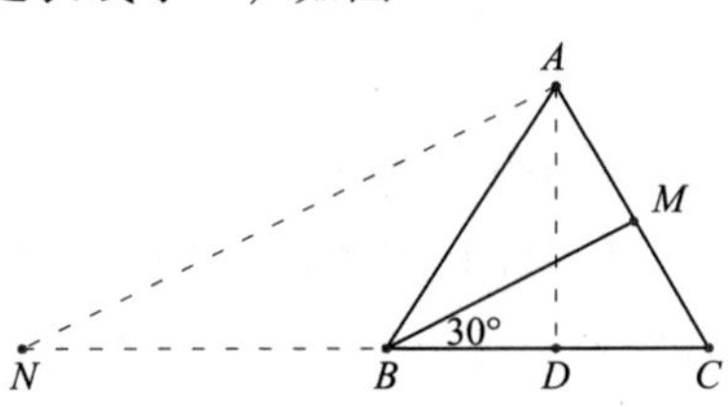

图 2

$\because M$ 为 AC 的中点,

又 $\because BM \parallel AN$,

$\therefore B$ 为 NC 的中点,

$\therefore BM = \dfrac{1}{2}AN$,

则 $BM = AD$.

【证法三】如图 3,作 MN ⊥ BC 于 P,且使 NP = MP,连结 BN,MD,ND,NC.

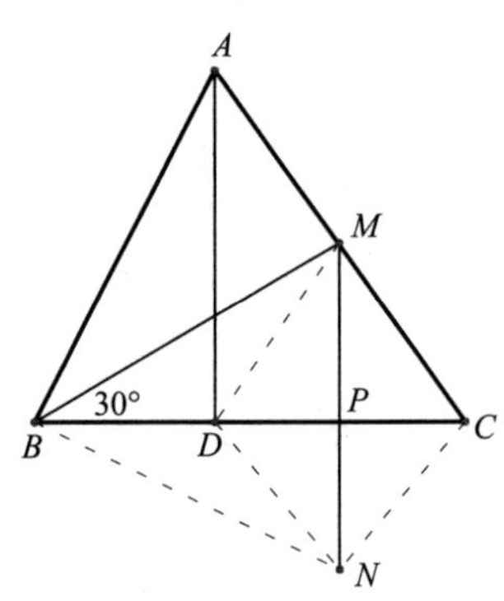

图 3

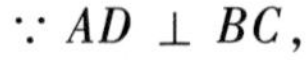
$\because AD \perp BC$,

$\therefore MN \parallel AD$,

又 M 是 AC 的中点,

$\therefore P$ 也为 CD 的中点.

$\therefore DP = PC$.

$\therefore DNCM$ 为平行四边形(对角线互相平分四边形为平行四边形).

$\therefore DN = MC, DN \parallel MC$,从而 $DN = AM, DN \parallel AM$,

$\therefore DNMA$ 为平行四边形(一组对边平行同相等的四边形为平行四边

形）．

$\therefore MN = AD$.

而 $Rt\triangle MPB$ 中，$\angle MBP = 30°$，

$\therefore MP = \frac{1}{2}BM$，$\therefore 2MP = BM$.

$\therefore MN = MP + NP = 2MP = BM$.

$\therefore BM = AD$.

【例 48】 A，B 两镇位于河的两岸（如图）．规定河宽为定值，要在河上垂直于河岸 ℓ_1 及 ℓ_2 的河宽上建造一座桥，问桥应修在什么地方，才能使得由 A 经过桥到达 B 的路程最短？

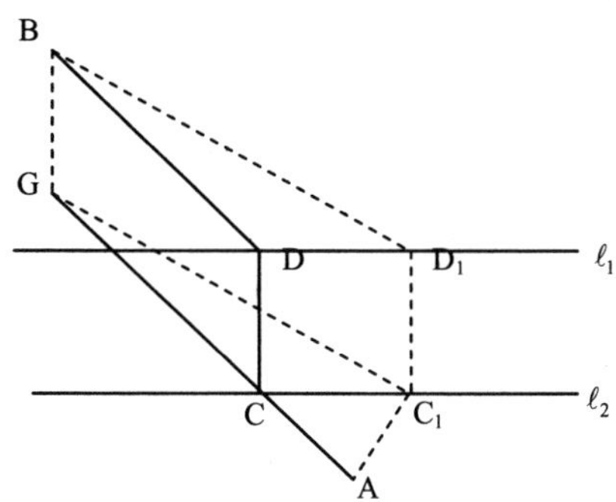

【解】 如图，作 $BG \perp \ell_1$，且使 BG = d（等于河宽）．连结 AG 交 ℓ_2 于 C 点．再作 $CD \perp \ell_1$ 于 D，连结 BD．则 CD 为桥的位置，此时路线 ACDB 为最短．

【证明】 设桥架于 CD 处，D、C 两点分别在桥的两岸 ℓ_1 和 ℓ_2 上，则 $CD \perp \ell_1$，$CD \perp \ell_2$，且 BDCG 为平行四边形，BD = GC，BG = DC（长度为桥宽）．

再设 D_1，C_1 两点，分别在桥的两岸 ℓ_1 和 ℓ_2 上，且 $C_1D_1 \perp \ell_1$，$C_1D_1 \perp \ell_2$，今连结 C_1G，D_1B，则 BGC_1D_1 也为平行四边形，$BD_1 = GC_1$，

连结 AC_1，则有

$BD_1 + D_1C_1 + C_1A = GC_1 + BG + C_1A = GC_1 + C_1A + BG$

$> GA + BG = GC + CA + BG = BD + CA + DC = DD + DC + CA$.

∴ 路线 ACDB 比路线 AC_1D_1B 为短，

故路线 ACDB 为所求．也即 CD 是符合题意之架桥位置．

【例 49】（几何变换之旋转法）已知 P 为正三角形 $\triangle ABC$ 内的一点，且 $PA=3$，$PB=4$，$PC=5$，求三角形 $\triangle ABC$ 的边长 X 之值.

【解】把正三角形 $\triangle PAB$ 绕 B 旋转到 $\triangle P_1CB$ 的位置，连 PP_1，

则 $\angle PBP_1=60°$，且 $P_1B=PB=4$，

$\therefore$ $\triangle PBP_1$ 为正三角形，

从而 $PP_1=4$，$\angle BPP_1=60°$，

而 $P_1C=PA=3$，且 $PC=5$.

$\therefore$ $\triangle PP_1C$ 为 $Rt\triangle$，$\angle BP_1C=\angle BP_1P+\angle PP_1C=60°+90°=150°$.

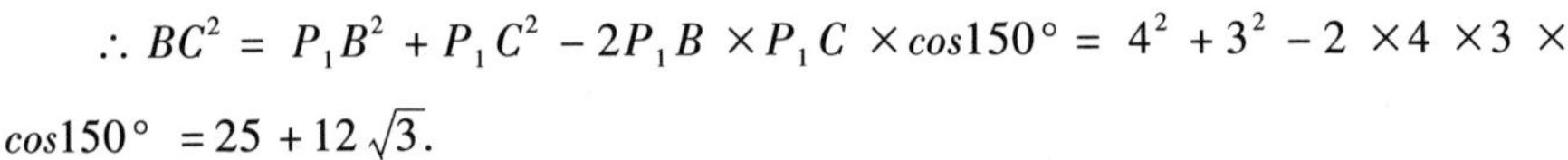

$\therefore BC^2=P_1B^2+P_1C^2-2P_1B\times P_1C\times cos150°=4^2+3^2-2\times4\times3\times cos150°=25+12\sqrt{3}$.

$\therefore$ $BC=\sqrt{25+12\sqrt{3}}$，即 $x=\sqrt{25+12\sqrt{3}}$.

【例 50】已知：如图，边长为 1 的正方形 EFOH 绕着与它边长相等的正方形 ABCD 的对角线交点 O，旋转任意角度，求图中两正方形重叠部分 BQOR 的面积.

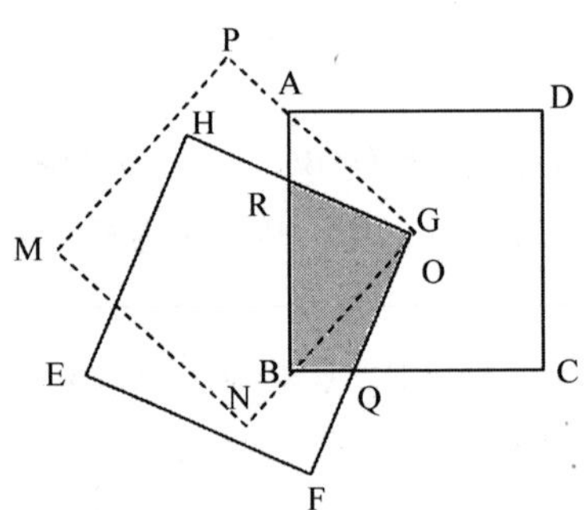

【解】今把正方形 EFOH 绕正方形 ABCD 的交角线交点 O. 旋转至 MNOP 的位置，则正方形 EFOH 之边 GH 合于正方形 MNOP 的边 OP 上，FO 合于正方形 MNOP 的边 ON 上.

由此，可知 $\triangle OBQ\cong\triangle OAR$（A. A. S），

则 $S_{梯形BQOR}=S_{\Delta ABO}=\frac{1}{4}\times1=\frac{1}{4}$.

【例 51】（几何变换之轴对称法）利用对称法可求解下列各不相同的

题目：

（1）（a）已知点 $A(-3,8)$，$B(2,2)$，试在 X 轴上求一点 M，使 $|AM|+|BM|$ 为最小值（图 1）.

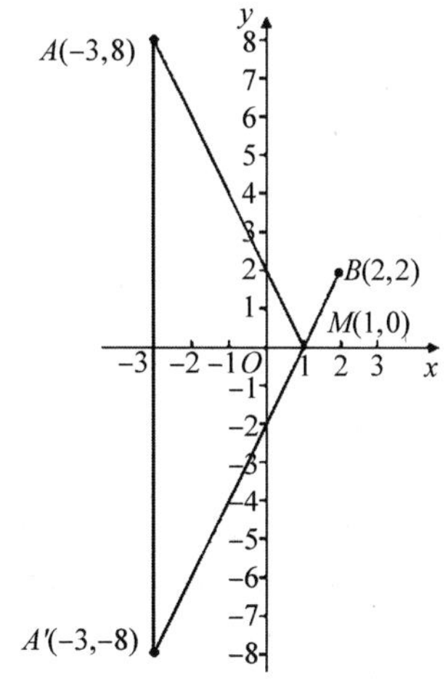

图 1

（b）已知点 $A(-3,8)$，$B(2,-2)$，试在 X 轴上求一点 M，使 $|AM|-|BM|$ 为最大值（图 2）.

（2）自点 $A(-3,3)$ 发出之光线 l 射线到 X 轴上，被 X 轴反射，其反射光线与圆 $C:x^2+y^2-4x-4y+7=0$ 相切，求光线 l 所在直线方程（1989 年全国高考文科试题）（图 3）.

（3）在直线 $l:x-y+9=0$ 上任取一点 M，过 M 且以椭圆 $C_1:x^2+4y^2=12$ 的焦点为焦点作椭圆 C，试求具有最短长轴的椭圆 C_2 的方程（图 4）.

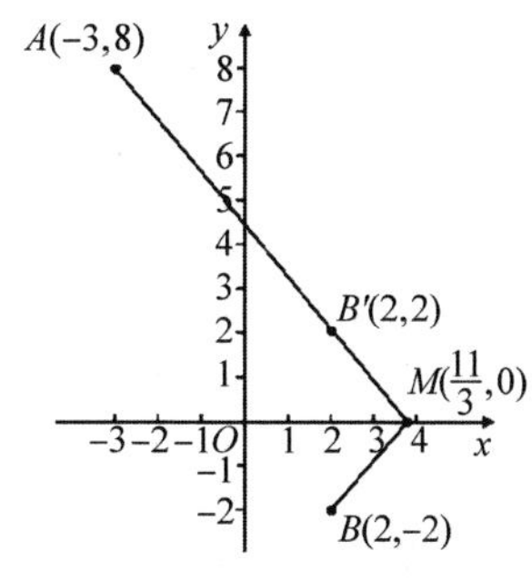

图 2

【解】（1）（a）作 $A(-3,8)$ 关于 X 轴的对称点 A'，则 A' 的坐标为 $A'(-3,-8)$，连结 $A'B$ 交 OX 于 M，则直线 $A'B$ 的方程为

$$\frac{y+8}{2+8}=\frac{x+3}{2+3}，即\ 2x-y-2=0.$$

令 $y=0$，得 $x=1$.

则 $M(1,0)$ 即为 X 轴上所求的点.

（b）作 $B(2,-2)$ 关于 X 轴的对称点 $B'(2,2)$，连 AB 并延长 OX 于 M，直线 AB' 的方程为：

$$\frac{y-2}{8-2}=\frac{x-2}{-3-2}，即\ 6x+5y-22=0.$$

令 $y=0$，得 $x=\frac{11}{3}$.

则 $M\left(\frac{11}{3},0\right)$ 为 X 轴上所求的点.

（2）设 $A(-3,3)$ 关于 x 轴的对称点为 A'（图 3），则 A' 的坐标为 $A'(-3,-3)$，并设反射线的方程为：

$y+3=k(x+3)$，即 $kx-y+3k-3=0$.

而圆 C 的方程 $x^2+y^2-4x-4y+7=0$ 可化为

$(x-2)^2+(y-2)^2=1$.

∵ 圆心 C（2，2）到切线 AT 的距离等于半径 1.

∴ $\left|\frac{2k-2+3k-3}{\sqrt{k^2+1}}\right|=r=1$.

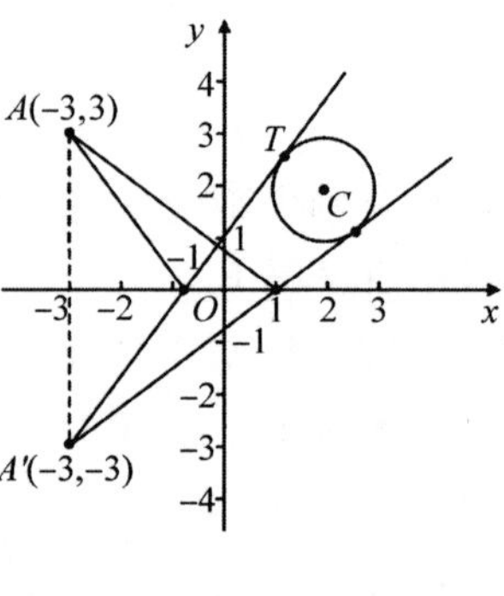

图 3

解得 $k=\frac{3}{4}$ 或 $k=\frac{4}{3}$.

故反射线的方程为 $3x-4y-3=0$ 或 $4x-3y+3=0$.

由于反射线与入射线关于 x 轴对称，故以 $-y$ 代 y，即得入射线 l 的方程为

$3x+4y-3=0$ 或 $4x+3y+3=0$.

（3）设椭圆 C_2 的方程为 $b^2x^2+a^2y^2=a^2b^2(a>b>0)$，易求出椭圆 C_1 的焦点为 F_1（-3，0），F_2（3，0），也即椭圆 C_2 的焦点（图 4）.

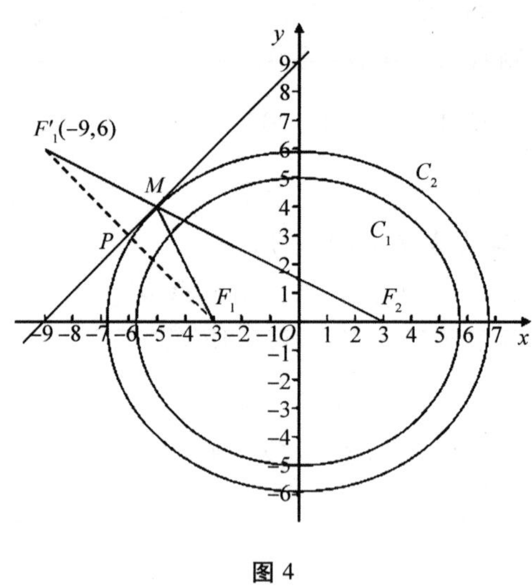

图 4

作 F_1 关于直线 l:$x-y+9=0$ 的对称点 $F'_1(x_1,y_1)$，则由点斜式得 $F_1F'_1$ 所在的直线的方程为 $y=-(x+3)$.

解 $\begin{cases} y = -(x+3), \\ x - y + 9 = 0, \end{cases}$ 得 $F_1F'_1$ 与 l 的交点 p（-6, 3）.

据中点坐标公式便得 F'_1 的坐标为 $F'_1(-9,6)$.

再由两点式可得 $F_2F'_1$ 的方程为

$$\frac{y-6}{6-0} = \frac{x+9}{-9-3},$$

即 $x + 2y - 3 = 0$.

解 $\begin{cases} x + 2y - 3 = 0, \\ x - y + 9 = 0, \end{cases}$ 得 l 与 $F_1F'_1$ 的交点 M（-5, 4）.

此时 $|MF_1| + |MF_2| = |MF'_1| + |MF_2|$（成一直线段）为线段和的最小值，故椭圆 C_2的长轴长也最短．因此 C_2为所求的椭圆.

$\because$ $c = 3, 2a = |MF_1| + |MF|_2 = \sqrt{(-5+3)^2 + 4^2} + \sqrt{(-5-3)^2 + 4^2} = 6\sqrt{5}$.

$\therefore$ $a = 3\sqrt{5}, a^2 = 45, b^2 = a^2 - c^2 = 45 - 9 = 36$.

$\therefore$ 椭圆 C_2的方程为 $\frac{x^2}{45} + \frac{y^2}{36} = 1$.

问题 16：“几何解释” 善运用，**“绝对（值）问题”** 难变易.

【例 52】 解含绝对值的不等式：

（1）解不等式 $|x-3| < 5$.

【解法一】 $\because$ $|x-3| < 5$,

$\therefore$ $-5 < x-3 < 5$，$\therefore$ $-2 < x < 8$，即（-2，8）为原不等式的解解集.

【解法二】 $\because$ $|x-3| < 5$,

以 3 在数轴上的对应点 A 为圆心，以 5 为半径画弧交数轴于点 A_1，（向数轴的左方退后 5）（表示数 -2）和 A_2（向数轴的右方前进 5）（表示数 8）.

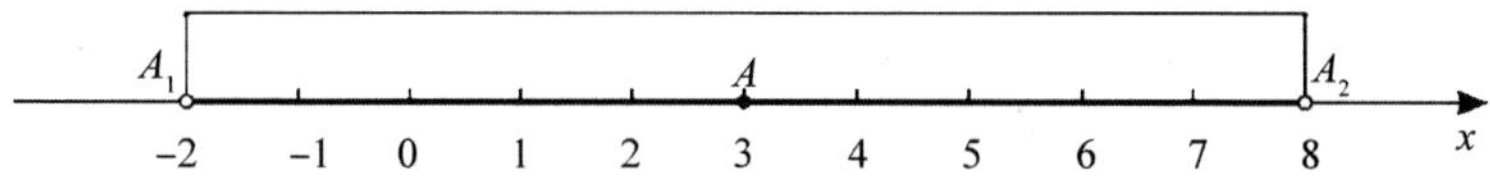

在数轴 ox 上，线段 A_1A_2（不包括 A_1和 A_2两点）上所有点所表示的

实数均为原不等式的解.

由上图可得，原不等式的解集为 $-2<x<8$，即 $(-2, 8)$.

【说明】 $|x-3|$ **可理解为，实数** x **在数轴** ox **上所表示的点** A_1（**或** A_2）**到实数** 3 **在数轴** ox **上所表示的点** A **的距离，即** $|x-3|$ **的几何意义（几何解释）.**

上述的解法便是“利用绝对值的几何解释题”的典型案例之一，其简捷之处，令人感叹不已.

（2）解不等式 $\left|\frac{1-3x}{2}\right| \geqslant 2$.

【解法一】 $\because \left|\frac{1-3x}{2}\right| \geqslant 2$，

$\therefore \frac{1-3x}{2} \leqslant -2$，或 $\frac{1-3x}{2} \geqslant 2$ 即 $3x \geqslant 5$ 或 $3x \leqslant -3$，

$\therefore x \leqslant -1$ 或 $x \geqslant 1\frac{2}{3}$ 为不等式的解，也即 $(-\infty, -1] \cup \left[1\frac{2}{3}, +\infty\right)$ 为原不等式的解集.

【解法二】 $\because \left|\frac{1-3x}{2}\right| \geqslant 2$，

$\therefore \left|\frac{3x-1}{2}\right| \geqslant 2$，$|3x-1| \geqslant 4$，$\left|x-\frac{1}{3}\right| \geqslant \frac{4}{3}$，即 $\left|x-\frac{1}{3}\right| \geqslant 1\frac{1}{3}$.

以 $\frac{1}{3}$ 在数轴 ox 上的对应点 A 为圆心，以 $1\frac{1}{3}$ 为半径画弧交数轴于点 A_1（向数轴的左方退后 $1\frac{1}{3}$）（表示数 -1）和 A_2（向数轴右方前进 $1\frac{1}{3}$）（表示数 $1\frac{2}{3}$）.

$\therefore$ 在数轴 ox 上，线段 A_1A_2 外的两条射线（包括 A_1 和点 A_2）上的所有点所表示的实数均为原不等式的解.

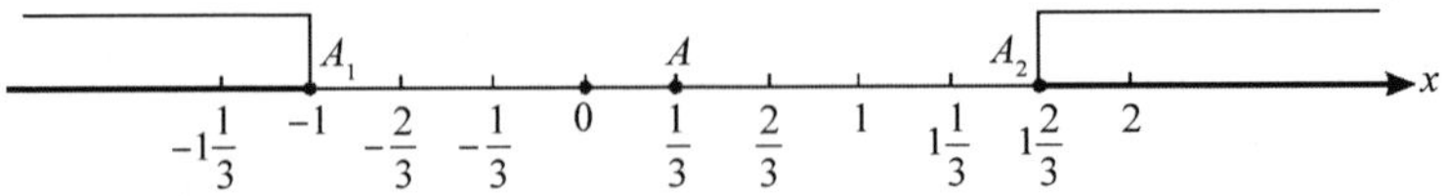

A_1　A　A_2　x

$-1\frac{1}{3}$　-1　$-\frac{2}{3}$　$-\frac{1}{3}$　0　$\frac{1}{3}$　$\frac{2}{3}$　1　$1\frac{1}{3}$　$1\frac{2}{3}$　2

由上图可得，原不等式的解集为 $x \leqslant -1$ 或 $x \geqslant 1\frac{2}{3}$，即 $(-\infty, -1] \cup$

$\left[1\frac{2}{3},+\infty\right)$ 为原不等式的解集.

（3）解不等式 $2\leqslant|2x-3|<5$.

【解法一】 由不等式可得不等式组 $\begin{cases}|2x-3|<5,\\|2x-3|\geqslant 2.\end{cases}$

即 $\begin{cases}-5<2x-3<5,\\2x-3\leqslant -2\text{ 或 }2x-3\geqslant 2.\end{cases}$

由此，又可得两个不等式组：

$$1\begin{cases}-5<2x-3<5,\\2x-3\leqslant -2;\end{cases}\text{ 或 }2\begin{cases}-5<2x-3<5,\\2x-3\geqslant 2.\end{cases}$$

解不等式组 1 可得：$-1<x\leqslant\frac{1}{2}$，

解不等式组 2 可得：$2\frac{1}{2}\leqslant x<4$.

∴ 原不等式的解集为 $-1<x\leqslant\frac{1}{2}$ 或 $2\frac{1}{2}\leqslant x<4$，也即 $\left(-1,\frac{1}{2}\right]\cup\left[2\frac{1}{2},4\right)$.

【解法二】 由 $2\leqslant|2x-3|<5$ 可知

（1）当 $2x-3\geqslant 0$ 时，$2\leqslant 2x-3<5$，∴ $2\frac{1}{2}\leqslant x<4$.

（2）当 $2x-3<0$ 时，$2\leqslant-(2x-3)<5$，∴ $-1<x\leqslant\frac{1}{2}$.

∴ 原不等式的解集为 $-1<x\leqslant\frac{1}{2}$ 或 $2\frac{1}{2}\leqslant x<4$，也即 $\left(-1,\frac{1}{2}\right]\cup\left[2\frac{1}{2},4\right)$.

【解法三】 不等式 $2\leqslant|2x-3|<5$ 可化为 $1\leqslant\left|x-1\frac{1}{2}\right|<2\frac{1}{2}$.

以 $1\frac{1}{2}$ 在数轴 ox 上的对应点 A 为圆心，以 $2\frac{1}{2}$ 为半径画弧交数轴于点 A_1（向数轴的左方退后 $2\frac{1}{2}$）（表示 −1）和 A_2（向数轴的右方前进 $2\frac{1}{2}$）（表示数 4）. 再以 A 为圆心，以 1 为半径画弧交数轴于另外两点，

包括点 B_1（向数轴左方退后 1）表示数 $\frac{1}{2}$ 和点 B_2（向数轴右方前进 1）（表示数 $2\frac{1}{2}$）.

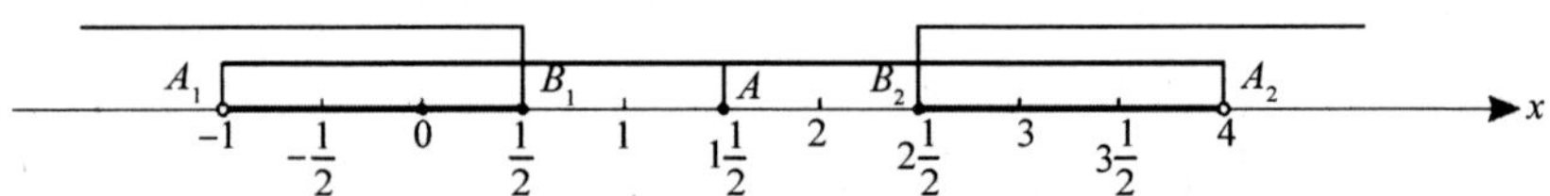

在数轴 ox 上，线段 A_1B_1（包括点 B_1，但不包括 A_1）和线段 B_2A_2（包括点 B_2，但不包括点 A_2）上所有点所对应的实数均为不等式的解.

由上图可得，原不等式的解集为 $-1<x\leqslant\frac{1}{2}$ 或 $2\frac{1}{2}\leqslant x<4$，也即 $\left(-1,\frac{1}{2}\right]\cup\left[2\frac{1}{2},4\right)$.

【例 53】 已知 $a<b<c$，x 代表实数，求 $|x-a|+|x-b|+|x-c|$ 的最小值（1998 年上海市数学竞赛初三级试题）.

设 $y=|x-a|+|x-b|+|x-c|$，则求 y 的最小值的拦路虎是绝对值符号，去掉绝对值符号便是解题的关键——学生同意这一观点，因此（除个别学生外）都有如下的解法：

先把“| |”号打开，这时，根据实数绝对值的定义得到：

$$\begin{cases} y=-x+a-x+b-x+c=-3x+a+b+c(x\leqslant a), & ① \\ x-a-x+b-x+c=-x-a+b+c(a<x\leqslant b), & ② \\ x-a+x-b-x+c=x-a-b+c(b<x\leqslant c), & ③ \\ x-a+x-b+x-c=3x-a-b-c(x>c). & ④ \end{cases}$$

由于 $x\leqslant a$，x 的系数为负数（-3），①式的最小值在 $x=a$ 时取得，

①式值 $\leqslant-2a+b+c=c-a+b-a>c-a$.

由于 $x\leqslant b$，x 的系数为负数（-1），②式的最小值在 $x=b$ 时取得，

②式值 $\geqslant-b-a+b+c=c-a$.

由于 $x>b$，x 的系数为正数 1，③式值 $>b-a-b+c=c-a$.

由于 x 的系数为正数 3，$x>c$，④式值 $>3c-a-b-c=c-a+c-b+c-c>c-a$.

综上所述可得，原式的最小值是 $c-a$，这时 $x=b$.

学生的这种以绝对值的定义为切入点，用“分类的思想”去掉绝对

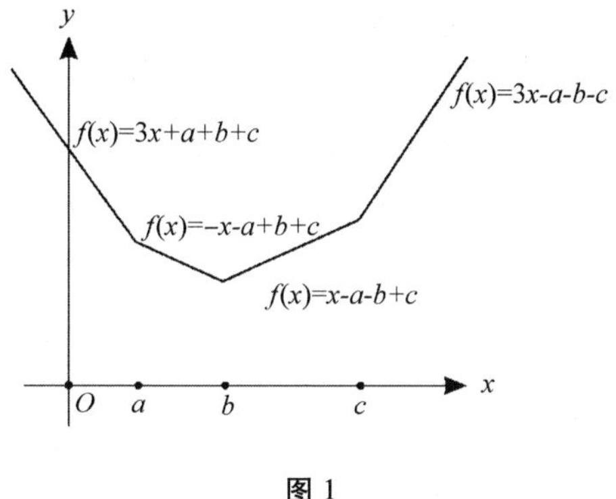

图 1

值，从而求得最小值，属初阶思维的解法.

教师趁热打铁，提出问题：

“有没有更好的解法?” 在没有新解法时，教师抛出第二种解法如下：

设 $f(x) = |x-a| + |x-b| + |x-c|$，则

$$f(x)=\begin{cases}-3x+a+b+c(x\leqslant a),\\ -x-a+b+c(a<x\leqslant b),\\ x-a-b+c(b<x\leqslant c)\\ 3x-a-b-c(x>c),\end{cases}$$

它的图像可示意如图 1 所示.

显然，当 x = b 时，f（x）有最小值，这时 f（x） = -b-a+b+c = c-a.

引进“假设 f（x） = ｜x-a｜ + ｜x-b｜ + ｜x-c｜”，做出函数图像，把求原式的最小值，变为求 f（x）的最小值，从而使学生进一步理解，以“形”代“数”，换位思考的好处，看到“数形结合”的重要性.

在教师这一解法的启示下，一位平时勤于思考，善于探索的学生李毅，在没等教师提出“同学们有没有更好的解法?”时，就把手举了起来，他说：“老师，我的解法比您的解法更简单”.

他的解法如下：

｜x-a｜的几何意义是：在数轴上，表示实数 x 与实数 a 的两个点之间的距离.

于是，求｜x-a｜ + ｜x-b｜ + ｜x-c｜的最小值的意义就是在数轴上求一点（对应实数 x），使它到对应实数 a，b，c 的三个点 A，B，C

的距离之和最小，那么，如图 2 所示，当这个点 x 取在点 B 的位置时，它到 A，B，C 三点的距离之和最小，其和为 c – a.

因为，点 x 取在 B 以外的任何位置时，三条线段 $|x-a|$，$|x-b|$，$|x-c|$ 都有重复部分，因而总长度大于 c – a，如图 3.

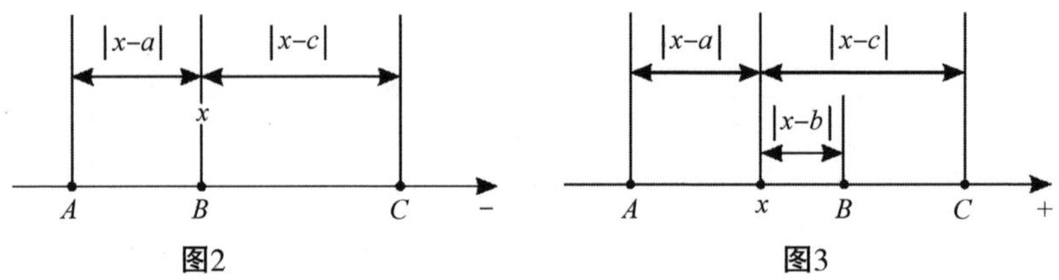

图2　　图3

这个解法多么漂亮，大大简捷于老师的解法！

为什么能得到这个简捷的解法呢？

原因之一是，对绝对值概念的多方位认识，因而理解深刻，应用灵活；

原因之二是，面对问题，从代数到几何，换了个思考角度；

原因之三是，从心理上而言，学生不只是跟在老师的后面亦步亦趋，而是敢于向老师“挑战”，独立思考，这一条是前提，是一切的出发点. 课堂教学变为师生以平等的地位，互相启发，互相合作探索，完成教学目标，“师生是同一战壕上的战友”一点也没说错！

原因之四，该名学生把“三个绝对值和”理解为“三个距离之和”，从而有“四两破千斤”的思维方法，巧妙地求解，它比老师用“二维”的“数形结合”解法更加巧，更加妙！

问题 17：“穿针引线”真神奇，“高次不等（式）”迎刃解.

【例 54】用序轴法解下列不等式：

(1) $(x-1)(x+1)(x+2)<0$;

(2) $(x+4)(x+2)(x-1)(3-x)<0$;

(3) $(x-2)(x-5)(x-9)(x+1)(x+1)(x+3)\geqslant 0$;

(4) $(x-1)(x-2)^8(x-3)^6(x-4)^5<0$;

(5) $\dfrac{x(x-1)(x-2)}{(x+1)(x+2)}>0$;

(6) $\frac{(x-1)(x-3)}{(x-2)(x-4)} \leqslant 0$;

(7) $\frac{x(x-1)}{2x+3} \geqslant 0$(此系1980年全国高考理科副题18分);

(8) $\frac{3x^2-4x-23}{x^2-9} > 2$(此系1980年全国高考理科副题10分).

【分析】什么叫做序轴呢?序轴就是一条有方向的直线,可以在它上面取点表示实数的大小,但不受长度单位的约束,也不一定要标出原点.例如 -100,5,50000 可以这样标画在序轴上,如下图:

$$\xrightarrow[\quad -100 \qquad 5 \qquad 50000 \quad]{} x$$

用序轴解不等式的方法,就叫作序轴法.

用**序轴法**能解的不等式,是下面这种标准形式的不等式:

$(x-a_1)(x-a_2)(x-a_3)\cdots\cdots(x-a_n)>0$(或 <0).其中,a_1,a_2,$a_3\cdots\cdots a_n$ 互不相等.如果不是这种标准形式,应设法先化成标准形式.

用序轴法解不等式的步骤:

第一步:**“完成标准化”**——把不等式标准化;

第二步:**“定根再求根”**——求不等式对应的方程之根(判断有根后求根);

第三步:**“标根定针孔”**——在序轴上标出所求出的根;

第四步:**“穿针又引线”**——从右到左,先上后下,“用线穿过针孔”地画出一条曲线;

第五步:**“规范表解集”**——得结论,“上正、下负”即上方曲线将序轴分成的区间使各因式的乘积为正;下方曲线将序轴所分成的区间使各因式的乘积为负.

用序轴法解不等式(特别是高于二次的不等式和可化为高次不等式的分式不等式)方法简单,步骤简洁,这种既简便又明了的解法是谁发明的?既不是外国人,也不是数学家,而是贵州省铜仁市教师进修学校的一位普通数学老师,他的名字叫**蒋廷瑜**.

【注】“序轴法”的详细内容可参阅蒋廷瑜《序轴法》(《中学理科数学》1979年第4期).

下面，我们用具体例题来说明**序轴法**.

解不等式 $(x-1)(x+2)>0$.

这是大家都熟悉的不等式，可化为不等式组或用一元二次不等式的一般解法进行解答. 显然它的解集为 $x>1$ 或 <-2. 用序轴法怎样进行解答呢?

第一步：**求根**. 即令 $x-1=0$. 得 $x=1$；令 $x+2=0$，得 $x=-2$；

第二步：**标根**. 即把 1，-2 标画在序轴上，见下图：

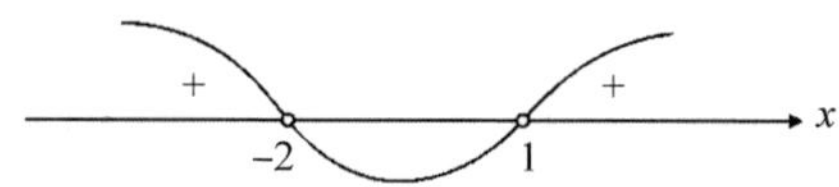

（序轴上画圈点○，表示该区间不包括这点所表示的数在内.）

第三步：**画曲线**，如上图，“从右到左，先上后下”地画一条曲线；

第四步：**得结论**. “上正、下负”，即上方曲线将序轴分成的区间使各因式的乘积为正；下方曲线将序轴所分成的区间使各因式的乘积为负.

因原不等式左端因式之积为正，故由“上正”得解集为：$x>1$ 或 $x<-2$.

【解】 ① ∵ $(x-2)(x+1)(x+2)<0$，

如图 1，由“下负”得原不等式的解集为：$x<-2$，或 $-1<x<1$.

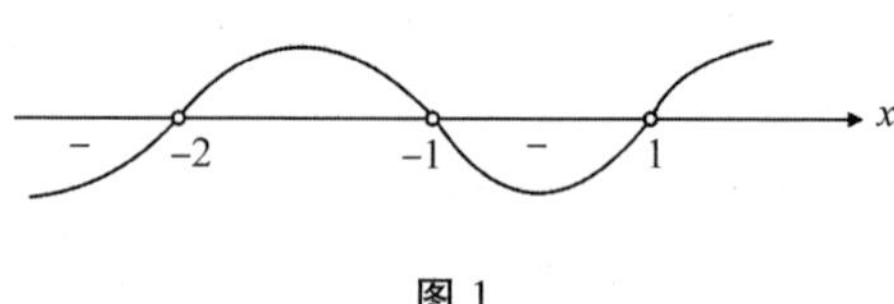

图 1

② ∵ $(x+4)(x+2)(x-1)(3-x)<0$；

此式左端含有因式 $(3-x)$，不是标准形式的不等式，但不等式两边同乘以 -1，可化为标准形式：$(x+4)(x+2)(x-1)(x-3)>0$.

如图 2，由“上正”得原不等式的解集为：$x<-4$，或 $-2<x<1$，或 $x>3$.

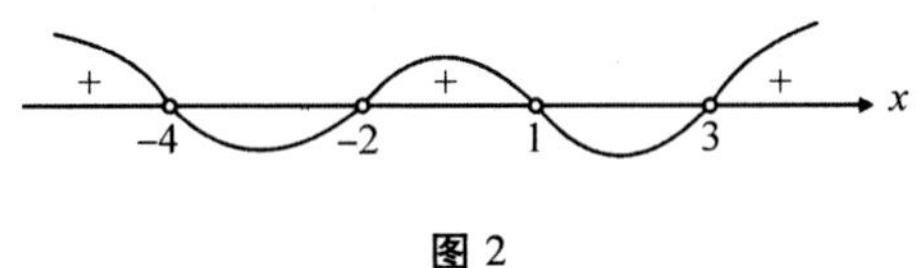

图 2

③ ∵ $(x-2)(x-5)(x-9)(x+1)(x+3)\geqslant 0$,

如图 3，序轴上的黑点·，表示该区间包括这个点所表示的数在内.

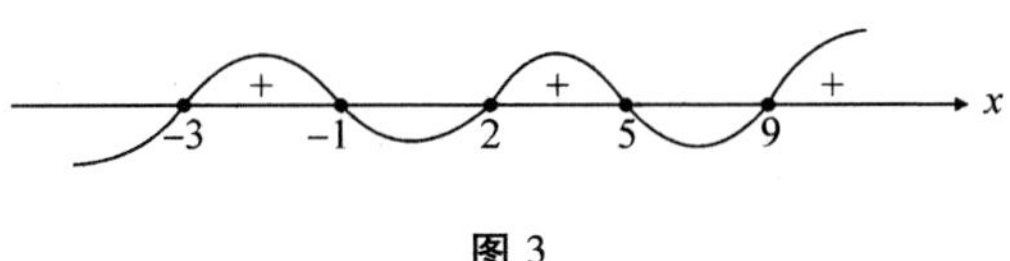

图 3

原不等式的解集为：$-3\leqslant x\leqslant -1$，或 $2\leqslant x\leqslant 5$，或 $x\geqslant 9$.

④ ∵ $(x-1)(x-2)^8(x-3)^6(x-4)^5<0$，又 $(x-2)^8(x-3)^6(x-4)^4>0$，故可将原不等式消去偶次因式，降次为标准形式的不等式：

$(x-1)(x-4)<0(x\neq 2,x\neq 3)$.

如图 4，

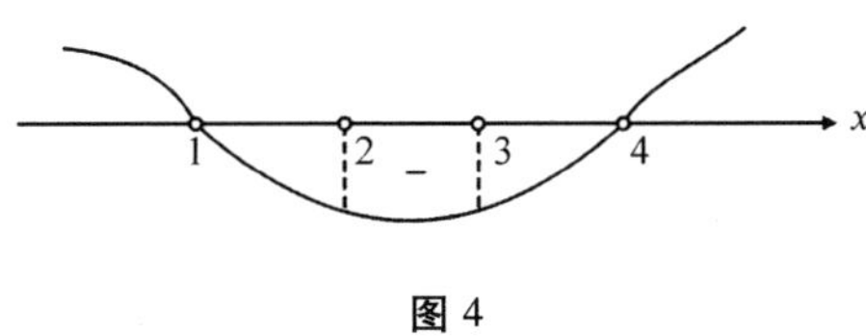

图 4

（注意：这里要在序轴上画 1，2，3，4 四个圈点，而不是只画 1，4 两个圈点，否则，要搞错.）

原不等式的解集为：$1<x<4$，且 $x\neq 2,3$，即

$$1<x<2,\text{ 或 }2<x<3,\text{ 或 }3<x<4.$$

⑤ ∵ $\dfrac{x(x-1)(x-2)}{(x+1)(x+2)}>0$,

原不等式两边同乘以 $(x+1)^2\cdot(x+2)^2$，即可化为标准形式的不等式：

$x(x-1)(x-2)(x+1)(x+2)>0(x\neq -2,x\neq -1)$.

如图 5，原不等式的解集为：$-2<x<-1$，或 $0<x<1$，或 $x>2$.

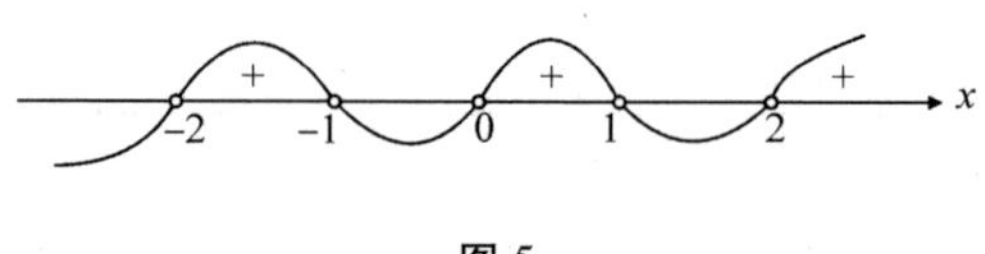

图 5

＊**想一想**：上面解法中，为什么在原不等式两边同乘以 $(x+1)^2(x+2)^2$，而不是同乘以 $(x+1)(x+2)$ 呢？

⑥ ∵ $\dfrac{(x-1)(x-3)}{(x-2)(x-4)} \leqslant 0$，

不等式两边同乘以 $(x-2)^2 \cdot (x-4)^2$，即可化为标准形式的不等式：

$(x-1)(x-3)(x-2)(x-4) \leqslant 0(x \neq 2, x \neq 4)$.

如图 6，原不等式的解集为：$1 \leqslant x < 2$，或 $3 \leqslant x < 4$.

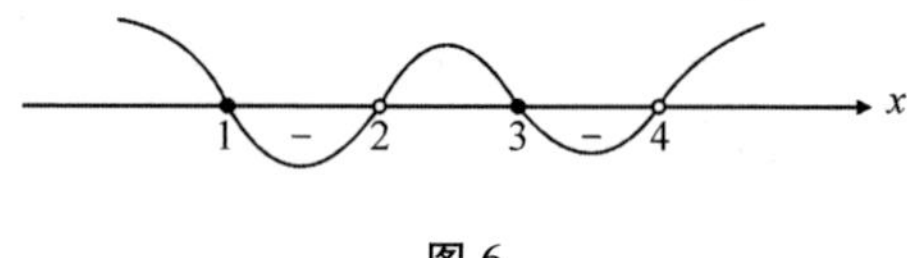

图 6

⑦ ∵ $\dfrac{x(x-1)}{2x+3} \geqslant 0$，

将不等式两边同乘以 $(2x+3)^2$，得 $x(x-1)(2x+3) \geqslant 0(2x+3 \neq 0)$.

如图 7，可得原不等式的解集为：$-\dfrac{3}{2} < x \leqslant 0$，或 $x \geqslant 1$.

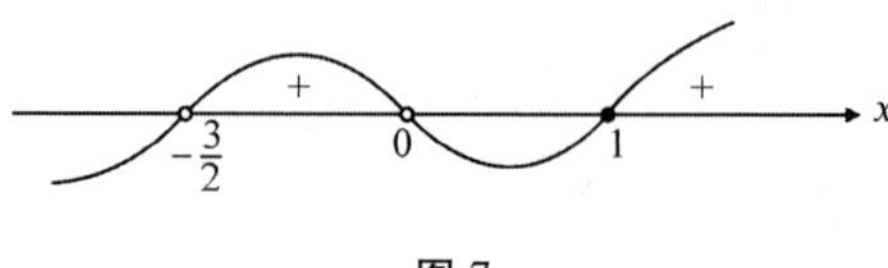

图 7

⑧ ∵ $\dfrac{3x^2-4x-23}{x^2-9} > 2$.

【解法一】 用一般方法. 将原不等式变形为 $\dfrac{x^2-4x-5}{x^2-9} > 0$，再化为

下面两个不等式组：

(1) $\begin{cases} x^2-4x-5>0, \\ x^2-9>0. \end{cases} \Rightarrow \begin{cases} (x+1)(x-5)>0, \\ (x+3)(x-3)>0. \end{cases} \Rightarrow$

$\begin{cases} x<-1 \text{ 或 } x>5, \\ x<-3 \text{ 或 } x>3. \end{cases} \Rightarrow x<-3 \text{ 或 } x>5;$

(2) $\begin{cases} x^2-4x-5<0, \\ x^2-9<0. \end{cases} \Rightarrow \begin{cases} -1<x<5, \\ -3<x<3. \end{cases} \Rightarrow -1<x<3.$

故原不等式的解集为：$x<-3$，或 $-1<x<3$，或 $x>5$.

【解法二】 用序轴法. 将原不等式变形后，得

$\frac{(x+1)(x-5)}{(x+3)(x-3)}>0 \Rightarrow (x+3)(x+1)(x-3)(x-5)>0 (x\neq -3, x\neq 3)$.

如图 8，得原不等式的解集为：$x<-3$，或 $-1<x<3$，或 $x>5$.

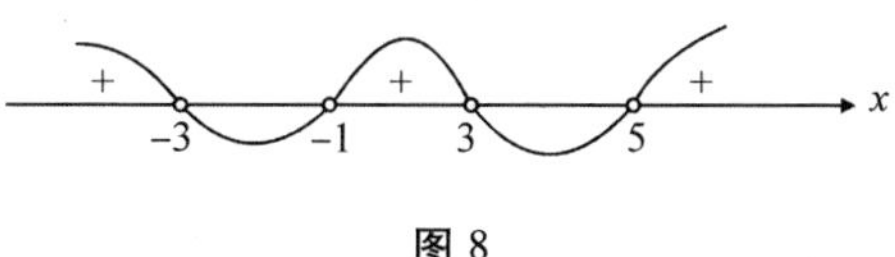

图 8

【注】 两种解法互相比较，显然用 **"序轴法"** 解不等式（特别是高次不等式）更加简捷.

问题 18：**"归纳猜想"** 真功夫，**"无限问题"** 变有限.

有的数学问题的结论要靠我们用数学方法去推出. 归纳，猜想是对事物发展进程做出预测性的一种思维活动. 合理的猜想可以发现解题的有效途径. 大胆猜想，细心求证，有希望得出正确的结论. 归纳猜想，严格论证的过程将有助于培养学生思维的主动性.

【例 55】 计算 $\sqrt{\underbrace{44\cdots4}_{n个}\underbrace{88\cdots8}_{n个}9}$.

〔解〕当 $n=1$ 时，$\sqrt{49}=7$，

当 $n=2$ 时，$\sqrt{4489}=67$，

当 $n=3$ 时，$\sqrt{444889}=667$.

进而猜想，本题的结论可能是 $\underbrace{666\cdots6}_{n个}7$.

事实上，

$$\sqrt{\underbrace{44\cdots4}_{n个}\underbrace{88\cdots8}_{n个}9} = \sqrt{\underbrace{44\cdots4}_{n个} \times 10^n + 2 \times \underbrace{44\cdots4}_{n个} + 1}$$

$$= \sqrt{\underbrace{44\cdots4}_{n个} \times (\underbrace{99\cdots9}_{n个} + 1) + 2 \times \underbrace{44\cdots4}_{n个} + 1}$$

$$= \sqrt{4 \times 9 \times (\underbrace{11\cdots1}_{n个})^2 + 3 \times \underbrace{44\cdots4}_{n个} + 1}$$

$$= \sqrt{[6 \times (\underbrace{11\cdots1}_{n个})]^2 + 2 \times 6 \times \underbrace{11\cdots1}_{n个} + 1^2}$$

$$= \sqrt{[6 \times (\underbrace{11\cdots1}_{n个}) + 1]^2}$$

$$= 6 \times \underbrace{11\cdots1}_{n个} + 1$$

$$= \underbrace{666\cdots6}_{n个}7.$$

【例 56】 证明：具有下列形式 $N = \underbrace{11\cdots1}_{(n-1)个}\underbrace{2\cdots2}_{n个}5$ 的数是完全平方数.

【证明】 当 n = 1 时, $N = 25 = 5^2$,

当 n = 2 时, $N = 1225 = 35^2$,

当 n = 3 时, $N = 112225$, 通过计算知 $112225 = 335^2$,

当 n = 4 时, $N = 11122225$, 通过计算知 $11122225 = 3335^2$,

我们猜想

$$\underbrace{11\cdots1}_{(n-1)个}\underbrace{2\cdots2}_{n个}5 = \underbrace{33\cdots3}_{(n-1)个}5^2.$$

下面证明这个猜想的正确性：

$$N = \underbrace{11\cdots1}_{(n-1)个}\underbrace{2\cdots2}_{n个}5$$

$$= 10^{2n-1} + 10^{2n-2} + \cdots + 10^{n+1} + 2 \times 10^n + 2 \times 10^{n-1} + \cdots 2 \times 10 + 5$$

$$= 10^n(10^{n-1} + 10^{n-2} + \cdots + 10) + 2 \times (10^n + 10^{n-1} + \cdots + 10) + 5$$

$$= 10n \times \frac{10(10^{n-1} - 1)}{10 - 1} + 2 \times \frac{10(10^n - 1)}{10 - 1} + 5$$

$$= \frac{1}{9}(10^{2n} + 10^{n+1} + 25)$$

$$= \left(\frac{10^n+5}{3}\right)^2$$

注意到分子 10^n+5 各位数字之和为 6，所以 10^n+5 为 3 的倍数，所以 $\frac{10^n+5}{3}$ 为整数. 因此，N 为完全平方数.

【例 57】 证明数列 12，1122，111222，… 的每一项都是相邻整数之积.

【证明】 $12=3\times4$，

$1122=33\times34$，

$111222=333\times334$.

我们猜想

$$\underbrace{11\cdots1}_{n个}\underbrace{22\cdots2}_{n个}=\underbrace{33\cdots3}_{n个}\times(\underbrace{33\cdots3}_{n个}+1).$$

下面证明这个猜想的正确性：

$$a_n=\underbrace{11\cdots1}_{n个}\underbrace{22\cdots2}_{n个}$$

$$=\underbrace{11\cdots1}_{n个}\times10^n+2\times\underbrace{11\cdots1}_{n个}$$

$$=\underbrace{11\cdots1}_{n个}\times(10^n+2).$$

令 $m=\underbrace{11\cdots1}_{n个}$，则 $10^n+2=\underbrace{99\cdots9}_{n个}+3=9m+3$.

所以 $a_n=m(9m+3)=3m(3m+1)=3\times11\cdots1\times(3\times11\cdots1+1)=$

$$\underbrace{33\cdots3}_{n个}\times(\underbrace{33\cdots3}_{n个}+1).$$

【例 55】至【例 57】所写的猜想过程可以略去，因为题目已明确提出所要证明的命题了，但我们还是写下“**试验——归纳——猜想**”这三步，目的是让我们学会这种归纳推理的思考方法. 【例 55】至【例 57】的证明用的是**演绎法**.

问题 19：“立体、平面” 巧转化，**“准确求取”** 最短（路）线.

【例 58】（蚂蚁的最短线路问题）图 1 是一个圆柱体，它的高等于 20 厘米，底面半径等于 6.7 厘米. 在圆柱体下底面的 A 点上有一只蚂蚁想吃到与 A 点相对的上底面 B 点上的可口食物. 请你想一想，这只蚂蚁从 A 点出发，沿着圆柱形的曲面爬到 B 点，最短线路有多少长？

【解】从 A 点出发，沿着圆柱体的曲面爬到 B 点，有很多线路（图 2)，要在这些线路中找出一条最短的，就必须比较这些线路的长短. 但是，曲面上的线路的长短怎样去比较呢？这确实是一个伤脑筋的问题.

大家知道，在平面上，要找出两点间的最短线路是很容易的：连接这两点的直线段就是了. 因此，如果我们能将图 1 的圆柱体的侧面（曲面）变成平面的话，那么问题就解决了.

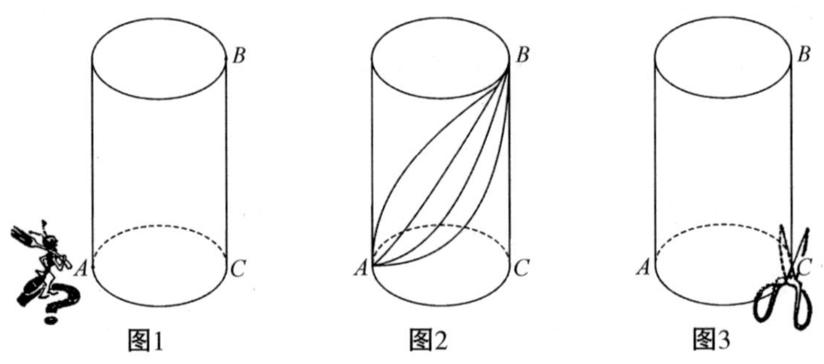

图1　图2　图3

要做到这一点也是很容易的. 我们假想把这个圆柱体依着母线 BC 剪开（图 3)，摊平. 圆柱体的曲面就变成平面（图 4). 在这个平面上，A、B 两点间的最短线路就是线段 AB. 三角形 ABC 是直角三角形.

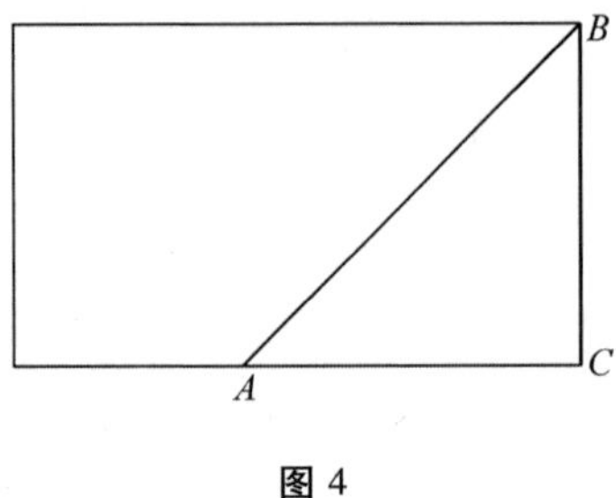

图 4

在直角三角形 ABC 中，$BC=20$（厘米），$AC=\frac{1}{2}$ 圆柱体底面的周长 $=\frac{1}{2}\times 2\pi R=\pi R\approx 3.14\times 6.7\approx 21$（厘米）.

由勾股定理，得　$AB^2=AC^2+BC^2\approx 21^2+20^2=841=29^2$，

所以 $AB\approx 29$（厘米）.

因此，蚂蚁所爬的最短线路的长度约等于 29 厘米.

【例 59】图 1，是一个长方体，它的长 $C_1C_2 = 30$ 厘米，宽 $C_2C_3 = 10$ 厘米，高 $AC_1 = 35$ 厘米. A 是长方体下底面的一个顶点，B 是长方体上底面的边 C_2C_3 的中点. A 点有一只蚂蚁，想到 B 点去吃一点可口的食物. 请你想一想，这只蚂蚁从 A 点出发，沿着长方体的表面爬到 B 点，最短线路的长度是多少厘米？

【解】由例题 58 的解答得到启发，你马上就会想到，将上底面竖起来，使它与长方体的正面成为一个平面（图 2）. 连结 AB；过 B 作 BC_5，垂直于 AC_4，交 AC_4 于 C_5. 就得到直角三角形 ABC_5. 在这个直角三角形中，

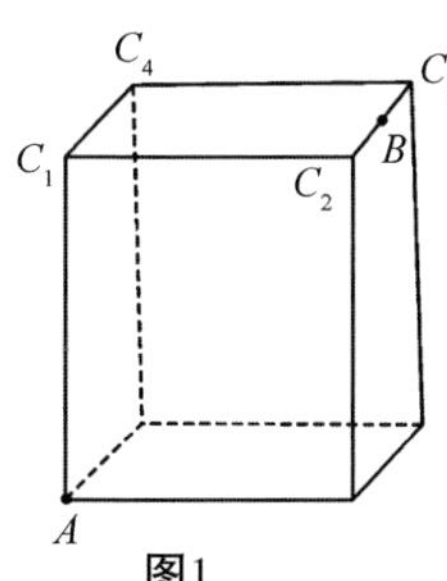

图1

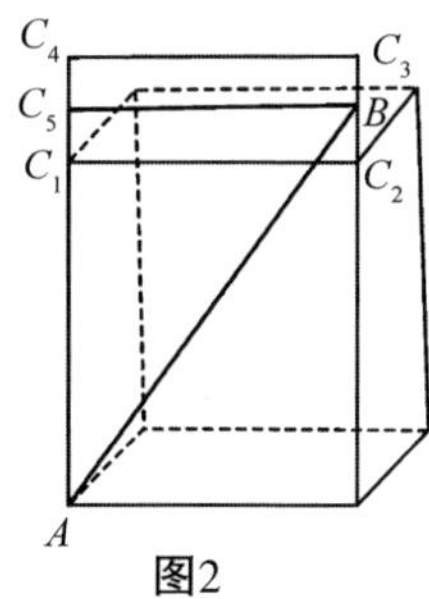

图2

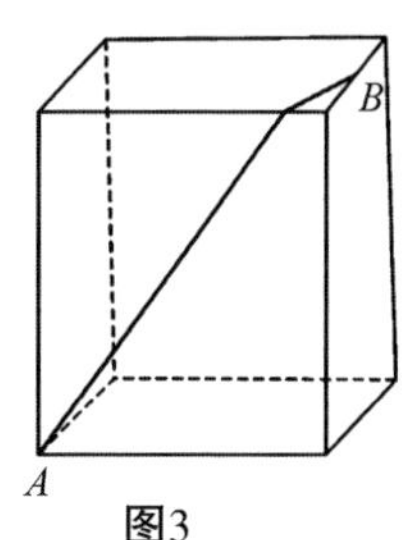

图3

$$AC_5 = AC_1 + C_1C_5 = AC_1 + \frac{C_1C_4}{2} = 35 + \frac{10}{2} = 40\text{（厘米）},$$

$BC_5 = C_1C_2 = 30$（厘米）.

由勾股定理，得

$AB^2 = AC_5^2 = 40^2 + 30^2 = 2500 = 50^2$,

所以 $AB = 50$（厘米）.

这条线路在长方体上如图 3 所示. 它是不是最短线路呢？

请你不要往下看，仔细想一想，有没有别的方法来求最短的线路.

如图 4 所示，将长方体的上底面往左边竖起来，使它与长方体左边的侧面成为一个平面.

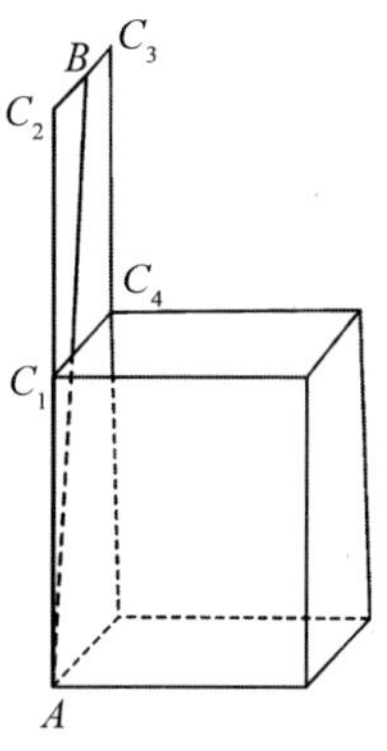

图 4

连接 A 和 B，就得到直角三角形 ABC_2. 在这个直角三角形中，

$AC_2 = AC_1 + C_1C_2 = 35 + 30 = 65$（厘米），$BC_2 = 5$（厘米）.

由勾股定理，得

$AB^2 = AC_5^2 + BC_2^2 = 65^2 + 5^2 = 4250 \approx 65.2^2$，

所以 $AB \approx 65.2$（厘米）.

这条线路在长方体上如图 5 所示. 显然，**这条路不是最短的线路**.

如图 6 所示，我们将长方体右边的侧面拉过来，使它与长方体的正面成为一个平面，连接 A 和 B，就得到直角三角形 ABC_1. 在这个直角三角形中，

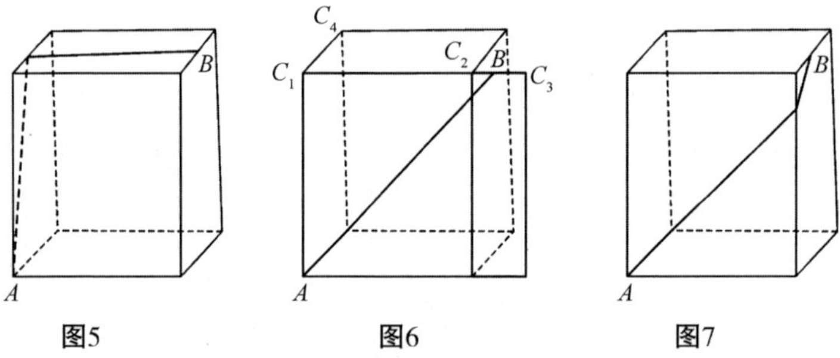

图5　　图6　　图7

$BC_1 = BC_2 + C_1C_2 = 5 + 30 = 35$（厘米），$AC_1 = 35$（厘米）.

由勾股定理，得

$AB^2 = AC_1^2 + BC_1^2 = 35^2 + 35^2 = 2450 \approx 49.5^2$

所以 $AB = 49.5$（厘米）.

这条线路在长方体上如图 7 所示. 可以看出，这是蚂蚁从 A 点出发，沿着长方体的表面爬到 B 点的最短线路.

问题 20："霸位饮茶" 求轨迹，**"轻巧求解"** 永不忘.

【例 60】 线段 AP 上有一点 B，已知 $|PA| = a$，$|PB| = b$ $(a > b)$，若 A、B 两点分别在互相垂直的两条直线上滑动，求 P 点的轨迹.

【解法一】 如图 1，取 B 点所在直线为 x 轴，A 点所在直线为 y 轴，建立直角坐标系. 设 B、A 两点的坐标分别为 $(x_1, 0)$ 及 $(0, y_1)$，P 点坐标为 (x, y).

设 $\frac{AP}{PB} = \lambda$，则 $\lambda = -\left|\frac{AP}{PB}\right| = -\frac{a}{b}$，

$\therefore\ x = \dfrac{-\dfrac{a}{b}x_1}{1-\dfrac{a}{b}}$，即 $x = \dfrac{-ax_1}{b-a}$，　①

$y = \dfrac{y_1}{1-\dfrac{a}{b}}$，即 $y = \dfrac{by_1}{b-a}$.　②

又因 $|AB| = a-b$，

$\therefore\ x_1^2 + x_2^2 = (a-b)^2$.　③

由①，得 $x_1 = \dfrac{a-b}{a}x$.　④

由②，得 $y_1 = \dfrac{b-a}{b}y$.　⑤

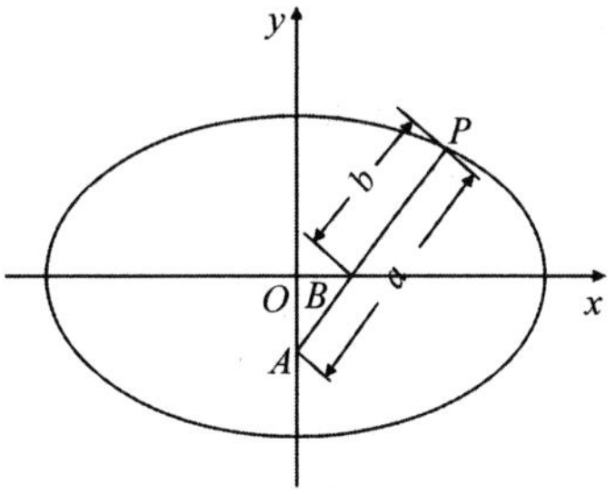

图 1

将④、⑤代入③，得

$$\left(\frac{a-b}{a}x\right)^2 + \left(\frac{b-a}{b}y\right)^2 = (a-b)^2.$$

$\because\ a-b \neq 0$，以 $(a-b)^2$ 除上式两端，得

$$\frac{x^2}{a^2} + \frac{y^2}{b^2} = 1.$$

此即 P 点轨迹的方程. 它是中心在原点，焦点在 x 轴上，长轴的长为 $2a$，短轴的长为 $2b$ 的椭圆.

此种解法称为“代点法”.

【注】“代点法”的详细论述见胡世荣、郭琼《解平面解析几何题的一种简捷方法——代点法》，《数学通报》1983 年第 6 期.

（2）**“代点法”**用于求解轨迹方程特别好用. 用**“代点法”**解题需要有三个条件：（1）有一个已知的轨迹 $f(x_1, y_1)=0$；（2）点 $P_1(x_1, y_1)$ 在已知轨迹 $f(x, y)=0$ 上，因此有 $f(x_1, y_1)=0$；（3）所求的轨迹上的点 $P(x, y)$ 与 $P_1(x_1, y_1)$ 有密切的联系，可以表示成 $x = g(x_1), y = \varphi(y_1)$ 的关系式；（3）并可得 $x_1 = g^{-1}(x), y_1 = \varphi^{-1}(y)$，代入方程 $f(x_1, y_1) = 0$，即可得所求的轨迹方程.

作者根据澳门人的生活习惯，把这种方法俗称为**“霸位饮茶法”——“你霸位，我饮茶”**——这种方法需要（1）有可以饮茶的茶楼，并有饮茶位可霸；（2）有人（甲）愿意替饮茶人（乙）去霸位；（3）甲霸到位后，会让乙去饮茶. 作者在澳门濠江中学教授“解析几何”时，用到此法，深受学生欢迎.

“代点法”实质上是“多参数法”. 有的把它称为“转移法”，或“转移代人法”.

再用单参数法解这个例题.

【解法二】（单参数法）建立直角坐标系如图所示，作 $PM \perp x$ 轴于 M，$PN \perp y$ 轴于 N. 设 P 点坐标为（x，y），$\angle XBP = \theta$，取 θ 为参数，$0 \leqslant \theta \leqslant 2\pi$.

$\because \angle NPA = \angle XBP = \theta$，

$\therefore x = OM = NP = a\cos\theta$，

$y = MP = b\sin\theta$.

故 P 点的轨迹之参数方程为

$$\begin{cases} x = a\cos\theta, \\ y = b\sin\theta. \end{cases}$$

省去参数 θ，得 P 点的轨迹之普通方程为

$$\frac{x^2}{a^2} + \frac{y^2}{b^2} = 1.$$

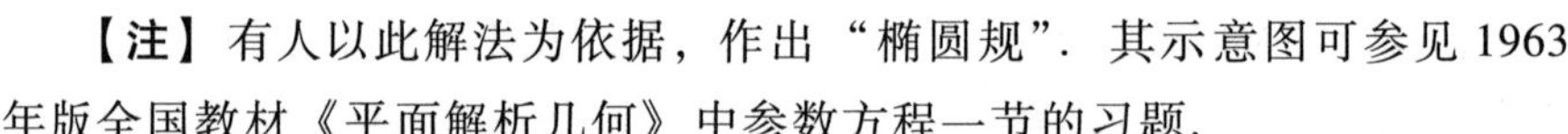

【注】有人以此解法为依据，作出“椭圆规”. 其示意图可参见 1963 年版全国教材《平面解析几何》中参数方程一节的习题.

【例 61】用代点法——我称之为“霸位饮茶法”——可解下列各不相同的四个问题.

（1）已知△ABC 两顶点坐标为 B（-2，0），C（3，0），第三个顶点 A 在直线 ℓ：$2x + 3y - 12 = 0$ 上滑动，求三角形 ABC 的重心轨迹方程（图 1）.

（2）已知点 P 是圆 O（$x^2 + y^2 = a^2$）上的动点，A（$2a$，0）是定点，$\angle POA$ 的平分线 OT 交 PA 于 T，求点 T 的轨迹方程（图 2）.

（3）在△ABC 中，$BC = 24$，其他两边上的两条中线之和为 39，（a）求△ABC 的重心 G 的轨迹方程；（b）求△ABC 的顶点 A 的轨迹方程（图 3）.

（4）求曲线 C（$y^2 = -4x$）关于直线 ℓ（$x + y = 2$）对称的曲线 C' 的方程（图 4）.

【解】（1）设△ABC 的重心坐标为 P（x，y），顶点的坐标为 A（m，

n)，据三角形重心坐标公式，得

$$x=\frac{-2+3+m}{3},y=\frac{0+0+n}{3}.$$（图 1）

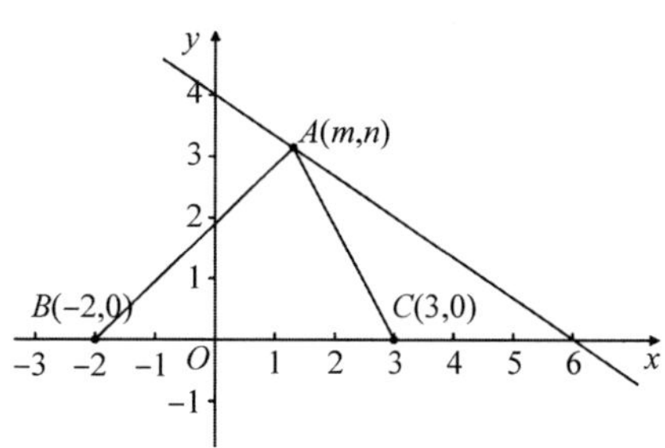

图 1

解之，得 $m=3x-1$，$n=3y$.

由于点 A（m，n）在直线 ℓ 上滑动，所以其坐标适合方程 $2x+3y-12=0$，于是有

$2(3x-1)+3(3y)-12=0$，

即 $6x+9y-14=0$，为所求的重心的轨迹方程.

（2）设 T（x，y）是轨迹上任一点（图 2），P 点的坐标为 $P(x_p, y_p)$，

$\because$ OT 平分 $\angle POA$，

$\therefore$ $\dfrac{|AT|}{|TP|}=\dfrac{|OA|}{|OP|}=2$，

即 T 分 AP 成定比 $\lambda=2$，由定比分点坐标公式，得

$$\begin{cases}x=\dfrac{2a+2x_p}{1+2},\\ y=\dfrac{0+2y_p}{1+2};\end{cases}\quad \begin{cases}x_p=\dfrac{3x-2a}{2},\\ y_p=\dfrac{3y}{2}.\end{cases}$$

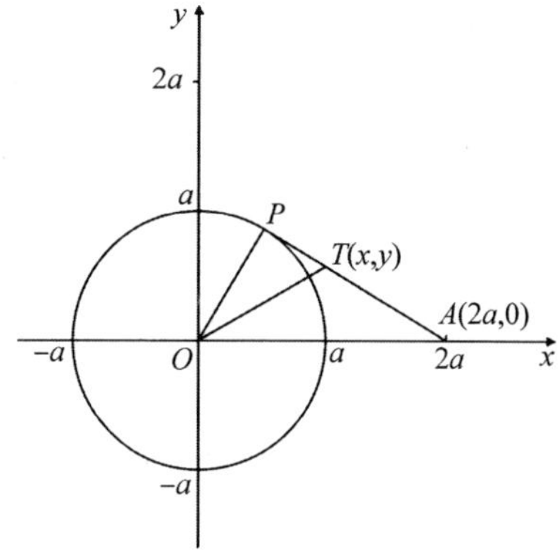

图 2

$\because$ P 在圆 $x^2+y^2=a^2$ 上，

$\therefore$ $\left(\dfrac{3x-2a}{2}\right)^2+\left(\dfrac{3y}{2}\right)^2=a^2$，

即 $\left(x-\dfrac{2}{3}a\right)^2+y^2=\left(\dfrac{2}{3}a\right)^2$ 为所求的点 T 的轨迹方程.

（3）（a）建立直角坐标系如图 3，设 B，C 的坐标分别为 B（-12，

0)，C（12，0），AO，CD，BE 是 $\triangle ABC$ 的三条中线，并设中线交于 G（x_1，y_1），则因 G 为 $\triangle ABC$ 的重心，故有

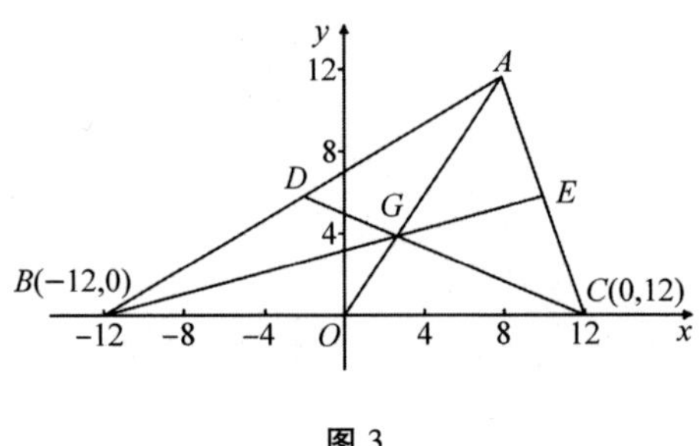

图 3

$$|GB| + |GC| = \frac{2}{3}(|BE| + |CD|) = \frac{2}{3} \times 39 = 26.$$

由此得出，G 的轨迹是 B，C 为焦点，长轴长为 26 的椭圆.

∴　$2a = 26$，$2c = 24$，

∴　$b^2 = a^2 - c^2 = 25$.

∴ G 的轨迹是不包括点（$\pm 13,0$）的椭圆：

$$\frac{x^2}{169} + \frac{y^2}{25} = 1(x \neq \pm 13). \quad ①$$

（b）设 A 的坐标为 A（x_A，y_A），则 $GO = \frac{1}{3}AO$，G 的坐标为 $\frac{x_A}{3}, \frac{y_A}{3}$，而 G 在椭圆（1）上，故有

$$\frac{\left(\frac{x_A}{3}\right)^2}{169} + \frac{\left(\frac{y_A}{3}\right)^2}{25} = 1，即 \frac{x^2}{1521} + \frac{y^2}{225} = 1.$$

∴ A 的轨迹是不包括点（$\pm 39,0$）的椭圆.

（4）如图 4，设 Q 在 C 上，P 在 C'上，P，Q 的坐标分别为 P（x，y），Q（x_1，y_1），曲线 C 和 C'关于直线 l（$x + y = 2$）对称，且 P，Q 关于直线 l（$x + y = 2$）对称.

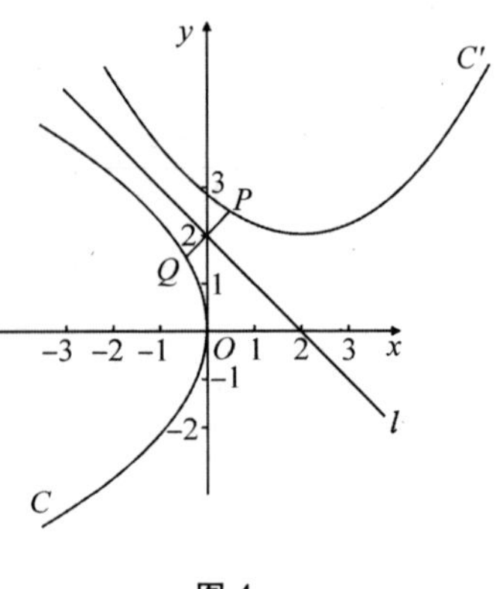

图 4

$\therefore$ PQ 的中点为 $R\left(\frac{x_1+x}{2},\frac{y_1+y}{2}\right)$，且它在直线 l 上，

$\therefore$ $\frac{1}{2}(x_1+x)+\frac{1}{2}(y_1+y)=2$，

即 $x_1+y_1=4-x-y$　①

$\because$ PQ 与直线 l（$x+y=2$）垂直，

$\therefore$ $k_{PQ}\cdot k_1=-1$，

$\therefore$ $\frac{y_1-y}{x_1-x}\cdot(-1)=-1$，

即 $x_1-y_1=x-y$.　②

由①②解得 $x_1=2-y, y_1=2-x$.

$\because$ 点 Q 在曲线 C 上，

$\therefore$ $y_1^2=-4x_1$，则 $(2-x)^2=-4(2-y)$，

也即 $(x-2)^2=4(y-2)$ 为曲线 C'的方程.

【例 62】 设椭圆的方程是 $\frac{x^2}{9}+\frac{y^2}{16}=1$，点 A 的坐标是（m，-2），点 B 是椭圆上任意一点，点 P 分 BA 所成的比为 2，已知当 B 在椭圆上移动时，点 P 的轨迹关于直线 $x=1$ 对称，求 m 的值及点 P 的轨迹方程（1991 年全国重点高校入学试题，理科）.

【解】（代点法） 设点 P 的坐标为 P（x，y），点 B 的坐标为 $B(x_0,y_0)$，

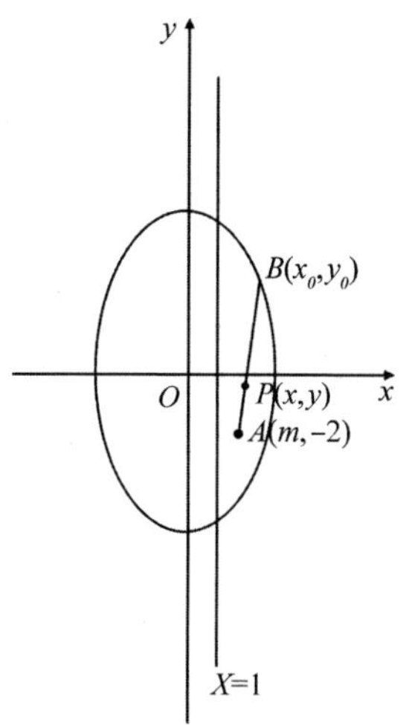

$\because$ 点 P 分 BA 所成的比为 2，$\therefore$ $\lambda=\frac{BP}{PA}=2$.

点 P（x，y）的坐标为

$$\begin{cases} x=\frac{x_0+\lambda m}{1+\lambda}=\frac{x_0+2m}{3}, \\ y=\frac{y_0+\lambda\times(-2)}{1+\lambda}=\frac{y_0-4}{3}, \end{cases}$$

$$\therefore \begin{cases} x_0=3x-2m, \\ y_0=3y+4, \end{cases}$$

$\because$ $B(x_0,y_0)$ 在椭圆上，$\therefore$ $\frac{x_0^2}{9}+\frac{y_0^2}{16}=1$，

则 $\dfrac{(3x-2m)^2}{9}+\dfrac{(3y+4)^2}{16}=1.$

整理，得 $\left(x-\dfrac{2}{3}m\right)^2+\dfrac{\left(y+\dfrac{4}{3}\right)^2}{\dfrac{16}{9}}=1.$ ①

∵ 点 P 的轨迹关于直线 x = 1 对称，

∴ 椭圆①的中心（$\dfrac{2}{3}m$，$-\dfrac{4}{3}$）在直线 x = 1 上，

∴ $\dfrac{2}{3}m=1, m=\dfrac{3}{2}.$

因此，点 P 的轨迹方程为

$$(x-1)^2+\frac{\left(y+\frac{4}{3}\right)^2}{\frac{16}{9}}=1.$$

问题 21：“不同角度” 选方法，**“二次（复合）根式”** 巧化简.

【例 63】 计算 $\sqrt{4+2\sqrt{3}}$.

【解】 $\sqrt{4+2\sqrt{3}}=\sqrt{3+2\sqrt{3}+1}$

$=\sqrt{(\sqrt{3})^2+2\sqrt{3}\times1+1^2}$

$=\sqrt{(\sqrt{3}+1)^2}$

$=\sqrt{3}+1$

⋆解这个问题的关键是，要把被开方式 $4+2\sqrt{3}$ 配成 $(\sqrt{3}+1)^2$ 的形式.

【例 64】 计算 $\sqrt{7-2\sqrt{10}}$.

【解】 这里，$a^2-4b=7^2-4\times10=9$，它是完全平方数，所以，这个根式可以化简.

$$\sqrt{7-2\sqrt{10}}=\sqrt{5-2\times\sqrt{5}\times\sqrt{2}+2}=\sqrt{(\sqrt{5}-\sqrt{2})^2}=\sqrt{5}-\sqrt{2}.$$

【注】 这里的 a^2-4b 是对二次复合根式 $\sqrt{a\pm2\sqrt{b}}$ 而言，详细的理论推道见《怎样用配方法解题》（奚定华著）第 36 到 38 页.

【例 65】如果 $a>1$，化简 $\sqrt{a+2\sqrt{a-1}}$.

【解】$\sqrt{a+2\sqrt{a-1}}=\sqrt{a-1+2\sqrt{a-1}+1}$

$=\sqrt{(\sqrt{a-1}+1)^2}=\sqrt{a-1}+1$.

也有些根式，原来不是 $\sqrt{a\pm2\sqrt{b}}$ 的形式，但是通过变形，可以化成这种形式.

【例 66】计算 $\sqrt{9+6\sqrt{2}}$.

【解】$\sqrt{9+6\sqrt{2}}=\sqrt{9+2\sqrt{18}}=\sqrt{6+2\times\sqrt{6}\times\sqrt{3}+3}$

$=\sqrt{(\sqrt{6}+\sqrt{3})^2}=\sqrt{6}+\sqrt{3}$.

【例 67】计算 $\sqrt{4-\sqrt{15}}$.

【解】$\sqrt{4-\sqrt{15}}=\sqrt{\dfrac{8-2\sqrt{15}}{2}}=\dfrac{\sqrt{5-2\times\sqrt{5}\times\sqrt{3}+3}}{\sqrt{2}}$

$=\dfrac{\sqrt{(\sqrt{5}-\sqrt{3})^2}}{\sqrt{2}}=\dfrac{\sqrt{5}-\sqrt{3}}{\sqrt{2}}=\dfrac{1}{2}(\sqrt{10}-\sqrt{6})$.

【例 68】计算 $\sqrt{14-5\sqrt{3}}$.

【解】$\sqrt{14-5\sqrt{3}}=\sqrt{14-\sqrt{75}}=\sqrt{\dfrac{28-2\sqrt{75}}{2}}$

$=\dfrac{\sqrt{25-2\times5\times\sqrt{3}+3}}{\sqrt{2}}=\dfrac{\sqrt{(5-\sqrt{3})^2}}{\sqrt{2}}$

$=\dfrac{5-\sqrt{3}}{\sqrt{2}}=\dfrac{1}{2}(5\sqrt{2}-\sqrt{6})$.

【例 69】计算 $\sqrt[4]{17+12\sqrt{2}}$.

【解】$\sqrt[4]{17+12\sqrt{2}}=\sqrt{\sqrt{17+12\sqrt{2}}}=\sqrt{\sqrt{17+2\sqrt{72}}}$

$=\sqrt{\sqrt{9+2\times\sqrt{9}\times\sqrt{8}+8}}=\sqrt{\sqrt{(3+2\sqrt{2})^2}}=\sqrt{3+2\sqrt{2}}$

$=\sqrt{2+2\cdot\sqrt{2}\cdot1+1}=\sqrt{(\sqrt{2}+1)^2}=\sqrt{2}+1$.

【例 70】计算 $\sqrt{3+\sqrt{5-\sqrt{13+4\sqrt{3}}}}$.

【解】$\sqrt{3+\sqrt{5-\sqrt{13+4\sqrt{3}}}}=\sqrt{3+\sqrt{5-\sqrt{13+2\sqrt{12}}}}$

$$=\sqrt{3+\sqrt{5-\sqrt{(\sqrt{12}+1)^2}}}=\sqrt{3+\sqrt{5-(2\sqrt{3}+1)}}$$

$$=\sqrt{3+\sqrt{4-2\sqrt{3}}}=\sqrt{3+\sqrt{(\sqrt{3}-1)^2}}=\sqrt{3+(\sqrt{3}-1)}$$

$$=\sqrt{2+\sqrt{3}}=\sqrt{\frac{4+2\sqrt{3}}{2}}=\frac{\sqrt{(\sqrt{3}+1)^2}}{\sqrt{2}}=\frac{1}{2}(\sqrt{6}+\sqrt{2}).$$

〔例 69〕和〔例 70〕都是经过两次配平方后，才把二次复合根式变成二次非复合根式.

类似地，形如 $\sqrt{a+2\sqrt{b}+2\sqrt{c}+2\sqrt{d}}$ 的根式（a、b、c、d 都是正有理数，b、c、d 都不是完全平方数），如果它的被开方式能够表示成完全平方式，那么也可以把它化简.

【例 71】计算 $\sqrt{8+2\sqrt{2}+2\sqrt{5}+2\sqrt{10}}$.

【解】$\sqrt{8+2\sqrt{2}+2\sqrt{5}+2\sqrt{10}}$

$$=\sqrt{5+2+1+2\times\sqrt{5}\times\sqrt{2}+2\times\sqrt{5}\times1+2\times\sqrt{2}\times1}$$

$$=\sqrt{(\sqrt{5}+\sqrt{2}+1)^2}=\sqrt{5}+\sqrt{2}+1.$$

*本题是把二次复合式中的被开方数配成三数和完全平方后，变成二次非复合根式.

【例 72】计算 $\sqrt{23-4\sqrt{33}}$.

【解】设 $x=\sqrt{23-4\sqrt{33}}, y=\sqrt{23+4\sqrt{33}}$, 则

$$x^2+y^2=46, xy=1$$

$$(x+y)^2-2xy=x^2+y^2=46,$$

$$(x+y)^2=48,$$

$$x+y=\pm4\sqrt{3}.$$

∵ $y>x>0$, ∴ $x+y>0$,

取 $x+y=4\sqrt{3}$

由 $\begin{cases}x+y=4\sqrt{3},\\ xy=1,\end{cases}$ 得

x、y 是方程 $t^2-4\sqrt{3}t+1=0$ 的两个不同实根.

由 $t^2-4\sqrt{3}t+1=0$, 可得

$$t_1=2\sqrt{3}+\sqrt{11},\ t_2=2\sqrt{3}-\sqrt{11}.$$

$\therefore$ 应取 $x=2\sqrt{3}-\sqrt{11}(x<y)$.

于是 $\sqrt{23-4\sqrt{33}}=2\sqrt{3}-\sqrt{11}$.

【例 73】化简 $\sqrt{7+\sqrt{48}}+\sqrt{7-\sqrt{48}}$.

【解法一】(配方法) $\sqrt{7+\sqrt{48}}+\sqrt{7-\sqrt{48}}$

$$=\sqrt{4+2\sqrt{4\times3}+3}+\sqrt{4-2\sqrt{4\times3}+3}$$

$$=\sqrt{(2+\sqrt{3})^2}+\sqrt{(2-\sqrt{3})^2}$$

$$=2+\sqrt{3}+2-\sqrt{3}$$

$$=4.$$

【解法二】(“自身平方法”或“整体平方法”)

设 $S=\sqrt{7+\sqrt{48}}+\sqrt{7-\sqrt{48}}$, 则

$$S^2=7+\sqrt{48}+2\sqrt{(7+\sqrt{48})(7-\sqrt{48})}+7-\sqrt{48}$$

$$=14+2\sqrt{(7+\sqrt{48})(7-\sqrt{48})}$$

$$=14+2\sqrt{49-(\sqrt{48})^2}=16.$$

$\therefore S=\sqrt{16}=4\ (S>0)$.

【解法三】(构造法)

设 $A=\sqrt{7+\sqrt{48}}+\sqrt{7-\sqrt{48}},\ B=\sqrt{7+\sqrt{48}}-\sqrt{7-\sqrt{48}}$.

显然 $A>B>0$, 则

$$A+B=2\sqrt{7+\sqrt{48}},A-B=2\sqrt{7-\sqrt{48}}.$$

上述两式之两边各自平方, 得

$$7+\sqrt{48}=\left(\frac{A+B}{2}\right)^2, \qquad ①$$

$$7-\sqrt{48}=\left(\frac{A-B}{2}\right)^2, \qquad ②$$

①±②, 并化简, 可得

$$A^2+B^2=28,\ A^2B^2=192.$$

解以 A^2, B^2 为根的一元二次方程

$$x^2-28x+192=0,$$

可得其两根 A^2，B^2 分别为

$$A^2=16,\ B^2=12.$$

则 $A=4, B=2\sqrt{3}.$

故 $\sqrt{7+\sqrt{48}}+\sqrt{7-\sqrt{48}}=4.$

问题 22：“构造对称（式）”助解题，“驾轻就熟”走新路.

【例 74】 已知 α、β（$\alpha>\beta$）是方程 $x^2-x-2=0$ 的两根，不解方程，求代数式 $\alpha^2-2\beta-1$ 的值.

【解法一】 已知 α、β（$\alpha>\beta$）是方程 $x^2-x-2=0$ 的两根，

$\therefore\ \alpha^2-\alpha-2=0$，$\alpha^2=\alpha+2$，且 $\alpha+\beta=1$，$\alpha\beta=-2.$

则 $\alpha^2-2\beta-1=\alpha+2-2\beta-1=\alpha+\beta-3\beta+1=2-3\beta.$

构造 $2-3\alpha$，则

$$(2-3\alpha)(2-3\beta)=4-6(\alpha+\beta)+9\alpha\beta$$
$$=4-6\times1+9\times(-2)=-20,$$
$$(2-3\alpha)+(2-3\beta)=4-3(\alpha+\beta)=4-3\times1=1.$$

$\therefore\ (2-3\alpha)$，$(2-3\beta)$ 为方程 $t^2-t-20=0$ 的两根.

$\therefore\ (t-5)(t+4)=0.$

$\therefore\ t=-4$，$t=5.$

$\because\ \alpha>\beta$，$\therefore\ 2-3\beta>2-3\alpha.$

$\therefore\ 2-3\alpha=-4$，$2-3\beta=5.$

则 $\alpha^2-2\beta-1=2-3\beta=5.$

【解法二】 构造 $\beta^2-2\alpha-1$，则

$(\beta^2-2\alpha-1)+(\alpha^2-2\beta-1)=\alpha^2+\beta^2-2(\alpha+\beta)-2$

$=(\alpha+\beta)^2-2\alpha\beta-2(\alpha+\beta)-2.$

又 $\because\ \alpha$、β 是方程 $x^2-x-2=0$ 的两根，

$\therefore\ \alpha+\beta=1$，$\alpha\beta=-2.$

$\therefore\ (\beta^2-2\alpha-1)+(\alpha^2-2\beta-1)=1^2-2\times(-2)-2\times1-2=1,$

$(\beta^2-2\alpha-1)\cdot(\alpha^2-2\beta-1)=(\alpha\beta)^2-2\alpha^3-2\beta^3+4\alpha\beta-\alpha^2-\beta^2+2\alpha+2\beta+1$

$=(\alpha\beta)^2+4\alpha\beta-2(\alpha^3+\beta^3)-(\alpha^2+\beta^2)+2(\alpha+\beta)+1$

$= (\alpha\beta)^2 + 4\alpha\beta - 2(\alpha+\beta)[(\alpha+\beta)^2 - 3\alpha\beta] - [(\alpha+\beta)^2 - 2\alpha\beta] + 2(\alpha+\beta) + 1$

$= (-2)^2 + 4\times(-2) - 2\times1\times[1^2 - 3\times(-2)] - [1^2 - 2\times(-2)] + 2\times1 + 1$

$= -20.$

$\therefore\ \beta^2 - 2\alpha + 1$，$\alpha^2 - 2\beta - 1$ 均为方程 $t^2 - t - 20 = 0$ 的两根.

由 $(t-5)(t+4) = 0$.

得，$t=5$，$t=-4$.

又$\because\ \alpha$、β 是方程 $x^2 - x - 2 = 0$ 的根，

$\therefore\ \alpha^2 - \alpha - 2 = 0$，$\beta^2 - \beta - 2 = 0$.

$\therefore\ \alpha^2 = \alpha + 2$，$\beta^2 = \beta + 2$.

$\therefore\ \alpha^2 - 2\beta - 1 = \alpha + 2 - 2\beta - 1 = \alpha + \beta - 3\beta + 1 = 2 - 3\beta$，

$\beta^2 - 2\alpha - 1 = \beta + 2 - 2\alpha - 1 = \alpha + \beta - 3\alpha + 1 = 2 - 3\alpha$.

$\because\ \alpha > \beta$，$\therefore\ -3\alpha < -3\beta$，$2 - 3\alpha < 2 - 3\beta$.

$\therefore\ \alpha^2 - 2\beta - 1 > \beta^2 - 2\alpha - 1$.

$\therefore\ \alpha^2 - 2\beta - 1 = 5$.

［说明］［解法一］、［解法二］均运用**“构造对称式”**，并利用韦达定理完成求解.

【解法三】$\because\ x^2 - x - 2 = 0$，

$\therefore\ (x-2)(x+1) = 0$. ①

$\because \alpha > \beta$，α、β 为方程①的两根，

$\therefore \alpha^2 - \alpha - 2 = 0$，$\alpha\beta = -2$，$\alpha + \beta = 1$.

又 $(\alpha - 2)(\beta + 1) = 0$，

$\alpha\beta + \alpha - 2\beta - 2 = 0$，

$-2\beta = -\alpha\beta - \alpha + 2$.

则 $\alpha^2 - 2\beta - 1 = \alpha^2 + (-\alpha\beta - \alpha + 2) - 1$

$= \alpha^2 - \alpha\beta - \alpha + 1$

$= (\alpha^2 - \alpha - 2) - \alpha\beta + 3$

$= (\alpha^2 - \alpha - 2) + (3 - \alpha\beta)$

$= 0 + 3 - (-2)$

$= 5$.

* 本解法运用等式的恒等变形及韦达定理完成求解.

问题 23：“捆、绑、插入” 巧运用，**“条件排列”** 轻巧解.

关于条件排列问题：

【定义】 排列时若有各种限制的条件，称为有条件排列.

下面我们举例说明解有条件排列的方法.

【例 75】 用 0 到 9 这十个数字，可以组成多少个没有重复数字的三位数？

【解法一】（分两步，先排百位上的数字，再排十位和个位上的数字）

百位上的数字只能从除 0 以外的 1 到 9 这九个数字中任选一个，有 P_9^1 种方法；

十位和个位数字，可以从余下的九个数字中任选两个做排列有 P_9^2 种方法. 根据乘法原理，共有

$P_9^1 \cdot P_9^2 = 9 \times 9 \times 8 = 648$（个）.

【解法二】（分三类：每一位数字都不是零；个位数字是零；十位数字是零）

每一位数字都不是零的有 P_9^3 个；

个位数字是零的有 P_9^2 个；

十位数字是零的有 P_9^2 个.

根据加法原理，共有

$P_9^3 + P_9^2 + \mathrm{P}_9^2 = 648$（个）

【解法三】

十个数字任取 3 个的排列数（全集 I）为 P_{10}^3，其中 0 为排头的排列数（$\bar{A}$）为 P_9^2. 因此，三位数的个数（A）为：

$P_{10}^3 - P_9^2 = 10 \times 9 \times 8 - 9 \times 8 = 9 \times 9 \times 8 = 648$（个）

答：可以组成 648 个没有重复数字的三位数.

（ I　$\bar{A}$　A　$A=I-\bar{A}$ ）

【小结】 对于有条件的排列，强调两个解题的方式：

（1）**先顾而再顾（法一）**——先排定有特殊要求的元素或位置，再

排定其他的元素或位置，体现了分步解决问题的思想.

（2）**不顾而后顾（法二）**——先求出全部的排列数（不考虑特别的要求），然后再剔除不符合要求的排列数（保证满足条件）.

【例 76】 男生四人，女生一人，排列演唱，其中女生不排首位，问有排法若干？

【解法一】（先顾而再顾）

$P_4^1 \cdot P_4^4 = 4 \times 4! = 96$（种）.

【解法二】（不顾而后顾）

$P_5^5 - P_4^4 = 5! - 4! = 4 \times 4! = 96$（种）.

答：共有排法 96 种.

【注】（1）不宜分类；（2）若女生要排在中间，其法若干？（请自己用两种方式写出算式）.

【例 77】 将 f，a，c，t，o，r，i，n，g 九个字母排列，首位必用子音，尾位必用母音，问其法若干？

【解】（先顾而再顾） 先排首位，可以从 f，c，t，r，n，g 六个子音字母中任取其一有 P_6^1 种方法；再排尾位可以从 a，i，o 三个母音字母中任取其一有 P_3^1 种方法；最后排其余 7 位. 可从余下七字母全取，有 P_7^7 种方法.

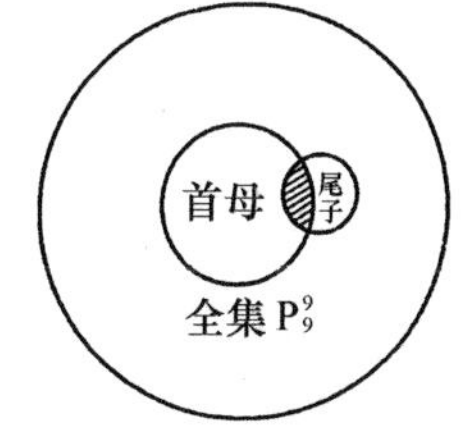

子音 P_6^1	其余 P_7^7	母音 P_3^1

所以共有排法为：$P_6^1 \cdot P_3^1 \cdot P_7^7 = 90720$（种）.

答：一共有 90720 种.

【注】 若“**不顾而后顾**”则…（学生要写出算式）

是否 $P_9^9 - P_3^1 \cdot P_8^8 - P_6^1 \cdot P_8^8$?（×）.

$\{首母\} \cap \{尾位\} \neq \varphi$，$(P_3^1 \cdot P_6^1 \cdot P_7^7)$

正确：$P_9^9 - P_3^1 \cdot P_8^8 - P_6^1 \cdot P_8^8 + P_3^1 \cdot P_6^1 \cdot P_7^7$.

【例 78】 男生四人，女生三人，排成一列，女生必须排在一起，问有若干种不同排法？

【解】 女生必须排在一起，先视为一体和男生四人共 5 个元素作全排列，对于这样的每一个排列，保持男生位置不变，三个女生作全排列可派生出 P_3^3 种.

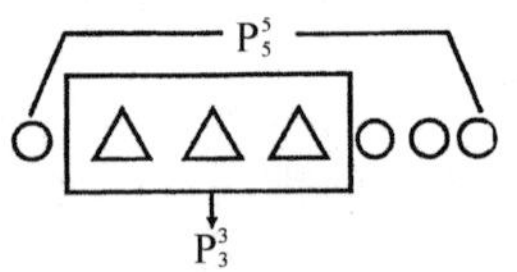

∴ 排列数为

$P_5^5 \times P_3^3 = 5! \times 3! = 720$（种）.

答：共有 720 种不同的排法.

【注】 解决“**相邻**”排列的常用方法是“**绑法**”；把要求相邻的元素“**绑**”在一起（**视为一体**）和其他元素作全排列，然后“**松绑**”（相邻元素作定位的全排列）.

【例 79】 八人排成一排，其中某特别三人 A、B、C 中有 2 人相邻之排法有几种？但三人在一起不计.

【解】（不顾而后顾）

（1）8 人全排列有 P_8^8 种；

（2）A、B、C 三人在一起（绑法）有 $P_6^6 \cdot P_3^3$ 种；

（3）A、B、C 不相邻（全部要隔开）有多少种呢？

我们可用“插入法”解决问题：首先排定除 A、B、C 外的其余 5 人共有 P_5^5 种方法，对于这样的每一种排法都有 6 个空隙从中任取 3 个插入 A、B、C（每个空隙只能插入一个元素），共有 P_6^3 种方法，于是共有 $P_5^5 \cdot P_6^3$ 种.

∴ 满足要求的排列数为

$P_8^8 - P_6^6 \cdot P_3^3 - P_5^5 \cdot P_6^3 = 21600$（种）.

答：满足要求的排列数是 21600 种.

【注】（1）解决“**不邻**”排列的常用方法是“**插入法**”：先排定要求不邻元素除外的其余元素，再把要求不邻的元素插入（**每个空隙只能插入 1 个元素**）.

（2）分类时，各类的交集一定空集，而各类的并集是全集（**不多不**

少），这就是分类要“全、清”的要求（不遗留不重复）.

（3）若 **“先顾而再顾”** 则……（请学生写出算式）.

问题 24：“以退求进” 探思路，**“解题步伐”** 健而稳.

华罗庚教授曾告诉我们：“善于‘退’，足够地‘退’，‘退’到最原始而不失去重要性的地方，是学好数学的一个诀窍.”又云：“先足够地退到我们最容易看清楚的地方，认透了，钻深了，然后再上去.”这就是以退求进的思想.

当我们在探求某些数学问题的解法时，碰到一些疑惑费解或难于入手的困难，不妨把复杂的问题退到较为简单易解的地步，从中找出能反映问题本质属性的东西，或获得答案，或产生解题灵感，以达到认识上的飞跃，使原问题化难为易而获解. 这种 **“以退求进”** 的思想是我们解证数学问题时的唯物辩证思想的一种体现.

（一）从抽象退到具体

【例 80】 函数 $f(x)$ 的定义域关于原点对称，且满足以下条件：

① x_1，x_2是 f（x）定义域中的数，且

$$f(x_1-x_2)=\frac{f(x_2)f(x_1)+1}{f(x_2)-f(x_1)}$$

② $f(a)=1(a>0)$；

③ 当 $0<x<2a$ 时，$f(x)>0$.

（1）判定 $f(x)$ 的奇偶性；

（2）判定 $f(x)$ 是否是周期函数，若是周期函数，求出周期.

（1986 年上海市高中数学竞赛试题）

【分析】 由条件①容易联想到两角差的余切公式

$$ctg(\alpha-\beta)=\frac{ctg\alpha ctg\beta+1}{ctg\beta-ctg\alpha}$$

由 $ctg\frac{\pi}{4}=1$，猜想 $a=\frac{\pi}{4}$. 不难发现题设条件类似余切函数的运算法则和性质，故可将题中的函数从抽象退到具体了，“退”为 $f(x)=ctgx$，由此猜想此题中的结论.

（1）$f(x)$ 为奇函数，

（2）y = ctgx 的周期为 $\pi = 4 \times \frac{\pi}{4}$，猜想 $f(x)$ 为周期函数，其期为 4a.

【证明】（1）令 $x = x_1 - x_2$，因为 $f(x)$ 的定义域关于原点对称，所以 $-x = x_2 - x_1$，也在其定义域内，且

$$f(-x) = f(x_2 - x_1) = \frac{f(x_1)f(x_2)+1}{f(x_1)-f(x_2)} = -\frac{f(x_1)f(x_2)+1}{f(x_2)-f(x_1)} = -f(x_1 - x_2) = -f(x).$$

故 $f(x)$ 为奇函数

（2）$\because f(a) = 1(a > 0)$

$$\therefore f(x+a) = \frac{f(x)f(-a)+1}{f(-a)-f(x)} = \frac{-f(x)f(a)+1}{-f(a)-f(x)} = \frac{1-f(x)}{-1-f(x)} = \frac{f(x)-1}{f(x)+1}.$$

$$\therefore f(x+2a) = f[(x+a)+a] = \frac{f(x+a)-1}{f(x+a)+1} = \frac{\frac{f(x)-1}{f(x)+1}-1}{\frac{f(x)-1}{f(x)+1}+1} = \frac{-2}{2f(x)} = -\frac{1}{f(x)}.$$

$$f(x+4a) = f[(x+2a)+2a] = -\frac{1}{f(x+2a)} = f(x).$$

$\therefore f(x)$ 为周期函数，且其周期为 4a.

【注】在构造具体模型时一定要注意不要改变问题的实质性条件.

在解题过程中，将抽象问题退到具体问题，仅有利于启迪思维，找到抽象问题的具体模型. 但在具体解题过程中仍应就其抽象性进行严格论证.

（二）从一般退到特殊

由于共性寓于事物的个性之中，对于有些较复杂的问题，当从一般角度难以解决时，我们可以通过考察和研究它的特殊情况，去探求发现规律和解题方法.

【例 81】 当 m 取不同的实数时，方程 $4x^2 + 5y^2 - 8mx - 20my + 24m^2 - 20 = 0$ 表示不同的椭圆. 试求一直线，使被这些椭圆上截得的线段长都为 $\frac{5\sqrt{5}}{3}$.

【**解**】配方，得椭圆的标准方程

$$\frac{(x-m)^2}{5}+\frac{(y-2m)}{4}=1.$$

可知其中心轨迹为直线 $y=2x$，故与该直线平行的直线在这些椭圆上截得的线段都相等.

设所求的直线为 $y=2x+b$，依题设要求，椭圆系中的每一椭圆在直线 $y=2x+b$ 上截得的弦长都为 $\frac{5\sqrt{5}}{3}$，不妨取其中的一个特殊位置的椭圆，其中心在原点（即 $m=0$），方程为 $\frac{x^2}{5}+\frac{y^2}{4}=1$.

由 $\begin{cases} y=2x+b, \\ \frac{x^2}{5}+\frac{y^2}{4}=1, \end{cases}$

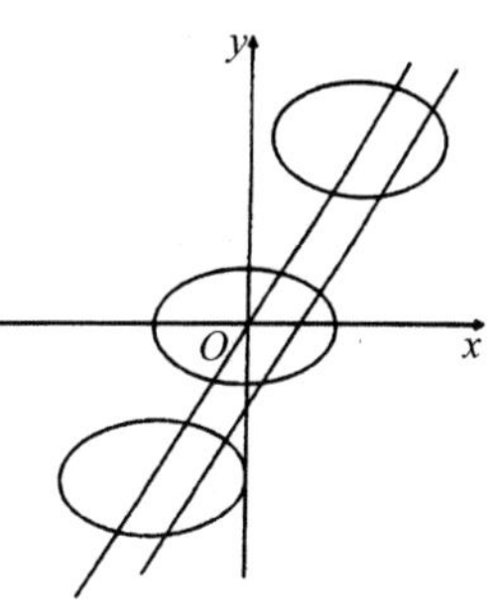

消去 y，得

$24x^2+20bx+5b^2-20=0$.

弦长 $d=\sqrt{(x_1-x_2)^2+(y_1-y_2)^2}=\sqrt{5}\,|x_1-x_2|=\sqrt{5}\cdot\sqrt{(x_1+x_2)^2-4x_1x_2}$

$$=\sqrt{5}\cdot\sqrt{\left(\frac{-20b}{24}\right)^2-4\times\frac{5b^2-20}{24}}$$

$$=\frac{\sqrt{5}}{6}\sqrt{120-5b^2}.$$

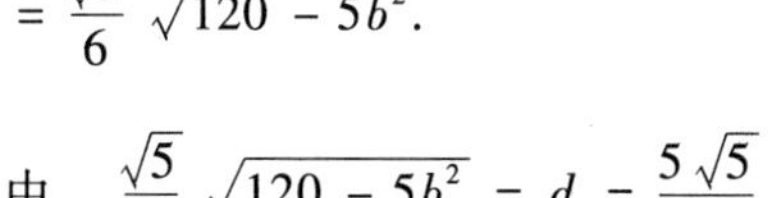

由 $\frac{\sqrt{5}}{6}\sqrt{120-5b^2}=d=\frac{5\sqrt{5}}{3}$,

解得 $b=\pm 2$.

故所求直线方程为

$$y=2x\pm 2$$

【**注**】这里是将椭圆系中的图形特殊化，在取特殊位置时既不失一般性，又便于计算.

【**例 82**】椭圆 $\frac{x^2}{a^2}+\frac{y^2}{b^2}=1$（$a>0$，$b>0$）的切线交 x 轴于 A，交 y 轴于 B，则｜AB｜的最小值为（　）.

（A）$2\sqrt{a^2+b^2}$　（b）$a+b$　（c）$\sqrt{2ab}$　（d）$4\sqrt{ab}$

【分析】 将椭圆的一般情况退到特例——圆. 令 a = b = 1（再一次特殊化），即如图的单位圆情况. 点 C 为切点，易见

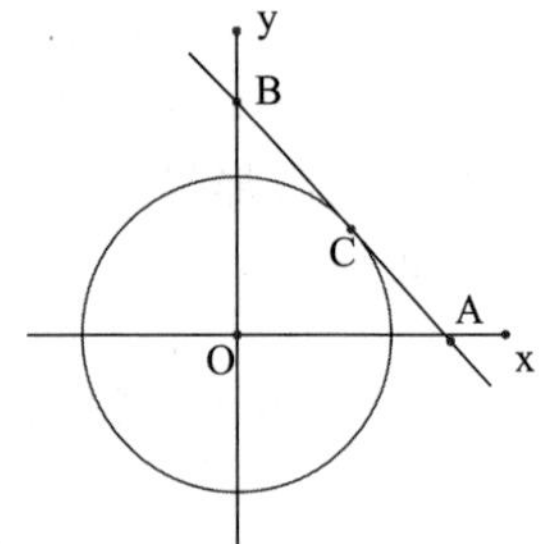

$$
\begin{aligned}
|AB| &= |AC| + |BC| \\
&\geqslant 2\sqrt{|AC|\cdot|BC|} \\
&= 2\sqrt{|OC|^2} = 2.
\end{aligned}
$$

即当 a = b = 1 时，$|AB|_{\min} = 2$. 在四个选择支中，仅有 a + b = 1 + 1 = 2.

【解】 答案为（b）.

【注】 这里采用的赋值法和图形特殊化都是从一般退到特殊的常用方法. 特别是对选择题采用这种方法能产生简洁明快的效果.

（三）从多元（项）退到少元（项）

对元素较多，呈现的情况较复杂的问题，我们可以先从元素较少的简单情况进行研究，然后以此为起点去解答较多元素的原题，它常能起到**"退一步，进两步"**的作用.

【例 83】 若 a，b，c 均不为 0，求 $\frac{a}{|a|}+\frac{b}{|b|}+\frac{c}{|c|}$ 之值.

【思考】 本解求解的拦路处是**"绝对值"**，如何去绝对值，便是解答问题的关键.

为此，指导学生**"退一步"**，先研究 $\frac{a}{|a|}$ 的值.

当 a > 0 时，$\frac{a}{|a|}=\frac{a}{a}=1$；

当 a < 0 时，$\frac{a}{|a|}=\frac{a}{-a}=-1$.

告诉学生，数学家**华罗庚**先生曾经指出，**"善于'退'，足够地'退'，'退'到最原始而不失去重要性的地方，是学好数学的一个诀窍！"——以退求进！**

求出 $\frac{a}{|a|}$ 之值后，鼓励学生顺藤摸瓜，按照上述求 $\frac{a}{|a|}$ 时所运用的**"数学的分类思想"**，便可以**"进一步"**求出 $\frac{a}{|a|}+\frac{b}{|b|}$ 的值.

当 a >0，且 b >0 时，$\frac{a}{|a|}+\frac{b}{|b|}=\frac{a}{a}+\frac{b}{b}=1+1=2$；

当 a >0，且 b <0 时，$\frac{a}{|a|}+\frac{b}{|b|}=\frac{a}{a}+\frac{b}{-b}=1-1=0$；

当 a <0，且 b >0 时，$\frac{a}{|a|}+\frac{b}{|b|}=\frac{a}{-a}+\frac{b}{b}=-1+1=0$；

当 a <0，且 b <0 时，$\frac{a}{|a|}+\frac{b}{|b|}=\frac{a}{-a}+\frac{b}{-b}=-1-1=-2$.

进而鼓励学生，一鼓作气，用“**分类讨论法**”，求出 $\frac{a}{|a|}+\frac{b}{|b|}+\frac{c}{|c|}$ 的值.

（1）当 a >0，且 b >0，且 c >0 时，$\frac{a}{|a|}+\frac{b}{|b|}+\frac{c}{|c|}=\frac{a}{a}+\frac{b}{b}+\frac{c}{c}$ $=1+1+1=3$；

（2）当 a >0，且 b >0，且 c <0 时，$\frac{a}{|a|}+\frac{b}{|b|}+\frac{c}{|c|}=\frac{a}{a}+\frac{b}{b}+\frac{c}{-c}$ $=1+1-1=1$；

当 a >0，且 b <0，且 c >0 时，$\frac{a}{|a|}+\frac{b}{|b|}+\frac{c}{|c|}=\frac{a}{a}+\frac{b}{-b}+\frac{c}{c}$ $=1-1+1=1$；

当 a <0，且 b >0，且 c >0 时，$\frac{a}{|a|}+\frac{b}{|b|}+\frac{c}{|c|}=\frac{a}{-a}+\frac{b}{b}+\frac{c}{c}$ $=-1+1+1=1$；

（3）当 a >0，且 b <0，且 c <0 时，$\frac{a}{|a|}+\frac{b}{|b|}+\frac{c}{|c|}=\frac{a}{a}+\frac{b}{-b}+\frac{c}{-c}$ $=1-1-1=-1$；

当 a <0，且 b <0，且 c >0 时，$\frac{a}{|a|}+\frac{b}{|b|}+\frac{c}{|c|}=\frac{a}{-a}+\frac{b}{-b}+\frac{c}{c}$ $=-1-1+1=-1$；

当 a <0，且 b >0，且 c >0 时，$\frac{a}{|a|}+\frac{b}{|b|}+\frac{c}{|c|}=\frac{a}{-a}+\frac{b}{b}+\frac{c}{-c}$ $=-1+1-1=-1$；

（4）当 a <0，且 b <0，且 c <0 时，$\frac{a}{|a|}+\frac{b}{|b|}+\frac{c}{|c|}=\frac{a}{-a}+\frac{b}{-b}+\frac{c}{-c}$ $=-1-1-1=-3$.

针对不同层次的学生，本题可改为求 $\frac{a}{|a|}$ 之值. 对于高水平的学生，又可以进一步提出求 $\frac{a}{|a|}+\frac{b}{|b|}+\frac{c}{|c|}+\frac{d}{|d|}$ 之值. 甚至可以提出探求 $\frac{a_1}{|a_1|}+\frac{a_2}{|a_2|}+\frac{a_3}{|a_3|}+\cdots+\frac{a_{n-1}}{|a_{n-1}|}+\frac{a_n}{|a_n|}$ 之值的问题，这也是分层教学所需要的.

上述解法的探求中，**渗透了“数学的分类思想”的运用，也运用了“以退为进”，“顺藤摸瓜”的思维方法，**有利于培养学生的分析问题，解决问题的能力.

用**“分类思想”**，结合**“退一步，进两步”**的**“战术”**，解含绝对值的数学问题，极为漂亮！

【例 84】设 $0<\alpha_1<\alpha_2<\cdots<\alpha_n<\frac{\pi}{2}$，其中 $n\geqslant 2$.

【求证】$tga_1<\frac{\sin\alpha_1+\sin\alpha_2+\cdots+\sin\alpha_n}{\cos\alpha_1+\cos\alpha_2+\cdots+\cos\alpha_n}<tg\alpha_n$.

【分析】由于变元较多，难于下手，先退为二元考虑，即 $0<\alpha_1<\alpha_2<\frac{\pi}{2}$，求证：$tg\alpha_1<\frac{\sin\alpha_1+\sin\alpha_2}{\cos\alpha_1+\cos\alpha_2}<tg\alpha_2$，只要证得 $\frac{\sin\alpha_1}{\cos\alpha_1}<\frac{\sin\alpha_1+\sin\alpha_2}{\cos\alpha_1+\cos\alpha_2}<\frac{\sin\alpha_2}{\cos\alpha_2}$ 就行，这是不难办到的.

$\because 0<\alpha_1<\alpha_2<\frac{\pi}{2}$，

$\therefore 0<\sin\alpha_1<\sin\alpha_2, \cos\alpha_1>\cos\alpha_2>0$，

$\therefore 0<2\sin\alpha_1<\sin\alpha_1+\sin\alpha_2<2\sin\alpha_2$，

$2\cos\alpha_1>\cos\alpha_1+\cos\alpha_2>2\cos\alpha_2>0$.

故 $\frac{2\sin\alpha_1}{2\cos\alpha_1}<\frac{\sin\alpha_1+\sin\alpha_2}{\cos\alpha_1+\cos\alpha_2}<\frac{2\sin\alpha_2}{2\cos\alpha_2}$，

即 $tg\alpha_1<\frac{\sin\alpha_1+\sin\alpha_2}{\cos\alpha_1+\cos\alpha_2}<tg\alpha_2$.

这样就开启了原题证明的诀窍.

【证明】$\because 0<\alpha_1<\alpha_2<\cdots<\alpha_n<\frac{\pi}{2}$，

$\therefore 0<\sin\alpha_1<\sin\alpha_2<\cdots<\sin\alpha_n$，

$\cos\alpha_1 > \cos\alpha_2 > \cdots > \cos\alpha_n > 0$;

$\therefore\ 0 < n\sin\alpha_1 < \sin\alpha_1 + \sin\alpha_2 + \cdots + \sin\alpha_n < n\sin\alpha_n$,

$n\cos\alpha_1 < \cos\alpha_1 + \cos\alpha_2 + \cdots + \cos\alpha_n > n\cos\alpha_n > 0$;

$$\therefore\ tg\alpha_1 < \frac{\sin\alpha_1 + \sin\alpha_2 + \cdots + \sin\alpha_n}{\cos\alpha_1 + \cos\alpha_2 + \cdots + \cos\alpha_n} < tg\alpha_n.$$

【注】 对那些涉及自然数 n 的这类“多元”问题，有时也可以用数学归纳法来解，这里就不举例了.

【例 85】 对每个锐角三角形，三锐角分别为 α,β,γ，$tg\alpha tg\beta tg\gamma \geqslant \sqrt{3}$，当且仅当三角形为正三角形时等号成立.

【证明】 先研究 $tg\alpha$，$tg\beta$ 的情况.

在以 α,β 为内角的锐角三角形中，有

$$tg(\alpha+\beta) = \frac{tg\alpha + tg\beta}{1 - tg\alpha tg\beta}.$$

又 $tg(\alpha+\beta) = tg(180° - \gamma) = -tg\gamma$（其中 γ 为锐角三角形中的又一内角），

$$\therefore\ -tg\gamma = \frac{tg\alpha + tg\beta}{1 - tg\alpha tg\beta}.$$

则 $tg\alpha \cdot tg\beta \cdot tg\gamma = tg\alpha + tg\beta + tg\gamma$

$$\geqslant 3\sqrt[3]{tg\alpha \cdot tg\beta \cdot tg\gamma}.$$

故 $tg^3\alpha \cdot tg^3\beta \cdot tg^3\gamma = 27 tg\alpha \cdot tg\beta \cdot tg\gamma$.

从而有

$tg\alpha tg\beta tg\gamma \geqslant 3\sqrt{3}$（当且仅当三角形为正三角形的等号成立）.

（四）从高维退到低维

在解答高维空间的有关问题时，我们常把它退到低维空间上来考虑，然后利用在低维空间所获得的启示再去解答高维空间的问题，这种方法尤其在立体几何中用得较多.

【例 86】 空间有 n 个平面，每三个平面交于一点，但无四面共点，试问：这些平面将空间分成几部分?

【分析】 **“先退一步”**：“平面内有 n 条直线，每两条直线交于一点，无三条直线共点情况，问，这些直线将平面分成多少个部分?”

“再退一步”：“直线上有 n 个点，这 n 个点把直线分成多少个部分?”

这时容易找到答案，n 个点把直线分成 n+1 个部分，记为 $f_1(n)=n+1$.

以此为基础，我们再来寻求解答.

【解】一条直线分平面为两部分. 设 n 条直线分平面为 $f_2(n)$ 部分. 再添一直线，与前 n 条直线相交，依 $f_1(n)$ 知，要增加 n+1 部分，即

$$f_2(n+1)=f_2(n)+n+1，其中 f_2(1)=2，$$

于是 $f_2(n+1)-f_2(n)=n+1$

$\therefore$ $f_2(n)=f_2(1)+[f_2(2)-f_2(1)]+[f_2(3)-f_2(2)]+\cdots+[f_2(n-1)-f_2(n-2)]+[f_2(n)-f_2(n-1)]$

$$=2+2+3+\cdots(n-1)+n$$

$$=1+\frac{1}{2}n(n+1)=\frac{1}{2}(n^2+n+2).$$

又，一个平面分空间为两部分，设 n 个平面分空间为几 $f_3(n)$ 部分，再添一个平面则与前 n 个平面相交，依 $f_2(n)$ 知，要增加 $\frac{1}{2}(n^2+n+2)$ 部分.

即 $f_3(n+1)=f_3(n)+\frac{1}{2}(n^2+n+2)$，其中 $f_3(1)=2$.

于是 $f_3(n+1)-f_3(n)=\frac{1}{2}(n^2+n+2)$.

$\therefore$ $f_3(n)=f_3(1)+[f_3(2)-f_3(1)]+f_3(3)-f_3(2)]+\cdots+[f_3(n-1)-f_3(n-2)]+[f_3(n)-f_3(n-1)]$

$$=2+\sum_{i=1}^{n-1}[f_3(i+1)-f_3(i)]$$

$$=2+\frac{1}{2}\sum_{i=1}^{n-1}(i^2+i+2)$$

$$=2+\frac{1}{2}\sum_{i=1}^{n-1}i^2+\frac{1}{2}\sum_{i=1}^{n-1}i+\sum_{i=1}^{n-1}1$$

$$=2+\frac{1}{2}\times\frac{1}{6}(n-1)n(2n-1)+\frac{1}{4}(n-1)n+(n-1)$$

$$=\frac{1}{6}(n^3+5n+6).$$

故 n 个平面将空间分成 $\frac{1}{6}(n^3+5n+6)$ 个部分.

【注】这里作了“**大踏步的退**”，从空间退到平面，再退到直线，然后再一步一步地进到原来的空间问题上，颇具一定的代表性和典型性.

至于涉及解方程（组）中的降维思想这是大家在初中教学中就早已熟悉的问题，就不必浪费笔墨了.

【例 87】若 n 为大于 2 的整数，则对任意直角三角形，a、b 为直角边，c 为斜边，则 $a^n + b^n < c^n$.

【证明】在直角三角形中，c > a，c > b，且 $a^2 + b^2 = c^2$；又 n > 2，

从而有 $c^{n-2} > a^{n-2}$，$c^{n-2} > b^{n-2}$，

$$\therefore \quad c^n = c^2 \cdot c^{n-2} = (a^2 + b^2) \cdot c^{n-2} = a^2 \cdot c^{n-2} + b^2 \cdot c^{n-2}$$

$$> a^2 \cdot a^{n-2} + b^2 \cdot b^{n-2} = a^n + b^n.$$

故 $\quad a^n + b^n < c^n$.

（五）从整体退到局部

有些数学问题，如果从整体上不便解决，可先研究其局部. 如果局部问得以解决，常常能促使问题整体得以解决.

【例 88】在锐角 $\triangle ABC$ 中，求证：

$\sin A + \sin B + \sin C > \cos A + \cos B + \cos C$.

【分析】本题看起来似乎很简单，但从整体上解答比较难于入手，由三个内角的和为 π，以及三角函数间的转换关系，我们可从局部（从一个角的三角函数式或两个角的三角函数式）着手处理.

【证明 1】$\because$ $\triangle ABC$ 为锐角三角形，

$\therefore A < \dfrac{\pi}{2}, B < \dfrac{\pi}{2}, C < \dfrac{\pi}{2}, A + B = \pi - C > \dfrac{\pi}{2}$,

则 $0 < \dfrac{\pi}{2} - B < A < \dfrac{\pi}{2}$;

依正弦函数在 $[0,\dfrac{\pi}{2}]$ 的增减性知，

$$\sin A > \sin\left(\frac{\pi}{2} - B\right) = \cos B;$$

同理，$\sin B > \cos C$，$\sin C > \cos A$；

三式相加即得

$$\sin A + \sin B + \sin C > \cos A + \cos B + \cos C.$$

【证明 2】$\because \sin A+\cos B=2\sin\frac{A+B}{2}\cos\frac{A-B}{2}$

$$=2\cos\frac{C}{2}\cos\frac{A-B}{2}.$$

$$\cos A+\cos B=2\cos\frac{A+B}{2}\cos\frac{A-B}{2}=2\sin\frac{C}{2}\cos\frac{A-B}{2}.$$

$\therefore (\sin A+\sin B)-(\cos A+\cos B)=2(\cos\frac{C}{2}-\sin\frac{C}{2})\cos\frac{A-B}{2}.$

$\because 0<\frac{C}{2}<\frac{\pi}{4}$, $\therefore \cos\frac{C}{2}>\sin\frac{C}{2}>0.$

又 $-\frac{\pi}{4}<\frac{A-B}{2}<\frac{\pi}{4}$, $\therefore \cos\frac{A-B}{2}>0.$

$\therefore (\sin A+\sin B)-(\cos A+\cos B)>0,$

$\therefore \sin A+\sin B>\cos A+\cos B.$

同理 $\sin B+\sin C>\cos B+\cos C$，$\sin C+\sin A>\cos C+\cos A.$

将三式左右两边分别相加，约去 2，即得证.

【注】这种方法在涉及三角形三内角的三角函数关系式的问题中经常用到. 由此可见 **“整体退到局部”的思想方法之一斑**.

问题 25：**“以数助形”**方法多，**“解析方法”**属典范.

【例 89】在等腰直角三角形 ABC 中，P 为斜边 BC 的中点，D 为 BC 上任一点，$DE\perp AB$，$DF\perp AC$，E、F 为垂足，则 $PE\perp PF$.

【证明】坐标系的选取如图 1，设等腰三角三角形的腰长为 $2a$，则有 $B(2a, 0)$，$C(0, 2a)$.

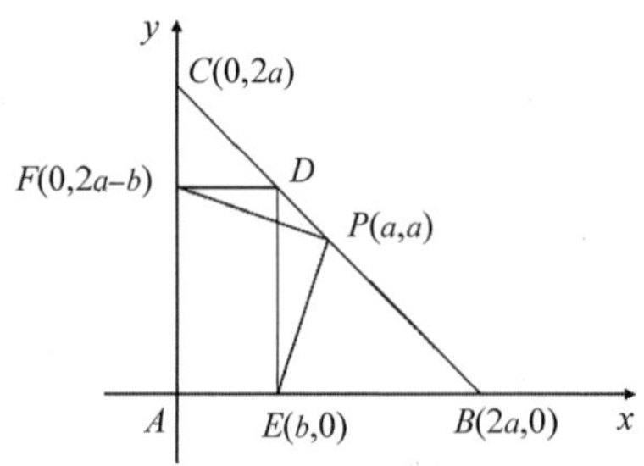

$\because DF\perp AC$，$\therefore \triangle CFD$ 也是等腰直角三角形，设它的腰长为 b.

∵ $DE \perp AB$，则 $|AE| = |FD| = b$，$|AF| = |AC| - |FC| = 2a - b$.

故有 $E\ (b,\ 0)$，$F\ (0,\ 2a - b)$.

∵ P 为 BC 的中点，∴ 有 $P\ (a,\ a)$

∵ $k_{PE} = \dfrac{a}{a-b}, K_{PF} = \dfrac{a-(2a-b)}{a} = \dfrac{b-a}{a}$.

∴ $k_{PE} \cdot K_{PF} \dfrac{a}{a-b} \cdot \dfrac{b-a}{a} = -1$.

故 $PE \perp PF$.

【例 90】 $ABCD$ 为正方形，在 AB 边上任取一点 E，作 $EF \perp ED$，与 $\angle B$ 的外角平分线交于 F，则 $ED = EF$.

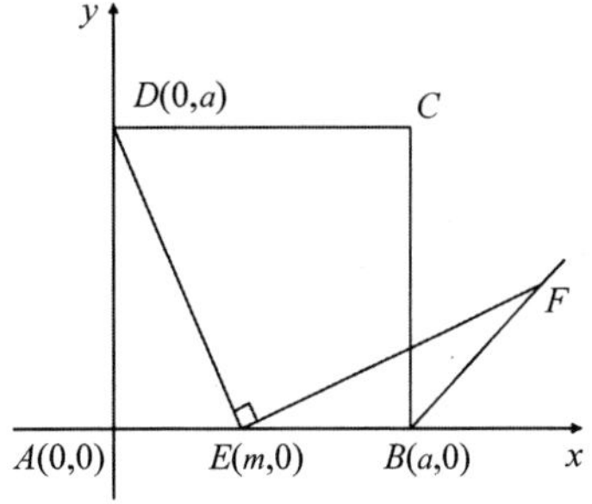

【证明】 坐标系的选取如图 2 所示，设正方形的边长为 a，则有

$A\ (0,\ 0)$，$B\ (a,\ 0)$，$D\ (0,\ a)$.

设 E 点的坐标为 $(m,\ 0)$，则

$DE^2 = a^2 + m^2$.

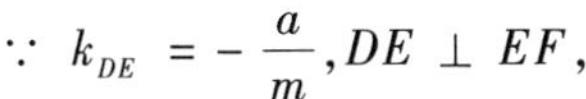

∵ $k_{DE} = -\dfrac{a}{m}, DE \perp EF$,

∴ $k_{EF} = \dfrac{m}{a}$.

直线 EF 的方程为 $y = \dfrac{m}{a}(x - m)$. ①

又 $\angle B$ 的外角平分线的方程是 $y = x - a$. ②

解由①、②组成的方程组

$$\begin{cases} y = \dfrac{m}{a}(x-m), \\ y = x - a, \end{cases} \text{得} \begin{cases} x = a + m, \\ y = m. \end{cases}$$

∴ 有 $F\ (a + m,\ m)$，故 $EF^2 = (a + m - m)^2 + m^2 = a^2 + m^2$.

可见 $ED^2 = EF^2$，∴ $ED = EF$.

【例 91】 $\triangle ABC$ 一边 BC 延长至 D，使 $CD = BC$，自 B 作 BC 的垂线与 DA 的延长线交于 E，若 $AD = 3AE$，问 $\triangle ABC$ 是何种三角形？

【解】 坐标系的选取如图 3 所示，设 B，C 的坐标分别为 $B\ (0,\ 0)$，

$C\ (b,\ 0)$.

$\because\ CD=BC$，$\therefore$ 有 $D\ (2b,\ 0)$，又设 E 的坐标为 $E\ (0,\ a)$.

$\because\ AD=3AE$，$\therefore$ 由线段定比分点公式，可得 A 点的坐标：

$$\begin{cases} x = \dfrac{2b+3\times 0}{1+3} = \dfrac{b}{2}, \\ y = \dfrac{0+3a}{1+3} = \dfrac{3}{4}a. \end{cases}$$

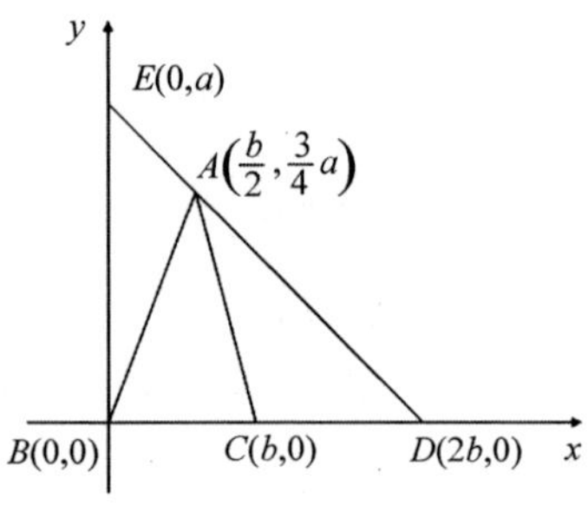

$\therefore$ 有 $A(\dfrac{b}{2},\dfrac{3}{4}a)$.

$\therefore\ AB^2 = \dfrac{b^2}{4}+\dfrac{9}{16}a^2, AC^2 = \dfrac{b^2}{4}+\dfrac{9}{16}a^2.$

故 $AB^2=AC^2$，即 $AB=AC$.

$\therefore\ \triangle ABC$ 是等腰三角形.

【例 92】 AD 为 $\triangle ABC$ 的中线，若 $AB>AC$，则 $\angle BAD < \angle CAD$.

【证明】 以 D 为原点，BC 为 x 轴建立直角坐标系如图 4，设 A、B、C 各点坐标分别为 $(a,\ b)$、$(-c,\ 0)$、$(c,\ 0)$（a、b、c 均为正数），则

$$k_{AB} = \frac{b}{a+c}, k_{AD} = \frac{b}{a}, k_{AC} = \frac{b}{a-c},$$

于是 $tg\angle BAD = \dfrac{k_{AD}-k_{AB}}{1+k_{AD}\cdot k_{AB}} = \dfrac{bc}{a^2+b^2+ac}$;

$tg\angle CAD = \dfrac{k_{AC}-k_{AD}}{1+k_{AC}\cdot k_{AD}} = \dfrac{bc}{a^2+b^2-ac}$.

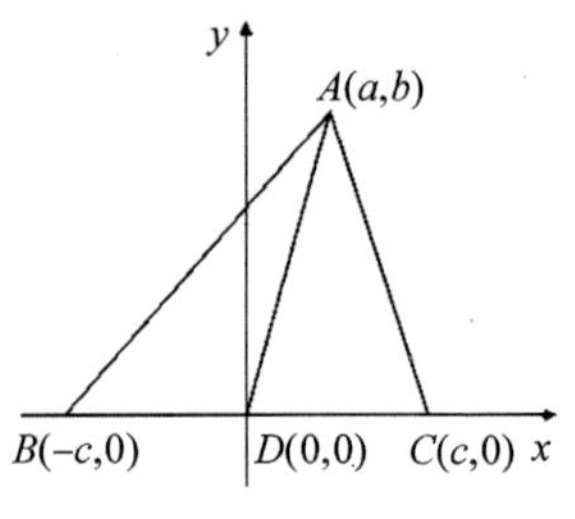

$\because\ AB>AC$,

$\therefore\ \sqrt{(a+c)^2+b^2} > \sqrt{(a-c)^2+b^2}$,

$\therefore\ ac > -ac, a^2+b^2+ac > a^2+b^2-ac.$

$\therefore\ \dfrac{bc}{a^2+b^2+ac} < \dfrac{bc}{a^2+b^2-ac}.$

则 $\mathrm{tg}\angle BAD < \mathrm{tg}\angle CAD$

由于 $\angle BAD$ 与 $\angle CAD$ 都小于 $180°$，

故 $\angle BAD < \angle CAD$

【例 93】 圆 O 的半径是 r，AB、CD 是过圆心 O 的两条直线，并且互相垂直，圆 O 的任意切线分别与直线 AB、CD 相交于 E、F，求证：OE^{-2}

$+\ OF^{-2}$是定值.

【分析】这是合肥市1979年初中数学竞赛试题中的一个平面几何题，现在试用解析法证明.

【证明】选互相垂直的两直线AB、CD分别为x，y轴，圆心O为原点，建立坐标系如图，显然，$\odot O$的方程是$x^2+y^2=r^2$.

设$\odot O$任意一切线的切点为$G(x_0, y_0)$，则切线的方程为

$$x_0x+y_0y=r^2.$$

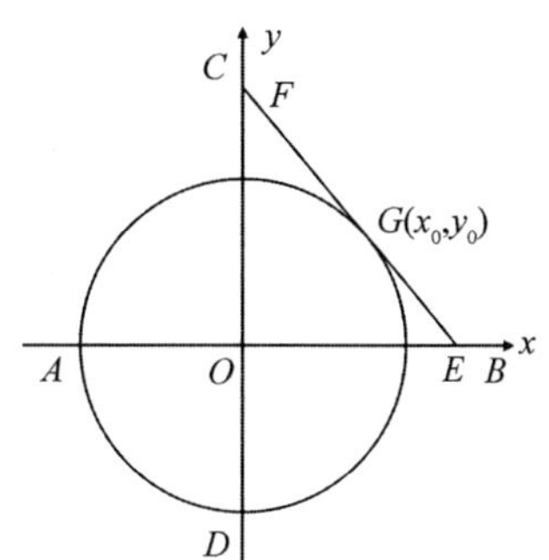

$\because$ G在$\odot O$上，$\therefore$ 有$x_0{}^2+y_0{}^2=r^2$.

在方程$x_0x+y_0y=r^2$中，

令$x=0$，得$y=\dfrac{r^2}{y_0}$，有$F(0,\dfrac{r^2}{y_0})$；

令$y=0$，得$x=\dfrac{r^2}{x_0}$，$\therefore$ 有$E(\dfrac{r^2}{x_0},0)$.

故$OE^2=\dfrac{r^4}{x_0{}^2}$，$OF^2=\dfrac{r^4}{y_0{}^2}$.

$\therefore$ $OE^{-2}+OF^{-2}=\dfrac{1}{OE^2}+\dfrac{1}{OF^2}=\dfrac{x_0{}^2+y_0{}^2}{r^4}=\dfrac{r^2}{r^4}=\dfrac{1}{r^2}$为定值.

【例94】设$a_1,a_2,b_1,b_2\in R$，证明：

$$\sqrt{a_1^2+a_2^2}+\sqrt{b_1^2+b_2^2}\geqslant\sqrt{(a_1-b_1)^2+(a_2-b_2)^2}.$$

【分析】对于这种无理不等式，转化成有理不等式来证，当然不失为一条思路. 但由于原不等式涉及的根式较多，将会使这种转化工作十分困难. 如果我们联想到平面上两点间距离的公式，则会得到十分简便的证法.

【证明】$\because$ $\sqrt{a_1^2+a_2^2}+\sqrt{b_1^2+b_2^2}=\sqrt{(a_1-0)^2+(a_2-0)^2}+\sqrt{(b_1-0)^2+(b_2-0)^2}$,

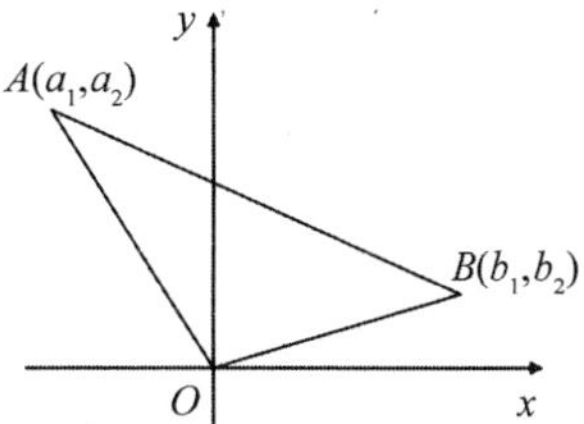

$\therefore$ 原不等式左边的几何意义是表示点$A(a_1, a_2)$和$B(b_1, b_2)$到原点$O(0, 0)$的距离之和（如图）. 而不等式左边则表示点A、B间的距离.

根据三角形两边之和大于第三边，有

$|OA|+|OB|\geqslant|AB|$（仅当O、A、B三点

共线时取等号).

$\therefore\ \sqrt{a_1^2+a_2^2}+\sqrt{b_1^2+b_2^2}\geqslant\sqrt{(a_1-b_1)^2+(a_2-b_2)^2}$(当且仅当 O，A，B 三点共线，$a_1=kb_1, a_2=kb_2, k\in R$ 时，取等号).

【例 95】如图，P 是正方形 $ABCD$ 内一点，$PA=5$，$PB=8$，$PC=13$. 求正方形 $ABCD$ 的面积.

【思路】显然本例即要求正方形的一边长. 题中给出了若干线段长，若设正方形的边长为 a，则 a 要借助这些线段长来求出. 为此，可借助这些线段长建立有关 a 的方程来求. 显然可由解析法入手.

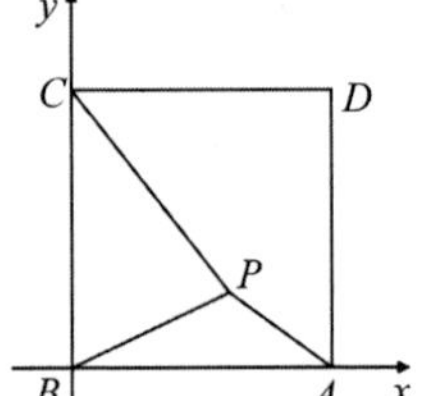

【解】如图，以点 B 为原点，BA 方向为 x 轴正方向建立直角坐标系. 设 A 的坐标为 $A(a, O)$，则 C 的坐标为 $C(O, a)$、D 的坐标为 $D(a, a)$. 又设 P 的坐标为 $P(x, y)$，则由 $PA=5$，得

$$(x-a)^2+y^2=5^2; \quad ①$$

由 $PB=8$，得

$$x^2+y^2=8^2; \quad ②$$

由 $PC=13$，得

$$x^2+(y-a)^2=13^2. \quad ③$$

将②与①、③联立分别得

$$x=\frac{a^2+39}{2a}, y=\frac{a^2-105}{2a}.$$

再代入②，得

$$\left(\frac{a^2+39}{2a}\right)^2+\left(\frac{a^2-105}{2a}\right)^2=8^2.$$

解得 $a^2=153$ 或 $a^2=41$.

因为 $AC>PC$，所以 $\sqrt{2}a>13$，则 $a^2>84.5$.

所以 $a^2=153$，即正方形 ABCD 面积为 $a^2=153$.

【例 96】P 为平行四边形 $ABCD$ 内不在对角线 BD 上的任意一点，则 $\triangle PBD$ 的面积等于 $\triangle PCD$ 与 $\triangle PDA$ 面积之差.

【证明】以 B 为原点，BC 为 x 轴建立直角坐标系如图 8. 设 C、A、D 各点的坐标分别为 (a, O)、(b, c)、$(a+b, c)$，点 P 的坐标为 (m, n)，则

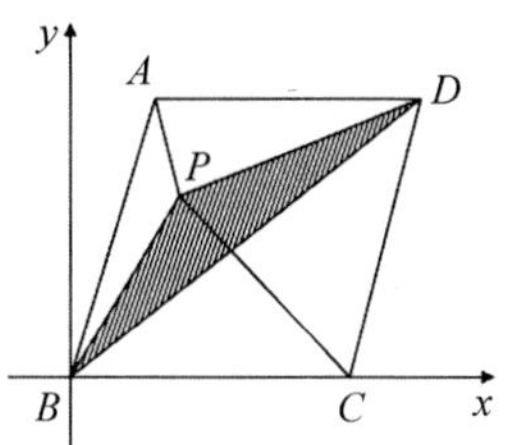

$$S_{\Delta PBD}=\frac{1}{2}\begin{vmatrix} m & n & 1\\ 0 & 0 & 1\\ a+b & c & 1\end{vmatrix}=\frac{1}{2}|(a+b)n-cm|.$$

$$S_{\Delta PCD}-S_{\Delta PDA}=\frac{1}{2}\left(\begin{vmatrix} m & n & 1\\ a & 0 & 1\\ a+b & c & 1\end{vmatrix}-\begin{vmatrix} m & n & 1\\ a+b & c & 1\\ b & c & 1\end{vmatrix}\right)\text{的绝值}$$

$=\frac{1}{2}|(ac+an+bn-cm-an)-(cm+ac+bc+bn-bc-cm-an-bn)|$

$=\frac{1}{2}|(a+b)n-cm|.$

故 $S_{\Delta BPD}=S_{\Delta CPD}-S_{\Delta APD}$.

【例 97】 经过定点 $A(3,2)$ 的一条动直线交 x，y 轴于 M，N，Q 是 MN 的中点，连 OQ 并延长到 P，使 $QP=OQ$，求 P 点的轨迹方程.

【解】 设 P 点坐标为 (x, y) 如图.

$\because$ $QP=OQ$，即 Q 是 OP 的中点，

$\therefore$ 有 $Q\left(\frac{x}{2},\frac{y}{2}\right)$.

而 Q 又是 MN 的中点，

又有 $M(x, 0)$，$n(0, y)$，

$\because$ N、Q、A、M 在一条直线上，

$\therefore$ $K_{MA}=K_{QA}$.

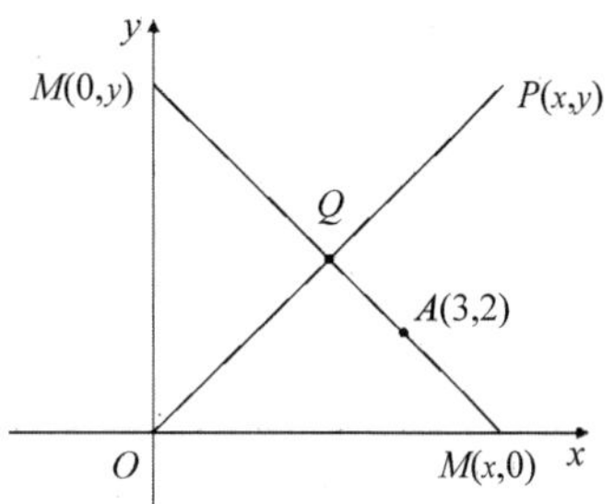

而 $K_{MA}=\frac{2}{3-x}, K_{QA}=\frac{\frac{y}{2}-2}{\frac{x}{2}-3}=\frac{y-4}{x-6}$.

$\therefore \dfrac{2}{3-x}=\dfrac{y-4}{x-6}$，则 $2x-12=3y-12-xy+4x$.

化简，得 $xy-2x-3y=0$.

这就是 P 点的轨迹方程.

【例98】一动点 P 到两定点 A、B 的距离之比等于 $\lambda(\lambda\neq 1)$，求动点 P 的轨迹.

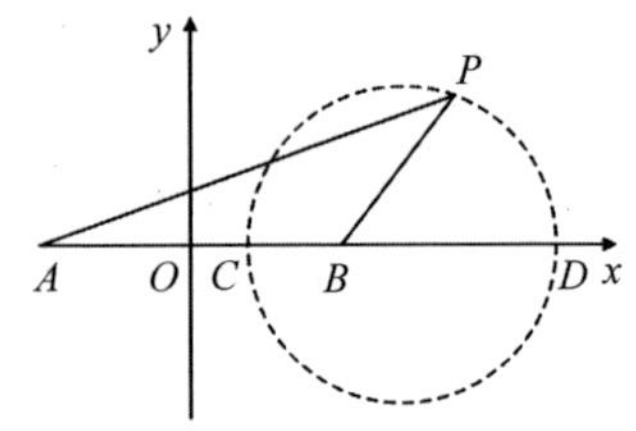

【解】以 AB 的中点 O 为原点，直线 AB 为 x 轴建立直角坐标系如图所示，若 $|AB|=2a$，则 A、B 两点的坐标分别为（$-a$，0）、（a，0）.

在轨迹上任取一点 P（x，y），则 $\dfrac{|PA|}{|PB|}=\lambda$，

$$\therefore \quad \frac{\sqrt{(x+a)^2+y^2}}{\sqrt{(x-a)^2+y^2}}=\lambda.$$

两边平方化简整理，得

$$(\lambda^2-1)x^2+(\lambda^2-1)y^2-2a(\lambda^2+1)x+a^2(\lambda^2-1)=0. \qquad ①$$

这就是说，轨迹上任意一点的坐标适合于方程①.

反过来，若点 P（x_1，y_1）的坐标满足方程①，即

$$(\lambda^2-1)x_1^2+(\lambda^2-1)y_1^2-2a(\lambda^2+1)x_1+a^2(\lambda^2-1)=0.$$

$$\therefore \lambda^2[(x_1-a)^2+y_1^2]=(x_1+a)^2+y_1^2,$$

$$\frac{\sqrt{(x_1+a)^2+y_1^2}}{\sqrt{(x_1-a)^2+y_1^2}}=\lambda,$$

则 $\dfrac{|P_1A|}{|P_1B|}=\lambda.$

这就是说坐标适合于方程①的点都在轨迹上.

故方程①是所求的轨迹方程. 它表示以（$\dfrac{\lambda^2+1}{\lambda^2-1}a$,0）为圆心，半径长等于 $2\left|\dfrac{\lambda}{\lambda^2-1}\right|a$ 的一个圆.

由于这个圆与 x 轴的两个交点为 $C(\dfrac{-a+\lambda a}{1+\lambda},0)$、$D(\dfrac{-a-\lambda a}{1-\lambda},0)$，是分 AB 成定比 λ 的内、外分点，故这个圆也就是以分 AB 成定比 λ 的内、

外分点的连结线段为直径的圆.

【注】这个圆称为**阿波罗尼斯圆**.

【例 99】求证：$\triangle ABC$ 的垂心 H、重心 G、外心 S 三点共线，且 $HG = 2GS$.

这个定理称为**欧拉线定理**. 这个著名定理是**著名数学家欧拉**（Euler）于 1795 年提出并证明的. 三角形的外心、重心和垂心所在的直线也称为**欧拉直线**.

【分析】三角形的三心共线是一个很著名的题目，证明方法有好几种，我们用解析法给出两种证明.

【证法一】坐标系的选取如图，设 A，B，C 的坐标分别为 $A(a, 0)$，$B(b, 0)$，$C(0, c)$，根据重心公式得重心 G 的坐程标为 $G(\frac{a+b}{3}, \frac{c}{3})$.

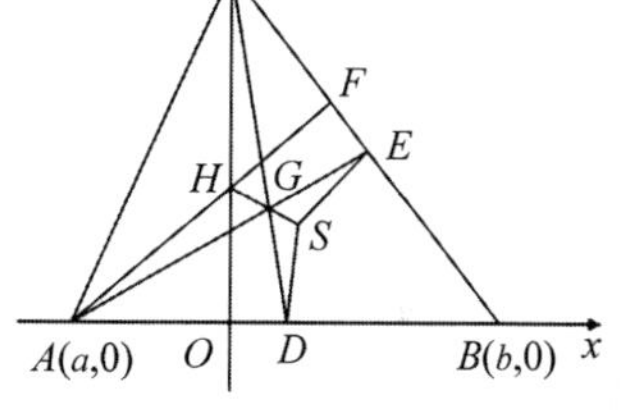

$\because$ AB 边上的高为 CO，$\therefore$ 它的方程为 $x=0$.　①

又 $k_{BC} = -\frac{c}{b}$，$\therefore$ BC 边上的高 AF 的斜率 $k_{AF} = \frac{b}{c}$，

则 AF 的方程为 $y = \frac{b}{c}(x-a)$，即 $bx - cy - ab = 0$.　②

由①、②求得垂心 H 的坐标为 $(0, -\frac{ab}{c})$.

$\because$ AB 边的中垂线方程为 $x = \frac{a+b}{2}$.　③

BC 边的中垂线方程为 $y - \frac{c}{2} = \frac{b}{c}(x - \frac{b}{2})$，

化简变为 $2bx - 2cy - b^2 + c^2 = 0$.　④

由③、④可求得外心 S 的坐标为 $(\frac{a+b}{2}, \frac{ab+c^2}{2c})$.

欲证 H、C、S 三点共线，只需证 $\frac{x_2 - x_1}{x_3 - x_2} = \frac{y_2 - y_1}{y_3 - y_2}$［$(x_1, y_1)$，$(x_2, y_2)$，$(x_3, y_3)$，$(x_4, y_4)$ 分别是点 H，G，S 的坐标］就可以了（更比后，即是两斜率相等）.

事实上：

$$\frac{\frac{a+b}{3}-0}{\frac{a+b}{2}-\frac{a+b}{3}}=\frac{a+b}{3}\cdot\frac{6}{a+b}=2,$$

$$\frac{\frac{c}{3}+\frac{ab}{c}}{\frac{ab+c^2}{2c}-\frac{c}{3}}=\frac{c^2+3ab}{3c}\cdot\frac{6c}{c^2+3ab}=2.$$

$$\therefore\quad \frac{x_2-x_1}{x_3-x_2}=\frac{y_2-y_1}{y_3-y_2},\text{即}\ \frac{y_2-y_1}{x_2-x_1}=\frac{y_3-y_2}{x_3-x_1},$$

也即 $K_{HG}=k_{SH}$

而 $HG=2GS$，可用两点间的距离公式加以证明（略）.

∴ 问题得证.

【证法二】 由**【证法一】**求得垂心、重心、外心坐标分别是：

$H(0,-\frac{ab}{c}),G(\frac{a+b}{3},\frac{c}{3}),S(\frac{a+b}{2},\frac{ab+c^2}{2c})$.

$$\because\begin{vmatrix}0 & -\frac{ab}{c} & 1\\ \frac{a+b}{3} & \frac{c}{3} & 1\\ \frac{a+b}{2} & \frac{ab+c^2}{2c} & 1\end{vmatrix}=\frac{ab}{c}\begin{vmatrix}\frac{a+b}{3} & 1\\ \frac{a+b}{2} & 1\end{vmatrix}+\begin{vmatrix}\frac{a+b}{3} & \frac{c}{3}\\ \frac{a+b}{2} & \frac{ab+c^2}{2c}\end{vmatrix}$$

$$=\frac{ab}{c}(\frac{a+b}{3}-\frac{a+b}{2})+\frac{a+b}{3}\cdot\frac{ab+c^2}{2c}-\frac{c}{3}\cdot\frac{a+b}{2}$$

$$=\frac{ab(a+b)}{3c}-\frac{ab(a+b)}{2c}+\frac{(a+b)(ab+c^2)}{6c}-\frac{c(a+b)}{6}$$

$$=\frac{2a^2b+2ab^2-3a^2b-3ab^2+a^2b+ac^2+ab^2+bc^2-ac^2-bc^2}{6c}$$

$$=\frac{0}{6c}=0.$$

∴ H、C、S 三点共线.

【例 100】 求证四边形中，每组对边中点连线与两对角线中点连线，三线共点.

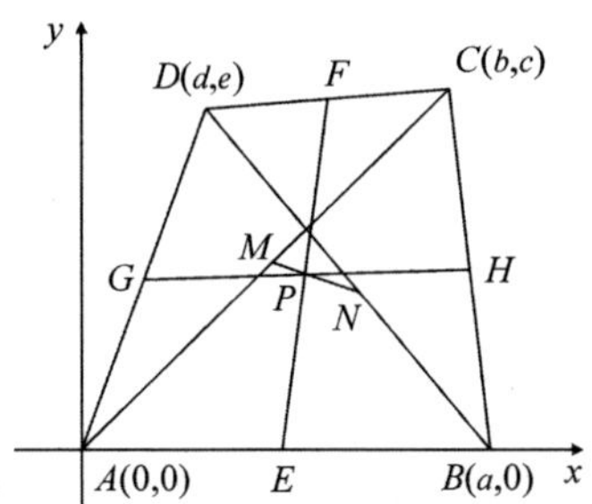

【证明】坐标系的选取如图，设四边形 $ABCD$ 的顶点坐标分别为：$A(0,0)$，$B(a,0)$，$C(b,c)$，$D(d,e)$.

$\because$ E、F、G、H 是每边的中点，$\therefore$ E、F、G、H 的坐标分别为 $E(\frac{a}{2},0)$，$F(\frac{b+d}{2},\frac{c+e}{2})$，$G(\frac{d}{2},\frac{e}{2})$，$H(\frac{a+b}{2},\frac{c}{2})$.

$\because$ EF 中点 P 的坐标为 $(\frac{a+b+d}{4},\frac{c+e}{4})$，

GH 中点的坐标也为 $(\frac{a+b+d}{4},\frac{c+e}{4})$.

$\therefore$ EF 和 GH 相交于它们的中点 P.

$\therefore$ M、N 是对角线 AC、BD 的中点，

$\therefore$ M，N 的坐标分别为 $M(\frac{b}{2},\frac{c}{2})$，$N(\frac{a+d}{2},\frac{e}{2})$.

$\therefore$ MN 的中点 P' 的坐标为 $(\frac{a+b+d}{4},\frac{c+e}{4})$.

故 P 和 P' 重合.

$\therefore$ 四边形 $ABCD$ 的对边中点连线 EF 和 GH 与两对角线中点连线 MN，三线共点.

【例 101】 X、Y、Z 分别是 $\triangle ABC$ 中三边 BC、CA、AB 的中点，试证明 $\odot YAZ$、$\odot XBZ$、$\odot XCY$ 相交于一点.

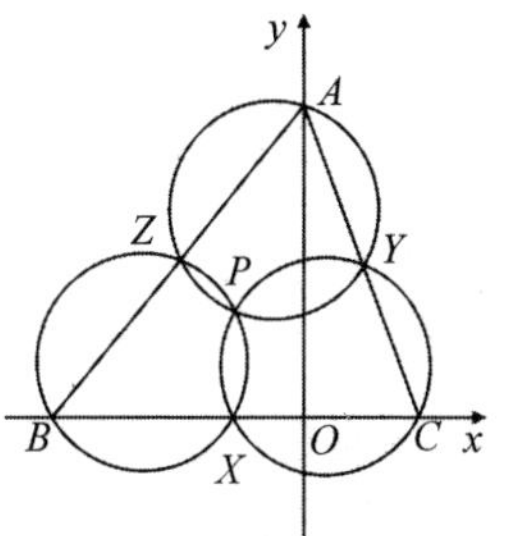

【证明】 以 BC 为 x 轴，以 BC 上的高为 y 轴建立直角坐标系如图. 设 A、B、C 各点坐标分别为 $(0,2a)$、$(2b,0)$、$(2c,0)$，则 X、Y、Z 各点的坐标分别为 $(b+c,0)$、(c,a)、(b,a).

经过 B、X 两点的圆系方程为

$[(x-2b)(x-b-c)+y^2]+\lambda y=0.$

因为它经过 Z，所以 $(-b)(-c)+a^2+a\lambda=0$，

$\therefore\ \lambda=-\dfrac{a^2+bc}{a}.$

故⊙XBZ 的方程为

$$x^2+y^2-(3b+c)x-\frac{a^2+bc}{a}y+2(b^2+bc)=0. \qquad ①$$

同理可求得⊙XCY 的方程为

$$x^2+y^2-(b+3c)x-\frac{a^2+bc}{a}y+2c(b+c)=0. \qquad ②$$

⊙YAZ 的方程为

$$x^2+y^2-(b+c)x-\frac{3a^2+bc}{a}y+2(a^2+bc)=0. \qquad ③$$

解方程①+②，得⊙XBZ 与⊙XCY 的交点为

$X(b+c,0)$ 和 $P\left(b+c,\dfrac{a^2+bc}{a}\right)$.

把 P 点的坐标代入方程③的左边，得

$$(b+c)^2+\left(\frac{a^2+bc}{a}\right)^2-(b+c)^2-\left(\frac{3a^2+bc}{a}\right)\left(\frac{a^2+bc}{a}\right)+2(a^2+bc)$$

$$=\frac{a^4+2a^2bc+b^2c^2-3a^4-4a^2bc-b^2c^2+2a^4+2a^2bc}{a^2}=0.$$

故点 P 在⊙YAZ 上.

因此⊙YAZ、⊙XBZ、⊙XCY 相交于一点.

【注】 如果 X、Y、Z 是△ABC 三边 BC、CA、AB 上的任意点，结论仍然成立的.

我们通常称这三个圆的交点 X、Y、Z 为对于△ABC 的**密克点**. 这命题的出处，固然是疑问，但**密克**（Miguel）曾于 1838 年给出了证明，故将它称为**密克点**. 从本例说明要证“共点圆”的问题，常常先证其中两圆相交于某点，而后再证这点在其他圆上.

问题 26：“引进参数” 助解题，**“解析方法”** 添威力.

【例 102】 求椭圆 $b^2x^2+a^2y^2=a^2b^2$ 中，斜率是 m 的平行弦的中点的轨迹.

【解法一】（常见解法——单参数法）

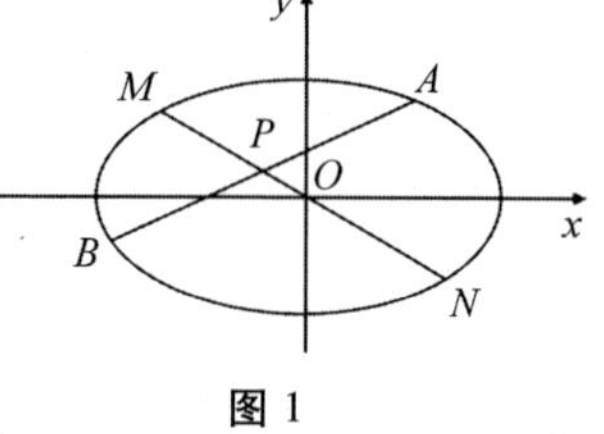

图 1

设 AB 是平行弦中的任意一条（如图 1），其所在直线方程是 $y = mx + t$，t 是参数.

把 $y = mx + t$ 代入椭圆方程，得

$b^2x^2 + a^2(mx + t)^2 = a^2b^2$，

整理得 $(a^2m^2 + b^2)x^2 + 2a^2mtx + a^2t^2 - a^2b^2 = 0$.　①

这个方程的两个根就是点 A 的横坐标 x_1 与点 B 的横坐标 x_2，于是由韦达定理，得

$$x_1 + x_2 = -\frac{2a^2mt}{a^2m^2 + b^2}. \quad ②$$

设弦 AB 的中点是 $P(\bar{x},\bar{y})$，则由线段中点坐标公式及②得

$$\bar{x} = \frac{1}{2}(x_1 + x_2) = -\frac{a^2mt}{a^2m^2 + b^2}. \quad ③$$

因为点 $P(\bar{x},\bar{y})$ 在弦 AB 上，所以

$$\bar{y} = m\bar{x} + t. \quad ④$$

代③入④并整理，得

$$\bar{y} = \frac{b^2t}{a^2m^2 + b^2}. \quad ⑤$$

由③与⑤消去 t，得点 $P(\bar{x},\bar{y})$ 的轨迹所在直线的普通方程是

$b^2\bar{x} + a^2m\bar{y} = 0$.　⑥

所求轨迹是直线（6）与椭圆相交所得的一条线段 MN.

【注】 这个解法见于人民教育出版社 1963 年编高中数学课本《平面解析几何》. 还见于国内外很多平面解析几何书，如美国 P. F. Smith 和 A. S. Gale 二人合著的 The Elements of Analytic Geometry，苏联 H. B. 叶菲莫夫著《解析几何简明教程》（人民教育出版社 1956 年中译本），日本笹部贞市郎著《几何学辞典》（科学技术文献出版社重庆分社 1980 年中译本），上海教育学院编《解析几何》上册（1982 年版）等. 可见这个解法经历时间很长，流传很广.

【解法二】（常见解法——单参数法）

设斜率为 m 的弦 AB 的中点为 $P(\bar{x},\bar{y})$ 这弦的倾斜角为 θ，则这弦所在直线参数方程是

$$\begin{cases} x = \bar{x} + t\cos\theta, \\ y = \bar{y} + t\sin\theta. \end{cases}（t 是参数）$$

代入椭圆方程并化简，得

$(b^2\cos^2\theta + a^2\sin^2\theta)t^2 + 2(b^2\bar{x}\cos\theta + a^2\bar{y}\sin\theta)t + b^2\bar{x} + a^2\bar{y}^2 - a^2b^2 = 0.$ ①

当点（$\bar{x},\bar{y}$）在椭圆内部时，有

$b^2(\bar{x})^2 + a^2(\bar{y})^2 - a^2b^2 < 0,$

因此方程①的判别式 $\Delta > 0$，于是方程①有两个实数根 t_1 与 t_2，因为点 P（$\bar{x},\bar{y}$）是弦 AB 的中点，所以 $t_1 + t_2 = 0$. ②

方程①中，由韦达定理，有

$$t_1 + t_2 = -\frac{2(b^2\bar{x}\cos\theta + a^2\bar{y}\sin\theta)}{b^2 oos^2\theta + a^2\sin\theta}, \quad ③$$

由②、③，得

$$b^2\bar{x}\cos\theta + a^2\bar{y}\sin\theta = 0. \quad ④$$

因弦 AB 的斜率存在且为 m，故 $\theta \neq 0$，于是由④，得

$$b^2\bar{x} + a^2\bar{y} \cdot tg\theta = 0.$$

但因 $tg\theta = m$，又以 x，y 代换 $\bar{x},\bar{y}$，得所求轨迹方程为

$$b^2x + a^2my = 0.$$

因此，所求的点 P（$\bar{x},\bar{y}$）的轨迹是这直线上椭圆内的一段.

【注】这个解法见于《数学题解辞典·平面解析几何》（上海辞书出版社 1983 年版）第 621 题.

【解法三】（常见解法——单参数法）

因为椭圆 $\frac{x^2}{a^2} + \frac{y^2}{b^2} = 1$ 的参数方程是 $\begin{cases} x = a\cos\varphi, \\ y = b\sin\varphi, \end{cases}$ 故设斜率为 m 的弦 AB 的两个端点是

$A(a\cos\theta, b\sin\theta), B(a\cos\varphi, b\sin\varphi).$

则弦 AB 的斜率是

$$m = \frac{b\sin\theta - b\sin\varphi}{a\cos\theta - a\cos\varphi}$$

$$= \frac{b}{a} \cdot \frac{2\cos\frac{1}{2}(\theta + \varphi) \cdot \sin\frac{1}{2}(\theta - \varphi)}{-2\sin\frac{1}{2}(\theta + \varphi) \cdot \sin\frac{1}{2}(\theta - \varphi)}$$

$$= -\frac{b}{a}ctg\frac{1}{2}(\theta + \varphi).$$

因此，得 $ctg\frac{1}{2}(\theta+\varphi)=-\frac{am}{b}$. ①

设弦 AB 的中点为 $P(\bar{x},\bar{y})$，则

$$\bar{x}=\frac{1}{2}(a\cos\theta+a\cos\varphi)=a\cos\frac{1}{2}(\theta+\varphi)\cos\frac{1}{2}(\theta-\varphi),$$

$$\bar{y}=\frac{1}{2}(b\sin\theta+b\sin\varphi)=b\sin\frac{1}{2}(\theta+\varphi)\cos\frac{1}{2}(\theta-\varphi).$$

由上列二式，得

$$\frac{\bar{x}}{\bar{y}}=\frac{a}{b}ctg\frac{1}{2}(\theta+\varphi). \quad ②$$

把①代入②，得

$$\frac{\bar{x}}{\bar{y}}=-\frac{a^2m}{b^2},$$

即　$b^2\bar{x}+a^2m\bar{y}=0$,

因此点 $P(\bar{x},\bar{y})$ 的轨迹是这直线在椭圆内的一段.

这解法见《数学教学通讯》1980 年第 3 期.

【例 103】 二直线分别绕著点 $A(-5,0)$ 及点 $B(5,0)$ 旋转，如果二直线的纵截距的乘积等于 25，求这两条直线交点的轨迹.

【分析】 如果两条动直线的纵截距分别为 b、b'，借助 b 与 b'，可求出两条直线乘族的方程，还有 $b.b'=25$，由这三个等式消去 b、b'，即得轨迹方程.

【解】 如图 2，设通过 A、B 的直线分别为 ℓ、ℓ'，它们的纵截距分别为 b、b'，则

$bb'=25$ ①

又直线 ℓ 的方程为

$\frac{x}{-5}+\frac{y}{b}=1$, ②

直线 ℓ' 的方程为

$\frac{x}{5}+\frac{y}{b'}=1$, ③

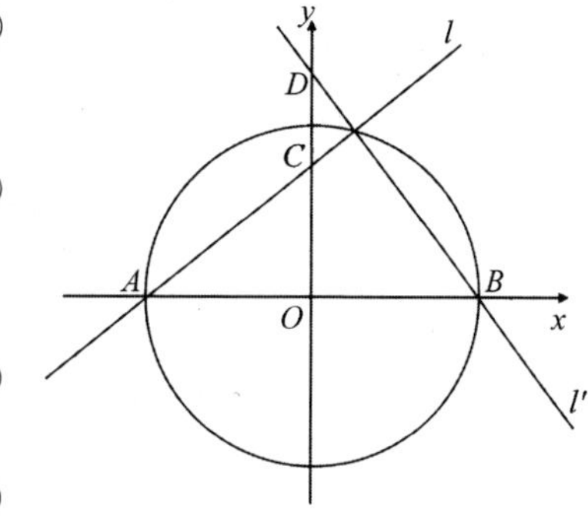

由②，得 $\frac{y}{b}=1+\frac{x}{5}$, ④

由③，得 $\frac{y}{b'}=1-\frac{x}{5}$, ⑤

④×⑤得 $\frac{y^2}{bb'} = 1 - \frac{x^2}{25}$,

将①代入上式，得

$$\frac{y^2}{25} = 1 - \frac{x^2}{25},$$

故两条直线交点的轨迹方程为

$$x^2 + y^2 = 25.$$

由于极限点 A、B 算作轨迹上的点，于是轨迹是以原点为圆心，5 为半径的圆.

问题 27:“几何、三角”相结合,“三角（方）法”易解题.

【例 104】 E 为正方形 $ABCD$ 的边 BC 上一点，$\angle EAD$ 的平分线交 CD 于 F.

【求证】 $BE + DF = AE$.

【分析】 由于 E 为 BC 上的一点，它的位置影响着 $\angle EAD$ 及其半角的大小，反过来半角 $\angle DAF$ 的大小也影响着点 E 在 BC 上的位置. 因此和已知条件及结论有联系的量应是正方形的边长 a 和 $\angle DAF = \alpha$ 这两个量. 先用 α, a 表示 AE 和 $BE + DF$，然后再进行比较就可得到证明.

【证明】 设正方形的边长为 a, $\angle DAF = \alpha$, 则

$\angle BAE = 90° - 2\alpha$（如图）.

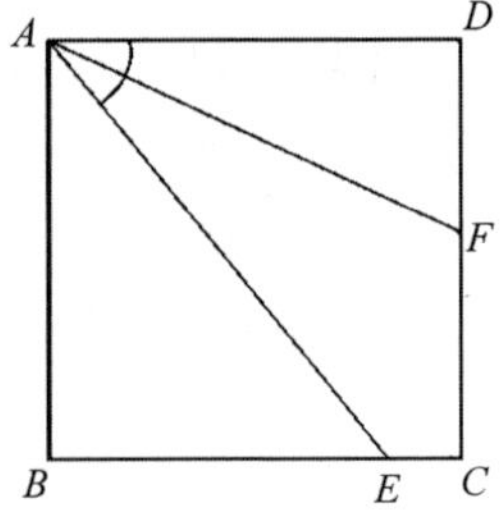

在 Rt△ABE 中：

$$AE = \frac{AB}{\cos\angle BAE} = \frac{a}{\cos(90° - 2\alpha)} = \frac{a}{\sin 2\alpha}.$$

由 Rt△ABE 和 Rt△ADF 知：

$$\begin{aligned} BE + DF &= AB tg\angle BAE + AD tg\angle DAF \\ &= a tg(90° - 2\alpha) + a tg\alpha \\ &= a\left(\frac{1 - tg^2\alpha}{2tg\alpha} + tg\alpha\right) = \frac{a\sec^2\alpha}{2tg\alpha} \\ &= \frac{a}{2\cos^2 a tg\alpha} = \frac{a}{\sin 2\alpha}. \end{aligned}$$

故 $AE = BE + DF$.

【例 105】 已知：如图，△ABC 中，$AB > AC$，CF、BE 分别是 AB 和 AC 上的高.

【求证】 $AB + CF \geqslant AC + BE$.

【思路】 三角形中边的不等关系的问题，往往是较难解答的. 本题中待证不等式中的四条线段一时难以归入某个三角形中处理，用几何方法就更显困难.

注意到 BE、CF 是高，故有 $BE = AB\sin A$、$CF = AC\sin A$. 则待证不等式即为 $AB + AC\sin A \geqslant AC + AB\sin A$，也即 $AB(1-\sin A) \geqslant AC(1-\sin A)$.

显然由 $\sin A$ 的有界性（即 $|\sin A| \leqslant 1$）容易证得这一结果，从而原不等式可证.

【证明】 因为 BE、CF 分别是 $\triangle ABC$ 的高，所以在 Rt$\triangle ABE$ 中（如图），$BE = AB\sin A$，在 $\triangle ACF$ 中，$CF = AC\sin A$.

又因为 $\angle A$ 是 $\triangle ABC$ 的内角，

所以 $0 \leqslant \sin A \leqslant 1$.

因为 $AB > AC$，所以 $AB - AC > 0$，

所以 $AB - AC \geqslant (AB - AC)\sin A$，

即　$AB - AC \geqslant AB\sin - AC\sin A$，

也即 $AB + AC\sin A \geqslant AC + AB\sin A$.

故　$AB + CF \geqslant AC + BE$.

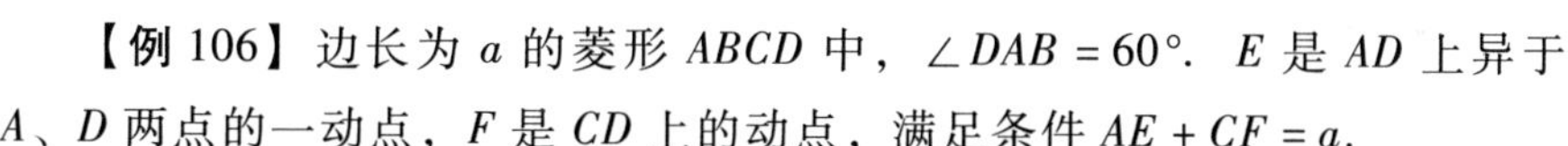

【例 106】 边长为 a 的菱形 $ABCD$ 中，$\angle DAB = 60°$. E 是 AD 上异于 A、D 两点的一动点，F 是 CD 上的动点，满足条件 $AE + CF = a$.

（1）证明：无论 E、F 怎样移动，$\triangle BEF$ 总是等边三角形；

（2）求出 $\triangle BEF$ 面积的最小值.

【解】（1）如图，设 $AE = x$（$0 < x < a$），则 $ED = CF = a - x$，$DF = x$，在 $\triangle ABE$ 中，由余弦定理，得

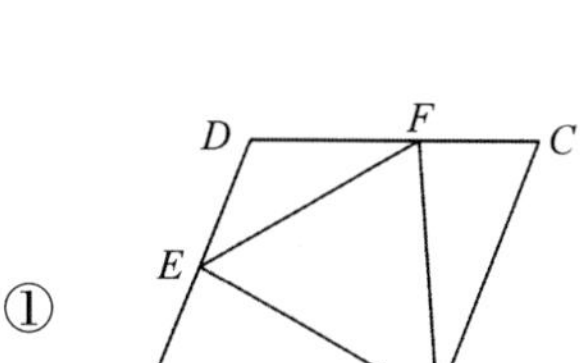

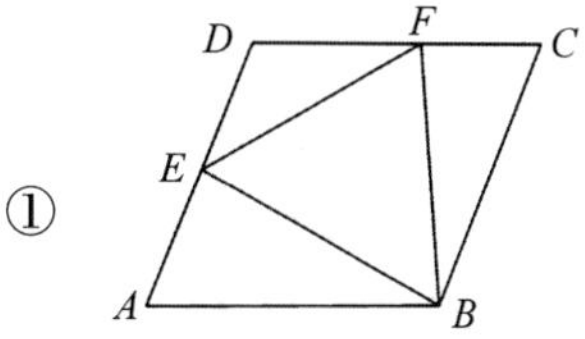

$$\begin{aligned} BE^2 &= AB^2 + AE^2 - 2AB \cdot AE\cos A \\ &= a^2 + x^2 - 2ax\cos 60° \\ &= a^2 + x^2 - ax. \end{aligned} \quad ①$$

同理，在 △BCF 和 △DEF 中，有

$$\begin{aligned} BF^2 &= a^2 + (a-x)^2 - 2a(a-x)\cos 60° \\ &= a^2 + x^2 - ax. \end{aligned} \quad ②$$

$$\begin{aligned} EF^2 &= (a-x)^2 + x^2 - 2(a-x)x\cos 120° \\ &= a^2 + x^2 - ax. \end{aligned} \quad ③$$

由①、②、③，得

$BE^2 = BF^2 = EF^2$.

$\therefore BE = BF = EF$，即$\triangle BEF$为等边三角形.

（2）设$\triangle BEF$的面积为S，则

$$S = \frac{\sqrt{3}}{4}BE^2 = \frac{\sqrt{3}}{4}(a^2 + x^2 - ax) = \frac{\sqrt{3}}{4}\left[\left(x - \frac{a}{2}\right)^2 + \frac{3a^2}{4}\right] \geqslant \frac{3\sqrt{3}}{16}a^2.$$

因此，当$x = \frac{a}{2}$，即E、F分别是AD、CD的中点时，$\triangle BEF$的面积最小，最小值为$\frac{2\sqrt{3}}{16}a^2$.

【例107】 如图，$\triangle ABC$的边$BC = 2$，$AC = 3$，I、Ⅱ、Ⅲ分别表示以AB、BC、CA为边的正方形，求图中三个阴影部分的面积和的最大值，并判定何时取最大值.

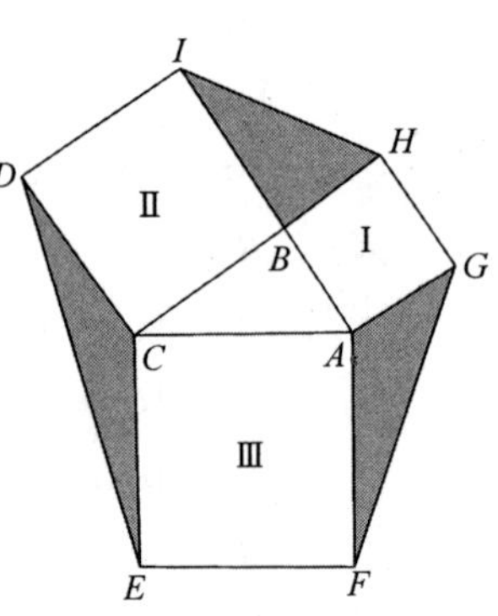

【思路】 要求图中阴影部分面积和的最大值，应设法写出这个面积和的某种运算式，再进一步判断. 由于BC、AC长已知，则$\triangle DCE$中DC、CE两边长也已知. 我们从这个三角形的面积入手，进行分析.

$$S_{\Delta CDE} = \frac{1}{2}DC \cdot CE \cdot \sin\angle DCE = 3\sin\angle DCE. \qquad ①$$

又 $S_{\Delta ABC} = \frac{1}{2}CA \cdot CB \cdot \sin\angle BCA = 3\sin\angle BCA.$ ②

因为 $\angle BCA = 180° - \angle DCE$.

所以 $\sin\angle BCA = \sin(180° - \angle DCE) = \sin\angle DCE.$ ③

由①、②、③，得 $S_{\Delta CDE} = S_{\Delta ABC}$.

同理，可知 $S_{\Delta AFG} = S_{\Delta ABC}$，$S_{\Delta BHI} = S_{\Delta ABC}$.

所以三个阴影部分的面积和 $= 3S_{\Delta ABC} = 9\sin\angle BCA$.

显然，只要讨论何时$\sin\angle BCA$取最大值，则可知阴影部分的面积和最大值的情况.

【解】 因为$BCDI$、$ACEF$都是正方形，

所以 $CD = CB = 2$，$CE = CA = 3$.

所以 $S_{\Delta DCE} = \frac{1}{2}CD \cdot CE \cdot \sin\angle DCE$.

因为 $\angle DCE + \angle ACE + \angle BCA + \angle BCD = 360°$.

又 $\angle BCD = \angle ACE = 90°$,

所以 $\angle DCE + \angle BCA = 180°$.

即 $\angle DCE = 180° - \angle BCA$.

所以 $S_{\Delta DCE} = \frac{1}{2}CD \cdot CE \cdot \sin\angle DCE = \frac{1}{2}BC \cdot AC \cdot \sin\angle BCA = S_{\Delta AEC}$.

同理可证 $S_{\Delta AFG} = S_{\Delta ABC}$, $S_{\Delta BHI} = S_{\Delta ABC}$.

所以，三个阴影部分的面积和 $3S_{\Delta ABC} = 3 \times \frac{1}{2}BC \cdot AC \cdot \sin\angle BCA = 9\sin\angle BCA$.

因为 $0° < \angle BCA < 180°$,

所以当 $\angle BCA = 90°$ 时，$\sin\angle BCA$ 取最大值 1，此时三个阴影部分的面积和取最大值 9.

【例 108】 两平行线间有点 A，以点 A 为直角顶点作 $Rt\triangle ABC$，使 B、C 分别在两平行线上，当 $\triangle ABC$ 的面积达到最小时，求它的两锐角.

【解】 如图，过 A 作直线 DE 垂直于两平行线，垂足分虽为 D、E，设 $AD = a$，$AE = b$，$AB = x$，$AC = y$，$\angle BAD = \theta$ $(0° < \theta < 90°)$.

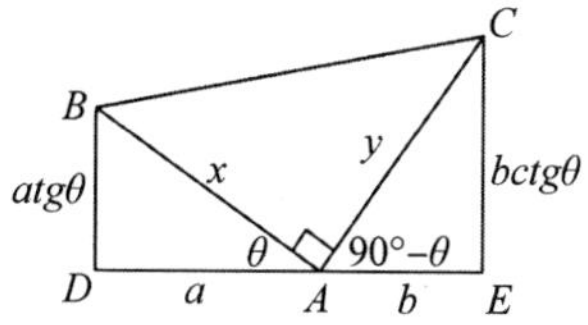

则 $S_{BDEC} = \frac{1}{2}(BD + CE)(a + b) = \frac{1}{2}(atg\theta + bctg\theta)(a + b)$.

又 $\because$ $S_{BDEC} = S_{\Delta ABD} + S_{\Delta ABC} + S_{\Delta AEC} = \frac{1}{2}(a^2tg\theta + xy + b^2ctg\theta)$,

$\therefore$ $\frac{1}{2}(a^2tg\theta + xy + b^2ctg\theta) = \frac{1}{2}(atg\theta + bctg\theta)(a + b)$.

整理，得 $xy = ab(tg\theta + ctg\theta)$.

又 $\because$ $tg\theta \cdot ctg\theta = 1$（定值）.

$\therefore$ $xy = ab(tg\theta + ctg\theta) \geqslant ab \cdot 2\sqrt{tg\theta}\sqrt{ctg\theta} = 2ab\sqrt{tg\theta \cdot ctg\theta} = 2ab$.

当 $tg\theta = ctg\theta$,则 $\theta = \frac{\pi}{4}$ 时，$xy_{值} = 2ab$.

从而 $S_{\Delta ABC}$ 有最小值 ab.

当 $\theta = \frac{\pi}{4}$ 时，由 $x = \frac{a}{\cos\theta} = \frac{a}{\frac{\sqrt{2}}{2}} = \sqrt{2}a$, $y = \sqrt{2}b$，得

$$tg\angle ABC=\frac{\sqrt{2}b}{\sqrt{2}a}=\frac{b}{a}.$$

∴ Rt△ABC 有最小值时，两锐角分别为

$$arctg\frac{b}{a}\text{与}\frac{\pi}{2}-arctg\frac{b}{a}.$$

【例 109】试证明：三角形的各边中点，各顶点引对边垂线的垂足，及各顶点与垂心连结线段的中点，这九个点在一个圆上.

【分析】如图，可分成下面三组，分别证明各组中的六点共圆.

由 $AP\cdot AF=AD\cdot AX=AE\cdot AR$，证明 F、P、D、X、E、R 共圆；由 $BF\cdot BP=BE\cdot BY=BD\cdot BQ$，证明 F、P、E、Y、D、Q 共圆；再由 $CD\cdot CQ=CF\cdot CZ=CE\cdot CR$，证明 Q、D、E、F、R、Z 共圆. 最后再证这三个圆重合.

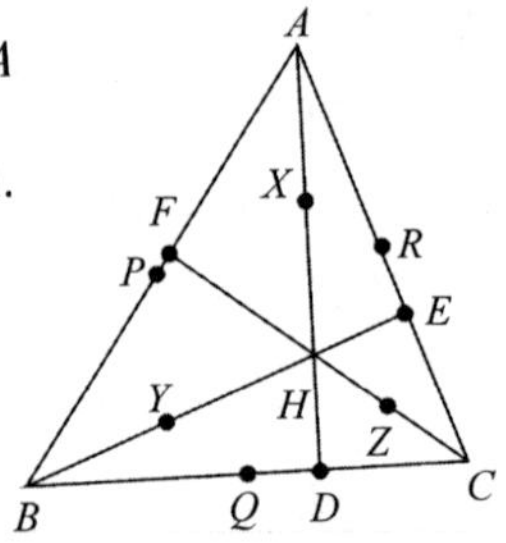

【证明】设△ABC 的外接圆半径为 R，则由 Rt△A

$$AP\cdot AF=\frac{1}{2}AB\cdot AC\cdot\cos A=\frac{1}{2}bc\cos A.$$

据正弦定理，知

$$\frac{b}{\sin B}=\frac{c}{\sin C}=2R,$$

则　　$b=2R\sin B$，$c=2R\sin C$.

∴　　$AP\cdot AF=2R^2\cdot\cos A\cdot\sin B\cdot\sin C$　　①

同理由 Rt△AEB，得

$$AE\cdot AR=AB\cdot\cos A\cdot\frac{1}{2}AC=\frac{1}{2}bc\cdot\cos A.$$

∴　　$AE\cdot AR=2R^2\cdot\cos A\cdot\sin B\cdot\sin C$　　②

又由 Rt△ADB，得

$$AD\cdot AX=\frac{1}{2}AD\cdot AH=\frac{1}{2}C\cdot\sin B\cdot AH.$$

而 $\angle FAH=90°-\angle ABD$，

由 Rt△AFH，知

$$AF=AH\cdot\cos\angle FAH=AH\cdot\cos(90°-\angle ABD)=AH\cdot\sin B.$$

由 Rt△ACF，知

$$AF=AC\cdot\cos\angle CAF=b\cdot\cos A,$$

$$\therefore AH=\frac{AF}{\sin B}=\frac{b\cdot\cos A}{\sin B}.$$

$$\therefore AD \cdot AX = \frac{1}{2}AD \cdot AH = \frac{1}{2}c \cdot \sin B \cdot \frac{b \cdot \cos A}{\sin B}$$

$$= \frac{1}{2} \times 2R\sin C \times 2R\sin B \cdot \cos A$$

$$= 2R^2\cos A \cdot \sin B \cdot \sin C. \quad ③$$

由①、②、③，知

$AP \cdot AF = AE \cdot AR = AD \cdot AX$

故 F、P、E、R、D、X 六点共圆.

同理 F、P、D、Q、E、Y 及 D、Q、E、R、F、Z 六点也共圆.

由于这三个圆中，任意两个圆各有三个公共点，根据三点确定圆的定理，可知这三个圆重合. 因此这九个点同在一个圆上.

【注】 这个圆叫作三角形的**九点圆（或称欧拉圆）**. 19 世纪初叶被发现后，百年间人们对它研究很盛行. **三角形的九点圆与三角形的内切圆内切，并与三个旁切圆外切，这是平面几何学最著名的定理之一，它是费尔巴哈（Feuerbach，1800—1834）于 1822 年首先发现的.**

【例 110】 从三角形的外接圆上任意一点到三角形的三边引垂线，求证：三个垂足在一直线上.

【分析】 可证 $\frac{AF}{FB} \cdot \frac{BD}{DC} \cdot \frac{CE}{EA} = 1$，利用和圆有关的角转化为三角函数式来证明.

【证明】 如图，连结 PA、PB、PC，设 $PE \perp AC$ 交 AC 的延长线上于 E，$PD \perp BC$ 于 D，$PF \perp AB$ 于 F，又设 $\angle PAB = \alpha$，$\angle PAC = \beta$，则 $\angle PCB = \alpha$，$\angle PBC = \beta$. 于是

$$\frac{AF}{FB} \cdot \frac{BD}{DC} \cdot \frac{CE}{EA} = \frac{PA\cos\alpha}{PB\cos\angle PBF} \cdot \frac{PB\cos\beta}{PC\cos\alpha} \cdot \frac{PC\cos\angle PCE}{PA\cos\beta}.$$

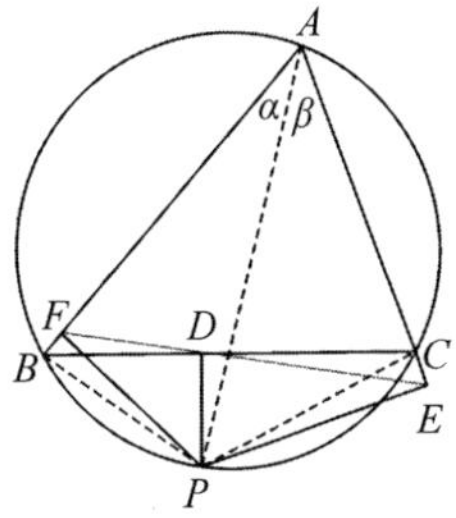

因为 A、B、P、C 四点共圆，所以 $\angle PBF = \angle PCE$.

因而 $\frac{AF}{FB} \cdot \frac{BD}{DC} \cdot \frac{CE}{EA} = 1$.

故 F、D、E 三点在一直线上（梅涅劳斯定理之逆定理）.

【注】 这条直线叫作该点对于三角形的**西摩松线**. 19 世纪前，通常认

为这是**西摩松**（Simson，1687 －1768）发现的．后来经**玛开**（Mackay）考证，才知道原来是**瓦拉斯**（Wallace）于1797年首先发现的．归美于西摩松实出于误传，但因通称很久，故仍沿用这个习惯的名称（称关于西摩松线的定理为**西摩松线定理**），**故我们说西摩松线定理是一个叫错了名字的定理**.

问题28："单位圆法"显威力，**"以形助数"**辟新路.

单位圆本来就是三角学的产物．在单位圆力所能及的范围内，解决三角形的问题已成自然．不过，我们将使它形成一种固定的方法．我们可以巧用单位圆的性质解三角问题，包括三角方程的单位圆讨论法、三角不等或的单位圆证法和三角不等式的单位圆区间法.

【例111】试证明：若 $0 < \alpha < \frac{\pi}{2}$，则 $\sin\alpha < \alpha < tg\alpha$.

【解】以角 α 的顶点 O 为圆心．以单长为半径画圆交角 α 的始边于 A，交终边于 P．并作角 α 的正弦线 MP 及正切线 AT（如图所示）.

显然由于 $\overset{\frown}{AP} > AP > MP, MP = OP\sin\alpha = \sin\alpha$，

故　$\alpha > \sin\alpha$.

又 ∵ $S_{\Delta AOT} > S_{扇形AOP}$，

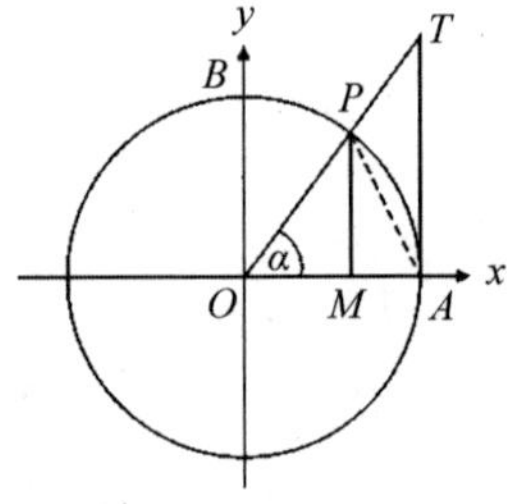

∴　$\frac{1}{2}OA \cdot AT > \frac{1}{2}OA \cdot \overset{\frown}{AP}$.

∴　$AT > \overset{\frown}{AP}$.

∴　$tg\alpha > \alpha$.

于是有 $\sin\alpha < \alpha < tg\alpha$.

【注】由单位圆与三角函数线，我们可以直观地看到同角三角函数间的关系，特别是从单位圆上得出关系式 $\sin^2\alpha + \cos^2\alpha = 1$，更加显然．因此，我们常把这个关系式看作单位圆的化身，利用它来证题和解题.

【例112】解方程 $\sin\theta + \cos\theta = 1$.

【解】设 $\cos\theta = x$，$\sin\theta = y$．由已知条件及同角三角函数的平方关系，有

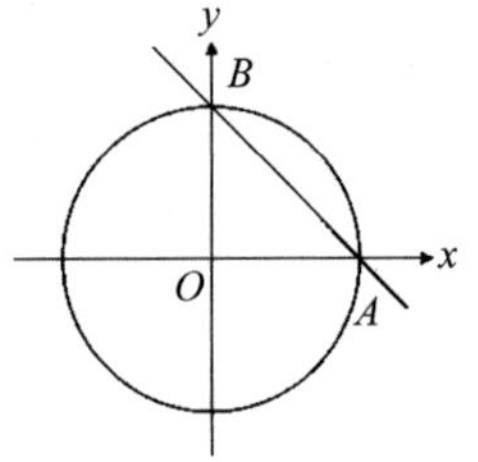

$$\begin{cases} x + y = 1, & ① \\ x^2 + y^2 = 1. & ② \end{cases}$$

因为①表示直线，②表示单位圆. 它们有两个交点为 A、B，在 $[0, 2\pi]$ 内，以 OA 和 OB 为终边的角分别对应于 0 和 $\frac{\pi}{2}$，因此原方程的解是

$$\theta = 2k\pi \text{ 或 } \theta = 2k\pi + \frac{\pi}{2}(k \in Z).$$

【例 113】 已知 $a^2 + b^2 = 1$，求证 $|a\cos\theta + b\cos\theta| \leqslant 1$.

【分析】 由已知条件 $a^2 + b^2 = 1$，可知 $|a| \leqslant 1$，$|b| \leqslant 1$，故若令 $a = \sin\alpha$、$b = \cos\alpha$，则 $|\sin(\alpha + \theta)| \leqslant 1$. 因此，可设想一个直角三角形，使它的斜边等于 1，而它的两条直角边分别为 a 和 b，考虑到 θ 为任意角，因而可借助于**单位圆**来证题.

【证明】 在直角坐标系中，以原点为圆心，单位长为半径作圆，则圆的方程为

$$x^2 + y^2 = 1.$$

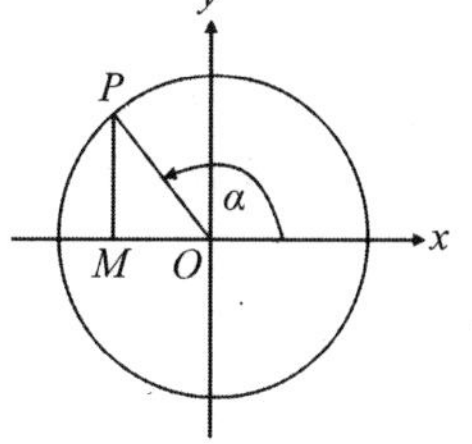

以原点为角的顶点，Ox 为角的始边，作 $\angle xOP = \alpha$，它的终边交圆于 $P(b, a)$，则有

$$b^2 + a^2 = 1.$$

过 P 作 $PM \perp Ox$ 于 M，则 $b = \cos\alpha$，$a = \sin\alpha$.

于是 $|a\sin\theta + b\sin\theta| = |\sin\alpha\cos\theta + \cos\alpha\sin\theta| = |\sin(\alpha + \theta)| \leqslant 1$.

【注】 从三角函数的定义可知，单位圆上的点的坐标为 $(\cos\theta, \sin\theta)$，它在解析几何中叫作参数坐标，这时 $x^2 + y^2 = 1$；反过来，我们可以将类似 $a^2 + b^2 = 1$ 的条件，转换为三角函数的形式在单位圆上解题. 这样**单位圆法**解题又可以得到发挥，以新的面目和新的风格呈现在我们面前. 以此巧用**单位圆**代换来解代数问题.

【例 114】 已知 $|x_1| \leqslant 1$，$|x_2| \leqslant 1$，求证 $\sqrt{1 - x_1^2} + \sqrt{1 - x_2^2} \leqslant 2\sqrt{1 - \left(\frac{x_1 + x_2}{2}\right)^2}$.

【分析】 令 $\sqrt{1 - x_1^2} = y_1$，$\sqrt{1 - x_2^2} = y_2$，$\sqrt{1 - \left(\frac{x_1 + x_2}{2}\right)^2} = y_3$，

则 $x_1^2 + y_1^2 = 1$，$x_2^2 + y_2^2 = 1$，$\left(\frac{x_1 + x_2}{2}\right)^2 + y_3^2 = 1$.

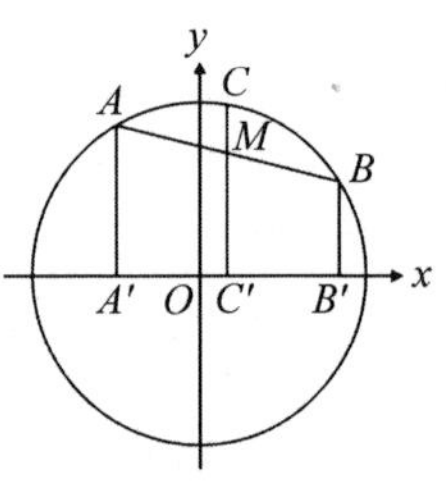

显然 $A(x_1,y_1)$、$B(x_2,y_2)$、$C\left(\frac{x_1+x_2}{2},y_3\right)$ 三点在圆 $x^2+y^2=1$ 上..

若 A、B、C 三点在 x 轴上的射影分别为 A'、B'、C'. 则 C' 必是 $A'B'$ 的中点. 于是原命题可变更为“求证：$y_1+y_2 = \leqslant 2y_3$”.

【证明】在直角坐标系中，以原点为圆心作单位圆. 在 x 轴上取 $A'(x_1,0)$，$B'(x_2,0)$ 两点，由于 $|x_1|\leqslant 1$，$|x_2|\leqslant 1$，故 A'、B'在单位圆上或在单位圆内.

再取 A'、B'的中点 $C'\left(\frac{x_1+x_2}{2},0\right)$. 过 A'、B'、C'分别作 x 轴的垂线，在 x 轴的同一侧分别与单位圆相交于 $A(x_1,y_1)$、$B(x_2,y_2)$、$C\left(\frac{x_1+x_2}{2},y_3\right)$.

连结 AB 交 CC'于 M，则 $C'M\leqslant CC'$（当 A'、B'重合时取等号）.

$$\therefore\ \frac{A'A+B'B}{2}\leqslant CC'，\text{即 } y_1+y_2 = \leqslant 2y_3. \qquad ①$$

但 A、B、C 三点都在圆 $x^2+y^2=1$ 上，所以 $x_1^2+y_1^2=1$，$x_2^2+y_2^2=1$，$\left(\frac{x_1+x_2}{2}\right)^2+y_3^2=1$.

$$\therefore\ y_1=\sqrt{1-x_1^2},\ y_2=\sqrt{1-x_2^2},\ y_3=\sqrt{1-\left(\frac{x_1+x_2}{2}\right)^2} \qquad ②$$

由①和②得：$\sqrt{1-x_1^2}+\sqrt{1-x_2^2}\leqslant 2\sqrt{1-\left(\frac{x_1+x_2}{2}\right)^2}$.

【例 115】已知 $0<\theta<\frac{\pi}{2}$，求证 $tg\theta-\frac{1}{2}tg^3\theta<\sin\theta<tg\theta$.

【证明】作直角坐标系，以原点为圆心作单位圆交 Ox 于 A，Oy 于 B. 并作锐角 θ 的正弦线 MP 与正切线 AT.

因为 $MP<AT$，所以 $\sin\theta<tg\theta$.

作 $\angle AOP$ 的平分线交单位圆于 C，交 AT 于 D.

因为 $S_{\Delta AOC}+S_{\Delta COP}<S_{\Delta OAT}$，

所以 $2\cdot\frac{1}{2}\sin\frac{\theta}{2}<\frac{1}{2}tg\theta$.

由于 $\sin\frac{\theta}{2}>0$，不等式两边平方，可得

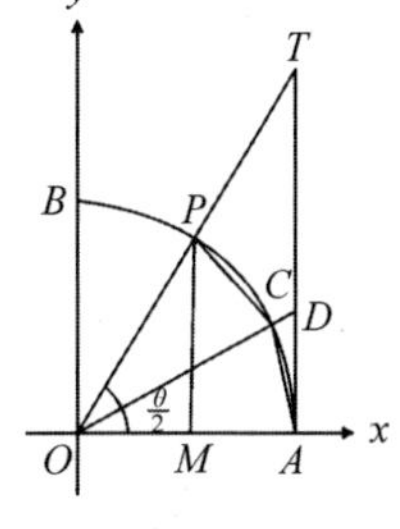

$\sin^2\dfrac{\theta}{2}<\dfrac{1}{4}tg^2\theta.$

$\therefore\ 1-\cos\theta<\dfrac{1}{2}tg^2\theta.$

又 $tg\theta>0$，不等式两边同乘以 $tg\theta$，得

$tg\theta-\sin\theta<\dfrac{1}{2}tg^3\theta.$

故 $tg\theta-\dfrac{1}{2}tg^3\theta<\sin\theta.$

于是 $tg\theta-\dfrac{1}{2}tg^3\theta<\sin\theta<tg\theta.$

【例 116】 已知 α、β、γ 满足关系式 $\begin{cases}\sin\alpha+\sin\beta+\sin\gamma=0,\\ \cos\alpha+\cos\beta+\cos\gamma=0.\end{cases}$（$0\leqslant\alpha<\beta<\gamma<2\pi$），求 $\beta-\alpha$ 和 $\gamma-\beta$ 的值.

【解】 若把（$\cos\alpha,\sin\alpha$）、（$\cos\beta,\sin\beta$）、（$\cos\gamma,\sin\gamma$）作为直角坐标系中的三点 A、B、C 的坐标，则 A、B、C 三点都在单位圆上，并且 $\triangle ABC$ 的外心为坐标系的原点 O，如图 6 所示.

设 $\triangle ABC$ 的重心为 $G(x_O,y_O)$，则由三角形的重心公式和已知条件，知

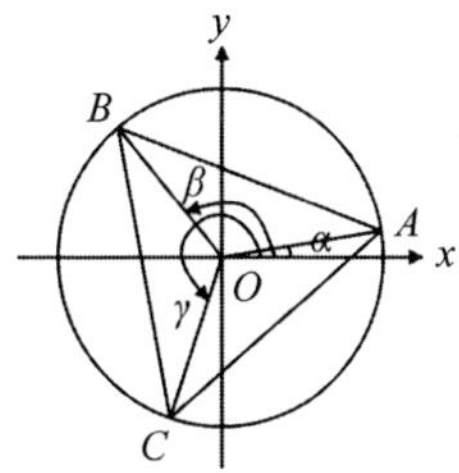

$$x_O=\frac{\cos\alpha+\cos\beta+\cos\gamma}{3}=0,$$

$$y_O=\frac{\sin\alpha+\sin\beta+\sin\gamma}{3}=0.$$

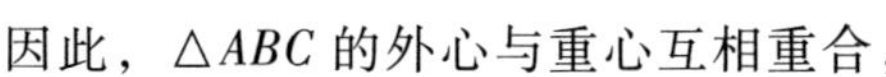
因此，$\triangle ABC$ 的外心与重心互相重合，

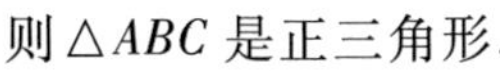
则 $\triangle ABC$ 是正三角形.

由于 $\angle xOA=\alpha$，$\angle xOB=\beta$，$\angle xOC=\gamma$，

故 $\beta-\alpha=\angle AOB=120°$，$\gamma-\beta=\angle BOC=120°$.

【例 117】 求函数 $y=\dfrac{4-\sin x}{2\sqrt{3}-\cos x}$ 的最大值与最小值.

【解】 设 A、B 两点的坐标分别为（$2\sqrt{3},4$）、（$\cos x,\sin x$）.

则 $\dfrac{4-\sin x}{2\sqrt{3}-\cos x}$ 表示直线 AB 的斜率.

由于点 $D(\cos x,\sin x)$ 在单位圆 $x^2+y^2=1$ 上，点 $A(2\sqrt{3},4)$ 在单位圆

外，如图所示.

从图上可知，直线 AB 的斜率的最大值与最小值，仅当 AB 与圆相切时才取得. 令直线 AB 的方程为 $y-4=k(x-2\sqrt{3})$. 即 $kx-y-(2\sqrt{3}k-4)=0$. 若 AB 与圆 O 相切，则

$$\frac{|2\sqrt{3}k-4|}{\sqrt{k^2+1}}=1.$$

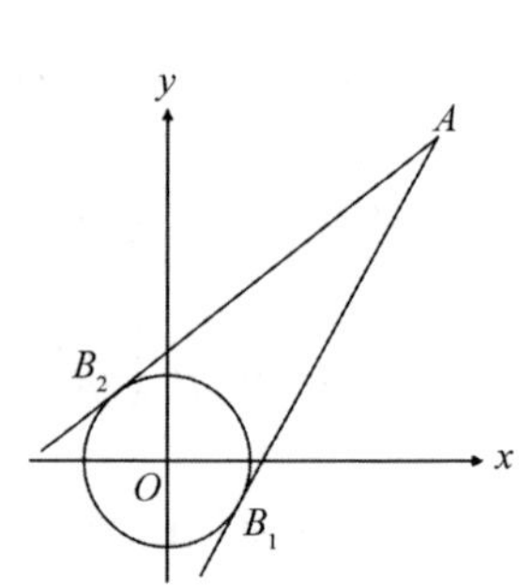

$\therefore \quad 11k^2-16\sqrt{3}k+15=0.$

解之，得 $k_1=\frac{5}{11}\sqrt{3}$，$k_2=\sqrt{3}$.

故函数 $y=\frac{4-\sin x}{2\sqrt{3}-\cos x}$ 的最大值为 $\sqrt{3}$，最小值为 $\frac{5}{11}\sqrt{3}$.

问题 29：“函数图像” 建奇功，**“以形助数”** 再发威.

构造函数法是指由题设条件及数量关系，构想一种新的函数关系，使问题在新的关系下实现转化，通过对函数的研究，使问题获得解决的方法.

【例 118】 试讨论方程组 $\begin{cases} y=|x^2-4x+3| \\ y=a \end{cases}$ 解的个数.

【解】 建立直角坐标系，分别做出函数 $y=|x^2-4x+3|$ 与 $y=a$ 的图像，如图 1 所示.

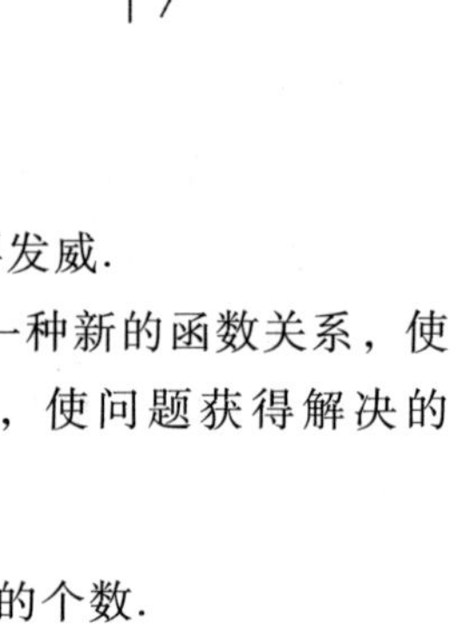

从图像上可知：

（1）当 $a>1$ 或 $a=0$ 时，方程组有两解；

（2）当 $a=1$ 时，方程组有三解；

（3）当 $0<a<1$ 时，方程组有四解；

（4）当 $a<0$ 时，方程组无解.

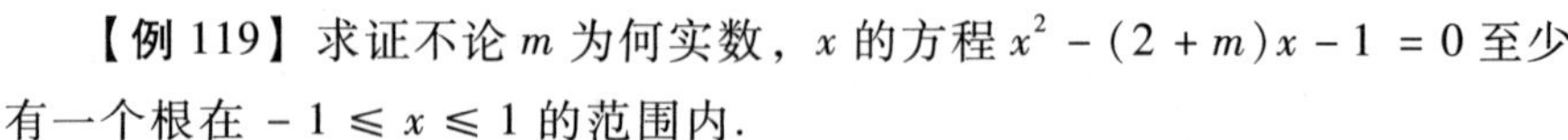

【例 119】 求证不论 m 为何实数，x 的方程 $x^2-(2+m)x-1=0$ 至少有一个根在 $-1\leqslant x\leqslant 1$ 的范围内.

【解】 原方程可化为 $x^2-2x-1=mx$.

建立直角坐标系，并作出 $y=x^2-2x-1$ 和 $y=mx$ 的图像如图.

因为 $y=x^2-2x-1$ 的图像是以 A（1，-2）为顶点，且 $x=1$ 为对

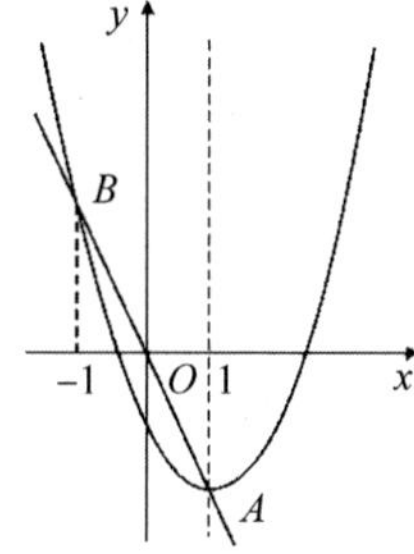

称轴，开口向上的抛物线.

而 $y=mx$ 的图像是经过原点，且斜率为 m 的直线.

由于原方程的判别式 $\Delta=(2+m)^2+4>0$，故原方程必有两个不等的实根，因而抛物线 $y=x^2-2x-1$ 与直线 $y=mx$ 必有两个不同的交点.

作直线 AO（$y=-2x$），它与抛物线的另一交点为 $B(-1,2)$.

由于直线 $y=mx$ 经过原点，所以直线系中的任一直线（除 AB 外）必有一交点在弧 AB 上，故不论 m 为何实数，故原方程至少有一个根在 $-1\leqslant x\leqslant 1$ 内.

【例 120】 已知方程 $\sin x+\sqrt{3}\cos x+a=0$ 在区间 $(0,2\pi)$ 内有相异两解 α 和 β，试求常数 a 的取值范围和 $\alpha+\beta$ 的值.

【解】 原方程化为 $\frac{1}{2}\sin x+\frac{\sqrt{3}}{2}\cos x=-\frac{1}{2}a$，$\sin\left(x+\frac{\pi}{3}\right)=-\frac{1}{2}a$.

由于 $0<x<2\pi$，故 $\frac{\pi}{3}<x+\frac{\pi}{3}<\frac{7}{3}\pi$.

在区间 $(0,2\pi)$ 内，做出函数 $y=\sin\left(x+\frac{\pi}{3}\right)$ 和 $y=-\frac{1}{2}a$ 的图像.

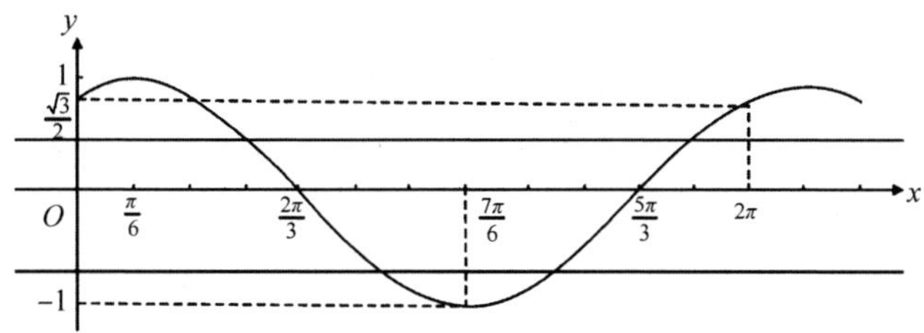

因为 $y=-\frac{a}{2}$ 是平行于 x 轴的直线，所以从图像上可直观看出，要使原方程有相异的两解，常数 a 必须满足

$$\begin{cases}-1<-\frac{1}{2}a<1,\\ -\frac{a}{2}\neq-\frac{\sqrt{3}}{2}.\end{cases}$$

$\therefore\ -2<a<-\sqrt{3}$ 或 $-\sqrt{3}<a<2.$

另外，由于 α、β 为原方程的两个根，故

$\sin(\alpha+\frac{\pi}{3})=-\frac{a}{2}$, $\sin(\beta+\frac{\pi}{3})=-\frac{a}{2}.$

于是 $\sin(\alpha+\frac{\pi}{3})-\sin(\beta+\frac{\pi}{3})=0.$

$\therefore\ 2\cos(\frac{\alpha+\beta}{2}+\frac{\pi}{3})\sin\frac{\alpha-\beta}{2}=0.$

但 $\alpha\neq\beta$, 故 $\frac{\sin(\alpha-\beta)}{2}\neq 0$, 则 $\cos(\frac{\alpha+\beta}{2}+\frac{\pi}{3})=0.$

而 $\frac{\alpha+\beta}{2}+\frac{\pi}{3}\in(\frac{\pi}{3},\frac{7\pi}{3})$,

$\therefore\ \frac{\alpha+\beta}{2}+\frac{\pi}{3}=\frac{\pi}{2}$ 或 $\frac{\alpha+\beta}{2}+\frac{\pi}{3}=\frac{3\pi}{2}.$

故 $\alpha+\beta=\frac{\pi}{3}$ 或 $\alpha+\beta=\frac{7\pi}{3}.$

方程解的讨论，除了研究有解、无解或解的个数外，还有一类是讨论解的范围的问题. 这类问题若用图像来解，一般也是比较直观，比较简易.

问题 30：“以形助数” 构形法，**“数形结合”** 展妙招.

如果问题的条件中数量关系有明显显的几何意义；或者用某种方式可与几何图形（体）建立联系，则可设法构造图形或几何体，将题设条件中的数量关系直接在形（体）中实现，用构造的图形（立体）寻找要求解、求证的结论.

构造图形法（构形法）解题过程的模式是

题设条件特点分析	几何作用 / 几何意义	构造图形	在图形中寻 / 找间接推理 →	所求结论

【例 121】 已知 a、b、$c\in R^{+}$，求证 $\sqrt{a^2+ab+b^2}+\sqrt{a^2+ac+c^2}>\sqrt{b^2+bc+c^2}.$

【分析】 观察求证式，发现 a、b、c 具有轮换对称的特点，从

$\sqrt{a^2+ab+b^2}$ 可联想到根号内的形式与余弦定理相似，则有 $a^2+ab+b^2=a^2+b^2-2ab\cos120°$．因此可用构形法（做出具公共顶点的三个三角形 $\triangle OAB$，$\triangle OBC$ 及 $\triangle OAC$，使 $OA=a$，$OB=b$，$OC=c$，且 $\angle AOB=\angle BOC=\angle AOC=120°$）加以证明.

【证明】 作具有公共顶点 O 的三个三角形 $\triangle OAB$，$\triangle OBC$ 及 $\triangle OAC$，使 $OA=a$，$OB=b$，$OC=c$，且 $\angle AOB=\angle BOC=\angle AOC=120°$，如图所示，则有

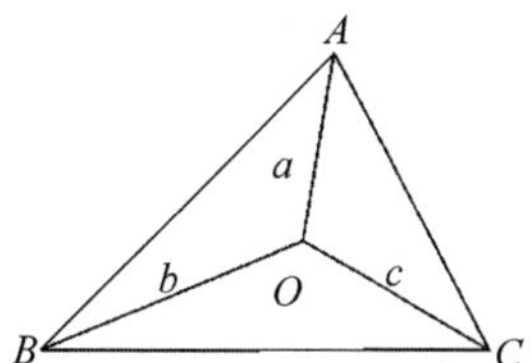

$AB^2=OA^2+OB^2-2\cdot OA\cdot OB\cdot\cos\angle AOB=a^2+ab+b^2$;

$AC^2=OA^2+OC^2-2\cdot OA\cdot OC\cdot\cos\angle AOC=a^2+ac+c^2$;

$BC^2=OB^2+OC^2-2\cdot OB\cdot OC\cdot\cos\angle BOC=b^2+bc+c^2$.

$\therefore AB=\sqrt{a^2+ab+b^2}, AC=\sqrt{a^2+ac+c^2}, BC=\sqrt{b^2+bc+c^2}$.

但 $AB+AC>BC$（三角形两边之和大于第三边），

$\therefore \sqrt{a^2+ab+b^2}+\sqrt{a^2+ac+c^2}>\sqrt{b^2+bc+c^2}$.

【例 122】 已知 a、b、c 为正数，求证 $\sqrt{a^2+b^2+c^2}+\sqrt{b^2+c^2}$ $\sqrt{c^2+a^2}>\sqrt{2}(a+b+c)$.

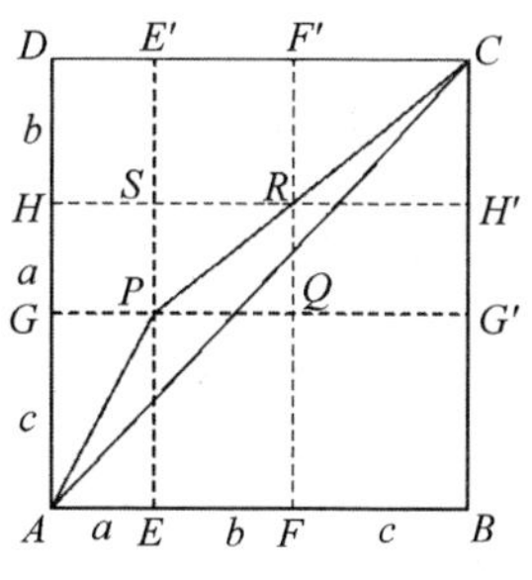

【分析】 从 $\sqrt{2}(a+b+c)$ 来看，可以设想它是边长为 $a+b+c$ 的正方形的对角线．而．$\sqrt{a^2+b^2}$、$\sqrt{b^2+c^2}$、$\sqrt{c^2+a^2}$ 可以分别看作以 a 和 b、b 和 c、c 和 a 为邻边的矩形的对角线．因此可在以 $a+b+c$ 为边的正方形内寻找三个矩形的对角线与正方形对角线间的关系.

【证明】 以 $a+b+c$ 为边作正方形 $ABCD$，在 AB 上顺次截取 $AE=a$、$EF=B$、$FB=c$．在 AD 上顺次截取 $AG=c$、$GH=a$、$HD=b$，分别过 E、F、G、H 作对边的垂线，垂足依次为 E'、F'、G'、H'，这四条垂线有交点 P、Q、R、S，如图所示，则 $AC=\sqrt{2}(a+b+c)$，且 $AP=\sqrt{a^2+c^2}$，$PR=\sqrt{a^2+b^2}$，$RC=\sqrt{b^2+c^2}$.

因为 $AP+PR+RC>AC$,

所以 $\sqrt{a^2+c^2}+\sqrt{a^2+b^2}+\sqrt{b^2+c^2}>\sqrt{2}(a+b+c)$.

【例 123】用几何图形证明重要不等式：$\frac{a+b}{2}\geqslant\sqrt{ab}$（$a$、$b$ 皆为正数，当且仅当 $a=b$ 时，等号成立）.

【证明】$\because$ a，b 皆为正数，作线段 $AC=a$，延长 AC 至 B，使 $CB=b$. 以 AB 为直径作半圆，过 C 作 $CD\perp AB$ 交半圆周于 D，由几何性质可知 $CD^2=AC\cdot CB=ab$.

$\therefore\quad CD=\sqrt{ab}$.

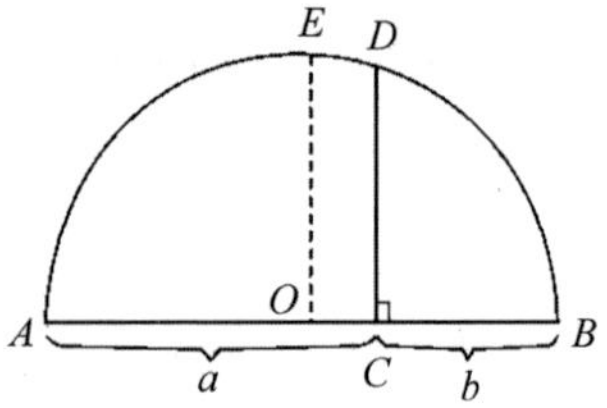

过圆心 O 作 $OE\perp AB$ 交半圆周于 E，

$\therefore\quad OE=\frac{a+b}{2}$. ①

当 $a\neq b$ 时，$OE>CD$，$\therefore$ $\frac{a+b}{2}>\sqrt{ab}$.

当 $a=b$ 时，则 CD 就是 OE，

故 $\frac{a+b}{2}=\sqrt{ab}$. ②

由①，②可得 $\frac{a+b}{2}\geqslant\sqrt{ab}$，证毕.

【注】不难看出，利用几何图形性质来证明这个重要不等式，既简便，又直观.

【例 124】已知 a、b 为正数，求证 $\sqrt{ab}\leqslant\frac{a+b}{2}\leqslant\sqrt{\frac{a^2+b^2}{2}}$（当 $a=b$ 时取等号）.

【分析一】若把 $\sqrt{\frac{a^2+b^2}{2}}$ 作为一条线段，则这条线段是以 $\frac{a+b}{2}$ 和 $\frac{a-b}{2}$ 为两直角边的直角三角形的斜边. 为此，取线段 $PA=a$，并在 PA 上截取 $PB=b$. 若 AB 的中点为 O，则 $OP=\frac{a+b}{2}$，$OA=\frac{a-b}{2}$，于是只要过 O 作 PO 的垂线，并在垂线上截取 $OC=OA$，则得直角三角形 $\triangle POC$，且其斜边 $PC=\sqrt{\frac{a^2+b^2}{2}}$. 在这种理解的基础上，再着眼于 $\sqrt{ab}$，不难猜测它是从 P 点向以 AB 为直径的圆的切线，这样就可以在这个图形中寻求解

题的途径了.

【证法一】 作线段 $PA=a$. 在 PA 上截取 $PB=b$（这里 $a\geqslant b$，并不失一般性）. 以 AB 为直径作圆 O，过 O 作半径 $OC\perp AB$，连结 PC，再过点 P 作圆 O 的切线，得切点为 D，则可推得：

$$PO=\frac{a+b}{2},\ OC=OA=\frac{a-b}{2},\ PD=\sqrt{PA\cdot PB}=\sqrt{ab}.$$

$$PC=\sqrt{PO^2+OC^2}=\sqrt{\left(\frac{a+b}{2}\right)^2+\left(\frac{a-b}{2}\right)^2}=\sqrt{\frac{a^2+b^2}{2}},$$

根据三角形中大角对大边的定理，从图中可知

$PD\leqslant PO\leqslant PC.$

其中当 A、B 两点重合（即 $a=b$）时取等号.

故 $\sqrt{ab}\leqslant\frac{a+b}{2}\leqslant\sqrt{\frac{a^2+b^2}{2}}.$

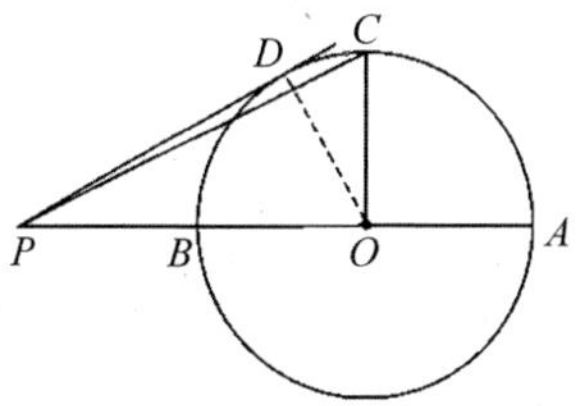

图 1-1

【分析二】 观察结论中有 $\frac{a+b}{2}$ 和 $\sqrt{ab}$，联想到直角三角形中，弦上的高的相关定理. 可以理解 $\sqrt{ab}$ 是以 a、b 为勾影和股影（即勾、股在弦上的射影）的弦上的高，于是在这个直角三角形中去探讨表示 $\sqrt{\frac{a^2+b^2}{2}}$ 的线段，估计通过所构造的图形可以达到.

【证明二】 以 $BC=a+b$ 为直径作半圆 O，在 BC 上取点 D，使 $BD=a$，则 $DC=b$. 过 D 作 BC 的垂线交半圆于 A，连结 AB、AC，则 $\triangle ABC$ 是直角三角形，且 AD 为弦上的高. 于是

$$OA=OB=OC=\frac{a+b}{2},$$

$$AD=\sqrt{BD\cdot DC}=\sqrt{ab}.$$

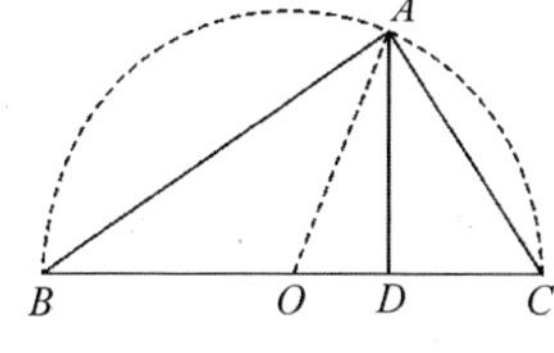

图 1-2

连结 OA，由勾股定理可得：

$$\sqrt{OA^2+OD^2}=\sqrt{2\times OA^2-AD^2}=\sqrt{2\left(\frac{a+b}{2}\right)^2-ab}=\sqrt{\frac{a^2+b^2}{2}}.$$

从图上可知：$\sqrt{OA^2+OD^2}\geqslant OA\geqslant AD$（当 O、D 重合即 $a=b$ 时取

等号).

故 $\sqrt{\dfrac{a^2+b^2}{2}} \geqslant \dfrac{a+b}{2} \geqslant \sqrt{ab}$, 即 $\sqrt{ab} \leqslant \dfrac{a+b}{2} \leqslant \sqrt{\dfrac{a^2+b^2}{2}}$.

【分析三】上面两种解法，构形后都从线段间的关系来考虑. 当然，也可以从面积的关系来构图.

【证明三】作等腰直角三角形△ABC，使其斜边 $BC=a+b$，在 BC 上截取 $BD=a$，则 $DC=b$. 过 D 作 BC 的垂线，交 AC 于 E，交 BA 的延长线于 F，则

$DE=DC=b$，$DF=BD=a$.

过 E 作 BC 的平行线交 AB 于 L，交斜边上的高 AG 于 H，过 L 作 $LM\perp BC$ 于 M，则 $EL=a-b$.

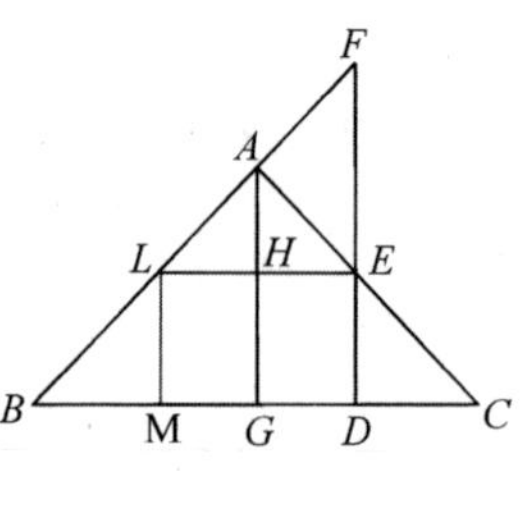

图 1－3

于是 $S_{\Delta DBF}=\dfrac{1}{2}a^2$, $S_{\Delta CDE}=\dfrac{1}{2}b^2$.

$$S_{\Delta ABC}=\frac{1}{2}(a+b)\cdot\frac{a+b}{2}=\left(\frac{a+b}{2}\right)^2.$$

$$S_{梯形BCEL}=\frac{1}{2}[(a-b)+(a+b)]\cdot b=ab.$$

由于 $S_{\Delta BDF}+S_{\Delta CDE}\geqslant S_{\Delta ABC}\geqslant S_{梯形BCEL}$（当 D、G 重合时，即 $a=b$ 时，等式成立），

$$\therefore \frac{a^2+b^2}{2}\geqslant\left(\frac{a+b}{2}\right)^2\geqslant ab.$$

$\therefore \sqrt{\dfrac{a^2+b^2}{2}} \geqslant \dfrac{a+b}{2} \geqslant \sqrt{ab}$, 即 $\sqrt{ab} \leqslant \dfrac{a+b}{2} \leqslant \sqrt{\dfrac{a^2+b^2}{2}}$.

【注】从上面三种解法可以看出，构图的设想来源于问题的结论. 而几何图形最基本的元素是点、线、面、体，构形后可以通过点的位置、线段的关系或面积、体积的关系等方面来探讨如何解决具体问题.

【例 125】已知 α、β 都是锐角，求证：$\sin(\alpha+\beta)=\sin\alpha\cos\beta+\cos\alpha\sin\beta$.

【证明】作两个直角三角形，使其中一个的斜边为 1，而一锐角为 α；另一个的斜边也为 1，而一锐角为 β. 把他们并置起来如图所示. 则其中 BCDE 是直角梯形. 且 $BC=\sin\alpha$，$AC=\cos\alpha$；$DE=\sin\beta$，$AD=\cos\beta$.

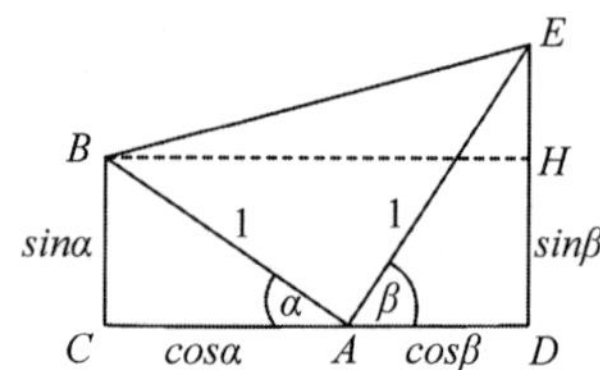

又 $\angle BAE = 180° - (\alpha + \beta)$.

$\because \ S_{\Delta ABE} = S_{梯形BCDE} - S_{\Delta ABC} - S_{\Delta ADE}$,

$\therefore \ \frac{1}{2}\sin[180° - (\alpha + \beta)]$

$= \frac{1}{2}(\sin\alpha + \sin\beta)(\cos\alpha + \cos\beta) - \frac{1}{2}\sin\alpha\cos\alpha - \frac{1}{2}\sin\beta\cos\beta$.

则 $\sin(\alpha + \beta) = \sin\alpha\cos\beta + \cos\alpha\sin\beta$.

【例 126】 试证：$arctg\frac{1}{2} + arctg\frac{1}{3} = \frac{\pi}{4}$.

【分析】 这个题目，我们常用三角的方法来解决，即证等式两边角的正切相等，且都在正切函数的同一个单调区间. 现在要问，这个问题能否用几何方法来解决它呢？答案是肯定的.

【证法一】 作直角$\triangle ABC$，使直角边 $BC = 1$，$AC = 2$，则由反三角函数的定义知，$\angle BAC = arctg\frac{1}{2}$.

在$\triangle ABC$ 中，作 AC 边上的中线 BM 并延长，又作 $AD \perp BM$ 于 D.

显然，$\triangle ADM$ 和$\triangle BCM$ 都是等腰直角三角形.

故 $\angle BMC = \angle AMD = \frac{\pi}{4}, AM = MC = 1$,

$DM = AD = \frac{\sqrt{2}}{2}, BM = \sqrt{2}$.

$\therefore \quad BD = \frac{3\sqrt{2}}{2}$.

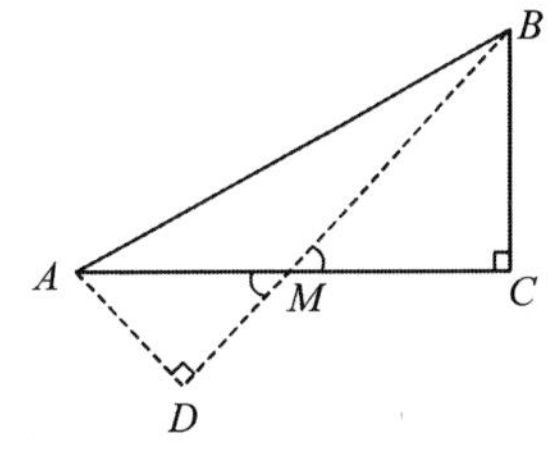

图 1－1

故 $\angle ABD = arctg\frac{AD}{BD} = arctg\frac{1}{3}$.

$\because \ \angle BAC + \angle ABD = \angle BMC$,

而 $tg\angle BAC = \frac{BC}{AC} = \frac{1}{2}$,

$\therefore \ \angle BAC = arctg\frac{1}{2}$.

$\therefore \ arctg\frac{1}{2} + arctg\frac{1}{3} = \frac{\pi}{4}$.

【证明二】 作等腰直角$\triangle ABC$，使$\angle ACB = 90°$.

作中线 AD、CE 相交于 O，则 $CE = AE$，且 $CE \perp AB$.

$\because$ O 是△ABC 的重心，$\therefore\ OE=\frac{1}{3}CE=\frac{1}{3}AE.$

$\because\ tg\angle EAO=\frac{OE}{AE}=\frac{1}{3}$，$\therefore\ \angle EAO=arctg\frac{1}{3}.$

$\because\ CD=\frac{1}{2}BC=\frac{1}{2}AC,$

$\therefore\ tg\angle DAC=\frac{CD}{AC}=\frac{1}{2},$

故 $\angle DAC=arctg\frac{1}{2}.$

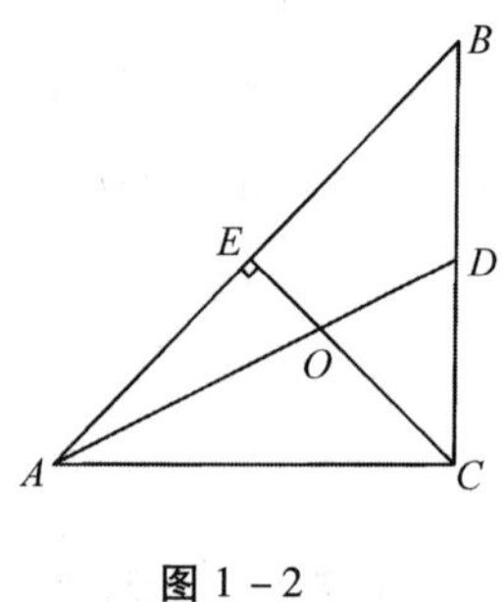

图 1－2

显然 $\angle DAC+\angle EAO=\angle BAC=\frac{\pi}{4}$，则 $arctg\frac{1}{2}+arctg\frac{1}{3}=\frac{\pi}{4}.$

三　典型范例供润物，结束讲座说多谢！

讲座即将结束，再次感谢大家的支持. 讲座中的典型范例共 126 题. 涉及的数学内容包括中学数学中的**“平面几何”，“代数”**（包括方程，方程组，不等式和不等式组），**“平面三角”、“立体几何”**和**“解析几何”**等学科的主要内容.

讲座涉及的数学思想方法有**“恒等变形”、“数形结合”、“分类思想”**等. 涉及的解题方法和解题技巧有，以数助形之**“代数法”、“三角法”、“解析法”**；以形助数之**“单位圆法”、“函数图像法”、“构形法”**，以及其他重要的解题方法，如**“配方法”、“判别式法”、“面积法”、“构造法”**（包括**“构造方程”、“构造不等式”、“构造不等式组”、“构造函数”、“构造图形”**等）、**“待定系数法”、“参数法”、“代点法”**. 其中更有大量的**“一题多解”**问题.

讲座内容涉及了许多重要之数学名著中的重要内容和著名的定理等，其中有著名中的**“勾股定理”**及其**“逆定理”、“射影定理”、“圆的交弦定理”、“圆的切割线定理”、“正弦定理”、“余弦定理”、“韦达定理”、“一元二次方程根的判别定理”**，共点线、共线点之**“梅涅劳斯定理（梅氏定理）及其逆定理”，“塞瓦斯定理（塞氏定理）及其逆定理”**及其他共线点和共点线问题等. 其中还有关于三角形的**“垂心”、“重心”、“内心”、“外心”**及**“共点圆”**和**“共圆点”**的典型例题，其中特别有**“九

点圆”（“欧拉圆”）、“密克圆”、“密克点”以及“欧拉线”等典型命题和定理.

虽然讲座内容尚算丰富，例题也属典型，但所有这一切只是本人任教近50年的教学、教研心得和经验教训，纯属**“数学海洋”**中的**点滴浪花**（正如本人的第一部数学教育专著**《学海浪花》**之名）.

本人任教近50年，教龄虽然较长，但工作却极为平凡. 在培养人才的大道上，本人如同其他资深教师一样，默默耕耘，**“随风潜入夜，润物细无声”**（本人之第二部数学教育专著**《润物细无声》**之名）.

为了把多年的数学教学、数学教研心得以及经验教训与本澳年青的数学教师分享，本人大胆应邀作此专题讲座. 不足之处，诚意地敬请各位仝仁多加包容、批评和指正！

参考资料：

[1] 奚定华:《怎样使用配方法》，上海教育出版社1982年版.

[2] 汪江松、曹衍清、王宪生、叶国祥编:《高中数学解题方法与技巧》，湖北教育出版社1995年版.

[3] 郑志民编著:《学海浪花》，中国社会科学出版社2012年版.

[4] 郑志民编著:《润物细无声》，中国社会科学出版社2015年版.

[5] 濠江中学数学科组编:《高中三年级代数》教材.

本文作者应澳门多间中学的邀请，为年青数学教师所作的数学培训——《中学数学解题方法探研》之讲座资料.

“密克圆”一题多证巡礼

——“五点共圆”的典型案例

郑志民

2000 年 12 月 20 日，时任国家主席江泽民莅临澳门，参加澳门回归祖国一周年庆典，在视察澳门濠江中学接见师生时，兴致勃勃地即席出了一道几何题：“任意一个五角星的五个三角形的外接圆交于五个点，求证这五个点共圆.”此题即“凸五边形五条边延长后，两两相交成五个三角形，它们的外接圆两两相交，除了顶点外有五个交点，此五点共圆”，此圆称为“**密克（Miguel）圆**”. 江主席指出“**学习几何能锻炼一个人的思维. 解答数学题，最重要的是培养一个人的钻研精神**”，这些话充分肯定了几何学的教育价值，值得每一位数学教育工作者深入思考.

对于这个美妙而又诱人的命题，濠江中学的四位数学老师分别给出四种不同的证明. 这些证明包含了“五点共圆”几何题两种具有代表性的证法：杨万忍、郑志民和郑家秀三位老师的证法属第一类证法，此类证法都是利用圆内接四边形的判定定理和性质定理，反复进行角的分解、合成和转化；刘增荣老师的证法属第二类证法，此类证法则注意到欲证共圆的五个点实为“密克点”，抓住了问题的本质. 刘增荣老师的简洁证法得到数学专家和数学界同仁的特别欣赏.

江主席澳门濠江中学出几何题、四位数学老师证明“五点共圆”的消息，经各大媒体广为报道，瞬间传遍了全国，成为一时佳话. 数学教育专家张奠宙教授在《数学数学》2004 年第 6 期上撰文指出，五角星上某些点共圆的问题早已不在现今的数学教科书中出现了. 繁复而困难的几何题的证明，一般学生难以学会，也欣赏不了. 但新的《数学课程标准》提出，不同的学生应得到不同的数学发展. 将来在高中还要开设《平面几何》的选修课. 平面几何的魅力是永存的. 不要求人人做几何难题，却必须保持一部分人能够欣赏平面几何的魅力．欧几里得《几何原本》乃是古希腊500年的理性思维结晶，这份人类精神财富散发的魅力，永远会被人欣赏．

本文将从几何欣赏的角度，展开“五点共圆”的典型案例之“一题多证”．

一　引子——“密克点”定理

（一）引例——从三圆共点和四圆共点说起

在研究“密克点”定理之前，先看看三圆共点和四圆共点的几个典型例子．

当二圆圆心距离小于二圆半径之和时，二圆必然相交，而要证明三圆交于一点，我们归结为三圆 C_1 、C_2 、C_3 共点证法：

（1）C_1 、C_2 交于 P 点，而 P 在 C_3 上．

（2）C_1 、C_2 、C_3 都分别过定点 P．

这可从下面所引例题中可以得到印证．共点圆与共圆点问题的证明方法之间是互相制约、相互联系，息息相通，相辅相成．下面所引例题可供鉴赏！

〔**例** 1〕以三角形三边为一边向外侧分别作正三角形，三者的外接圆共点．此点称为费马（Fermat）点．

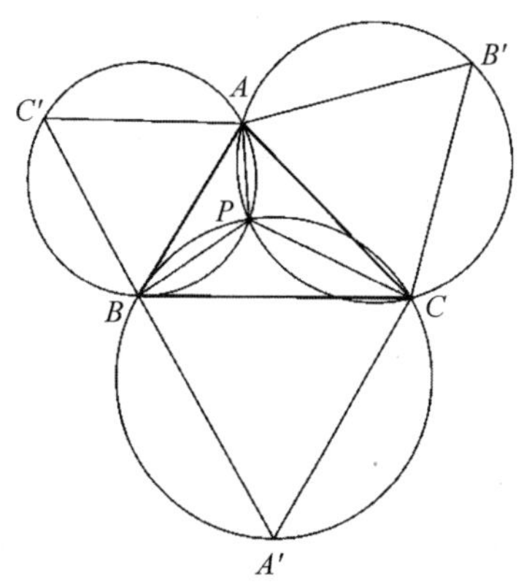

图 1－1

〔**证明**〕图 1－1 中，$\Delta ABC'$ 、$\Delta BCA'$ 、$\Delta ACB'$ 是 ΔABC 外侧的三个正三角形．则 $\angle AB'C = \angle BA'C = \angle AC'B = 60°$，设外接圆 ABC' 、BCA' 交于 P，连 PA 、PB 、PC，则 P、A、C' 、B 四点共圆，P、B、A' 、C 四点也共圆，那么 $\angle APB + \angle BPC = 120° + 120° = 240°$，这说明 $\angle APC = 120°$，它与四边形 $APCB'$ 中的对角 $\angle AB'C$ 互补，亦即 P 在 $\triangle ACB'$ 的外接圆上，命题得证．

〔**例 2**〕以 $\triangle ABC$ 的边 AB、AC 为边，分别在 $\triangle ABC$ 的外部作两个正方形，又以 BC 边为对角线作一正方形，求证：三个正方形的外接圆共点．

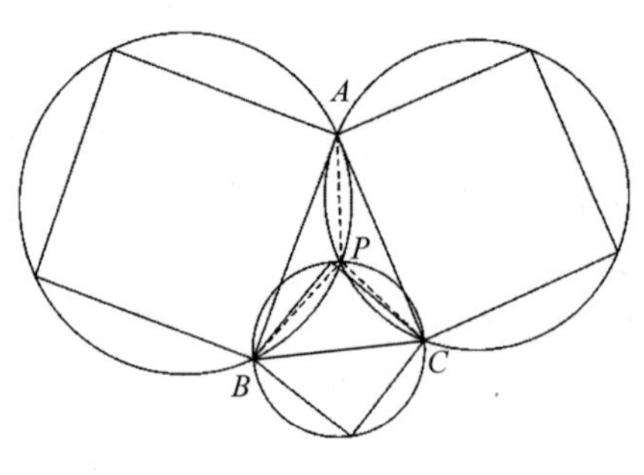

图 1－2

〔**分析**〕如图 1－2 所示，以 BC 边为对角线所作正方形的外接圆即以 BC 为直径的圆，故只需证明另两个圆（除交点 A 外的）的另一个交点 P 对 BC 边所张成直角即可．

〔**证明**〕设以 AB、AC 分别为一边的正方形的外接圆的交点除点 A 外，还有 P 点．连 PA 、PB 、PC，则 $\angle APB = 135°$，$\angle APC = 135°$．（$\angle APB$，$\angle APC$ 所对的弧均为 $3 \times 90°$）．

$\therefore \angle BPC = 360° - (135° + 135°) = 90°$；

$\because$ 点 P 在以 BC 为直径的圆上，即 P 点在以 BC 为对角线的正方形的外接圆上．

故三个正方形各自的外接圆共点于 P．

〔**例 3**〕已知 H 为 ΔABC 的垂心，AH、BH、CH 的延长线分别交 BC 于 H_1，交 AC 于 H_2，交 AB 于 H_3，则 ΔAH_3H_2 、ΔBH_1H_3 、ΔCH_2H_1 所对应的三个外接圆共点．

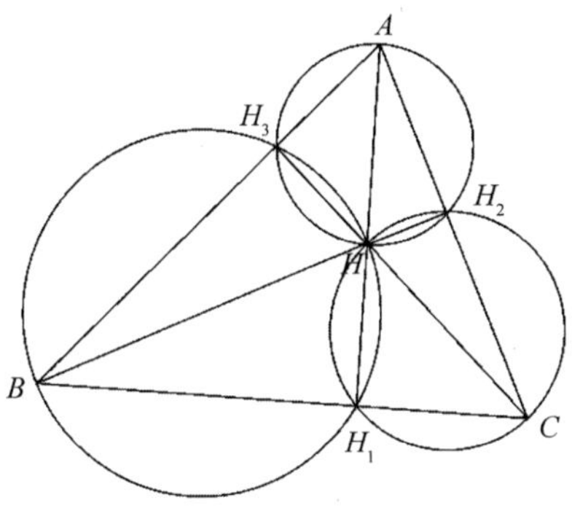

图 1－3

〔证明〕如图 1－3 所示，据已知，H 为 ΔABC 的垂心，且 $AH_1 \perp BC$ 于 H_1，$BH_2 \perp AC$ 于 H_2，$CH_3 \perp AB$ 于 H_3.

$\therefore \angle HH_1C = \angle HH_2C = 90°$，$\angle HH_1B = \angle HH_3B = 90°$，$\angle HH_2A = \angle HH_3A = 90°$.

则 H、H_1、C、H_2 四点共圆，H、H_1、B、H_3 四点共圆，H、H_3、A、H_2 四点也共圆，而上述三圆均过 P 点，故 ΔAH_3H_2、ΔBH_1H_3、ΔCH_2H_1 所对应的三个外接圆共点.

〔例 4〕在三角形 ABC 三边上各任取一点，分别为 X、Y、Z. 过每一顶点与两相邻边上所取的点作圆，则此三圆共点．此点称为“密克点一”.

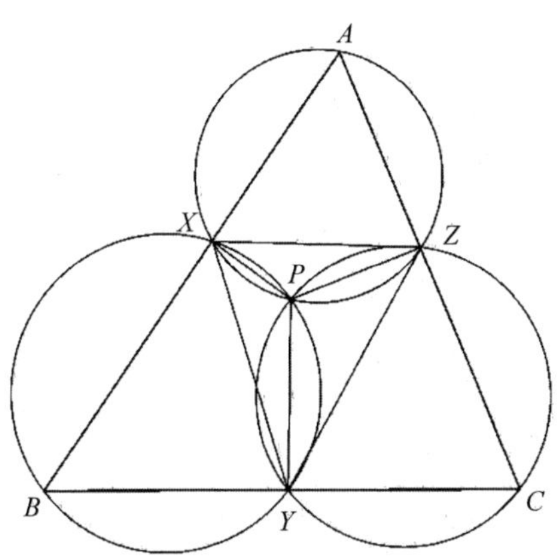

图 1－4

〔**分析**〕在图 1－4 中，$\triangle ABC$ 三边上各任取一点，分别为 X、Y、Z，要证 $\triangle AXZ$、$\triangle BXY$、$\triangle CYZ$ 三个外接圆共点.

如果前二圆共点于 P，从 $\angle XPZ+\angle YPZ+\angle XPY=360°$，$\angle A+\angle XPZ=180°$，$\angle B+\angle XPY=180°$，即可得到

$\angle YPZ=360°-(180°-\angle A)-(180°-\angle B)=\angle A+\angle B.$

而 $\angle A+\angle B+\angle C=180°$，$\therefore\ \angle YPZ=180°-\angle C$，即 $\angle YPZ+\angle C=180°$，

于是 $\angle YPZ$ 与 $\angle C$ 互补，即四边形 $PYCZ$ 内接于 $\triangle CYZ$ 的外接圆、亦即证明 $\triangle CYZ$ 的外接圆也过 P 点，命题得证．这个成立的命题称为**密克点一定理**.

〔**例 5**〕内接于圆的四边形顶点与相邻边中点为顶点形成的三角形外接圆，四圆共点.

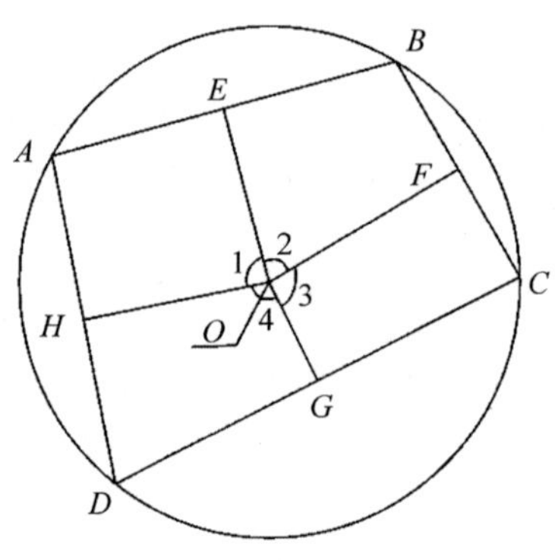

图 1－5

〔**证明**〕在图 1－5 中，四边形 $ABCD$ 内接于圆，设圆心为 O，自 O 向四边引垂线，垂足 E、F、G、H 就是四边相应的中点．那么 $OE\perp AB$，$OF\perp BC$，$OG\perp CD$，$OH\perp AD$，则 $\angle 1$ 、$\angle 2$ 、$\angle 3$ 、$\angle 4$ 依次是 $\angle A$ 、$\angle B$ 、$\angle C$ 、$\angle D$ 的补角．四组点 A、E、O、H；B、F、O、E；C、G、O、F；D、H、O、G 分别是共圆点．这四圆都过 O. 命题得证.

〔**例 6**〕完全四边形 $AXYCBZ$ 中四个三角形的外接圆四圆共点（此点称为密克点二，此定理称为密克点二定理.）且由该点向四直线所作垂线的垂足在一直线上.

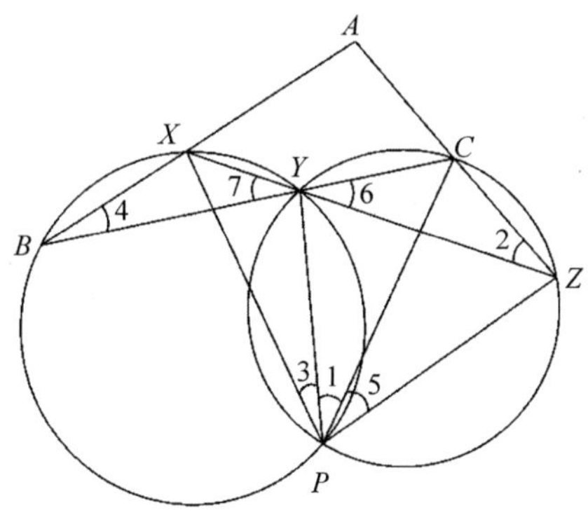

图 1－6

〔分析〕图 1－6 中，完全四边形 $AXYCBZ$ 中包含四个三角形：$\triangle XBY$、$\triangle CYZ$、$\triangle ABC$、$\triangle AXZ$. 它们各有外接圆. 命题的结论是这四个圆共点.

〔证明〕首先，在 $\triangle ABC$ 边 AB、BC 上分别取 X、Y 两点，在 AC 延长线上取 Z 点，那么 $\triangle XBY$、$\triangle CYZ$ 的外接圆除 Y 点外，交于 P. 如图 1－7，连结有关线段，比较有关各角可知：$\angle 1 = \angle 2$，$\angle 3 = \angle 4$，$\angle 5 = \angle 6$（分别是同弧所对的圆周角）；$\angle 6 = \angle 7$（对顶角相等）. 关键是要证 $\triangle AXZ$ 的外接圆是否通过 P 点，回答是肯定的.

事实上，$\angle 2 + \angle AXZ + \angle A = 180°$，

而 $\angle AXZ = \angle 4 + \angle 7 = \angle 3 + \angle 6 = \angle 3 + \angle 5$，

又 $\angle 1 = \angle 2$，

$\therefore$ 四边形 $AXPZ$ 中一组内对角

$\angle A + \angle XPZ = \angle A + \angle 3 + \angle 1 + \angle 5 = \angle A + \angle 3 + \angle 2 + \angle 5$

$= \angle A + \angle 2 + \angle AXZ = 180°$.

$\therefore A$、X、P、Z 四点共圆.

则 $\triangle AXZ$ 的外接圆过 P 点.

这已证明 $\triangle XBY$、$\triangle CYZ$、$\triangle AXZ$ 的三个外接圆共点.

其次，在 $\triangle AXZ$ 边 AZ，XZ 上分别取 C、Y 点，在边 AX 的延长线上取 B 点. 类似地运用密克点一，可证 $\triangle XBY$、$\triangle CYZ$、$\triangle ABC$ 的三个外接圆也共点于 P.

综合上面两步骤，已证密克点二定理为真.

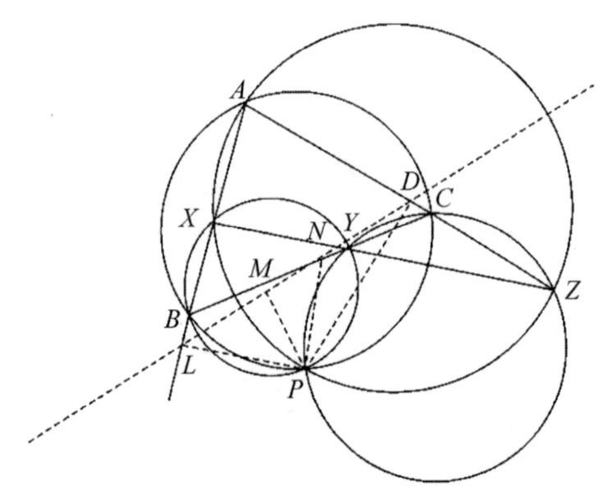

图 1 – 7

另外，如图 1 – 7 所示，设上述四圆共点于 P，且 P 至完全四边形（$AXNCBZ$）四边 AB、BC、XZ、AZ 所做的垂线之垂线是分别为 L，M，D 及 L，N，D；根据摩松线定理知，L，M，D 共线；L，N，D 也共线．因此四垂足 L，M，N，D 四点共线.

（二）“密克点”定理

〔**定理**〕两两相交的四条直线交成四个三角形，它们的外接圆必同交于一点（此定理称为密克点定理）.

〔**证法** 1〕（见上海辞书出版社《数学题解辞典——平面几何》）

〔**定理**〕已知 AE、AF、ED、FB 四条直线相交于 A、B、C、D、E、F 六点，构成四个三角形，它们是 $\triangle ABF$ 、$\triangle AED$ 、$\triangle BEC$ 、$\triangle DCF$，求证：这四个三角形的外接圆共点．

〔**分析**〕如图 1 – 8 所示，设 $\triangle BEC$ 与 $\triangle DCF$ 的外接圆交点为 O，则只需证明 $\triangle ABF$ 与 $\triangle AED$ 的外接圆也经过点 O 即可.

〔**证明**〕若 $\triangle BEC$ 与 $\triangle DCF$ 的外接圆交点为 O，连结 AO、BO、CO、DO、EO、FO.

$\because$ E、B、C、O 四点共圆，

$\therefore$ $\angle BEO = \angle OCF$（圆内接四边形的外角等于内对角）.

又$\because$ F、D、C、O 四点共圆，

$\therefore$ $\angle OCF = \angle ODF$（圆中同弧上的圆周角相等）.

$\therefore$ $\angle BEO = \angle ODF$，故 E、A、D、O 四点共圆，即 $\triangle AED$ 的外接圆

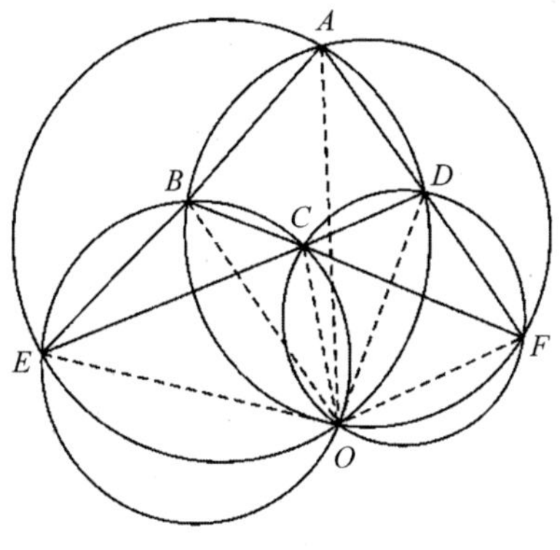

图 1－8

经过点 O.

又 $\angle EBO = \angle ECO = \angle AFO$,

$\therefore$ F、A、B、O 四点共圆，即 $\triangle ABF$ 的外接圆也经过点 O.

$\therefore$ $\triangle ABF$、$\triangle AED$、$\triangle BEC$、$\triangle DCF$ 的外接圆共点.

〔**说明**〕(1) 本题中四个三角形的外接圆共点，这个点称为密克点.

(2) 如果本题中的点 O 位在 EF 上，$\because$ $\angle ABC = \angle EOC$, $\angle ADC = \angle COF$, 而 $\angle EOC + \angle COF = 180°$, 即 $\angle ABC + \angle ADC = 180°$, 则四边形 $ABCD$ 为圆内接四边形.

〔**证法** 2〕（见陈圣德著《平面几何一题多证》，福建人民出版社出版）

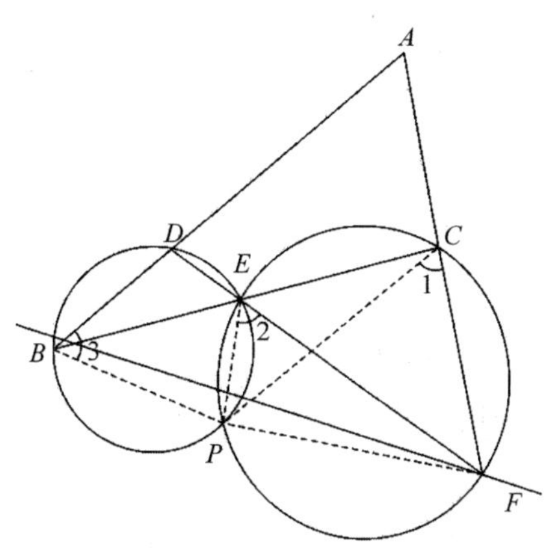

图 1－9

如图 1－9 所示，设 AB、AF、DF、CB 四直线交成四个三角形 $\triangle ABC$、$\triangle ADF$、$\triangle BED$、$\triangle CEF$. 今要证明它们的外接圆共点 P，可先作两个 $\triangle BDE$ 与 $\triangle CEF$ 的外接圆，设其另一交点为 P.

连 PB、PE、PC、PF，则 $\angle 1 = \angle 2 = \angle 3$. 故 C、A、B、P 共圆. 也即 $\triangle ABC$ 外接圆也过 P.

同理可证，$\triangle ADF$ 的外接圆也过 P. 故四圆共点于 P.

〔**证法 3**〕（见陈圣德著《平面几何一题多证》，福建人民出版社出版）利用三角形的垂足线（西摩松线）定理之逆定理.

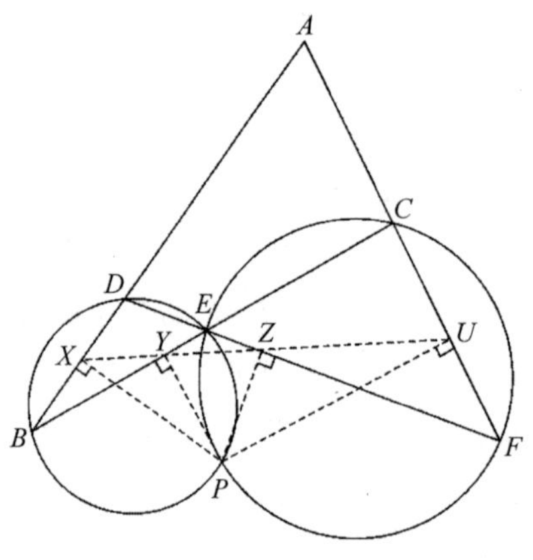

图 1－10

如图 1－10 所示，设 $\triangle BED$ 与 $\triangle CEF$ 的外接圆交于 P. 由 P 引 $\triangle BDE$ 三边的垂线 PX、PY、PZ. 则由西摩松线定理知 X、Y、Z 共线.

其次，引 $PU \perp CF$，则由 $\triangle CEF$ 及其外接圆知，Y、Z、U 共线.

$\therefore$ X、Y、Z、U 共线.

对于 $\triangle ABC$，由于从 P 引三边的垂线，垂足 X、Y、U 共线，

故根据西摩松线定理的逆定理知，P 在 $\triangle ABC$ 外接圆上.

同理可证 P 在 $\triangle ADF$ 的外接圆上.

故四个三角形的外接圆共点于 P.

〔**注**〕四直线两两相交于六点所成图形在近世几何中称为"完全四边形"，故 P 点称为完全四边形 $ACEDBF$ 的"密克点". 如在 $\triangle ABC$ 三边 BC、CA、AB 或其延线上各取一点 P、Q、R，则三个三角形 ARQ、BPR、

CPQ 的外接圆也共点．这点也称“密克点”，证法类似（可见下述的补充证明）.

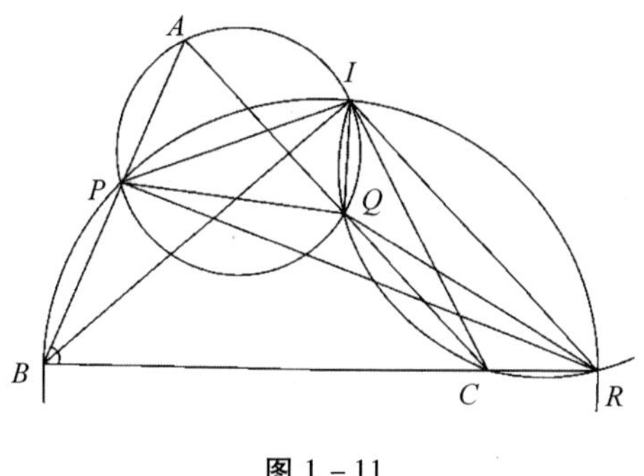

图 1－11

〔**证明**〕如图 1－11 在 $\triangle ABC$ 的两边 AB、AC 上分别取 P、Q 点，而在 BC 延长线上取 R 点．求证 $\triangle APQ$、$\triangle BPR$、$\triangle CQR$ 的外接圆三圆共点.

今假设两圆 APQ、CQR 交于 I，则 $\angle A = \angle PIQ$（圆中同弧上的圆周角相等），$\angle C = \angle QIR$（圆内接四边形外角等于内对角），这说明：

$\angle A + \angle C = \angle PIQ + \angle QIR = \angle PIR.$

另一方面，假设 $\triangle PAQ$、$\triangle PBR$ 两个外接圆如交于 I'，则

$\angle B = 180° - \angle PI'R$, $\angle PI'R = 180° - \angle B = \angle A + \angle C = \angle PIR.$

道致 I、I' 重合，已证三圆共点于 I.

对于 P、R 分别在 AB、BC 延长线上，或 P、Q、R 分别在 AB、AC、BC 延长线上，命题也是真的.

二　密克圆定理(五点共圆之典型案例)的多种证法欣赏

濠江中学四位老师对“五点共圆”问题的四种不同证明，经澳门中联办转交江主席，得到江主席的亲切回复，并寄来参考解法．国内许多学者都对问题进行多方面的研究，北京周春荔在《数学通报》2001 年 6 月上发表研究文章《从密克圆的证明谈起》；上海沈康身教授在其著作《数学的魅力》（一）（二）中，介绍了“五点共圆”及其相关问题.

今列举“密克圆”的多种证法于下，聊为读者提供参考欣赏之资.

命题：任意五角星形的五个三角形的外接圆（除原有交点外）五个交点分别为 N、M、K、L、O 五圆.

〔**证法 1**〕（本证法属于张景中教授.）如图 2-1，命题要证 N、M、K、L、O 五点共圆（以下主要用到“圆周角定理”及其逆，圆内接四边形的性质定理“圆内接四边形对角互补”及其逆定理）.

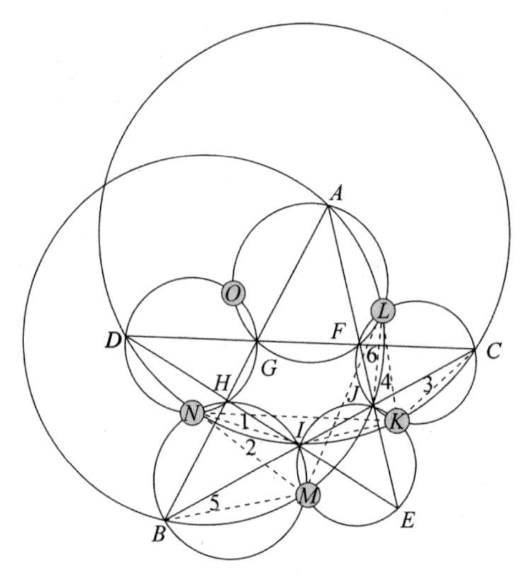

图 2-1

事实上，① $\angle DCK = 180° - \angle KJF = \angle KJE$（圆内接四边形对角互补）.

② $\angle KJE = \angle KIE$（圆周角定理）.

③ D、C、K、I 共圆（由①、②得 $\angle DCK = \angle KIE$，再用“圆内接四边形的外角等于内对角”之逆）.

④ 同理 D、C、I、N 共圆，即 D、C、K、I、N 五点共圆.

⑤ 由④得 $\angle 1 = \angle 3$（即 $\angle KNI = \angle KCI$），又有 $\angle 3 = \angle 4$，因此 $\angle 1 = \angle 4$（圆周角）.

⑥ 与①、②、③、④同理可证 A、B、M、J、L 五点共圆.

⑦ 由⑥得 $\angle 5 = \angle 6$（即 $\angle JBM = \angle JLM$——同为 $\overset{\frown}{MJ}$ 弧上的圆周角），又有 $\angle 2 = \angle 5$（同弧 $\overset{\frown}{IM}$ 上的圆周角），因此 $\angle 2 = \angle 6$.

⑧ ⑤与⑦相加：$\angle 1+\angle 2=\angle 4+\angle 6$，即 $\angle KNM=\angle KLM$.

⑨ 由⑧及圆周角定理之逆定理知：N、M、K、L 共圆.

⑩ 同理可证：N、M、K、O 共圆，结合⑨得所要之结论，证毕.

〔注〕江泽民在为《院士科普体系》丛书写序时，　看到“用机器解几何题”可证明“五点共圆”，电脑运行只用3.9秒，即时打电话给身在广州的中科院院士张景中，上述证法就是张景中教授给出的“五点共圆”证法.

〔**证法**2〕（澳门濠江中学杨万忍老师的证法）

〔**命题**〕任意五角星形的五个三角形的外接圆的五个交点共圆.

〔**已知**〕如图，任意五角星形的五个三角形的外接圆分别交于 A、B、C、D、E 五点.

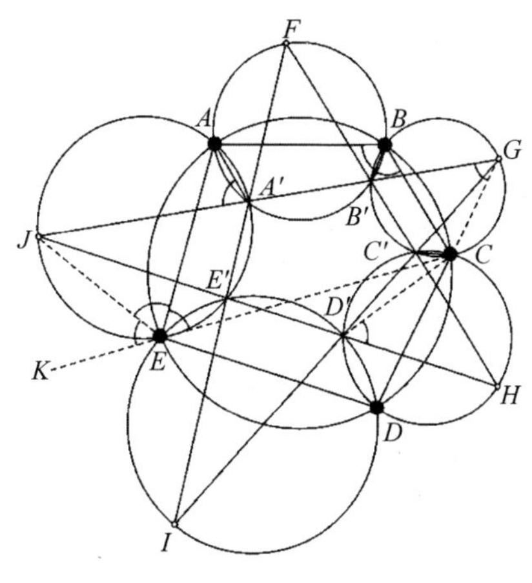

图 2－2

〔**求证**〕如图 2－2 所示，A、B、C、D、E 五点共圆.

〔**探究**〕若能证其中四点共圆，同理（对称地）另外也有四点共圆，这两个四点集有三个点相同（各有一个点不同），则此五点共圆.

连结 E、C；E、J，则 $\angle B'BA=\angle JA'A=\angle JEA$.

连结 G、C，则 $\angle B'BC=\angle B'GC$.

这样只需证明 J、G、C、E 四点共圆（从而有 $\angle JEK=\angle B'GC=\angle B'BC$，且 $\angle AEC+\angle ABC=\angle AEC+\angle ABB'+\angle B'BC=\angle AEC+\angle AA'J+\angle B'CG$

$= \angle AEC + \angle AEJ + \angle JEK = 180°$，则 A、E、C、B 四点共圆）.

连结 D'、C，则 $\angle B'GC = \angle CC'H = \angle CD'H$.

$\therefore$ J、D'、C、G 四点共圆.

同理（对称地）J、E、D'、G 四点共圆.

即 J、G、C、E 四点共圆.

综上所述，命题得证.

〔点评〕“切入点”——证四点共圆.

“关键点”——角的变换.

〔证明〕连结 C、E 延长至 K；连结 E、J.

$\because$ A, A', B', B 四点共圆，$\therefore$ $\angle B'BA = \angle AA'J$.

又$\because$ A, A', E，J 四点共圆，$\therefore$ $\angle AA'J = \angle AEJ$.

则 $\angle AEJ = \angle B'BA$.

连结 C、G；C、D'，

$\because$ B', B，G，C 四点共圆，$\therefore$ $\angle B'BC = \angle B'GC$.

又$\because$ B', G，C，C' 四点共圆，$\therefore$ $\angle B'BC = \angle CC'H$.

而 C, D', D, H 四点共圆，$\therefore$ $\angle CC'H = \angle CD'H$.

则 $\angle CD'H = \angle JGC$.

$\therefore$ J, D', C，G 四点共圆.

同理（对称地）J，E, D', G 四点共圆.

即 J、E、C、G 四点共圆.

从而有 $\angle JEK = \angle B'GC = \angle B'BC$.

又 $\angle JEK + \angle AEJ + \angle AEC = 180°$，$\therefore$ $\angle ABC' + \angle AEC = 180°$.

$\therefore$ A、E、C、B 四点共圆.

同理（对称地）A，D，C，B 四点共圆.

$\therefore$ A，B，C，D，E 五点共圆.

〔证法 3〕（澳门濠江中学郑志民老师的证法）

〔命题〕任意五角星形的五个（小）三角形的外接圆（在星形外）的五个交点共圆.

〔已知〕如图 2－3，任意五角星形的五个小三角形的外接圆分别交于星形外的五个点 M，N，P，Q，R.

〔求证〕M，N，P，Q，R 五点共圆.

〔证明〕连结 MN，NP，PQ，QR，RM. 又连结 CQ，QQ'，$P'Q$.

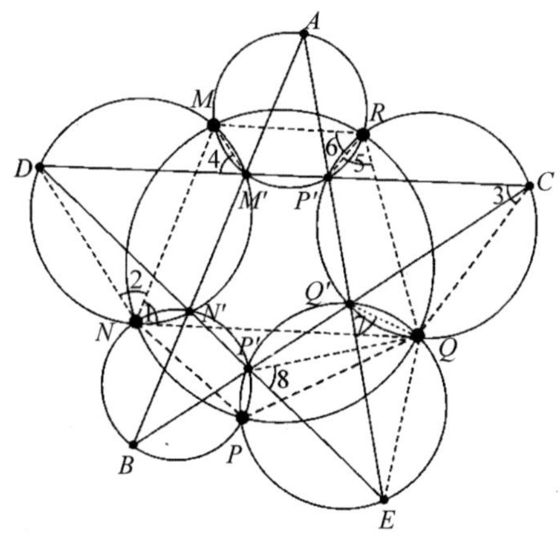

图 2-3

由 Q', Q, C, R' 四点共圆知:

$\angle 7 = \angle 3$ ($\angle EQ'Q = \angle QCR'$).

再连结 EQ,

由 P', E, Q, Q' 四点共圆知:

$\angle 8 = \angle 7$ ($\angle EP'Q = \angle EQ'Q$),

$\therefore$ $\angle 8 = \angle 3$.

$\therefore$ D, P', Q, C 四点共圆.

同理 D, N, P', C 四点共圆.

$\therefore$ D, N, Q, C 四点共圆（此圆为 $\Delta DP'C$ 的外接圆).

连结 DN, NQ, 则

$\angle 1 + \angle 2 + \angle 3 = 180°$.

连结 RR', MM'.

由 M, M', N, D 四点共圆及 M, M', R', R 四点共圆知:

$\angle 2 = \angle 4$　及　$\angle 4 = \angle 6$.

$\therefore$ $\angle 2 = \angle 6$ ($\angle DNM = \angle MRR'$).

由 Q, C, R, R' 四点共圆知:

$\angle 3 = \angle 5$ ($\angle R'CQ = \angle R'RQ$).

$\therefore$ $\angle 1 + \angle 6 + \angle 5 = 180°$,

即　$\angle MNQ + \angle MRQ = 180°$.

$\therefore$ M, N, Q, R 四点共圆.

同理可证 M，P，Q，R 四点共圆.

$\therefore M$，N，P，Q，R 五点共圆.

〔**证法** 4〕（澳门濠江中学刘增荣老师的证法）

〔**命题**〕任意五角星形的五个小三角形的外接圆轮回相交于星形外的五个点，这五个点共圆.

为了证明定理，我们需要引用下面两个引理.

〔**引理** 1〕四条直线交成四个三角形，它们的外接圆共点.

〔**引理** 2〕设定直线上有四点，通过其第一第二两点，第二第三两点，第三第四两点，第四第一两点各作一圆，轮回相交，则所得的四个第二交点共圆或共线.

以上两个引理分别见于梁绍鸿《初等数学复习及研究（平面几何）》第198、196页（人民教育出版社1958年初版）.

〔**定理的证明**〕如图 2－4，欲证 C_1, C_2, C_3, C_4, C_5 五点共圆，只需证其中任意四点共圆，下面来证 C_1, C_2, C_3, C_4 四点共圆.

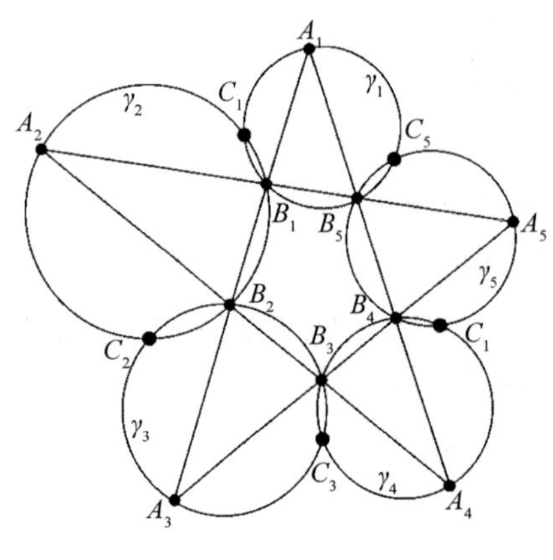

图 2－4

记过 A_k 的外接圆为 $\gamma_k(k=1,2,3,4,5)$. 应用引理 1 到四条直线 A_2A_4，A_2A_5，A_1A_4，A_3A_5 交成的四个三角形，知 C_4, B_5, A_2, A_4 四点共圆.

同理 C_4, C_1, A_2, A_4 四点共圆，记此圆为 γ.

考察共线的四点 A_2, B_2, B_3, A_4. 因为过 A_2、B_2 的圆 γ_2，过 B_2、B_3 的圆 γ_3，过 B_3、A_4 的圆 γ_4，以及过 A_4、A_2 的圆 γ_1 这四个圆轮回相交，由引理 2 可知，依次得到的四个第二交点 C_2，C_3，C_4，C_1 共圆.

由此可知诸 C_k 中任意四点共圆．定理证毕.

〔**证法 5**〕（澳门濠江中学郑家秀老师的证法）

〔**命题**〕任意一个五角星形的五个三角形的外接圆交于星形外的五点，求证这五点共圆.

〔**已知**〕如图 2－5，$PQRTSP$ 为任意五角星形，$\odot O_1$、$\odot O_2$、$\odot O_3$、$\odot O_4$、$\odot O_5$ 分别为其五个三角形 $\triangle PA_1B_1$、$\triangle TB_1C_1$、$\triangle QC_1D_1$、$\triangle SD_1E_1$、$\triangle RE_1A_1$ 的外接圆．除 A_1、B_1、C_1、D_1、E_1 外，它们依次相交于 A、B、C、D、E 五点.

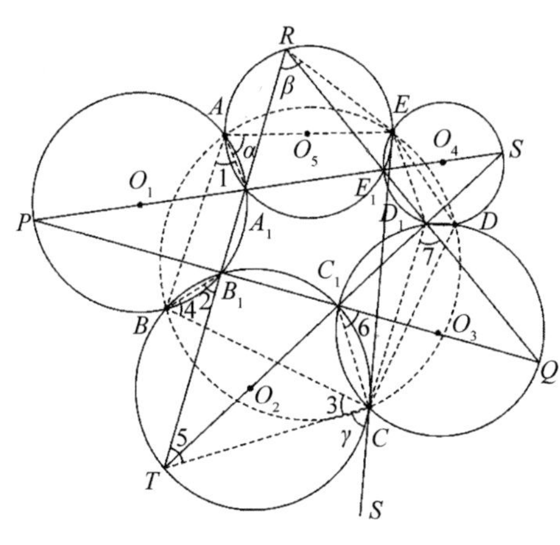

图 2－5

〔**求证**〕A、B、C、D、E 五点共圆.

〔**思路**〕循环运用圆内接四边形的充要条件：

（1）凸的内接四边形，任一外角等于内对角；

（2）折（凹）的内接四边形，“对角相等”——即同弧上的圆周角相等，并巧用模拟法.

〔**证明**〕在 $\odot O_1$ 中，A、A_1、B_1、B 四点共圆，于是 $\angle 1=\angle 2$.

在 $\odot O_2$ 中，B、B_1、C、T 四点共圆，

于是 $\angle 4=\angle 5$，且 $\angle 2=\angle 3$，

$\therefore\ \angle 1=\angle 3$　①

又 B、B_1、C_1、C 四点共圆，

$\therefore\ \angle 6=\angle 4$（圆内接四边形的外角等于内对角）.

$\therefore\ \angle 6=\angle 5$.

在 $\odot O_3$ 中，连结 CD_1.

$\because\ C_1$、C、D_1、Q 四点共圆，

$\therefore\ \angle 7=\angle 6$，则 $\angle 7=\angle 5$，

从而可知 T、C、D_1、R 四点共圆.

同理可证 D_1、E、R、T 四点共圆.

$\therefore\ T$、C、D_1、E、R 五点共圆.

于是又可得 T、C、E、R 四点共圆，

则 $\angle\beta=\angle\gamma$（即 $\angle A_1RE=\angle TCS$）.

在 $\odot O_5$ 中，A、A_1、E、R 四点共圆，

则 $\angle\alpha=\angle\beta$（即 $\angle A_1AE=\angle A_1RE$）.

$\therefore\ \angle\alpha=\angle\gamma$（即 $\angle A_1AE=\angle TCS$）.　②

由①、②可得

$\angle 1+\angle\alpha=\angle 3+\angle\gamma$.

即 $\angle BCS=\angle BAE$.

$\therefore\ A$、B、C、E 四点共圆.

类似地可证明 A、B、C、D 四点共圆.

$\therefore\ A$、B、C、D、E 五点共圆.

〔**证法 6**〕〔本证法见陈圣德著《平面几何一题多证》〕〔陈圣德（已故）系本文作者的恩师——原福建师范学院（现福建师范大学）数学系的副教授〕

〔**命题**〕证明密克圆定理：延长五边形 $ABCDE$ 各边，在外部构成五个三角形．诸三角形的外接圆的另外五个交点共圆.

〔**证明**〕如图 2－6 所示，设五边形为 $ABCDE$，延长各边在外部成五个三角形 $\triangle ABG$，$\triangle BCH$，$\triangle CDK$，$\triangle DEL$，$\triangle AEF$，它们的外接圆的另外五个交点为 P、Q、R、S、T. 先证其中四点共圆. 同理可证另一点在这圆上.

据上述的密克点定理知，完全四边形 $LABCGH$ 四个三角形 $\triangle ABG$、$\triangle BCH$、$\triangle AHL$、$\triangle CGL$ 的外接圆交于一点 Q. 同样，三角形 $\triangle AEF$、$\triangle EDL$、$\triangle AHL$、$\triangle DHF$ 的外接圆交于一点 T. 故 H、Q、A、T、L 五点共圆（其中 $\triangle AHL$ 的三顶点 A、H、L 配 Q 或 T 共四点都共圆）.

$\therefore\ \angle QHC+\angle QTS+\angle STL=\angle QHC+\angle QTL=\angle QHL+\angle QTL=2Rt\angle$（圆内接四边形的对角互补）.

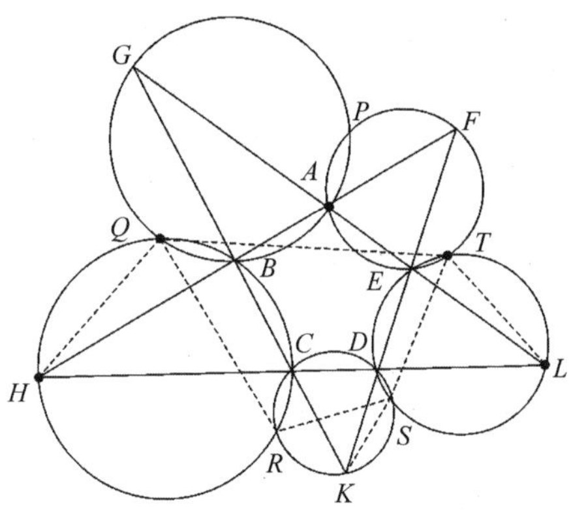

图 2－6

又 $\angle QHC = \angle QRC$，$\angle STL = \angle SDL = \angle CRS$，

则 $\angle QRC + \angle CRS + \angle QTS = \angle QHL + \angle STL + \angle QTS = \angle QHL + \angle QTL = 2Rt\angle$，

$\therefore\ \angle QRS + \angle QTS = 2Rt\angle$. $\therefore$ Q、R、S、T 共圆.

同理可证 P、Q、R、T 也共圆．这两个圆有三个公共点 Q、R、T. 故五点 P、Q、R、S、T 共圆.

〔**证法** 7〕（本证法见陈圣德《平面几何一题多证》）

〔**命题**〕证明密克圆定理：延长五边形 $ABCDE$ 各边，在外部构成五个三角形．诸三角形的外接圆的另外五个交点共圆.

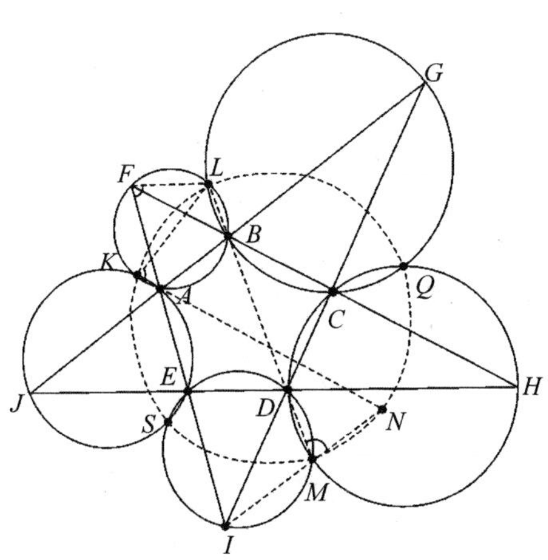

图 2－7

〔**证明**〕如图 2－7 所示，根据上述的完全四边形“密克点定理”，可知 $\triangle ABF$，$\triangle BCG$ 和 $\triangle FIC$ 的外接圆共点于 L，故 I、F、L、C 共圆.

同样可知三个三角形 $\triangle DCH$、$\triangle DEI$、$\triangle FIC$ 的外接圆共点 M.

故 F、C、M、I 共圆.

连结 KA，IM 并延长相交于 N，

则 $\angle IFL = \angle NML$.

又 $\angle AKL = \angle AFL = \angle IFL$，

$\therefore\ \angle AKL = \angle NML$.

$\therefore K$、L、N、M 共圆.

又 E、M、K 在 $\triangle AIN$（或延长线上）的各边上，

故 $\triangle KAE$、$\triangle EIM$、$\triangle KMN$ 三外接圆共点 S（见“密克点”定理中〔证法 3〕之〔注〕）.

因此，从 K、L、N、M 共圆，得 K、L、M、S 共圆．同样 K、L、M、Q 共圆.

故五点 K、L、M、Q、S 共圆.

〔**证法** 8〕（本证法见陈圣德著《平面几何一题多证》）

〔**命题**〕证明密克圆定理：延长五边形 $ABCDE$ 各边，在外部构成五个三角形．诸三角形的外接圆的另外五个交点共圆.

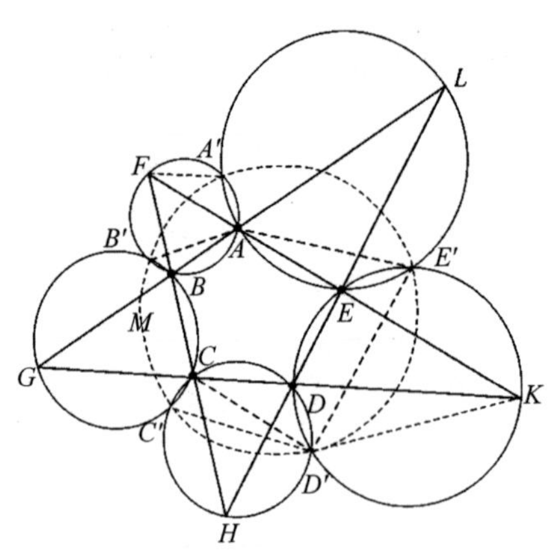

图 2－8

〔**证明**〕如图 2－8 所示，设延长五边形 $ABCDE$ 各边在外部成五个三

角形 ABF、BCG、CDH、DEK、EAL. 诸三角表的外接圆再交于五点 A'、B'、C'、D'、E'. 今要证明这五点共圆，先证明其中四点共圆．同理可证另一点在这圆上.

作 $\triangle FCK$ 的外接圆，则其必通过 D'. 理由如下：

因 E、K、D'、D 共圆，故 $\angle EKD' = \angle HDD'$.　①

因 H、C、D、D' 共圆，故 $\angle HDD' = \angle HCD'$.

从而结合①，可得 $\angle EKD' = \angle HCD'$.

则四边形 $FKD'C$ 内接于一个圆.

同样圆 FCK 通过 B'.

再证明 A'、B'、D'、E' 共圆.

因 E、E'、K、D' 共圆，故

$\angle EE'D' = \angle EKD'$.　②

但上面已证 F、K、D'、C、B' 共圆，则

$\angle FKD' = \angle D'B'M$，$M$ 为 FB'延线上的点．从②可得

$\angle EE'D' = \angle D'B'M$.　③

又 A、E'、L、A' 共圆，

故 $\angle A'E'E = \angle A'AF = A'B'F$.　④

从③、④可得 $\angle A'E'D' + A'B'D' = 2Rt\angle$.

$\therefore$ A'、B'、D'、E' 共圆．同样 A'、B'、C'、E' 也共圆.

$\therefore$ 五点 A'、B'、C'、D'、E' 共圆.

〔注〕这五点所共的圆称为"**五边形的密克圆**".

〔**证法** 9〕［本证法选自沈康身《数学的魅力（一）》］

〔**定理**〕五边形五条边延长，两两相交形成五个三角形．它们的外接圆两两相交．除了顶点以外有五个交点，此五点共圆（此圆称为"密克圆"）.

〔**证明**〕如图 2－9，注意到在四边形 $SLGC$ 中，$\angle KCS = \angle KDS = \angle SLE$（即 $\angle SLG$）（圆内接四边形中外角等于内对角），这道致延长五边形各边后的四点 G、C、S、L 共圆．而由于上述同一理由，在四边形边 $QCLG$ 中，也有 $\angle LGQ$（即 $\angle AGQ$）$= \angle QBH = \angle QCH$，

这说明 Q 点也在圆 $SLGC$ 上．于是 G、Q、S、L 四点共圆．这又导致 $\angle GQS + \angle GLS = 180°$.

再注意到

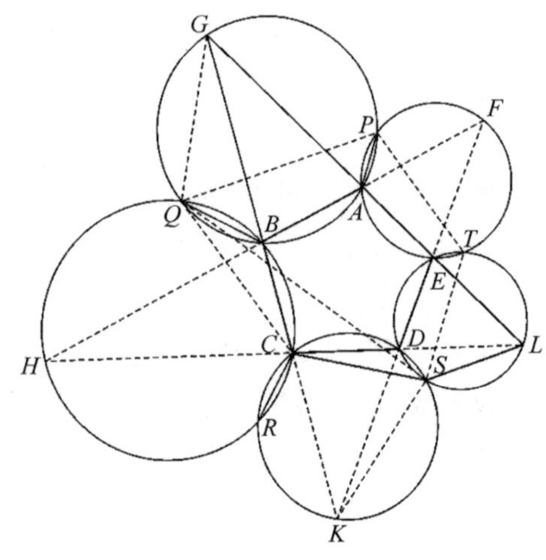

图 2－9

$\angle GQP + \angle PQS = \angle GQS$,

而 $\angle ETP = \angle PAG$（圆内接四边形中，外角等于内对角）

$= \angle GQP$（同圆中同弧上所对的圆周角相等）.

又 $\angle ETS = \angle ELS = \angle GLS$（同圆中同弧上所对的圆周角相等）.

再比较四边形 $PQST$ 和 $GQSL$. 后者有一组内对角.

即 $\angle GQP + \angle PQS + \angle GLS = 180°$, 及 $\angle GQS + \angle GLS = 180°$,

已证其中 $\angle GQP = \angle ETP$, $\angle GLS = \angle ETS$.

则有 $\angle PTS + \angle PQS = \angle ETP + \angle ETS + \angle PQS = 180°$.

而 $\angle PTS$ 、$\angle PQS$ 是前者一组内对角，因此四边形 $PQST$ 内接于一个圆.

同理可证四边形 $PQRS$ 也内接于一个圆．由于两圆有三点 P、Q、S 是相同点，故而 P、Q、R、S、T 五点共圆.

〔**证法 10**〕[此证法见沈康身所著之《数学的魅力（一）》]

如图 2－10，这里有两个完全四边形 $LABCGH$ 和 $HAEDFL$.

在完全四边形 $LABCGH$ 中，ΔABG 、ΔBCH 、ΔAHL 的三个外接圆共点（**“密克点二”**）于 Q. 也就是说 H、Q、A、L 四点共圆.

在完全四边形 $HAEDFL$ 中 ΔAEF 、ΔDEL 、ΔAHL 三个外接圆共点于 T. 这又说明 A、H、L、T 四点.

综合而说，H、Q、A、T、L 共圆，则 Q、H、L、T 四点共圆，那么

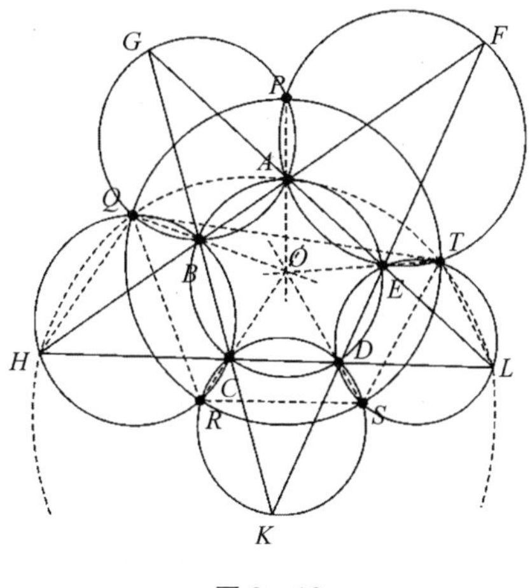

图 2－10

$\angle QHC+\angle QTS+\angle STL=\angle QHC+\angle QTL=180°$，其中 $\angle QHC=\angle QRC$，$\angle STL=\angle SDL=\angle SRC$. 于是 $\angle QRC+\angle SRC+\angle QTS=180°$，这说明 Q、R、S、T 共圆．同理可证 P、Q、R、S 共圆．两圆中有三点相同，则证得 P、Q、R、S、T 五点共圆.

〔注〕 此证法从共点圆定理出发论证共圆点问题．过程简明可爱，说理也周到.

〔证法 11〕［本证法见沈康身所著之《数学的魅力（二）》，作者引用密克原著《几何定理》（法文）之文献］

〔定理〕 取任一五边形 $ABCDE$［图 11（1）］，延长各边，两两分别交于 I、K、F、G、H，五个三角形 $\triangle IAB$、$\triangle KBC$、…各自外接圆相邻二圆交点 P、Q、M、N、R 五点共圆.

〔证明〕 如图 2－11（1）所示，命题要求点 N、Q 在过点 P、M、R 的圆上．我们来证 N 在圆 PMR 上．为达到要求，我们先作 $\triangle ICG$ 的外接圆．考虑两个完全四边形 $GABCIK$、$ICDEFG$，就可以从密克点二定理判断：点 P、M 在圆 ICG 上.

注意到三圆 PMG、PMR、PAR 共点于 P，而直线 IAG 所经三点：I 是圆 PMG、PAR 的交点，A 是直线与圆 PAR 的交点，G 是直线与圆 PMG 的交点．连 AR、GM，则从（定理 1）之（推论 1）获知两直线交点 L 在圆 PMR 上.

最后导致点 R、M、E 分别在 $\triangle ALG$ 三边上，那么又从（定理 1）之

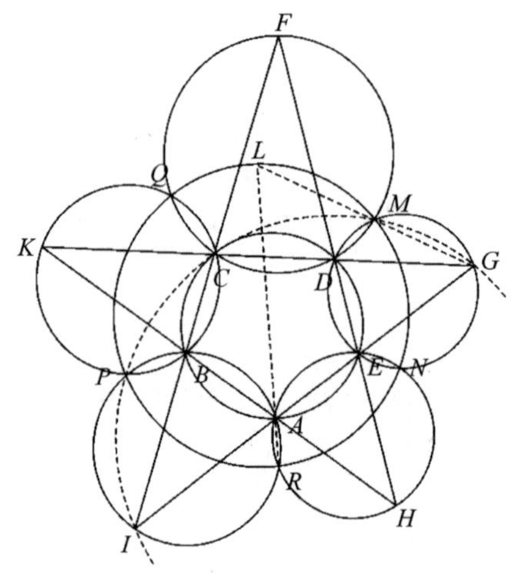

图 2－11（1）

（推论 2）获知三圆 ARE、LRM、GME 三圆共点（于 N）．这就是说，圆 PMR 经过两圆 HAE、GED 的交点 N.

我们可以用同样的步骤证明圆 PMR 经过 Q. 这便证明了 P、Q、M、N、R 五点共圆.

〔注〕〔定理 1〕、〔定理 2〕、〔推论 1〕、〔推论 2〕分别见于沈康身所著之《数学的魅力（一）》第 142 页（例 4）、第 143 页 1.2 四圆共点之例及第 163 页 3.7 **密克点定理**的推论（包括共圆点的推论和共点圆的推论）. 详见于下

〔定理 1〕在三角形三边上各取一点，那么顶点与两相邻上所取的点，三点所成的三角形分别作外接圆，三圆共点，此点称为密克（A. Miguel）点一.

〔定理 2〕完全四边形中四个三角形的外接圆四圆共点．此点称为密克（A. Miguel）点二.

密克点定理的推论

（共圆点）

〔推论 1〕在**密克点二定理**中完全四边形四个三角形外接圆圆心四点共圆.

〔证明〕在图 2－11（2）中，已知完全四边形 $ABCDEF$ 四个三角形 $\triangle CDF$、$\triangle ADE$、$\triangle ABF$、$\triangle BCE$ 的外接圆圆心依次记为 O_1、O_2、O_3、

O_4，我们将证明这四个点共圆.

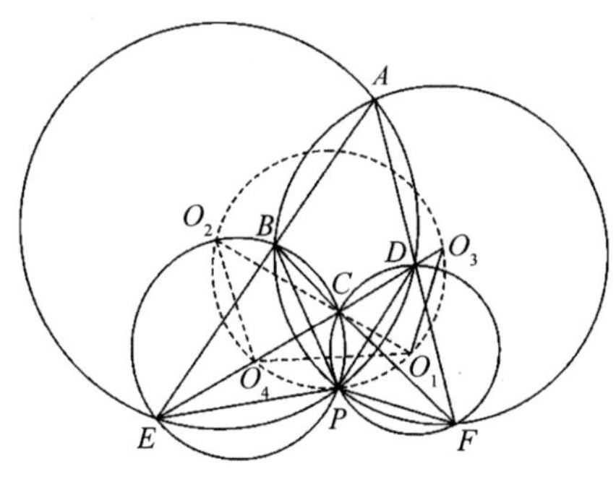

图 2－11（2）

我们知道，EP 是 $\odot O_2$ 与 $\odot O_4$ 的公共弦，因此有 $EP \perp O_2O_4$，同理也有 $PD \perp O_1O_2$（因为 PD 是 $\odot O_2$ 与 $\odot O_1$ 的公共弦.

则 $\angle O_4O_2O_1 + \angle EPD = 180°$（两组对边分别互相垂直的两个角互补）.

又∵ $\angle A + \angle EPD = 180°$（$\odot O_2$ 的内接四边形 $AEPD$ 的对角互补）.

∴ $\angle O_4O_2O_1 = \angle A$（等量代换）.

类似的，FP、PB 分别是 $\odot O_1$ 与 $\odot O_3$ 及 $\odot O_3$ 与 $\odot O_4$ 的公共弦，因此有 $O_1O_3 \perp FP$，$O_3O_4 \perp PB$.

则 $\angle O_4O_3O_1 + \angle BPF = 180°$（两组对边分别互相垂直的两个角互补）.

又∵ $\angle A + \angle BPF = 180°$（$\odot O_1$ 的内接四边形 $ABPF$ 的对角互补）.

∴ $\angle O_4O_3O_1 = \angle A$（等量代换）.

故 $\angle O_4O_3O_1 = \angle A = \angle O_4O_2O_1$（等量代换）.

于是 O_4、O_3、O_2、O_1 四点共圆（**“定理：同圆中同弧上的圆周角相等”之逆定理**）.

（共点圆）

〔**推论 2**〕在本小节共圆点推论［图 2－11（2）］中，圆 CDF、AED、ABF、BEC 四圆共点，四圆圆心四点共圆，而且此圆（$O_1O_2O_3O_4$——它经过 P 点）与前四圆五圆共点．这是我们所知的孤例.

〔**证明**〕在图 2－11（2）中，圆 BEC、CDF 交于 C、P，由于 O_1O_4

$\perp CP$，故连线

O_1O_4 等分 $\overset{\frown}{CP}$，于是我们有 $\angle CEP = \angle O_1O_4P$. 且 $\angle CDP = \angle O_4O_1P$，则 $\angle O_4PO_1 = \angle EPD = 180° - \angle A = 180° - \angle O_4O_2O_1$，从而四边形 $O_4PO_1O_2$ 内接于圆 $O_1O_2O_4$，

说明 P 在圆 $O_1O_3O_2O_4$ 上，由推论 1 的结论知，O_1，O_2，O_3，O_4 四点共圆．导致五圆共点于 P，命题得证.

〔**证法** 12〕（本证法选自日本《几何学辞典——问题解法》）

〔**定理**〕延长五边形 $ABCDE$ 的各边，在其外部得出五个三角形 FAB、GBC、HCD、KDE、LEA，则这五个三角形的外接圆的五个交点 A'、B'、C'、D'、E' 在同一圆周上〔**密克**（A. Miguel）**圆定理**〕.

〔**证明**〕如图 2－12 所示，首先证明 $\triangle FCK$ 的外接圆经过 B'、D'.

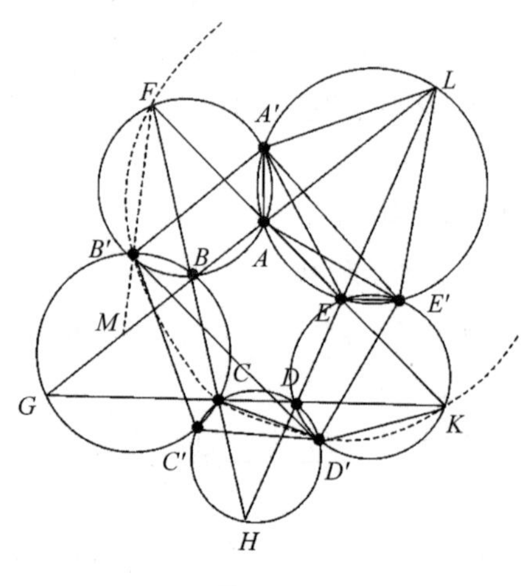

图 2－12

事实上，$\because$ E、K、D'、D 共圆，

$\therefore$ $\angle EKD' = \angle HDD'$. ①

但是 H、C、D、D' 是共圆的，若连结 CD'，则

$\angle HDD' = \angle HCD'$. ②

由①、②得，$\angle EKD' = \angle HCD'$.

因此四边形 $FKD'C$ 是圆内接四边形.

故 $\triangle FCK$ 的外接圆经过 D'.

同理 $\triangle FCK$ 的外接圆也经过点 B'.

则 F、B'、C、D'、K 五点共圆.

其次，证 A'、B'、D'、E' 共圆.

事实上，因 E、E'、K、D' 共圆，所以

$\angle EE'D' = \angle EKD'$.　③

但是由于上面证明了 F、B'、C、D'、K 共圆，所以若连接 $D'B'$，则可知

$\angle FKD' = \angle D'B'M$.　④

由③、④得，

$\angle EE'D' = \angle D'B'M$.　⑤

又因 A、E'、L、A' 共圆及 A'、A、E、L 四点也共圆，所以

$\angle A'E'E = \angle A'LE = \angle A'AF = \angle A'B'F$.　⑥

由⑤、⑥，得

$\angle A'E'D' + \angle A'B'D' = \angle AE'E + \angle EE'D + \angle ABD'$

$= \angle A'B'F + \angle D'B'M + \angle A'B'D' = 2\angle R$,

因此 A'、B'、D'、E' 共圆.

同理 A'、B'、C'、E' 也共圆.

故 A'、B'、C'、D'、E' 五个点共圆.

〔**证法** 13〕（本证法选自日本《几何学辞典——问题解法》）

〔预备定理〕将五边形 $ABCDE$ 的各边长相交，得到星形的顶点如图 13 中的 F、G、H、I、J，设 $\triangle ABF$ 与 $\triangle AEJ$ 外接圆的交点为 K，$\triangle ABF$ 与 $\triangle GBC$ 外接圆的交点为 L，$\triangle EDI$ 与 $\triangle CDH$ 外接圆的交点为 M，KA 的延长线与 IM 的延长线之交点为 N，则 K、L、N、M 共圆.

〔**证明**〕如图 2－13 在完全四边形 $AICBFG$ 中，$\triangle ABF$、$\triangle BCG$、$\triangle FIC$ 的外接圆相交于一点 L（密克点定理）.

因为 $\triangle ABF$、$\triangle BCG$ 的外接圆相交于 L，则 I、F、L、C 共圆.

同理，在完全四边形 $EFCDIH$ 中，因 $\triangle CDH$、$\triangle DEI$、$\triangle FIC$ 的外接圆相交于一点 M，$\triangle DEI$ 与 $\triangle DCH$ 的外接圆相交于 M，则 F、C、M、I 共圆（因为过公共三点 F、C、I 的圆，所以两个圆是同一个圆）.

故 I、F、L、C、M 五点共圆.

$\therefore\ \angle IFL = 180° - \angle LMI = \angle NML$.　①

但是 $\angle IFL = \angle AKL = \angle NKL$.　②

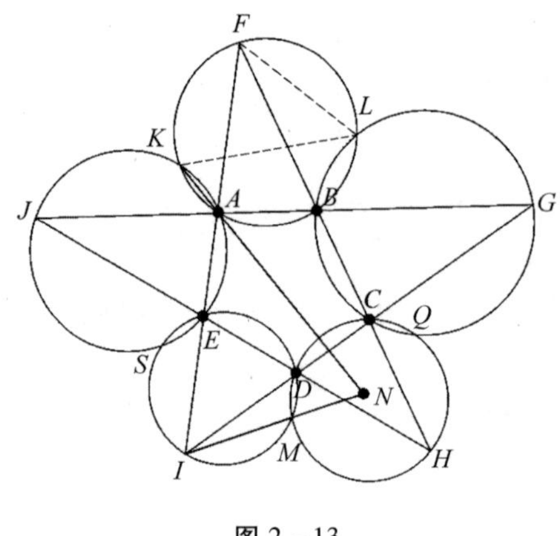

图 2－13

根据①、②得

$\angle NKL = \angle NML$,

所以 K、L、N、M 共圆.

〔定理〕把五边形 $ABCDE$ 的各边延长做出五个三角形，则这五个三角形的外接圆的五个新交点是在同一圆周上（密克圆定理）.

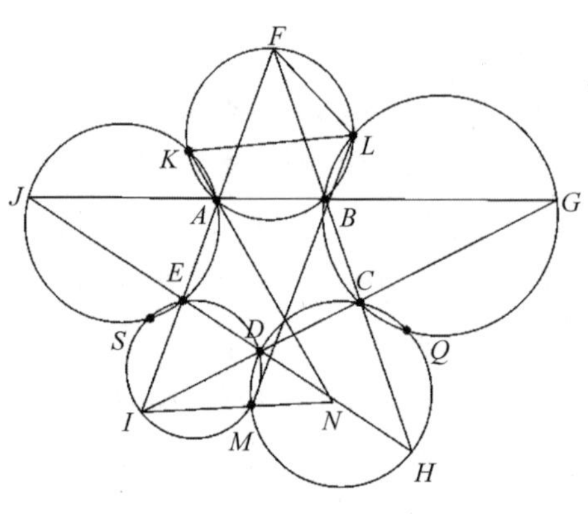

图 2－14

〔**证明**〕由**预备定理**的证明知，由图 2－14 可看出．显然 K、L、N、M 共圆．又因 E、M、K、在 $\triangle AIN$ 的各边（或其延长线）上，因此 $\triangle KAE$ 、$\triangle EIM$ 、$\triangle KMN$ 的三个外接圆相交于一点．由于圆 KAE 与圆 EIM 的交点是 S. 故知 $\triangle KMN$ 的外接圆过点 S. 又因 K、L、N、M 共圆，所以

K、L、M、S 也共圆.

同理 K、L、M、Q 共圆.

由此 K、L、Q、M、S 也共圆.

〔证法 14〕（本证法选自沈文选编著的《平面几何证明方法全书》及《平面几何证明方法全书习题解答》）

〔定理〕五边形 $FGHIJ$ 的边延长后得五角星 $ABCDE$，每个"角"（三角形）的外接圆相交，除 F，G，H，I，J 外又有五个交点 F'，G'，H'，I'，J'. 证明：这五点共圆.

〔证明〕如图 2－15 所示，由 $\angle CFG' = \angle CGG' = \angle G'AH$（圆周上同弧上的圆周相等）（圆内接四边形的外角等于内对角）可知，

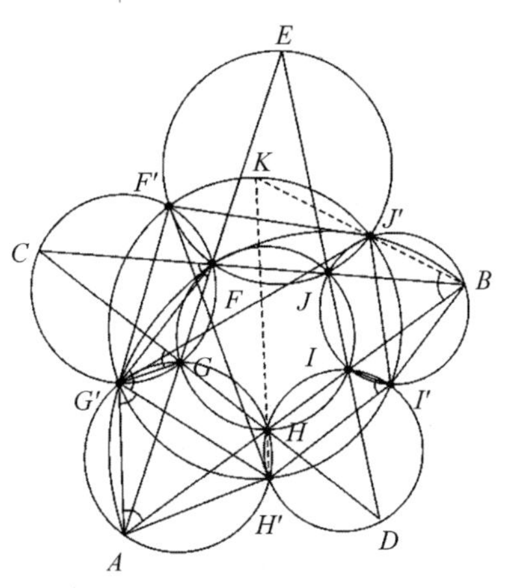

图 2－15

A，B，F，G' 共圆．（"圆内接四边形的外角等于内对角"之逆定理）.

同理 A，B，J'，F 共圆，故 A，B，J'，F，G' 五点共圆．

从而 A，B，J'，G' 四点共圆.

从而有 $\angle H'G'J' + \angle H'I'J' = \angle H'G'J' + \angle II'H' + \angle II'J' = \angle H'G'J' + \angle AHH' + \angle II'J' = \angle H'G'J' + \angle AG'H' + \angle J'BA = 180°$（因为 A，B，J'，G'四点已被证明共圆）.

则 G'，H'，I'，J' 共圆（"圆内接四边形对角互补"之逆定理）.

同理 H'，I'，J'，F' 共圆.

从而知，F'，G'，H'，I'，J' 五点共圆，故本定理得证.

〔**注**〕本证法中使用的共圆定理以及图 2－15 的插图均为本文作者所补充.

〔**证法** 15〕〔本证法选自上海科学技术出版社 1964 年出版的《初等几何教程上册》，原版问世于 19 世纪末，以后迭经改版，迄今仍为初等几何的重要文献．朱德祥译自法国数学家 J. Hadamard 著之《初等几何》卷一第 11 版（1931 年），并参考了俄译本第 3 版（1948）〕（本文作者对本证法略作修改）

〔**命题**〕已知任一五边形，每连续三边（或其延长线）所成的三角形作一外接圆周．证明每一圆周与其下一圆周相交总共得到的五点（五边形的顶点不计在内），在同一圆周上.

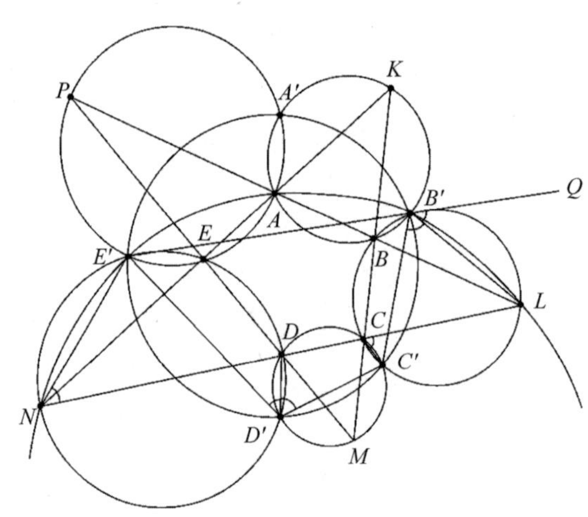

图 2－16

〔**证明**〕以 A，B，C，D，E（见图 2－16）表示已知五边形的顶点，直线 EA 和 CB 的交点为 K，直线 AB 和 DC 的交点为 L，BC 和 ED 的交点为 M，CD 和 AE 的交点为 N，DE 和 BA 的交点为 P；圆周 EAP 和 ABK 的第二个交点记为 A'，圆周 ABK 和 BCL 的第二个交点记为 B'，圆周 BCL 和 CDM 的第二个交点记为 C'，圆周 CDM 和 DEN 的第二个交点记为 D'，圆周 DEN 和 EAP 的第二个交点记为 E'.

要证明五点 A'，B'，C'，D'，E'在同一圆周上，只要证明其中四点，

例如 B'，C'，D'，E'在同一圆周上．因为这个推理也适用于四点 A'，B'，C'，D'，于是可以断定所有五点（即 A'，B'，C'，D'，E'）在同一圆周上．

具体证明如下：

首先连接 CC'，DD'，$C'D'$，$B'C'$，$B'L$ 和 $E'N$，再连接 $E'B'$并延长至 Q 点．

根据密克点定理，可知完全四边形 $NCBALK$ 中 $\triangle ABK$，$\triangle BCL$，$\triangle NAL$ 及 $\triangle NCK$ 的对应外接圆 ABK，BCL，NAL 及 NCK 合计四圆共点于 B'．

又 E'是$\triangle ANL$，$\triangle DPL$ 的外接圆交点的密克点．

因此，N、E'、A、B'、L 共圆，而四边形 $NE'B'L$ 是这个圆的内接四边形．

根据"圆内接四边形的外角等于内对角"及"圆周上同弧上的圆周角相等"等性质，可知

$\angle DNE' = \angle DD'E'$（同弧 $\overset{\frown}{E'D}$ 上的圆周角相等），

且 $\angle QB'L = \angle E'NL$（圆内接四边形的外角等于内对角），

而 $\angle E'NL = \angle DNE'$（同一个角的不同表示法），

$\therefore\ \angle DD'E' = \angle QB'L$（等量代换），

又 $\angle C'B'L = \angle C'CL$（同弧 $\overset{\frown}{C'L}$ 上的圆周角相等），

而 $\angle C'CL = \angle C'D'D$（圆内接四边形的外角等于内对角），

$\therefore\ \angle C'B'L = \angle C'D'D$（等量代换），

故 $\angle C'B'L + \angle QB'L = \angle C'D'D + \angle DD'E'$（等量相加，和相等）．

即 $\angle C'B'Q = \angle C'D'E'$，

$\therefore\ B'$、C'、D'、E' 四点共圆（圆内接四边形性质定理的逆定理）．

同理可证，A'、B'、C'、D' 四点也共圆，而这个圆也即上述的 B'、C'、D'、E' 所共的圆，从而知道，A'，B'，C'，D'，E' 共圆．

〔**证法** 16〕（本证法选自上海辞书出版社《数学题解辞典——平面几何》）

〔**已知**〕任意五角星形 $ABCDEFGHIJ$ 中，$\triangle JAB$、$\triangle BCD$、$\triangle DEF$、$\triangle FGH$ 和 $\triangle HIJ$ 各自的外接圆顺次相交的交点分别为 P、Q、R、S、T.

〔**求证**〕这五个交点共圆．

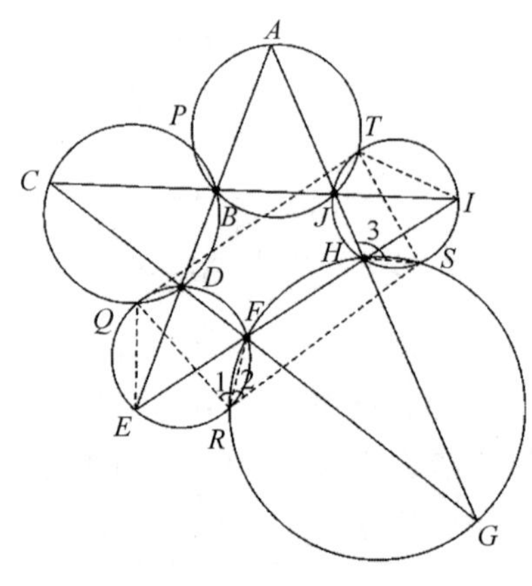

图 2 - 17

〔**分析**〕如图 2 - 17 所示，根据密克点定理可知，圆 BCD、圆 DEF、圆 BEI、圆 CFI 共点，这样便可设法证明 P、Q、R、S 四点及 Q、R、S、T 四点分别共圆而得证.

〔**证明**〕连 QR、RS、ST、TQ 及 FR、HS，由**密克点定理**知，圆 BCD 与圆 DEF、圆 BEI 交于点 Q，圆 BAJ 与圆 JIH、圆 BIE 交于点 T，即 B、Q、E、I、T 五点共圆（也即圆 BEI）.

于是四边形 $QEIT$ 内接于圆 BEI，

$\therefore\ \angle QEI + \angle QTI = 180°$.

$\because\ \angle QEI = \angle 1$，

$\angle QTI = \angle QTS + \angle STI = \angle QTS + \angle SHI = \angle QTS + \angle 3 = \angle QTS + \angle 2$.

$\therefore\ \angle 1 + \angle 2 + \angle QTS = 180°$.

则 Q、R、S、T 四点共圆.

同理可证 P、Q、R、S 四点共圆.

故 Q、R、S、T、P 五点共圆.

〔**证法** 17〕（此证法选自首都师范大学数学系周春荔的论文《从“密克圆问题”的证明谈起》）

〔**定理**〕将任意凸五边形 $ABCDE$ 的边延长，交成五角星形 $FGHKL$. 作 ΔABF，ΔBCG，ΔCDH，ΔDEK，ΔEAL 的外接圆. 诸圆两两相交的第二个交点记为 A'，B'，C'，D'，E'. 求证：A'，B'，C'，D'，E'共圆（如下图

2－18 所示）.

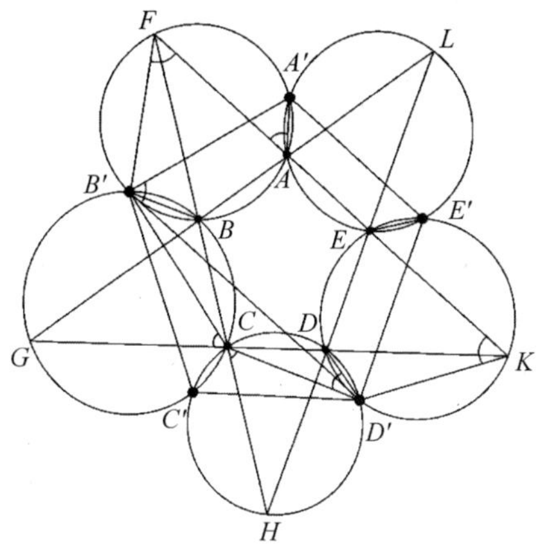

图 2－18

〔分析〕如图 2－18 所示，这是一道有一定难度的几何题．我们首先给出证题思路的探索过程.

要证 A', B', C', D', E' 共圆，我们可先证 D', E', A', B' 共圆，再证 E', A', B', C' 共圆．这只要证明 D', C' 都在不共线的三点 E', A', B' 所确定的圆上，就可得到 A', B', C', D', E' 共圆.

要证 D', E', A', B' 共圆．只需证 $\angle A'E'D' + \angle A'B'D' = 180°$ 即可.

连结 EE', AA', $A'E'$, FB', KD', $E'D'$, DD', $B'D'$.

显见 $\angle EE'A' = \angle A'AF = \angle FB'A'$（圆内接四边形的外角等于内对角）（圆周中同弧 $\overset{\frown}{A'F}$ 上的圆周角相等）.

$\angle EE'D' = \angle EKD' = \angle FKD'$（圆周上同弧 $\overset{\frown}{ED'}$ 上的圆周角相等）（F，E，K 共线）.

所以只需证 $\angle FB'D' + \angle FKD' = 180°$ 即可，也就是说，只需证 F, B', D', K 四点共圆即可.

从图中容易发现：

$\angle HCD' = \angle HDD' = \angle D'KE$（$K$、$E$、$F$ 共线）$= \angle D'KF$（圆周上同弧 $\overset{\frown}{HD'}$ 上的圆周角相等）（圆内接四边形外角等于内对角）.

所以 F，K, D', C 共圆.

也就是 D' 在 F，K，C 三点确定的圆上.

我们只需证，B' 也在 $\odot(FKC)$ 上即可，而这只需证 $\angle KFB' = \angle B'CG$ 就可以了.

我们注意到，因为 $\angle KFB' = \angle AFB'$（$F$、$E$、$K$ 共线）$= \angle B'BG = \angle B'CG$（圆内接四边形的外角等于内对角）（圆周上同弧上的圆周相等）.

所以 $\angle KFB' = \angle B'CG$ 显然成立（则 B'，C，K，F 四点共圆，也即 B' 在 ΔFKC 的外接圆上）.

至此，思路已经沟通，不难写出 D'，E'，A'，B' 四点共圆的证明．同理可证 C'，E'，A'，B' 四点共圆．因此可得 A'，B'，C'，D'，E' 五点共圆.

因此，大家只要略为加工整理，就不难写出这道几何题的综合证明.

江主席给中学老师出的这个问题，是平面几何中的一个重要命题〔密克（Miguel）圆定理，1838〕（“延长五边形 $ABCDE$ 各边在外部成五个三角形，这五个三角形的外接圆的另五个交点共圆”）．五边形的密克圆问题是一道富有挑战性的问题．五角星形是任意的，但五个三角形的外接圆的交点中，异于五边形顶点的第二个交点，却有一定的秩序性——这五点共圆．这是一道多么诱人、富有深刻哲理的问题呀！

为了解决这个问题，只需掌握圆内接四边形的性质定理和四点共圆的判定定理．按照探索法倒推分析，寻求解题思路，达到化繁为简、从简驭繁的目的．探索法教的是分析与综合的程式，“供那些学过普通几何原理，渴望获得求解数学问题能力的人之用”．我们在上面已写出了五边形密克圆问题的分析思路，目的就在于通过本题领悟探索法的分析程式．这正是几何学的素质教育功能．“学习几何能锻炼一个人的思维”是对几何学教育价值的深刻揭示．值得我们在研制中学数学课程标准时认真思考与落实.

问题是数学的心脏，学数学就要解答一定数量的数学题．其中当然包括一些具有某种挑战性或有深刻背景的习题．解数学题的过程，是锻炼一个人提出问题、分析和解决问题能力的过程，是培养一个人锲而不舍的钻研精神与实事求是的科学品质的过程．“解答数学题，最重要的是培养一个人的钻研精神”——江主席准确地指出了解答数学题在中小学阶段的教育意义.

三 "五点共圆"——推论与拓广

科普作家沈康身教授在《数学的魅力》中指出,"五点共圆"这个命题还有一系列有趣的问题. 毕业于清华大学的濠江中学青年教师马俊彬发现,在"五点共圆"的问题中,除"五点共圆"("密克圆")外,尚有许多"共点圆"、"共圆点"、"共点线"和"共线点";以及平行线,等弧和等弦.

(一)"五点共圆"命题的相关推论

(Ⅰ)共点圆

如图1所示,在完全四边形$ABCDEF$中,四个三角形$\triangle ABF$、$\triangle AED$、$\triangle BEC$和$\triangle DCF$所对应的四个外接圆共点于P("密克点").

而在"五点共圆"的命题中,如图2所示,对于"五边形$ABCDE$"所对应的"五星形"中有五个顶点,分别为K、L、F、G、H,从五个顶点出发,有五个完全四边形,它们的四个三角形所对应的四个外接圆都共点(也即五个"密克点").

因此"五点共圆"命题中有五组的"四圆共点".

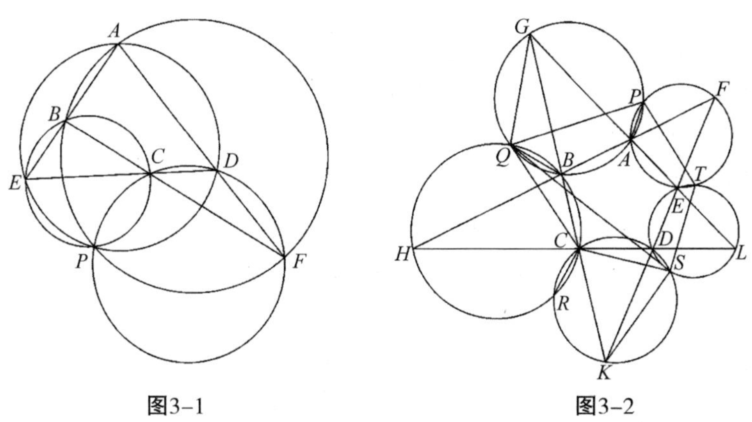

图3–1　　图3–2

(Ⅱ)共点线

〔**推论1**〕在任意内接于圆的歪斜的不规则五角星形外侧、五个"角"

的外接圆两两相交，相邻两圆交点连线，五线共点．图 3－3 中 *PA*、*QB*、*RC*、*SD*、*TE* 共点于 *O*.

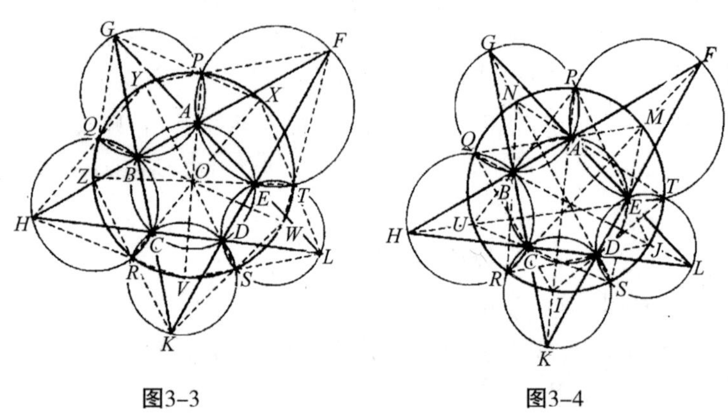

图3-3　　图3-4

〔**推论** 2〕在图 3－3 和图 3－4 中还有两组三线共点，每组含五个（三线）共点，它们是 *AP*、*HR*、*LS*；*BQ*、*KS*、*FT*；*CR*、*LT*、*GP*；*DS*、*FP*、*HQ*；*ET*、*GQ*、*KR*；依次共点于 *V*、*W*、*X*、*Y*、*Z*. 又 *PK*、*TD*、*QC*；*QL*、*PE*、*RD*；*RC*、*QA*、*SE*；*SG*、*RB*、*TA*；*TH*、*SC*、*PB* 依次共点于 *I*、*J*、*M*、*N*、*U*.

（Ⅲ）共线点

至于“五点共圆”命题中的共线点更是浅现可见——“五星形”中的五条直线中各有四个点共线，因此有五组共线点.

（Ⅳ）共圆点

〔**推论** 1〕在上述共点线推论 2 中两组五个共圆点 *V*、*W*、*X*、*Y*、*Z* 和 *I*、*J*、*M*、*N*、*U* 都在**“密克圆”**上．这就是说，连同 *P*、*Q*、*R*、*S*、*T*，十五点共圆.

〔**推论** 2〕在密克圆定理中还有五组共圆点．图 3－4 中为 *S*、*T*、*P*、*G*、*H*；*T*、*P*、*Q*、*H*、*K*；*P*、*Q*、*R*、*K*、*L*；*Q*、*R*、*S*、*L*、*F*；*R*、*S*、*T*、*F*、*G* 五圆．

图 3－5 为欧洲出版物中相应的插图.

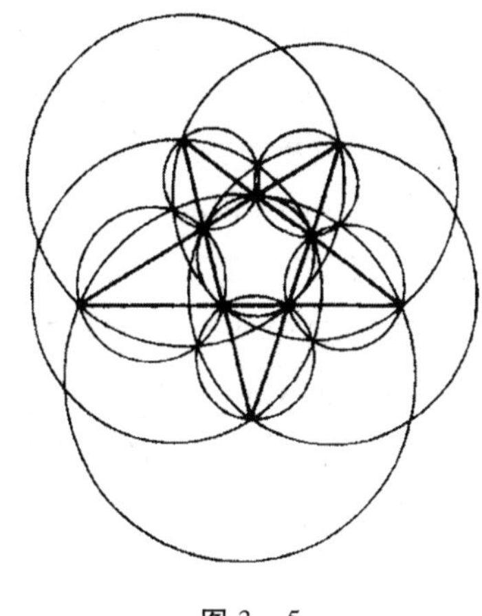

图 3－5

（二）“五点共圆”命题的拓广

2006 年 12 月 9 日至 11 日，国家数学教育高级研修班“数学教师教育（澳门会议）”在澳门濠江中学氹仔分校举行．张奠宙教授与国内许多顶尖的数学教育专家参加了此次会议．会议期间，北京师大张英伯教授听取了濠江中学校长和时任教务主任的郑志民（“五点共圆”的解答者之一）关于江泽民主席在濠江中学出几何题的介绍，联想起 2003 年春天访问德国时，与代数学家 Claus Ringeld 的对话，张英伯教授凭记忆在次日的会上作推广的“五点共圆”问题的报告．

后来在教育部数学教育高级研修班（宁波会议）（2007 年 4 月 13—17 日）上，张英伯教授以“五点共圆问题与 Clifford 链定理”为题发表演讲，介绍了 Clifford 链定理的一种证明，该证明基于 F. Morley 1900 年的一篇文章（On the Metric Geometry of the Plae N-line），用代数的方法（矩阵、行列式和对称多项式），巧妙地解决这一复杂的平面几何问题．张英伯教授在报告中还特别提到：濠江中学的四位数学老师各自独立地解答了江主席提出的“五点共圆”问题．让他很敬佩濠江中学这些老师，他们不愧为优秀的数学教师，他们数学功底可见一斑．其中刘增荣老师的解答，与我们即将给出的证明思路相同．

张英伯教授的报告，后来以“五点共圆与 Clifford 链定理”为题，张英伯、叶彩娟联名在北京《数学通报》（2007 年第 9 期）和华东师范大学《数学教学》（2007 年第 9 期）上同时发表．从此，Clifford 建立于

1871 年的 Clifford 链定理广为人知．该定理可表述如下：

任取平面内两两相交，且任意三条直线都不共点的 2n 条直线，则其中每 2n－1 条直线可确定一个 Clifford 圆，共确定 2n 个圆，那么这 2n 个圆交于一点，称为 2n 条直线的 Clifford 点；

任取平面内两两相交，且任意三条直线都不共点的 2n＋1 条直线，则其中每 2n 条直线可确定一个 Clifford 点，共确定 2n＋1 个点，那么这 2n＋1 个点共圆，称为 2n＋1 条直线的 Clifford 圆．

进而又有邹宇、李涛和彭翕成三人用张景中院士指出的方法，提供 Clifford 链定理一个较为简单的几何证法，相应的论文《Clifford 链定理简单的几何证明》发表在《数学通报》2013 年第 3 期．

参考文献

［1］［法］阿达玛（J. Hadamard）：《初等几何教程上册（平面几何）》（1931 年第 3 版），朱德祥根据俄译本 1948 年第 3 版翻译，上海科学技术出版社 1964 年版．

［2］［日］笹部贞市郎编：《几何学解题辞典——问题解法》，高清仁等译，上海教育出版社出版 1984 年版．

［3］陈圣德：《平面几何一题多证》，福建人民教育出版社 1985 年版．

［4］章景翰等编著：《数学题解辞典（平面几何）》，上海辞书出版社 1993 年版．

［5］《江泽民主席视察澳门濠江中学纪念特刊》，澳门濠江中学 2001 年 1 月版．

［6］周春荔：《从密克圆的证明谈起》，北京《数学通报》2001 年第 6 期．

［7］郑志民：《江泽民主席濠江中学出几何题亲历记》，华东师范大学《数学教育》编辑部出版 2004 年第 6 期．

［8］沈康身：《数学的魅力》（一），上海辞书出版社 2004 年版．

［9］沈文选、叶中豪、田延彦：《平面几何证明方法全书》，哈尔滨工业大学出版社 2005 年版．

［10］沈文选编著：《平面几何证明方法全书习题解答》，哈尔滨工业大学出版社 2005 年版．

［11］沈康身：《数学的魅力》（二），上海辞书出版社 2006 年版．

［12］张英伯、叶彩娟：《五点共圆问题与 Clifford 链定理》，北京《数学通报》2007 年第 2 期．

［13］邹宇、李涛、彭翕成：《Clifford 链定理简单的几何证明》，《数学通报》2013 年第 3 期．

［注 1］ 本文所呈现的 17 种证法，无论在解题的切入点，解题方法（包分析法，

综合法或分析与综合相结合的方法）和所引用的定理都有很大的不同；但是它们都运用了圆内接四边形的性质，包括"圆内接四边形的外角等于内对角"及其逆定理，"圆周中同弧上的圆周角相等"，"圆内接四边形对角互补"及其逆定理；也运用了角的分解和合成，促使了"五点共圆"．这些证法当中要么是先证四点共圆，再证和上一圆有三个公共点的另外四点共圆，从而证得五点共圆，或者引用"密克点"定理，使证明步骤简化．

［**注**2］本文可供对"五点共圆"有兴趣和具研究能力的师生作为参考资料；也可以作为"奥林匹克选手"培训活动的参考资料．

［**注**3］本文中的17种证法，除已注明外，经作者对各种证法的文字表述或论证表达的顺序所做的修改，不另加说明．

“鸡兔同笼”之后

邓海棠

鸡兔同笼问题是我国民间广为流传的数学趣题，可以让学生从鸡兔腿数的变化中寻找不变的规律，并采用有效的手段来理解数学问题。也可以让学生通过学习，了解鸡兔同笼问题，感受古代数学问题的趣味性，激发学生学习数学的兴趣，同时通过多角度地思考，让学生尝试用不同的方法去解决鸡兔同笼问题，体会代数方法的一般性，并且在解决问题时，让学生经历“猜测——列表——假设或方程求解”的过程，培养学生的逻辑推理思维能力。

近来有机会接触到小学五年级的奥数教学。看到华东师范大学出版社出版的小学五年级第 6 版《奥数教程》第 9 讲“鸡兔同笼问题的应用”随堂练习 4 是这样一道题目：知春小学 3 名同学去参加数学竞赛。共 10 道题，答对一道得 10 分，答错一道扣 3 分。这三名同学都回答了所有的题目，小明得 87 分，小红得 74 分，小华得 9 分。他们三人共答对了多少题？

配套的《奥数教程学习手册》给出的参考答案是这样的：

三人共得：$87+74+9=170$（分），全部答对应得：$10\times10\times3=300$（分），少了（$300-170$）$=130$（分），答错一题要少（$10+3$）$=13$（分），这样可求出答错：$130\div13=10$（题），共答对 $30-10=20$（题）。故而他们三人共答对了 20 题。

对于这道题目的解答，小学五年级的同学们兴致盎然，热情高涨，经过一番七嘴八舌、沸沸扬扬的激辩和议论，通过教师的引导和梳理，得到了下面几种解题方法：

黄姓女同学想到的是用列表枚举法，

答对题目数	10	9	8	7	6	5	4	3	2	1	0
答错题目数	0	1	2	3	4	5	6	7	8	9	10
得分	100	87	74	61	48	35	22	9	4	-17	-30
结果		小明	小红					小华			

从上表可知，他们三人共答对了 $9+8+3=20$ 题。

枚举法起源于原始的计数方法，即数数。在进行归纳推理时，如果逐个考察了某类事情的所有可能情况，因而得出一般结论，那么这结果是可靠的，这种方法叫作枚举法。从这里可以看出枚举法要将问题的所有可能的答案一一列举，然后根据条件判断此答案是否合适，合适就保留，不合适就舍弃。因而枚举法具有以下三个特点：第一，通过枚举法得到的结果肯定是正确的；第二，枚举法要将所有可能的答案列举出来，效率必然低下，浪费时间；第三，枚举法会涉及求极值。

列表枚举的方法解决问题的过程，能让学生一一找到不确定的答案，掌握全面、仔细思考问题的方法，是一种重要的数学解题思想。各种情况在表中一目了然，细致无遗。但这种解题方法的缺点是只适宜于有限的类别较少的情况，一旦种类繁多，就不胜枚举了。

许姓男同学则是用到了一元一次方程，他设小明答对了 x 道题目，则答错了（$10-x$）道题目，得 $10x-3(10-x)=87$，解得 $x=9$，从而小明答对了 9 道题目。同理可得小红和小华分别答对了 8 道和 3 道题目，故而他们三人共答对了 $9+8+3=20$ 题。这种解题方法能够避开无用功的消耗，直指解答的目标，相对而言，效率更高。

列方程解应用题的关键在于由题目中隐含的相等关系列出相应的方程。找相等关系基本可有如下几种方法：一、根据数量关系找相等关系。好多应用题都有体现数量关系的语句，解题时只要找出这种关键语句，正确理解关键语句的含义，就能确定相等关系。二、根据熟悉的公式找相等关系。三、根据总量等于各分量的和找相等关系。即根据总量等于各分量之和来列出方程，用这种方法要注意分量不可有所遗漏。

而刘姓男同学却是考虑到了用二元一次方程组，他设小明答对了 x 道题目，答错了 y 道题目，得 $\begin{cases}x+y=10\\10x-3y=87\end{cases}$，解得 $\begin{cases}x=9\\y=1\end{cases}$，从而小明答对了 9 道题目。同理可得小红和小华分别答对了 8 道和 3 道题目，故而他们三人共答对了 9 + 8 + 3 = 20 题。这种解题方法的效果也说得上是高速快捷，比一元一次方程的做法在思维上稍胜一筹，运算上量逊半分。

比较之下，张姓男同学的解法更是“离经叛道”，居然想到了用近似值逼近法。共 10 道题，答对一道得 10 分，答错一道扣 3 分。小明得 87 分，由 87 ÷ 10 = 8.7 得他起码要答对 9 道题，因为未满分，所以他答对了 9 道题目，答错了 1 道题目。小红得 74 分，由 74 ÷ 10 = 7.4 得他起码要答对 8 道题，因为未满分，所以他答对了 8 道题目，答错了 2 道题目。小华得 9 分，因为**得分** = 10 ×（答对的题目数）－3 ×（答错的题目数）= 9 分（相对 100 分的满分而言，9 分的分值很低，近乎 0 分了），答对一道的得分约是答错一道的扣分的三倍，从而答对的题目数应该是答错的题目数的大约三倍，因而答对的题目数约等于 $10 \times \frac{1}{1+3} = 10 \div 4 = 2.5$ 得他要答对 3 道题。这种解题方法看起来很长篇大论，但是实际的运算量极少，如果作为填空选择题，不失为一种精妙的解题技能技巧。

在数学计算中，“逐步逼近”是常用的计算方法。逐步逼近法也称逐级逼近法。数学猜想中有不少是世界上著名难题，对于这些数学难题，人们常常设法先证明它的一种减弱命题，然后一步一步地向它逐渐逼近。作为一种解题方法，具体做法是：在已经被确定的函数单调区间内，先将假定的解代入方程，然后根据方程的误差反过来修正解，直到方程的误差降至设定的范围。这种方法在求解某些问题时也被称作逐级迭代法（实际上逐级迭代法是逐级逼近法的一种应用）。

《小学数学新课程标准》指出：“在数学课程中，应当注重发展学生的数感、符号意识、空间观念、几何直观、资料分析观念、运算能力、推理能力和模型思想。”在课程标准解读中，提出了三个基本思想：抽象、推理、模型。

小学数学新课标与旧课标相比，新课标从基本理念、课程目标、内容标准到实施建议都更加准确、规范、明了和全面。从 2001 年版的“三句话”（人人学有价值的数学，人人都能获得必需的数学，不同的人在数学上得到不同的发展）转变为 2011 年版的“两句话”（人人都能获得良好的数学教育，不同的人在数学上得到不同的发展）。也从 2001 年版的“双基”（基础知识、基本技能）转变为 2011 年版的“四基”（基础知识、基本技能、基本思想、基本活动经验）。并把“四基”与数学素养的培养进行整合：掌握数学基础知识，训练数学基本技能，领悟数学基本思想，积累数学基本活动经验。

人们通过抽象，从客观世界中得到数学的概念和法则，建立了数学学科；通过推理，进一步得到更多的结论，促进数学内部的发展；通过建模，把数学应用到客观世界中，沟通了数学与外部世界的桥梁。比如，由数量抽象到数，由数量关系抽象到方程、函数（如正、反比例函数）等；通过推理计算可以求解方程；有了方程等模型，就可以把数学应用到客观世界中。

“鸡兔同笼”问题是当今小学数学课外活动专题之一。在小学阶段，应结合小学生已有的知识基础和生活经验，对“鸡兔同笼”类数学题进行多角度的解法探讨。一题多解教学对培养学生的求异意识，增强创新精神有积极意义，也是检验学生知识综合运用能力的标志，更是把《小学数学新课程标准》相关理论结合应用到实践，达成新型教师教、学、研、奥（林匹克）数的和谐整合。

小议刘欣儒老师公开课《年、月、日》

邓海棠

（2015 年 5 月 17 日《市民日报》报道教育暨青年局代局长郭小丽提到）由澳门特区政府教育暨青年局始于 1996 年主办的教学设计奖励计划旨在鼓励学校和教师关注课程建设、创新教学模式、优化教学方法及提升教学效能，从而促进教师的专业发展。教学设计奖励计划是特区政府为促进非高等教育发展所实施的一项重要举措，旨在鼓励学校和教师关注课程建设、研讨教材使用、创新教学模式、优化教学方法及提升教学效能，从而促进教师的专业发展，培养澳门教师团队的精尖力量，为推动本澳各学科的学术研究，提升相关科目的教学人员专业素质，激励创思型的课堂教学，增进单位时间内的教学成效，培养教学人员课程与教材开发和教学研究的能力，给广大教育工作者提供了一个百家争鸣、取长补短、博纳优异的实用平台。（2014 年 5 月 18 日《澳门日报》报道现任教育暨青年局局长梁励表示）每年一次的教学设计奖励计划的发展意义及实际效用深远，教师同仁可透过互相观摩，营造学习氛围，共同进步；获奖教师就作品与出席教师交流心得，分享教学经验，从而提升本澳教师的整体教学水准。从参与计划的学校众多、教学设计作品多元化、教学处理艺术的创新、教学策略和方法的生本性等方面，可看到教学的专业发展水准明显提升，计划取得可喜成果。

2014 年 11 月 29 日观摩了在圣保禄学校进行的 2013/2014 学年教学设计奖励计划——教学公开课（中、小学数学科）的示范课，确有裨益，收获良多。

该课节的教案如下：

学校	英才小学	年级：P3	日期：11 月 29 日	教时：1 课时
学科	数学	课题：年、月、日	设计者：刘欣儒	

教学目标：

（一）基础知识目标：

1. 初步认识时间单位年、月、日，了解年、月、日之间的关系。
2. 知道大月、小月的知识，并掌握各月及全年的天数。了解多种记住每个月天数的方法。
3. 初步学会判断某一年是平年还是闰年，了解有关平年、闰年等方面的知识。

（二）能力训练目标：

1. 培养自主探索与小组合作的能力。
2. 培养能根据观察与发现，用数学推理的方法来思考和解决问题的能力。

（三）情感态度目标：

1. 体会生活中处处有数学，数学与日常生活的紧密联系。
2. 初步感受数学与科学的联系。

教学重点：了解年、月、日之间的关系。掌握各月及全年的天数并了解多种记住每个月天数的方法。了解平年和闰年。

教学难点：平年和闰年的规律探究。

制定依据：

（1）教材分析：

《年、月、日》这一课是北师大版教材三年级上册第七单元第一课。在此之前学生们已经有了一年级上册的《认识钟表》和二年级上册的《认识时分秒》《体验时间的长短》的基础。时间单位是较为抽象的计量单位。低年级的学生只能理解和掌握那些与他们的实际生活最为接近的时间单位，如时、分等。随着年龄的增长，学生才能逐步理解离他们生活较远的较大的时间单位，如年、月等。年、月都是较大的时间单位，理解一年或一个月的时间有多长需要借助一定的想象力。而学生们到了三年级，对于年、月、日基本上已经有了初步的概念，但并不完整，因此让学生通过年历进行一系列的活动，让学生在独立探索和小组合作的基础上初步了解年、月、日的基本含义以及互相关系。为了帮助学生记忆每个月有多少天，老师可以介绍口诀以及拳头点数法。在了解平年、闰年时，更让学生们在自主探究中得到答案，培养学生们主动思考和探究的能力。

（2）学情分析：

学生之前的数学学习中已经了解了时、分、秒，并在实际生活中积累了年、月、日方面的感性经验，有关年、月、日方面的知识也越来越多地出现在他们的生活和学习内容中，渐渐形成较长时间观念的基础。本课正是在此基础上向学生介绍有关年、月、日等时间单位和大月、小月等方面的知识。所以学生们在接受基本知识时并不困难，而难点落在学生探究能力、概括能力、观察能力的培养。学习过程中培养学生主动思考的能力，引道他们自己找到规律，提高学生的自信心的同时，增加他们对数学的兴趣。

教学过程

教学环节	教师活动	学生活动	设计意图
一、 有向开放、确定主题。	1. 谈话引入： 刘老师给大家准备了小礼物 说一说：你拿到了哪一年的年历？ 2. 揭题：年历的秘密。	独立观察后回答。	通过送礼物的设计，缓解学生紧张气氛，激发学生对本节课的学习兴趣。

续表

教学环节	教师活动	学生活动	设计意图
二、 互动生成	1. 认识年、月、日 请根据自己小组得到的年历，结合已有的生活经验，讨论一下：你知道了哪些数学资讯。 全班交流回馈。 2. 进一步探究：哪几个月是大月，哪几个月是小月。 全班交流反馈。 3. 你能找到一个好方法更快的记住大月和小月吗？ 回馈： （1）拳记法： （2）规律法： （3）口诀记忆法： 4. 互动游戏： 老师报月份，如果是大月男生站起来，如果是小月女生站起来。	小组讨论。 小组合作探究。将结论呈现在黑板上。 小组讨论 学生交流。	培养学生的自主探究的学习能力。让学生根据已有的关于年月日的生活经验，结合年历的资讯，得到正确的知识资讯。 巧记的方法既能调动学生的学习兴趣，同时也加深了年月日的特殊性的记忆。 通过游戏的方式让学生们在快乐的过程中记忆大月和小月。
三、 推进拓展	1. 平年和闰年： 当 2 月是 28 天时，那一年叫作平年。有 365 天。 当 2 月是 29 天时，那一年叫作闰年。有 366 天。 如果我们要确定某一年是闰年还是平年，我们就要看哪个月的天数？ 2. 观察近 10 年 2 月份的天数，把表格填写完整，填完以后，说说你发现了什么？ 回馈： 如果能被 4 整除，一般就是闰年。 补充小知识。（视频） 3. 判断平年闰年： 1900 是不是闰年呢？ 补充小知识。（视频）	独立思考回答。 师生一起完成表格。 独立思考，小组讨论。 独立思考后回答。 学生倾听。	通过游戏自然的过渡到平年和闰年的探究。 激发学生们通过小组讨论，主动学习，在老师的引道下慢慢发现闰年与 4 之间的联系。 引发思维的碰撞，激起学生们想要探究根源的愿望。
四、 巩固延伸。	1. 巩固：今天学习了哪些关于年月日的知识？ 2. 练习：真相只有一个。 全班反馈。 小结：数学来源于生活，年、月、日在我们的生活中的运用也是十分广泛的。回家收集关于年、月、日在生活中的运用。	学生独立回忆。 小组讨论后，全班反馈交流。	通过学生们熟知的动漫，激起学生们的兴趣。并让学生们学会将课堂学习到的知识运用到生活中。

我认为这是一堂非常优秀、实用、有效的公开课。教案已经由过去单一的教材分析添加了学情分析，教学目标也由以往的基础知识目标、能力训练目标融合了情感态度目标。从教案中可以看到教为主导、学为主体的理念真义，也体现了生活中处处有数学，数学与日常生活的联系紧密这一教学思维。

刘欣儒老师在教学过程中十分注重引导学生如何学、如何做，教学目标明确，符合认知规律，教学设计充分关注了学生情感与态度，知识与技能，过程与方法，体现数学源于生活、高于生活、回归生活的真谛。

刘欣儒老师准确把握教材的内容结构，体现教学内容的科学性、准确和逻辑性。她注重数学知识的内在联系，内容呈现方式符合学情，她能够以教材为基本线索，深入挖掘教材内涵，合理利用生活数学资源，做好教学内容适当延伸。

刘欣儒老师的教学环节过渡自然，学生自主学习得到充分体现。学生有浓厚的学习兴趣，积极主动地投入到学习活动中，并有一定的自主学习的时间和空间，经历数学知识形成的过程，螺旋式地对数学知识进行体验和探究。刘欣儒老师的课堂朴实，知识点讲解细致透切，注重教法的研究和学法的指导，注重学生数学能力和数学素养的培养。

刘欣儒老师的数学基本功扎实，语言规范准确，生动形象，逻辑严谨，突出引导性和启发性，综合使用学具、教具、现代教育技术等各种教学媒体，实效性强，做到媒体与学科教学内容的有机整合。她的教学在感召力、练习设计、教学方法、手段的运用艺术方面有一定的特色，及时积极评价学生的学习过程，激发学生的主体意识，使学生获得成功体验，有利于促进学生的发展。

刘欣儒老师这堂课充分体现了老师为主导，学生为主体的原则。所有学生时刻扮演着“演员”的角色，学生读、写、说、思，环环相扣，忙而不乱，都有自己的事可做。只是，她经常问学生“好不好”，学生循例一致也说“好”这样一个环节（也是细节），在物理学上讲是无用功，课堂教学上来讲是没效益的举动。

我认为，一堂课，老师要导的好，关键在于问题设计的好，问题难了，学生一筹莫展、无从下手，空耗时间不说，学生的积极性也消磨没了；问题过于简单，学生张口即出，缺乏思维空间，起不到提高学生分析思考能力的作用。因而应该结合学情运用教育的“最近发展区”进行问题设计。

纵观全文，感觉国情、澳情教育的爱国、爱澳方面的元素较为欠缺。可以在练习或者课后练习中设置5年特首选举、4年立法会议员选举等既能跨常识、公民科目又能理论联系实际的内容。这也符合特区政府一向致力于爱国、爱澳教育和学科知识内容的多元有机整合的方针。教材第68页中的练一练就有一些有关国庆和亲情方面的练习题可以加以使用。

例如可以通过以下的事件作谈话式互动来导入新课：

师：同学们回忆一下中华人民共和国成立是什么时候？

生：1949年10月1日。（板书）

师：北京举办的奥运会是什么时候？

生：2008年8月8日。（板书）

师：香港回归祖国是哪一天？

生：1997年7月1日。（板书）

师：澳门回归祖国是那一天？

生：1999年12月20日。（板书）

像这样我们在说明一件事情的时候有时要告诉人们事情发生在那一年、那一月、那一日。

我们今天就要学习新的时间单位：年、月、日。（板书课题）年、月、日和我们以前学的时、分、秒一样都是时间单位。……

课堂之初始派发年历后进行的小组讨论，稍稍欠缺目的性，有些盲目，应该提出一个方向给学生。当然，这个互动环节中，学生也从中探讨出来了不少有价值的知识点。比如“每年有12个月，多数是31天”，“2月只有28天”等等。在这里，我觉得可以为学生准备类似教材第67页的数据记录表以便于学生在组内进行各人手中年历的各月份的天数作统计，会更加一目了然，直观清晰。

在定义了大月和小月之后，有学生提到“大月和小月中为何没有2月”，“2月是大月还是小月”这些问题，老师没有及时借机展开解释说明以加强2月这个特殊的情况，有些失机了。“一年有365天”这个说法也不够精准，因为有时是366天的情况。可以纠正为“大多数的情形下是一年有365天的”。

对于式子：$31\times7+30\times4+28=365$的读法，学生讲成“4乘30”，教师纠正为“30乘4”，其实学生没有说错，反而教师的说法不太正确，应该是“30 乘以 4”，这是一个有很强逻辑的被乘数与乘数的乘法问题，在除法中体现得尤其深刻！

“7 个大月心中装，7 前单数 7 后双”，刘欣儒老师的记忆绝诀令我萦绕脑海。只是在拳头记忆法中，把左手拳头从右到左再从左折返向右进行月份记忆时，她忘记了让学生把从右到左尽头后再重复从右到左也是符合月份规律的这个情况探究分享了。当然，这一点也可以放在下一节课的温故而知新时进行。

歌诀记忆法中的“一三五七八十腊（12 月）”，我觉得有必要解释一下，腊月是农历（阴历）的 12 月，而非年历中的阳历 12 月，阴阳还是有蛮大的差别的。可以用“一三五七八十腊，三十一天用不差，四六九冬三十整，二月有点不一样。”对儿歌板书，给学生理解的时间和空间，并解释腊月，冬月，平年和闰年。然后引导学生把儿歌改进一下变为“一三五七八十腊，三十一天用不差，四六九冬三十整，平年二月二十八，闰年二月把一加。”

对于平年、闰年这个知识点，有学生提到“每 3 年后”、“每 4 年”、“每隔 3 年”就有一个闰年，这些都是正确的说法，教师应该及时作出反馈评价。

“2024 年是闰年，因为 2024 ÷ 4 = 506，没有余数，所以 2024 年是闰年”。对于“2024 ÷ 4 = 506，没有余数”这个说法有误。因为这不是没有余数，只是余数为 0，可以不写而已。

判断“1900 年是不是闰年呢?”是这节课的一个高潮，学生完全被带动进来了，一探究竟的强烈求知欲被激发挑动起来了。对于做教学和研究以及学习的人来说，这团火是必不可少的。刘欣儒老师成功地点了火，煽了风，燎了原，最后在英文版本的一个视频解说中获得了想要的答案，得到了深化和升华。这当中，刘老师也已经发觉到了这个视频如果有中文的版本（或者配音）解说的话，效果会更加好。我深以为然。其实，即使没有也无妨，因为可以让学生在教材第 69 页的“你知道吗?”的“知识阅读”的“规定”中找到解释说明。

年、月、日是常用的、与人们生活息息相关的时间单位，也是来自学生自身和现实生活，教学时，教师把教学内容纳入现实生活情境中，将学生置身于一种动态、开放、主动、多元的学习环境中，将“生活中处处有数学”这一思想在学生头脑中明朗化。数学《新课程标准》中指出：

学生是学习的主人，教师是教学活动中的组织者、引导者和合作者。在整个课堂中，可以看到刘老师一直在努力创设一个民主、平等、宽松、和谐的教学氛围，始终以“导”的姿态，让学生饶有兴趣去观察、探索、发现新知。在教学中，教师要留给学生自主探索、思考问题的自主空间和时间。这样，学生才会放飞思维，彰显个性。在教学中利用学生的好奇心，采用他们感兴趣的教学方法是很重要的。因为年、月、日来源于生活并用之于生活，教材力图体现知识的呈现与生活实例相结合，融知识性、趣味性、探究性为一体。教学中应尽量优化以“生活”为背景的教学内容，把生活素材、生活经验、生活情景作为重要资源，引进和提供给学生去理解去体验。引导组织学生自觉运用数学知识去分析解决生活中的实际问题，使学生深切体验到数学知识与生活实际的密切联系。感悟到数学就在我们身边，它源于生活，又用于生活。这样，既可以巩固课堂内学到的知识，又可以开阔学生的视野，增强学生的实践应用能力。

瑕不掩瑜，总体来说，我认为刘欣儒老师这一堂课是一节非常优秀、实用、有效的公开课。

顺便说一下，时至今日，学生的数学素养已经由基础知识、基本技能的“双基”完善到了包括基本思想、基本活动经验在内的“四基”。建议教师在课堂教学设计时考虑以下一些因素：如何有效衔接前后课节的内容？能否延伸课内外知识？怎样培养学生提出问题、探索问题、解决问题的能力？数学素养的四基如何高效融和、怎样优质整合等等。这些都是作为培养新世纪学生创新能力的教育工作者所需要面对、思索和考量的课题。据我所知，澳门数学教育研究学会在汪甄南先生和郑志民先生的带领下，对以上这些方面都不遗余力地进行了大量卓有成效的推动和推广，为本澳的数学教育工作注入了沸腾的动力、指引了前行的方向。

［注］本文原刊登于《澳门数学教育》2014 年第 12 期，此中已作补充和修改。

附　录

圆　梦

马俊彬

江泽民主席向我校师生提出的那道数学题，在师生中反响极大。无论你喜不喜欢数学，学没学过“圆”，都明白甚么是“**五点共圆**”。一题激起千层浪，濠江的数学老师成了被追问的对象，“亚 sir，您解出来了吗?”老师们苦苦沉思，“**五点共圆”**梦难圆乎?

“梦”里寻他千百度，蓦然回首，那人却在灯火阑珊处。

解难度大的数学题，往往难于一步逾越困难，得出解答，都要通过重重的转折，一点一滴地分析问题，掌握有用的信息，深入地揭开问题的面纱。**杨万忍**老师在艰苦的思索过程中，虽然走过弯路，但总算找到了“**突破口”**，终归“**柳暗花明又一村”**。“**五点共圆”**是虚，其中的“**四点共圆**”才是实，这是切入点，相信也是每一个思考过这道题的人的共识。但是直接证出这“**四点共圆**”似乎难过登天。有丰富的解答奥林匹克数学试题经验的**杨老师**意识到必须找出一个“**突破口**”。寻寻觅觅，苦苦思索。当推出一组“**四点共圆**”后，灵光一闪，希望之光再现，“**突破口**”找到了！果然，“**突破口**”就是另一组“**五点共圆**”。整个关键的解题步骤可分解为：“**四点共圆**”——“**五点共圆**”——“**四点共圆**”——“**五点共圆**”。这决不是语无伦次的喃喃自语，而是破解这个编号为“**澳门 001”**（杨老师是这样给这道几何题编号的）难题的“**秘语**”。

曲径通幽，殊途同归。

郑志民主任，郑家秀老师以深厚的平面几何功底，各自证明了这道难题。他们的证法与**杨老师**的证法形式上不尽相同，但有着惊人的相似，“**突破口**”仍然是那个“**五点共圆**”。

继承“遗产”的人。

刘增荣老师的解法则别树一帜，引用了两个引理：（1）四条直线交成的四个三角形，它们的外接圆共点（这个点称为“**密克点**”）；（2）设定直线上四点，通过其第一第二两点、第二第三两点、第三第四两点、第四第一两点的圆，轮回相交，则所得的四个第二个交点共圆或共线。

通过引理（1）可证明 J、E、D′、C、G 五点共圆；通过引理（2）可证明 E、C、B、A 四点共圆及 D、C、B、A 四点共圆。进而可推出 A、B、C、D、E 五点共圆（**见刘增荣老师的解法之图像**）。**刘老师**谦称自己是“**继承遗产的人**”，从他提供的解法中让人感受到了**数学的高度抽象和简捷美**，他的证明让人折服，拍案叫绝！

以上四位数学老师对数学的研究绝对称得上**江主席**所要求的“**要有钻研精神**”，他们的专业精神和敬业精神，体现了“**兢兢业业，勇于进取的濠江精神**”，值得我们每一个濠江人引以为傲。正如**郑志民主任**所说的，“**这是濠江中学数学老师长期团结一致，在教学上锐意进取，不断提高的一个体现**”。

至此，“**五点共圆**”**梦已圆**，“**圆**”**梦留人睡**！

江主席提供“参考答案”。

江主席于 2000 年 12 月 30 日由**何特首**转交来“**参考答案**”。惊喜之余，我们发现，四位老师证法的“**突破口**”与**江主席**提供的“**参考答案**”的“**突破口**”**竟是如此吻合，如出一辙**。是巧合，还是本题的解答只有这个“**突破口**”？发人深省！

蓬山此去无多路，青鸟殷勤为探看。

这道几何题的解答已圆满给出了，目前所能看到的解法可以说本质上都是一致的，解题的关键在于证明作为“**突破口**”的那另一组**五点共圆**。**四位老师**的证法与**江主席**提供的证法不约而同地都与这个“**突破口**”偶遇，这种**偶然**多多少少让人感觉到有点**必然**的意味。**江主席**提出的数学题引发了许多爱好数学的人的思考，想必其中不乏绞尽脑汁、殚思竭虑后仅因某个障碍难于逾越而抱憾、耿耿于怀的人，也许他们都要说“**与‘五点共圆’无缘**！”

“蓬山此去无多路”，隔海相望，当别有一番风景。

在探索题解中，我们惊喜地发现，此题大有内涵，题中有题，许多优美的结论，光辉夺目地展现在我们眼前，使我们赏尽了数学美：

1，五圆共点（即所谓的“密克点”）何其多！

根据刘增荣老师的引理（1），A点为四个三角形外接圆的交点，即为“**密克点**”。由圆形的轮换对称性知，欲证五点共圆中的其余四个点B、C、D、E都是“**密克点**”，如果加上要证的五点共圆之圆，则**每一个“密克点”都是五个圆的公共点**。

2，五点共圆竟有六组！

如前分析，原图可以找到五个“**突破口**”，则有**五组五点共圆，加上一个欲证的五点共圆共有六组五点共圆，轮回出现**。

3，线的互相平行，弧的等量关系，共点线，共线点，层出不穷，轮回出现，多姿多彩！

［注1］本文选自澳门濠江中学编辑之《江泽民主席视察濠江中学纪念特刊》。

［注2］马俊彬老师早年毕业于澳门濠江中学（本书作者之一郑志民老师的学生），是奥林匹克数学竞赛选手，也是清华大学的毕业生。

后　　记

在澳门中华教育会《澳门教育丛书》编委会的大力支持下，本专著《薪火相传育英才——数学教育研思集》终于正式出版了。

本专著是作者郑志民和邓海棠两位老师继专著《学海浪花》、《润物细无声》和《北枫晓雨》、《南岭知春》之后的数学教学和数学教育专著。

本专著除正文十二篇论文外，尚有附录一篇论文。附录的作者为马俊彬（清华大学的毕业生，数学奥林匹克的优秀选手）。马俊彬曾是澳门濠江中学的数学教师，他就读过澳门濠江中学，是出类拔萃的高才生。

本专著的作者分属老、中、青数学教育工作者的三个梯队。专著《薪火相传育英才》呈现了数学教育工作者薪火相传育英才的丰硕成果，也是作者为何把专著定名为《薪火相传育英才》的本意。作者希望通过披露自己从事数学教学和数学教研工作的心路历程，激励年青的数学教师也能够在数学教学和数学教育工作中，像阳光和雨露一样，润物细无声，精心培育下一代。

澳门数学教育研究学会和澳门数学奥林匹克学会会长汪甄南先生给足面子，在百忙中为本书作“序”，使本专著生色不少。为此，作者表示衷心的感谢。

本专著在编写过程中，得到《澳门教育丛书》的编委、澳门东南学校校长杨灿基先生大力的支持、亲切的关怀和热情的帮助，作者为此表示真诚的感谢！

本专著部分书稿的植字和排版工作荣幸地得到澳门文宝印务有限公司的老板董金谷先生和夫人古月明女士热情的帮助，作者特此表示诚挚的谢意！

由于作者水平所限，专著中不足和错漏之处，欢迎专家和读者们给予批评指正。

郑志民 邓海棠

二〇一七年五月于澳门特区